U0488938

# 一个人的
# 世界大战史

倪乐雄 著

光明日报出版社

图书在版编目（CIP）数据

一个人的世界大战史：看倪乐雄重建烽烟现场 / 倪乐雄著. —北京：光明日报出版社，2012.1
ISBN 978-7-5112-2133-9

Ⅰ.①一… Ⅱ.①倪… Ⅲ.①第一次世界大战—史料②第二次世界大战—史料 Ⅳ.①KI43②K152

中国版本图书馆CIP数据核字（2011）第280732号

## 一个人的世界大战史：看倪乐雄重建烽烟现场

| 著　　者：倪乐雄 著 | |
|---|---|
| 出 版 人：朱　庆 | 责任校对：陈晓丹 |
| 责任编辑：高　迟　李　勇 | 特约编辑：但纯清 |
| 装帧设计：门乃婷工作室 | 责任印制：曹　诤 |

出版发行：光明日报出版社
地　　址：北京市东城区珠市口东大街5号，100062
电　　话：010-67078253（咨询），67078237（发行），67078235（邮购）
传　　真：010-67078227，67078255
网　　址：http://book.gmw.cn
E － mail：gmcbs@gmw.cn　liyong@gmw.cn
法律顾问：北京市洪范广住律师事务所徐波律师
印　　刷：三河市杨庄双菱印刷厂
装　　订：三河市杨庄双菱印刷厂
本书如有破损、缺页、装订错误，请与本社联系调换
开　　本：700×1000　1/16
字　　数：338千字　　　　印　张：20.75
版　　次：2012年1月第1版　印　次：2012年1月第1次印刷
书　　号：ISBN 978-7-5112-2133-9
定　　价：35.00元

版权所有　翻印必究

# 目录 Contents

**自序 Preface** 　翻过世界大战这道坎儿 / 001

**第一部分 Part One** 　**第一次世界大战**

第一章：欧洲这个火药桶 / 002
　　1. 同盟国的狼子野心 / 002
　　2. 协约国被迫携手 / 010

第二章：巴尔干上战火点燃 / 017
　　1. 风云际会的巴尔干 / 017
　　2. 第一次巴尔干战争 / 021
　　3. 第二次巴尔干战争 / 024
　　4. 斐迪南大公被刺 / 027

第三章：欧洲坠入战争漩涡 / 031
　　1. 浮云般的战前外交 / 031
　　2. 兵戎相见，一触即发 / 041

第四章 参战各国的"虚"与"实" / 054

    1. 各参战国基本状况 / 054

    2. 德国的作战计划 / 057

    3. 英、法、俄的作战计划 / 063

第五章：1914年：全面开战 / 071

    1. 德法交战 / 071

    2. 俄德交战 / 085

    3. 奥俄、奥塞交战 / 090

    4. 远东、近东战场 / 094

第六章：1915年：陷入僵局 / 098

    1. 东线战场 / 098

    2. 西线战场 / 100

    3. 其他战场 / 102

    4. 加利波利会战 / 105

第七章：1916年：形势逆转 / 109

    1. 凡尔登会战 / 109

    2. 索姆河会战 / 111

    3. 意大利战线 / 113

    4. 勃鲁西洛夫攻势 / 115

    5. 其他战场 / 117

第八章：1917年：大反攻 / 120

    1. 俄国退出战争 / 120

    2. 美国投下砝码 / 124

    3. 协约国攻势高涨 / 126

第九章：1918年：战争结束 / 132

    1. 德国逃不掉的大败局 / 132

    2. 曲折的和平之路 / 139

    3. 同盟国投降 / 144

## 第二部分　第二次世界大战
Part Two

### 第十章：各国的军事思想状况 / 150
1. 英国的创新与守旧 / 150
2. 法国的激进与保守 / 152
3. 德国引领潮流 / 154
4. 苏联的失误 / 156
5. 美国后来居上 / 158

### 第十一章：瓜分东北欧的阴谋 / 160
1. 闪击波兰 / 160
2. 入侵芬兰 / 170
3. 征服丹麦、挪威 / 172

### 第十二章：西欧的战争狂澜 / 177
1. 法兰西会战 / 177
2. 不列颠之战 / 189

### 第十三章：北非的激烈厮杀 / 194
1. "沙漠之狐" / 194
2. 打退非洲师 / 197
3. 突破加查拉防线 / 200

### 第十四章：入侵苏联 / 204
1. 德、苏关系破裂 / 204
2. "巴巴罗莎计划" / 206
3. 德军连战连捷 / 211
4. 莫斯科保卫战 / 216
5. 苏军全线反攻 / 217

### 第十五章：亚太战场 / 221
1. 中国全面抗战 / 221
2. 太平洋战争爆发 / 229

## 第十六章：苏联战场大转折 / 235

1. 克里米亚战役 / 235
2. 斯大林格勒会战 / 236
3. 高加索撤退 / 241
4. 库尔斯克会战 / 242

## 第十七章：血战太平洋 / 246

1. 珊瑚海海战 / 246
2. 中途岛之战 / 248
3. 瓜达尔卡纳尔岛争夺战 / 253

## 第十八章：魂归大西洋 / 257

1. 海上巡洋战 / 257
2. 深海"狼群战术" / 260

## 第十九章：盟军肃清北非 / 266

1. 阿拉曼会战 / 266
2. "火炬"计划 / 272
3. 非洲军团的覆灭 / 274

## 第二十章：德国法西斯的败亡 / 278

1. 盟军重返欧洲 / 278
2. 苏军胜利进军 / 289
3. 粉碎希特勒的最后反攻 / 291
4. 攻克柏林 / 294

## 第二十一章：亚太战场的大反攻 / 298

1. 正面战场的反攻 / 298
2. 太平洋上的反攻 / 302
3. 东南亚战场的反攻 / 307

## 第二十二章：轴心国投降 / 312

1. 德、意仆从国退出战争 / 312
2. 意、德相继投降 / 316
3. 日本投降 / 319

自序

# 翻过世界大战这道坎儿

在信息化技术高度发达的今天，我们的武器装备正在不断地更新换代，作战领域也呈现出日新月异的风貌。回首20世纪的两次世界大战，我们仍会发现，两次世界大战中的一些战略、战术原则却依旧指导着我们今日的战争。

在大战略方面，德国两次失败的教训最为醒目。它的问题在于：一旦德国陷于被东西夹击的态势，等待它的就是失败，连打平的希望都没有。"史里芬计划"固然是所有军事计划中的上乘之作，但它却深深反映了德国外交是何等的失策。一国如果没有高明的外交相配合，贸然动用自己的军事力量，将会使国家陷入一场风险极大的赌博。德国的失败说明：一个国家的外交失败将会完全抵消其在军事上的优势。

当外交上的严重失误使得军事作战变成一种冒险时，德国未必一定没有取胜的可能。但在执行"史里芬计划"时，德国犯了用人不当的错误，起用了小毛奇。于是，我们看到了德军在进入法国时，关键的右翼没有包抄到位，没有实现"让右翼袖拂海峡"，把巴黎装进口袋随后法军给德军侧翼致命一击，实现了"马恩河上的奇迹"。由此，德国陷入东西两面作战的困境，从而丧失了胜利的基础。第二次世界大战中，德国犯了同样的外交军事错误，军队在三个方向上展开作战，最后在三面夹击下失败。两次世界大战作战史以其鲜活的战例证明了现代战争的一大特点：海权对于陆权具有绝对的优势。

第二次世界大战中，德国虽然在陆地上占有绝对优势，可是它的对手们却牢牢控制着制海权。被海权包围的德国既不能战胜陆上对手苏联，也不能对控制制海权的英美造成致命的威胁。而英美等国却可以在世界范围从容调动战争资源，在南北两面夹击德国。海权对陆权的优势在未来仍然不会改变。

第二次世界大战的另一条教训是制空权决定战争胜负。美国到达欧洲战场后，立即对德国实施了战略轰炸，通过摧毁德国战时所依赖的重工业设施，进而摧毁德国军队顽强抵抗的意志。

在亚洲战场，美国牢牢掌控了海上制空权，进而战胜了日本海军主力，使得日本在中国和东南亚的陆军主力不能撤回本土，战略上陷于瘫痪。

战场制空权对于陆战和海战无论在战略层面还是战术层面都具有决定性作用。第二次世界大战的太平洋战场表明：由于飞机的问世，战争第三维空间的开辟，制海权必须通过制空权来实现。

就同盟国和轴心国两大对抗集团的战略而言，英美强大海权同苏联陆权很成功地结合为了一体，同盟国在战争全局上"先欧后亚"，显得很有章法。

反观轴心国，德国陆权和日本海权始终没能配合起来，究其原因，德国和日本实力有限，属于正在崛起的地区性强国，战略目标受地区性限制，各自为战，缺乏协调行动。而且苏联和中国幅员辽阔，巨大的空间阻隔了德国和日本联手。

两次世界大战再次证明科学技术是军事领域革命的源头。最新的科学技术使得先进的武器装备得以发明，并武装军队，继而促进新的军兵种出现，促使军队编制和作战样式发生变化，同时也促使新的战略战术诞生。

内燃机、无线电通讯两大新技术催生了坦克集群，航空技术催生了空军军种，三大技术导致第二次世界大战中，空中打击配合地面坦克集群的"空地协同"成为主要的陆地作战样式。

历史的经验是：谁先感知并付诸实施一种崭新的作战样式，谁就能获得战争主动权并战胜落后的对手；谁能拥有强大的物资力量、获得新作战样式的可持续性方面的优势，谁就能获得最终的胜利。

从历史的"中时段"来看，两次世界大战是世界权力中心从欧洲逐渐向边缘地带、远东太平洋地区转移的动力源。第一次世界大战造成欧洲列强的急剧消耗，暂缓了对远东殖民地的控制和瓜分。第二次世界大战后，欧洲列强被严重削弱，远东殖民地纷纷摆脱欧洲国家的控制而独立，以独立的主权国家地位创造了向现代化转型的良好环境。100年前在欧洲看来属于边缘地带的远东地区即将成为世界的中心舞台。这种历经百年的地缘政治和经济地理方面中心与边缘的位置互换，与两次世界大战有着直接的联系。

倪乐雄

2011年1月25日

# 第一部分 Part One
# 第一次世界大战

长期以来，英国奉行欧洲大陆力量均势政策，绝不允许一强独霸欧洲的局面出现，一旦发现这种势头，它将毫不犹豫同次一等的强国联手，共同遏制企图称霸大陆的国家。

# 01 第一章
# 欧洲这个火药桶

## 1. 同盟国的狼子野心

### ·俾斯麦规划的德国之路

从历史的深层上浮,越是接近历史表层诸领域(政治、经济、军事、外交),就越觉得事情变得千头万绪、盘根错节。但万变不离其宗,历史表面的错综复杂一般都受制于历史深层那几个恒常不变的因素。所以第一次世界大战前的国际形势,可以看做几个永恒不变的历史主题在19世纪末和20世纪初特定的情节和细节上的展开。

历史的主题之一,国家对力量的追求,无非通过两种途径:一是发掘自身潜力;二是通过结盟、借助他人的力量。19世纪的西方各国大都已在欧洲这个拳击场试过拳脚,都能大致掂得出自己的分量。接下来要做的仍然是祖先传下的纵横捭阖、合纵连横的外交游戏。

自拿破仑战争后,欧洲被置于"维也纳和平体系"中,影响这个体系的最大因素是普鲁士的崛起。普鲁士原是几百个日耳曼诸侯国里的北方小邦,1701年,腓德烈一世加冕为普鲁士国王后开始强盛,经一百多年内兼外并,东征西战,到1815年签署《维也纳条约》时,普鲁士已位居欧洲大国行列的末尾。1861年,威廉一世即位普鲁士国王,用俾斯麦为相,雄心勃勃地开始了日耳曼民族的统一事业。俾斯麦在各国间施展谋略，在狮子和狐狸间变换角色，时而虚声恫吓，时而铁血相加。经过1864年的普丹战争、1866年的普奥战争和1870年的普法战争，在1871年8月，威廉一世终于以胜利者姿态在战败的法国巴黎的凡尔赛宫被加冕为德意志帝国的皇帝。一个曾经分裂为无数小邦、彼此征战不息、内耗不断的民族，在俾斯麦手中短短十几年奇迹般地一跃成为欧洲最强大的国家。

没等欧洲一些国家弄清楚怎么回事，普鲁士已从"炮弹里孵了出来"，变成了庞然大物，这引起了其他国家的恐惧和不安。德国首相奥托·冯·俾斯麦老谋深算，精于张弛之道，他感到德国的暴发户形象已吸引了各国的注意力，如果照此扩张势头发展下去，势必促使其他国家共同对付自己，那时德国将像法国路易十四和拿破仑一世时期的情形一样，在一场战争中，被分裂成几块。因此，德国只有在一个互相制衡的和平环境中，才能巩固既得利益。这种现实感使俾斯麦不以追求世界霸权为德国的外交目标，或许是他精于韬略，深谙张弛之道，待时机成熟，再问鼎世界霸权。他有句名言："当我们尚未听到上帝在历史中的足音时，除了等待也就别无它事可做，但是，只要一听到了，我们就必须向前跳跃并尝试抓住上帝的袍角。"

因尚未听到"上帝的足音"，俾斯麦制定了一整套以保证德国既得利益为宗旨的外交政策。德国最担心法国人强烈的复仇心理。普法战争胜利后，基于老毛奇和他的总参谋部的强烈要求，德国吞并了法国的阿尔萨斯、洛林。俾斯麦当时确有先见之明，他反对吞并这些土地，认为这会成为新德意志帝国的致命隐患。既然吞并已成事实，俾斯麦便以两面手法来对付法国。他向法国政府保证：他将全力支持法国在世界各地的殖民活动，使其所获之利益可超过割让阿、洛两省之损失而有余。这使法国在非洲、亚洲的殖民扩张中得到极大的好处，以至于1883年任内的法国总统格里维声称，他对战后十三年来俾斯麦对法国的善意感恩戴德。

另一方面，俾斯麦深知要法国人彻底放弃复仇和收复阿、洛两地的念头十分困难，然而单凭法国自身的力量则根本不能同德国相抗衡，但它却可以同其他国家结成联盟来达到目的。俾斯麦认定，如果有一天法国感到它可依赖俄国的援助的话，则法德之战也就为期不远了。所以，除了殖民地问题上对法国网开一面，俾斯麦外交的重点就是要孤立法国，防止它同其他国家结盟来对付自己，尤其要防止法国与俄国的结盟，不然，德国将处于腹背受敌、两面作战的困境。

因此，必须同俄国友好，这是关键。但又不能让俄国捏住自己的软处，降格以求得这种友好关系，俾斯麦采取迂回策略，于1879年10月7日，同俄国在巴尔干的竞争者——奥匈帝国缔结了"德奥同盟"。德皇威廉一世原先反对与奥匈结盟，担心俄国因此与德国为敌，俾斯麦匠心独运，指出德奥同盟不仅不会得罪俄国，还会使它乖乖就范。德奥同盟条约规定：缔约双方如有一方遭受俄国攻击，即应彼此互助。如有一方遭受其他国家（意指法国）攻击，则另一方应守善意中立。如法俄合作，则德奥也将联合行动。（后来该条约一再延长，到1914年仍然有效。）这时的俄国正一心致力于东北亚扩张，"德奥同盟"使它感到有后顾之忧。俾斯麦对俄国一面施加压力，一面又尽量博取好感，他不干涉俄国寻求不冻港的努力，拒绝了俄国在远东的竞争者日本提出的缔结同盟的要求（一旦德日建立同盟，俄国即处于两面被夹击的态势），他也劝说奥国应让俄国向君士坦丁堡发展，以激化俄英的矛盾。

俾斯麦挟奥国以自重，迫使俄国就范，达到了阻止法俄联手的预期效果。俄国感到一个友好的德国对自己是有利的。1881年6月18日，德、奥、俄三国在柏林缔结了"三皇同盟"。条约规定：三国中任何一国与第四国发生战争，其他两国应维持善意中立以使战争局部化；俄国承认《柏林条约》所给予奥匈帝国在巴尔干的地位。另有秘密附约规定了奥俄两国在巴尔干的势力范围。"三皇同盟"维持了6年，后因俄国不满奥国在巴尔干的政策而拒绝续约，但俄国愿意继续维持与德国的同盟关系，双方遂于1887年6月18日签订了所谓的《再保险条约》。

解除了俄国方向的隐患后，俾斯麦继续向法国背后的意大利和西班牙施展外交谋略，结果在1882年，德、奥、意组成"三国同盟"（罗马尼亚不久加入，塞尔维亚也一度参加）。西班牙国王则向德国首相保证：如果法德之间发生战争，西班牙一定帮助德国。俾斯麦在外交棋盘上布下这一连串棋子后，意犹未尽，又一手斡旋出一个英、奥、意地中海三国同盟（后来西班牙也加入了同盟），以此来维持地中海区域的现状，同时给"地中海同盟国"和正朝这个方向蠢蠢欲动的俄、法制造一个摩擦的场所，德国自己却置身事外。例如为保持与俄国的平衡关系，德国拒绝了英国要它加入"地中海同盟"的建议。

这样，这位19世纪杰出的德国外交家在其执政的最后10年里，已经成功地达到了孤立法国的目的。他鼓励英、法、意进行殖民地竞争以分散法国对阿尔萨斯、洛林的注意力，用意大利来牵制法国，用奥匈来牵制俄国，他与俄、奥这两个互相敌视的国家同时保持着友好关系，通过"地中海同盟"，他假道罗马和维也纳同英国建立了联系，于是，俄罗斯熊、不列颠狮和德意志鹰欣然合作，孤立在一旁的，只能是高卢雄鸡。

· 同床异梦的"三皇同盟"

虽然俾斯麦工于心计，善打如意算盘，并且收获颇丰，但俄国熊并不好拨弄，尽管拿破仑战争以后，因其远离欧洲中心地带的特殊地理位置，以及封建专制制度的腐朽而导致国内革命思潮的风起云涌，工业化步履较缓慢，对欧洲的影响力已减弱。不过，俄国向外扩张却变本加厉，胃口越来越大。为攫取近东的波斯和中亚，俄国同英国发生冲突。在东亚又与日本的扩张势头相撞。为控制黑海海峡，以便进入地中海，几次与土耳其发生战争。俄国又奉行"大斯拉夫主义"，常以巴尔干南斯拉夫民族的保护人自居，屡屡插手巴尔干事务，因此又同奥匈帝国发生纠纷。经过1854年的克里米亚战争和1877年的俄土战争，俄国南下的势头受阻，便将重心移向东亚。为免除西边的后顾之忧，同时为牵制奥匈帝国，作为权宜之计，遂接受俾斯麦的联盟建议。

俄国虽然加入了"三皇同盟"，但各方却同床异梦。德国一心想置法国于永世不得翻身的境地，并企图在这样一场对法战争中，让俄国保持中立；但俄国出于自己长远利益考虑，认为一个过分强大的德国出现在西面，对自己十分不利，因而不愿看到法国进一步被削弱。于是在1875年，德国因法国元气恢复太快而准备发动先发制人的战争时，俄国于法德战争一触即发之际，突然表示反对，声称如果法德交战，俄国将支持法国。由于俄国背弃盟约，德国只得放弃进攻，同时深怀不满。在1878年柏林会议上，德国以和事佬身份出面调停，出于对俄国背盟的报复，立即还之以颜色，与英国和奥国一起向俄国施加压力，结果在7月13日签订的《柏林条约》中，俄国被迫放弃"俄土战争"中到手的大部分战利品，使其占领黑海海峡的企图化为泡影。德俄两国关系从此蒙上阴影。不过，当时俄国的头号竞争者是英国，英俄矛盾是国际主要矛盾，德国对此基本持超然于外的态度，所以，俄国觉得尽管彼此龃龉，但争取德国的友好仍是有益的。

如果登上权力顶峰的个人对历史的确能产生巨大影响的话，1888年继位的德皇威廉二世是把欧洲乃至整个世界引向战争深渊的关键人物。他是德皇威廉一世的孙子，他的父亲腓德烈继位三个月就去世了，所以，他29岁那年便登上皇位。威廉二世是一个自大和极度自卑重叠的人格分裂型人物，他出生时，由于护士偶然的失误，造成他左臂和左手残废，而普鲁士对男子的要求必须是一名合格的军人，骑术精良则是军人的标志，由于他形体上的缺陷，过分严格的骑术训练使他在童年时代，留下了永远的精神创伤。坚毅沉着的外表掩盖着脆弱胆怯的内心，好大喜功的下面是任情使性，炫耀伟大的背后则是由自卑扭曲成的虚荣心。他的舅父爱德华七世曾描述他："像一只时刻想炫耀自己的孔雀，如果不这样，就会感到自卑和不愉快。"他乐意装饰自己，手上套满了戒指，有上千套服装；他喜欢恶作剧、听好话、骑马、打猎和旅行；他酷爱演说，不过他杰出的口才对他的国家来说真是一种不幸。为过一把瘾，为赢得满堂喝彩或雷鸣般的掌声，威廉二世常常对国内外敏感问题口出狂言、肆无忌惮。在第一次世界大战前夕，美国外交家、威尔逊总统的智囊人士豪斯上校认为：这位性格畸形、内心充满矛盾、在两个极端之间痛苦挣扎的威廉二世皇帝已接近精神病患者的边缘。

1890年3月，威廉二世继位不久，解除了快75岁的俾斯麦首相的职务，这是一个外交信号，表明德国在外交政策上将有重大变化。在俾斯麦去职前后，正逢德俄《再保险条约》即将到期，俄国建议再延长6年，使自己东向与日本争衡时，免去西顾之忧，这对俄国十分重要。威廉二世此时正打着同英国联手的主意，又加上参谋总长瓦德西、枢密顾问霍斯坦的极力反对（前者持扩张主义的态度，向来主张对俄国发动先发制人的打击，自然反对续约；后者的理由是法国属于民主制国家，俄国属封建专制国家，在意识形态方面水火不相容，担心这两个国家会结盟是俾斯麦的糊涂观念），因此，这位曾大言不惭地说过"外交并无神秘，一切的责任都由我来负"的皇帝被弄得进退维谷、毫无主见，在短短几天内，对俄国的答复出尔反尔，几无章法之可言，最后仍拒绝续约。于是，俄国再作努力，建议恢复19世纪80年代初期的"三皇同盟"，并同意由一位日耳曼王子接任保加利亚国王。

但在此刻，德国人又犯了一个错误，他们告诉奥国人已和俄国断了关系，今后更要加强彼此合作。这种幼稚做法完全动摇了俾斯麦精心设计的俄奥互相牵制，而德国不受任何一方牵连的有利地位。俾斯麦当年与奥国结盟时有一原则：不能让奥国感到德国因担心俄国的威胁而有求于奥国，因为那样的话，奥国就会在一场同俄国争夺巴尔干的战争中，把德国拖进来，而巴尔干根本不值得德国去死一个士兵。俾斯麦曾预言："假使奥国人知道俄德之间的桥梁已经折断，则他们将会尝试把德国当做奥国的卒子。于是德国人的生命财产都将因为维也纳的巴尔干政策而受到损失。"从后来历史进程来看，俾斯麦真是一语成谶。

果然，由于奥国坚决反对，重建"三皇同盟"的计划也胎死腹中。俄国外长吉尔斯仍不死心，又建议双方政府用外交换文的方式，或者两国元首交换私函的方式来保证双方互不侵犯。但仍遭德国的拒绝。德英两国不寻常的眉来眼去以及德国拒绝续约使俄国感到恐慌，举目环视，俄国深感自身已在世界上陷于孤立无援的状态，感到有必要对外交战略做重新调整。于是，开始把目光投向同样处于孤立困境中的法国。

· 威廉二世的"世界政策"

当时德国俾斯麦的外交政策不主张殖民扩张，英德之间没有殖民地的纠纷，两国关系比较亲近。英国也曾考虑同德国结盟，但被后者婉言拒绝。威廉二世上台后，一反俾斯麦时期的外交方针，改为雄心勃勃的"世界政策"。威廉二世的外交政策特点有三：一是在世界各地积极展开贸易竞争；二是在全球范围积极进行殖民地争夺；三是决心建立一支强大的海军以控制海洋上的战略要点（这三者都是当年俾斯麦竭力反对的，他断言这将激化同欧洲各强国之间的矛盾而引发战争，在这样一场战争中，德国将被分裂成几块）。

威廉二世实行的"世界政策"引起英国的恐慌，因为大英帝国的生存基础是对世界性贸易和海外殖民地的控制，而维护世界性贸易和殖民地的基础是对世界海洋的绝对控制，即海上生命线的安全。控制海洋的前提是拥有一支绝对优势的海军。所以，世界贸易、海外殖民地、优势海军是大英帝国称雄世界的三块基石，德国所追求的三个目标恰恰对大英帝国的基础构成了直接的威胁。

德国对英国威胁首先表现在贸易上。19世纪末，德国工业发展速度已超过英国，在世界贸易中的比重由1870年的9.7%上升到1913年的12.6%，仅次于英国，居世界第二位。英德双方对商品市场展开激烈争夺，这种贸易竞争从欧洲大陆一直扩展到亚洲、非洲和拉丁美洲。凡是英国商船所到之处，便有德国商船尾随而来，面对德国贸易的强大竞争，大不列颠简直感到惊慌失措，以致英国著名的刊物《周末评论》的文章认为："假如世界上一旦没有德国，则每一个英国人在第二天都可以变得更富一些。"

在殖民地掠夺方面，从1884年至1914年的大战爆发时为止，德国总共才夺得290万平方公里，不及英国的十分之一。当威廉二世一改俾斯麦保守的"大陆政策"，开始追求海外地盘时，世界殖民主义宴席桌上只剩下点残羹剩肴。但德国人却决心已定，其首相皮洛振振有词："德意志民族欣赏蔚蓝色天空的时代已经过去，我们也要求阳光下的地盘。"姗姗来迟的德国必然在殖民地扩张上变本加厉，这就注定要损害英、俄等老牌殖民主义国家的利益。

19世纪80年代中期，德国首先进入非洲，强占多哥、喀麦隆以及西南非洲。接着又企图将东非的殖民地同西南部分连成一片。这样，德国打算建立一个从印度洋到大西洋的赤道殖民帝国的设想，与英国企图建立从开罗到开普敦的殖民帝国的计划发生冲撞。1886年，南非的德兰斯瓦共和国境内发现了世界上最大的金矿，贪婪的英国殖民者蜂拥而至，与当地的布尔人（荷兰移民的后裔）发生冲突。德国趁机支持布尔人对抗英国人，当时德国在德兰斯瓦投资已达3亿到5亿马克，并不顾英国的反对，修筑了一条从德兰斯瓦首府比勒陀利亚到印度洋岸边的洛伦索—马贵斯铁路。1895年，在英国驻开普敦殖民地总督塞亚尔·罗德斯策划下，英国的"南非金矿业公司"经理詹姆森率一支800人的队伍入侵德兰斯瓦，结果失败。德皇威廉二世给德兰斯瓦共和国总统克留格发了一份贺电，对布尔人的胜利表示祝贺，英国认为这是挑衅，两国关系顿时紧张起来。接着，英国决定武力征服德兰斯瓦。英布战争爆发后，英国人声称"这是到非洲做一次轻松的散步"。这场"散步"并不轻松，英国投入了25万军队，经两年的苦战才迫使布尔人求和。德国利用这一时机，以断绝外交相威胁，向陷于孤立的英国进行讹诈，要求瓜分太平洋上的萨摩亚群岛，英国被迫让出其中的两个岛屿。

在19世纪末瓜分中国的狂潮中，英德也发生冲突。1897年德国以武力强占胶州湾。次年6月，德国又利用两名德国传教士被杀事件，强迫中国清政府签订协定，把山东划入自己的势力范围。英国则不甘示弱，强占威海卫并扩大自己在长江流域的势力范围以遏制德国。

19世纪90年代中期，德国又将其扩张锋芒指向土耳其，加紧向其经济投资，1897年到1910年间，在土耳其的进口总额中，德国所占比例从6%增加到21%，而英国则从60%下降到35%。1898年，威廉二世以保护者的姿态宣布他是土耳其苏丹的朋友，也是3亿穆斯林的朋友。1903年，德国取得修筑巴格达铁路的特权，这条铁路从君士坦丁堡经过巴格达直通波斯湾的巴士拉，一旦建成，就为德国开辟了一条经奥匈、巴尔干、小亚细亚直达波斯湾的道路，成为德国向东方推进的有力工具。当时，铁路的修建方向代表着一个国家的战略企图。英国对这条铁路修建后的前景感到恐慌，这条铁路像一把"德意志长剑"横在了"不列颠巨人"的胸膛上。因为，这将威胁到英国通往两河流域、波斯湾地区和印度这一要冲地带的安全，以及垄断地位。1903年，英国政府声明："任何强国在波斯湾建立海军基地，都将被英国政府看做是对英国利益的一种威胁。"同时，俄国也感到了威胁，担心这条铁路的修建将使德国成为土耳其的主宰。1900年4月5日，俄国外交大臣在给各驻外使馆的通令中说："帝国政府应当关心的是，不容许任何一个外国强国在小亚细亚范围内确立政治优势。"巴格达铁路的修建加深了德国同英、俄两国之间的矛盾。

争夺殖民地势必涉及海洋霸权，此时美国海军上将马汉的《论海权对历史的影响》一书风靡欧美，马汉认为：历史上强国的兴起都与海权休戚相关，控制了海洋就等于控制了世界。威廉二世是这一观点的狂热崇拜者，他在1897年就大声疾呼："海神的三叉戟必须握在我们手里"，"德国的殖民目的只有在德国成为海上霸主的时候方能达到"。领导德国新海军建设的是精力充沛的蒂尔匹茨海军上将，他在国内大造舆论，宣传建设海军对德国的重要意义。1898年3月，德国通过了加强海军法案，规定到1904年前完成7艘主力舰、2艘重型巡洋舰、7艘轻型巡洋舰的建造。1900年6月12日，德国又通过了新的海军法案，决定扩大海军编制，增加海军预算，加强建设规模和速度；规定德国应该拥有34艘主力舰、11艘重型巡洋舰和34艘轻型巡洋舰，以及100艘驱逐舰。1906年，德国又通过了关于加强新造主力舰的法案，规定今后造的新舰必须是"无畏舰"型的，并再增加6艘大型巡洋舰和1支布雷小舰队。1908年，德国在海军竞赛中又迈出了新的一步，第四次海军法案又获通过，规定主力舰的服役期从25年缩短到20年，这样也就加快了造舰的速度，预计每年要造4艘"无畏舰级"主力舰。由于采取了上述有力措施，德国在很短时间内，一跃而为世界第二海军强国。其速度之快，令人咋舌。

英国人开始坐立不安，因为德国人的行动已开始威胁大不列颠的生存。于是英国不得不接受挑战，全力以赴同德国展开海军竞赛。1889年，英国在发展海军问题上提出了一个"两强标准"，即英国海军实力必须等同于两个次强国的海军实力相加之和。但德国的目标，按蒂尔匹茨的表述：德国的海军实力需让英国明白，在海战中它将遭受严重损失而无力再对抗另一个国家的海军，因而就不敢同德国开战。这也就是蒂尔匹茨所谓的德国"保险舰队"的理论。英国作为回击，在1905年开始建造无畏舰，这是一种新式重型装甲舰，一般旧式军舰只有4门大炮，而无畏舰拥有10门口径12英寸的大炮，而且在排水量和航速方面都大大超过旧式军舰。德国人也不甘示弱，紧随其后开始建造无畏舰，1908年英国已有12艘无畏舰，德国也造好了9艘。1909年，英国声称"德国每建造一艘军舰，英国就要造两艘来对抗"，该年3月，英国国会通过1909—1910年海军预算，规定还要建造8艘无畏舰和大量小型舰只。这种无休止的竞赛使双方都感到长此下去吃不消，英、德两国为此也举行过多次谈判，但双方都互不相让，谈判毫无结果。英国通过谈判确信：德国野心勃勃，觊觎欧洲霸主地位。负责谈判的英国陆军大臣理查德·霍尔丹说："我对德国总参谋部作了一番研究，我认为，一旦德国的主战派掌权，这场大战就不仅仅是要打倒法国和俄国而已，而且是要主宰世界。"

## 2. 协约国被迫携手

### ·欧洲天平的另一端

法国与俄国的接近有其深刻的历史背景。自普法战争惨败以来，收复阿尔萨斯、洛林和决心复仇成了凝聚法兰西民族的原动力，在很短的时间内，国力得到了迅速的恢复。但慑于德国的强大和俾斯麦孤立法国的外交策略的成功，法国一时无从下手，只好把重点暂时转向海外殖民地的扩张。法国一心想取得非洲的摩洛哥，插足地中海区域，这就和英国、西班牙、意大利在地中海的利益发生尖锐冲突。1880年，在由西班牙倡议召开的关于摩洛哥问题的马德里国际会议上，西班牙得到英国和德国的支持，迫使法国做出让步，在签署的《马德里公约》上规定：一切外国在摩洛哥都有平等的贸易权，不给予任何一国以独占权。之后，俾斯麦一手导演的"地中海同盟"更使法国一时难以应付。这时的法国在西、南与敌对的英国、西班牙隔英吉利海峡、比利牛斯山脉相望，东面又同强大的宿敌德国为邻，一旦开战势将三面受敌。所以，当俄、德之间裂痕逐渐扩大时，法国便不失时机地乘隙而入，力图打破德国对自己的长期外交封围。

19世纪70年代末，俄德之间又出现经济利益的冲突。法国便假道经济领域，向俄国靠近。当时德国容克地主集团反对向俄国出口粮食，俄国工业家也反对进口德国工业品，双方打起了关税战。俄国债券在德国的发行又受到阻挠，而沙皇政府为施行货币改革，发展国力，急需外国资金。1887年12月，俄国在德国拒绝借款的情况下，同法国签订了第一批贷款协定，借款5亿法郎。以后两年里，俄国又在法国发行总数达19亿法郎的公债。1888年，俄国还向法国订购了50万支步枪。这样，资金匮乏的俄国对法国财政的依赖加深了。到1889年，俄国政府欠法国银行债务高达26亿法郎。俄国用此贷款中的部分修建西伯利亚铁路，这是同日本争夺东北亚的重要战略。

法俄经济关系的密切为两国外交、军事领域的合作打开了前景。1891年7月20日，法国驻俄大使的汇报文件中提到了俄国外交大臣吉尔斯的态度："法俄两国建立最亲密的谅解，那是愈来愈合乎逻辑的了"，"就我们之间的关系而言，我正在考虑，我们是否应该在走向协商的道路上迈进一步"。1891年7月，法国舰队应邀访问俄国海军基地喀琅斯塔得要塞，沙皇亚历山大三世和皇后亲自登上法舰，在俄国一向严禁演奏的《马赛曲》的旋律中，毕恭毕敬，脱帽致意。1891年8月，法俄签订了一项协商类型的条约，其中规定：一旦德国进攻或者"欧洲和平受到威胁"时，双方将互相谈判，以便协调自己的政策和确定共同的行动路线。1892年8月17日，法俄两国签订军事专约草案。1893年12月15日和1894年1月4日，俄、法两国政府以信函正式通知对方批准了军事专约，该条约全文如下：

法国和俄国，因维护和平的共同意向，并且仅为应对因三国同盟的军队向其任一方进攻而进行防御战争的需要，双方议定条款如下：

1. 如果德国或意大利在德国支持下进攻法国，俄国应调动其所有军队进攻德国。如果德国或奥地利在德国支持下进攻俄国，法国应调动其所有军队进攻德国。

2. 如果三国同盟或三国同盟任一成员国动员其军队，法国和俄国一旦知悉，无须任何事先的现行协议，应立即同时动员该两方全部军队，并将这些军队调到尽可能靠近边界的地方。

3. 法国投入对德作战的军队应为130万人，俄国投入对德作战军队应为70万或80万人。上述军队应尽速全部参加战斗，使德国不得不在东线和西线同时作战。

4. 法俄两国陆军参谋本部应经常地彼此合作，以备并利于上述措施的执行。和平时期，两国陆军参谋本部应将其所获知的有关三国同盟军队的情报互相知照。战时通讯联络方案应事先加以研究和准备。

5. 法国、俄国均不得单方媾和。

6. 本条约的有效期应与三国同盟期限相同。

7. 以上所列各款应严格保密。

至此，法俄军事同盟正式形成，以对抗德、奥、意三国同盟。欧洲两大对立的军事集团已泾渭分明、剑拔弩张。当年俾斯麦拉拢俄国有两个主要目的，希望德法之间发生战争时，俄国能持中立立场；最要紧的是防止法俄结成军事同盟。现在德国最担心的腹背受敌的情形终于出现了。

## ·世界霸主的选择

### 放弃"光荣孤立"

两大军事集团虽已形成，但双方力量基本势均力敌，关键是英国人会把砝码加在哪一方。英国以商业立国，它的生存和发展依赖于世界性的贸易和遍及全球的殖民地。长期以来，英国奉行欧洲大陆力量均势政策，不允许一强独霸欧洲的局面出现，如果一有这种苗子，它将毫不犹豫同次一等的强国联手，共同遏制企图称霸大陆的国家。因为，一个独霸欧洲大陆的大国，客观上必定严重威胁到英国的世界霸权。所以,只要不威胁到根本利益,英国一般不参与结盟,正像其首相索尔兹伯里在1896年表示的那样,宁愿保持"光荣的独立",以便在国际纠纷中,不受任何约束,保持行动自由。但随着各列强为争夺殖民地而与自己发生愈来愈多的利益冲突,英国不得不放弃所谓的"光荣孤立"的立场,开始物色同盟者。

先是针对俄国的挑战,1902年1月30日,英国同在远东和俄国人争雄的日本签订了"英日同盟"。条约规定:"若因其他某一大国的侵略行为或中国、朝鲜的内部骚乱危及缔约国双方的利益,任何一方为保护这种利益须加干涉时,可采取必要的措施";"缔约国一方为保护本国在中国或朝鲜的利益而与第三大国作战,另一方应严守中立"。英日同盟使日本在远东放胆大干,终于在1905年引发了"日俄战争",日本取得了胜利,英国则作壁上观,达到了在远东遏制俄国扩张的目的。现在,由于威廉二世咄咄逼人的"世界政策"已严重威胁大不列颠帝国的根本利益,英德冲突已从地区性发展到全球性、从商业贸易扩展到对海洋的控制,即英国人最敏感的"海上生命线"的问题。这样,英法和英俄之间的冲突已居次要地位,英德冲突已上升为主要矛盾。英国感到有必要同法国和俄国缓和矛盾,以便协调起来,共同对付急不可耐想问鼎世界霸权的德国佬。

英国同法国原先在非洲争夺势力范围时,发生过激烈冲突。1898年,为抢占埃及尼罗河上游的法绍达,两国互相以武力来威胁,最后这次事件以法国同意撤出而告终。法国看出俄国已陷于远东与日本的冲突,一旦发生法、德战争,俄国无力援助自己,法国必须寻找新的盟友。法国新外长德尔卡西走马上任后,积极推行亲英政策。这样,出于对德国共同的恐惧心理,英、法两国走到了一起。1903年,英国国王爱德华七世访问巴黎,受到法国群众的冷落、漠视,甚至有人冲他喊叫"布尔人万岁"、"法绍达万岁"。爱德华七世毫不介意,他在各种场合谈论对法国历史、文化的仰慕之情,对英法两国唇齿相依深信不疑,他笑容可掬,对法国人大献殷勤,一再表示:英法两国友好的时代应该到来。等到爱德华七世快离开时"已赢得了所有法国人的心",在法国人一片震耳欲聋的"吾王万岁"的山呼中,离开了法兰西。不出一年,1904年4月8日,经过两国共同排难解纷,妥协退让,终于签订了一个"真诚的协约"。

条约分两部分,一部分公开,一部分秘而不宣。最重要的是《关于埃及—

摩洛哥宣言》、《关于暹罗宣言》，以及有关纽芬兰和亚非的一项专约。在非洲，法国承认埃及为英国势力范围，以换取英国对法国统治摩洛哥的支持。协约第一条规定："英国政府声明，它无意改变埃及的政治地位。法国政府方面声明，它不以要求确定英国占领的期限和其他方式妨碍英国在埃及国内的活动"；协约第二条规定："法国政府声明，它无意改变摩洛哥的地位。英国政府方面承认，法国特别作为一个其属地在广大地面上与摩洛哥相毗连的国家，有权维持摩洛哥国内秩序，并且提供行政、经济、财务和军事改革所必需的援助"。在暹罗（即今泰国），英、法沿湄南江划分势力范围，"法国承认英国在湄南江流域以西的势力，英国承认法国在该地区以东的势力"。两国还调整了在冈比亚、纽芬兰海岸、马达加斯加和新赫布里底群岛的利益。英法协约很大程度上缓和了两国长期的紧张关系，在殖民地势力划分上，采取"一揽子"解决问题的方式，最终达成谅解，为英法两国进一步的外交和军事领域的合作奠定了基础。

1905年2月，法国公开违反"马德里公约"向摩洛哥苏丹提议改革，使摩洛哥成为法国的附庸国。德国坚决反对，同年3月，德皇威廉二世示威性地访问摩洛哥，并在丹吉尔发表火药味十足的演说，要求摩洛哥永远开放，各大国进行和平竞争。德国政府甚至发出战争信号，声称："如果法国军队越过摩洛哥的边界，德国军队就越过法国的边界"，这就是"第一次摩洛哥危机"。1906年1月，在直布罗陀海峡北岸的西班牙小城阿尔及西拉斯，召开解决摩洛哥危机的国际会议，4月7日签订了条约，会议重申摩洛哥的"独立"和"主权完整"及各国在摩洛哥享有同等的经济权利。摩洛哥的财政由国际监督，警察和治安的大部分工作由法国管理，一部分由西班牙负责。这实际上承认了法国在摩洛哥的"特殊地位"。在这次会议上，法国取得了英、美、俄、西、意的支持，德国在外交上陷于孤立，只得作出让步。这也是对"英法协约"的一次严峻考验。

当德皇在丹吉尔向法国下战书时，英国总参谋部已考虑在比利时同德国军队交战的问题了。英国新任外交大臣爱德华·格雷爵士建议英法两国总参谋部之间举行会谈，作为军事上的未雨绸缪之计，而同时又无需英国承担责任。此时，法国人发现：俄国这个庞然大物竟被小日本打败，元气大伤，一时无法恢复；而德国又在一旁虎视眈眈。所以法国急于同英国进行军事合作，双方一拍即合，军事参谋人员首先开始了技术性协商。随着"第一次摩洛哥危机"的结束，两国联合军事计划的工作没什么起色，直到1910年，联合计划才有较快的进展。

1911年7月20日，英法两国总参谋部负责此事的军官威尔逊、迪巴伊签订了一份文件，规定一旦英国出兵介入，出动的兵力将为6个正规师和1个骑兵师，并明确规定：从动员第4天至第12天，总数为15万人和6万～7万匹马的兵力将在勒阿费尔、布伦以及鲁昂登陆，然后改乘火车开赴莫伯日地区的指定地点集合，而在第13天即可投入战斗。此份计划之详细，就连哪一支部队在哪儿宿营，在哪个咖啡馆喝咖啡都作了安排。1912年，英、法两国又缔结了一项海军协定，规定了两国海军的分工，由英国负责保护海峡和法国海岸的安全，而法国舰队则集中于地中海方面，英国在地中海方面的海上交通安全由法国舰队负责。这样，虽然英国尚未明确承诺在法德战争中将站在法国一边，但军事已超越了外交，对未来战争作了精密而周到的安排。

### 牵手"俄国熊"

英法关系从对抗发展为合作，同时也就缓和了英俄之间的紧张关系。当俄国外交大臣拉姆兹多夫听到英法缔约消息时，欣喜地说道："我们朋友的朋友就是我们的朋友。"英俄之间的矛盾原来是左右国际局势的主要矛盾，由于俄国在日俄战争中已被削弱，加之1905年国内发生革命，急需平息内部矛盾，所以英俄在远东的利益冲突已大为减弱，另外，德国染指波斯，在巴格达铁路问题上咄咄逼人的架势，促使英俄感到有联手的必要。早在1904年，英王爱德华七世就曾向俄国驻丹麦公使伊兹沃尔斯基表示："迫切希望英俄两国之间建立友好关系，并希望两国之间对于现有的各种问题取得较好的谅解。"1905年，爱德华七世探询了订立英俄条约以结束在中亚地区摩擦的可能性。1906年，英国和法国共同向财力枯萎的俄国政府提供资金贷款，帮助后者度过财政危机。同年5月，英国驻俄大使尼科尔森受命抵达彼得堡后，英俄两国开始外交谈判。1907年3月，俄国舰队访问了英国朴茨茅斯军港，受到热烈欢迎。

1907年8月31日，英俄两国终于缔结了协约。对于达达尼尔海峡、博斯普鲁斯海峡，双方因意见分歧而暂时搁置一旁，协约没有涉及。协约规定：在波斯，北部为俄国势力范围，南部为英国势力范围，中部为中立区。双方都不得在对方势力范围内谋求租让权，也不得阻挠对方在自己的势力范围内获得租让权。在中立区，每方均保留获得租让权的权利，并且不得阻挠缔约的另一方采取此种行动。在阿富汗，俄国承认阿富汗是英国的势力范围。英国政府保证不在阿富汗国内采取、也不鼓励阿富汗采用威胁俄国的措施。俄国政府方面声明，俄国与阿富汗的一切政治关系"以英国政府为居间者"，并承诺"不派使臣到阿富汗"。在西藏，两国都声明"承认中国对西藏的宗主权"。"只有经过中国政府中介与西藏进行交涉"，双方承允"不派遣代表到拉萨"。

　　英俄协约的签订结束了两国在殖民地争夺上长期存在的纠纷，大大缓解了两者的紧张关系，同时标志着"三国协约"的最终形成。英国终于彻底放弃了"光荣孤立"的政策，虽然还没有同英法签订政府间正式的军事同盟协定，但实际上已倒向一方，它在外交上成功地将法、俄这两个昔日的对手化为未来的盟友，并使德国在国际战略势态上陷于极为不利的处境。至此，历史上古老的游戏之———"寻找盟友"，在20世纪初眼花缭乱的外交杂耍中落下大幕。尘埃落定之处，欧洲大陆正式形成以英、法、俄协约国集团为一方，以德、奥、意同盟国集团为另一方的两大对抗营垒。欧洲已经变成一只巨大的火药桶，只是在无可奈何地等待着某一根导火线的燃烧。

## 第二章 巴尔干上战火点燃 02

## 1. 风云际会的巴尔干

### ·塞尔维亚的民族主义激情

俾斯麦早年就曾恶狠狠地断言：巴尔干国家的一些混账事儿会点燃下次的战火。巴尔干半岛在历史上就是一个多事之地，它地处欧洲东南端，是欧洲通向亚洲和非洲的重要门户，不仅具有重要的经济意义，而且从全球观点来看，还具有重要的战略地位。历史上基督教势力与伊斯兰势力曾在此数度交锋，来回拉锯。到19世纪为止，奥斯曼土耳其帝国已统治该地区长达四五百年之久。随着工业革命和民主主义革命在欧洲的兴起，巴尔干地区的民族独立意识开始觉醒，他们起而奋斗，前仆后继，力求挣脱土耳其封建专制的残暴统治。到了20世纪初，希腊、保加利亚、塞尔维亚、罗马尼亚、门的内哥罗相继获得独立。奥斯曼土耳其虽然日薄西山，被讥讽为"欧洲病夫"，但百足之虫，死而不僵。在欧洲，土耳其仍占有阿尔巴尼亚、马其顿、色雷斯等地区和包括克里特岛在内的爱琴海诸岛屿，居住在这些地区的有保加利亚人、塞尔维亚人、马其顿人、希腊人、阿尔巴尼亚人和瓦拉几亚人。巴尔干地区各种民族混居杂处、宗教成分复杂，历来是欧洲的矛盾焦点之一。随着土耳其的衰落，被压迫民族的斗争、奥匈帝国和俄国对巴尔干的垂涎、已独立的巴尔干各国之间为扩张领土的明争暗斗，以及它们同插手于此的大国之间的冲突，使巴尔干地区的形势更加扑朔迷离，波诡云谲。

奥匈帝国对巴尔干事务的干预是该地区局势动荡的重要原因。奥匈帝国是在1867年由奥地利和匈牙利两个国家组成的二元帝国，都属于哈布斯堡家族统治，奥地利皇帝同时也是匈牙利国王，建有三个共同部：财政部、外交部和军政部。而有关匈牙利内部的事务则由匈牙利政府自行处理，全国除了24个省议会外，还有奥匈两个国会。这个奇特的国家共由11个民族组成，它们是：日耳曼人、匈牙利人、波兰人、捷克人、斯洛伐克人、塞尔维亚人、斯洛文尼亚人、克罗地亚人、罗马尼亚人、乌克兰人、意大利人。其中日耳曼人占人口总数的四分之一。各民族又都有各自的倾向，意大利人希望返回祖国。在南斯拉夫民族里，克罗地亚人和斯洛文尼亚人倾向西方，塞尔维亚人则倾向于东方。

奥匈帝国同塞尔维亚的关系是制约巴尔干局势的重要因素。在1804年，一个叫做卡拉·乔治的塞尔维亚人起义反抗土耳其统治，1813年，乔治率余部退往匈牙利。1815年，米洛什·奥布廉诺维奇再次起义，继承了乔治的事业。1817年11月，塞尔维亚起义者与土耳其达成妥协，米洛什成为塞尔维亚世袭大公。这样，通过两次起义，塞尔维亚虽未获完全独立，但获得了自治公国的地位。1878年的柏林会议上，西方列强迫使俄国放弃它同土耳其之间签订的《圣·斯特芬诺条约》。根据《柏林条约》，缔约各国承认罗马尼亚、塞尔维亚、门的内哥罗三个国家获得完全独立。保加利亚成为土耳其宗主权下自治和纳贡的公国。波斯尼亚和黑塞哥维那两省应由奥匈占领和治理，但名分上仍属于土耳其帝国的领土。1882年，塞尔维亚宣布为王国，国王米兰奉行亲奥匈帝国的政策，甘当其附庸，两国关系比较融洽。但这种情形很快便发生变化。

1903年6月，塞尔维亚国王亚历山大（米兰的儿子）在政变中遇害，彼得即位，他委派激进党领袖巴希奇任总理。由于德国和意大利的统一，民族国家的建立，巴尔干地区的民族主义激情开始沸腾起来。12世纪统一巴尔干半岛的塞尔维亚大帝国经常撩拨着塞尔维亚人的雄心，巴希奇是一个典型的"大塞尔维亚主义"者，这位以"塞尔维亚的俾斯麦"自居的总理上任后，立即在一项宣言中声称：塞尔维亚的主要目标在于拯救奥匈帝国境内的南斯拉夫同胞。接着在1906年奥塞两国发生贸易冲突，奥匈为控制塞尔维亚，要求其全部军火向自己订购，遭到拒绝后，奥匈对塞尔维亚主要出口商品生猪全部征收寓禁关税，以示报复，塞尔维亚并没有屈服，向西欧寻找新市场，与其他国家建立了新的关系，并从经济上和政治上得到了好处。这样，塞尔维亚不仅在经济上摆脱了对奥匈的依赖，而且加深了对奥匈的怨恨。由此，奥、塞两国关系急剧恶化。

## ·瓜分"土耳其遗产"

1908年土耳其发生革命，"青年土耳其党"夺得政权。奥匈帝国认为彻底吞并波斯尼亚、黑塞哥维那的时机已到，便与俄国暗中达成秘密交易：俄国同意奥匈吞并波、黑两省，作为交换条件，奥匈同意为俄国舰队开放黑海海峡。不久，德国也以取得"补偿"为条件，同意了俄国的要求。意大利也支持俄国，条件是：俄国同意意大利占有的黎波里。但对俄国来说，要想自由出入黑海海峡，更主要的是取得英、法的支持，为此，俄国外交大臣伊兹沃尔斯基前往巴黎和伦敦。然而，奥匈帝国的外交大臣爱伦塔尔是个敢作敢为的冒险家，他决定不等俄国同其他有关强国达成协议，就正式宣布兼并波、黑两省。这次奥匈和急于脱离土耳其的保加利亚联手行动。1908年10月5日，保加利亚宣布完全独立，10月7日，奥匈帝国也正式宣布吞并波斯尼亚、黑塞哥维那两省。奥匈此举在国际上引起轩然大波，土耳其和塞尔维亚国内群情激愤，抗议如潮。但政府却无能为力，俄国也反对奥匈的片面行动，要求举行国际会议，解决争端。俄国原指望英、法两国在黑海海峡问题上支持它，结果却落了空。法国采取含糊立场，英国则干脆拒绝，德国积极支持奥匈。危机持续了数月后，1909年2月，在德国斡旋下，奥匈以现金作为补偿，换取土耳其对吞并波、黑两省的认可。随后，奥匈在塞尔维亚边境集结军队，同年3月，德国以最后通牒的方式，要求俄国接受奥匈兼并波、黑的既成事实，并要求俄国迫使塞尔维亚也接受这一事实。俄国因"日俄战争"的旧创尚未完全恢复，在外无支持、内无战争准备的情况下，只得咽下这口气，这场危机也随之结束。

在波斯尼亚危机中，奥匈帝国成了大赢家，土耳其几无还手之力，俄国一无所获，空忙一场。塞尔维亚举国愤慨，因为塞尔维亚人所梦寐以求的是联合所有的南斯拉夫人，在巴尔干半岛建立统一的民族国家，在塞尔维亚极端民族主义分子那里，波、黑两省早已纳入未来"大塞尔维亚共和国"的版图，现在却被奥匈夺走，又有大约一百万同胞被迫成为奥匈帝国的臣民，这对民族主义意识已极度膨胀的塞尔维亚来说是个沉重的打击。经历了波斯尼亚危机之后，奥、塞两国之间的关系更趋紧张。

除了奥匈、俄国觊觎巴尔干之外，已经独立的巴尔干诸小国也迫不及待想瓜分土耳其在欧洲的"遗产"。它们各有打算：

希腊梦想恢复当年的跨欧、亚两洲的希腊、拜占庭帝国，由于"大希腊"思想在作祟，不仅想夺取克里特岛，还想朝西、北两个方向扩张，夺取马其顿和阿尔巴尼亚南部大片土地。

保加利亚奢望实现《圣·斯特芬诺条约》中"大保加利亚"的理想，独自吞下马其顿和色雷斯，占领萨洛尼卡和卡瓦拉等港口，进入爱琴海。

塞尔维亚欲吞并马其顿大部和阿尔巴尼亚之一部，占有萨洛尼卡，获得爱琴海以及亚得里亚海两处出海口，以建立"大塞尔维亚"国家。

门的内哥罗（又称黑山）期望分割诺维巴萨，夺取阿尔巴尼亚北部，打开通道，与塞尔维亚相接。

这些"撮尔小国"和土耳其"一对一"交锋显然不是对手，为共同打击土耳其以便实现自己的瓜分目标，它们开始酝酿结盟，并等待着下手的时机。这种时机不久便从遥远的非洲大陆递送了过来。

1911年春天，摩洛哥发生部落起义，苏丹穆莱·哈费德被起义部队包围在非斯，5月21日，法国以恢复秩序和保护侨民为名，派兵1.5万人占领非斯和另一些城市。西班牙也出兵进驻摩洛哥北部。摩洛哥的独立地位完全丧失。德国乘机勒索法国，要求分割摩洛哥一部分土地给德国作为补偿，并暗示愿意从其他地方得到补偿。法国没有及时答复。1911年7月1日，德国炮舰"豹号"驶抵阿加迪尔港，并将炮口对准该城，接着德国轻巡洋舰"柏林号"也在摩洛哥领海游弋。这一被称为"豹子的跳跃"事件导致了"第二次摩洛哥危机"。7月中旬，法、德会谈进入实质性阶段，法国驻德大使儒勒·康邦提出让德国在土耳其修建铁路等作为补偿，德国外交大臣基德伦认为这些鸡毛蒜皮小事根本不值一谈。最后，康邦提出法属刚果可能作为补偿目标时，基德伦才表示值得一谈。随后基德伦要求割让法属刚果全部，作为德国承认法国占领摩洛哥的补偿。康邦听后大吃一惊，差一点仰面跌倒，没想到这个勒索者竟如此漫天要价，当即加以拒绝。基德伦对康邦威胁道："那么我们就要打啦！"康邦则回答："我们早有准备。"正当法德两国针锋相对、剑拔弩张的关键时刻，英国以强硬姿态出面干预,坚决支持法国,表示不能容忍德国在直布罗陀附近建立起一个海军基地,在摩洛哥问题上不惜与德国一战。最后,法、德两国于1911年11月4日达成协议,法国将一部分法属刚果领土(那是一片昏睡病流行的地区)共计27.5万平方公里割让给德国作为补偿,"第二次摩洛哥危机"才告结束。

一波未平,一波又起。就在德、法、英陷于摩洛哥危机的泥沼而无暇他顾时,窥视北非已久的意大利趁火打劫,以不能自圆其说的理由,于1911年9月28日,向土耳其提出最后通牒,要求割让土属的黎波里和昔兰尼加。被拒绝后,意大利明火执仗地开始了军事行动,土耳其军队节节败退,战争延续至1912年10月15日,意土双方签订公开条约方告结束。根据条约,土耳其被迫把的黎波里、昔兰尼加割让给意大利。

## 2. 第一次巴尔干战争

意土战争爆发后,巴尔干诸小国顿时感到天赐良机,保加利亚首相盖朔夫突然中断在法国的休养,在回国途中,他和塞尔维亚首相米洛瓦诺维奇进行了密谈。随后两国外交官频繁接触,1912年3月,在俄国斡旋下,保、塞两国签订了为期8年的《保加利亚王国和塞尔维亚王国友好同盟条约》。条约规定:如果一方或双方同时受到他国进攻或任何列强企图侵占土耳其在巴尔干的属地,两国进行全面援助。沙山山脉西北部一带的土地归塞尔维亚,罗多彼山脉以东至斯特鲁玛河流域则归保加利亚。有争议的马其顿中部地区,两国同意交由俄国仲裁。两国还签订了军事协定。

在英国的参与下,保加利亚又同希腊谈判,两国在1912年签订了为期3年的防御协定,同年9月又签订了军事同盟条约。保希条约声称,如果土耳其政府破坏东正教教徒的权利,就将引起战争。这个所谓的"防御性"条约暗藏杀机,实际上为他们向土耳其宣战提供了随时找得到的借口。

与此同时,保加利亚与门的内哥罗达成口头协定(巴尔干战争开始后签订书面协定),如果发生反土或反奥战争,保、门两国进行全面援助。这样,在大国的调解下,巴尔干四小国暂时将它们之间的分歧搁在一旁,建立起一个旨在反对土耳其的"巴尔干同盟"。这个同盟正如当时在莫斯科访问的法国总理潘恩加莱所说的那样,"不仅含有对土耳其的、而且还更含有对奥地利的战争种子"。

由于受意大利战胜土耳其的鼓舞,巴尔干同盟国决心采取强硬行动,1912年10月8日,门的内哥罗首先向土耳其宣战,10月13日,保、塞、希等国向土耳其政府发出最后通牒,要求土耳其根据1878年《柏林条约》的规定,在马其顿和色雷斯进行改革,允许那里的各民族获得自治,基督教徒的学校和伊斯兰教徒的学校具有平等的地位等。土耳其政府拒绝了最后通牒。10月17日,保、塞两国向土耳其宣战。土政府立即作出反应,也向保、塞两国宣战。土耳其打算割让克里特岛来换取希腊在战争中保持中立,以便抽调小亚细亚的军队,开往马其顿和色雷斯作战。但希腊政府信守与盟国签订的条约,于10月18日加入战争行列,第一次巴尔干战争就此全面展开。

巴尔干同盟方面拥有兵力近70万人,各种火炮1500门。土耳其投入兵力40万人,各种火炮1600门。相比之下,巴尔干同盟方面占明显优势。此战带有解放马其顿和色雷斯受奴役同胞的性质,巴尔干同盟国的军队士气旺盛,奋勇争先。

保加利亚军队首先攻入色雷斯东部地区,其第1军和第3军猛扑格奇吉利、谢里奥卢、埃斯基鲍卢斯和佩特拉等地,经五天五夜激烈战斗,全歼色雷斯东部的土耳其军主力。保第2军则将6万土军围困在著名的奥德林城堡。接着,保军又在罗多彼山区歼灭一支土军后,乘胜南下,向君士坦丁堡方向攻击前进。军锋直逼土耳其首都,但很快在距君士坦丁堡40公里处的恰塔尔札防线受阻,希腊军队统帅康斯坦丁王子建议派两个师的希腊军前往增援,但遭拒绝,因为保加利亚想单独享受占领土耳其首都所带来的利益和历史性的荣誉。然而,直至战争结束,保加利亚军队都没攻下该城。

希腊军主力进入北依皮鲁斯地区作战,经激战,土军在该地区的主要防线被击破,向后撤退。希腊军跟踪追击,逼近马其顿首府萨洛尼卡。此刻一支保军也沿着斯特鲁玛河谷接近该城。11月8日,守城土军指挥官哈桑·塔克辛接受希军统帅康斯坦丁的投降条件。当晚,希腊军队开入萨洛尼卡。经过协商,保加利亚部队也随后入城。在依皮鲁斯地区,希腊军连克菲力匹亚、普雷韦齐、雅尼纳等地,俘获大批投降的土军,进入阿尔巴尼亚南部,先后占领了诺卡斯特、科尔察、台佩莱纳等城镇。希腊海军于12月16日在达达尼尔海峡附近,击败土耳其海军，完全控制了爱琴海域，封锁了达达尼尔海峡。

塞尔维亚军队首先攻入库马诺伏，迫使土军向比托拉等地撤退。然后，塞军切断比托拉等地土军同君士坦丁堡的联系。11月18日，塞军在希军配合下攻克战略重镇比托拉。与此同时，塞尔维亚第3军、第4军进入阿尔巴尼亚，向亚得里亚海岸疾进，先后占领了都拉斯、地拉那、爱尔巴桑、培拉特等地。

门的内哥罗军队一直围攻阿尔巴尼亚北部重镇斯库台，使土耳其守军困守孤城。门的内哥罗国王尼古拉斯扬言他将"饮马亚得里亚海"。

在巴尔干四小国势如破竹的打击下，土耳其政府被迫照会各列强大国，请求调解。俄国担心保加利亚夺取君士坦丁堡，而使自己在巴尔干失去有利地位，因此愿意出面调解。奥匈对塞尔维亚取得亚得里亚海的出海口深感不安，警告说：不能容许塞尔维亚兼并阿尔巴尼亚的港口。在德国和意大利支持下，奥匈进行军事动员，在奥塞边境开始集结大军，以阻止塞军向亚得里亚海岸挺进。

在大国即将干预，从而使形势变得更加捉摸不定的情况下，保、塞两国接受了土耳其提出的停火建议。希腊拒绝停火，但声明：这并不意味着它同其他盟国存在着根本分歧，而是出于军事需要；同时，希腊表示：它将参加缔结和约的谈判。1912年12月26日，以保、希、塞、门为一方，以土耳其为另一方的谈判在英国伦敦进行。

1913年1月6日，在第10次谈判中土方代表拒绝对方提出的领土要求，致使谈判一度中断。此后，在列强和巴尔干各国代表的压力下，土方代表勉强接受了对方的领土要求。表示同意除了君士坦丁堡等地外，放弃土耳其在欧洲的全部属地。正在这时，土耳其国内发生政变，穆罕默德·舍夫克特推翻基雅米尔政权，成立了新政府。舍夫克特政府拒绝停战条款，于是2月3日战火再起。没几个回合，土军便再次全线溃败，保军攻下历史名城亚得里亚堡，希军攻克雅尼库，门、塞两军进入斯库台。十分沮丧的土耳其代表被迫重新回到谈判桌上，而这次只有随时准备签字的份儿了。

## 3. 第二次巴尔干战争

土耳其像一个输惨了的赌徒，被挤出了赌局，留下的人们围绕着巴尔干这张赌桌继续叫牌，关键在于如何"公正"地瓜分土耳其的"欧洲遗产"，分歧的焦点集中在阿尔巴尼亚和马其顿。

阿尔巴尼亚人为建立自己的民族国家，曾进行了长期的英勇斗争，1912年4月末，阿尔巴尼亚人举行了全国总起义。首先在贾科瓦揭竿，5月波及科索沃，6月席卷阿尔巴尼亚南部、中部和北部。11月26日和27日，来自各地的起义者代表在发罗那召开国民大会，宣布国家独立，成立了以伊斯玛依尔·捷马利为首的第一个阿尔巴尼亚民族政府。但是希腊、塞尔维亚、门的内哥罗却无视阿尔巴尼亚民族的独立愿望，急欲加以瓜分。欧洲各列强也乘机浑水摸鱼，企图利用巴尔干的混乱形势，排挤对手，扩张自己的势力范围。奥匈的目标在于阻止塞尔维亚取得亚得里亚海的出海口，以及阻止门的内哥罗占有斯库台，以便于自己控制这些地区，遏制俄国势力的渗透，为此，奥匈主张阿尔巴尼亚自治。奥匈的立场得到了德国和意大利的支持。1912年12月27日，由英国外交大臣爱德华·格雷爵士主持的各国驻伦敦的大使会议做出决定，让阿尔巴尼亚在土耳其享有宗主权的前提下获得独立。

巴尔干同盟与土耳其的谈判，经过5个月马拉松式的拉锯，终于收场。1913年5月30日，与会各国代表签订了《伦敦和约》。《和约》规定"土耳其苏丹陛下将向同盟国国王陛下们交出奥斯曼帝国欧洲部分的全部领土（阿尔巴尼亚除外），其西部边界线将从爱琴海的埃内兹到里海的米迪亚"。《和约》还决定，将关于爱琴海诸岛屿及阿尔巴尼亚的问题，交由英、法、俄、德、奥匈等国君主决定。《伦敦和约》虽然正式签字并公布，却未生效，正当各国履行批准手续时，第二次巴尔干战争猝然爆发。

第二次巴尔干战争源于《伦敦和约》没有满足各战胜国的领土扩张要求。根据《和约》规定，希腊、塞尔维亚、门的内哥罗三国必须放弃已占领的阿尔巴尼亚领土。这就使当初为了共同反对土耳其而搁置起来的巴尔干同盟内部矛盾迅速激化。

保加利亚觉得在对土战争中，自己出力最大，应该分得更多更好的领土，应占有马其顿中部的斯科普里城和萨洛尼卡等地，甚至认为自己有资格独霸马其顿。为此，保加利亚决心不惜与昨日的同盟者翻脸，用武力把希、塞等盟国军队赶出马其顿，以达到自己领土扩张的目的。

塞尔维亚在战争中所占领土多在阿尔巴尼亚境内，因此，其想在马其顿地区分到更多的地盘作为补偿。为此，它公开提出修改先前的塞、保盟约，改变当初瓜分马其顿地区的协定。

希腊原来就不满足已夺得的领土，更不愿从北依皮鲁斯地区撤军。在马其顿和色雷斯地区，它坚决反对保加利亚对萨洛尼卡等地的领土要求，并企图扩大自己的占领区。

为了共同对付盛气凌人的保加利亚，希、塞经过秘密会谈，两国于1913年6月1日缔结了同盟条约和军事协定。

门的内哥罗站在希、塞一边，它不仅不愿放弃被自己占领的阿尔巴尼亚北部地区，还企图取得诺维巴萨州，以便和塞尔维亚接壤。

另外，在一旁观战的罗马尼亚一直窥测着保加利亚的南多布鲁甲，伺机下手，因为那里资源丰富，且拥有黑海良港。战败的土耳其也不甘心，等待机会，能捞回多少是多少。

干预巴尔干事务的大国也各打各的算盘，德国支持希、塞结盟，支持罗马尼亚对锡里斯特拉的要求，反对保加利亚对萨洛尼卡的领土要求。奥匈帝国则支持保加利亚取得萨洛尼卡，但劝其让出锡里斯特拉，促成保、罗联合，并拉拢希腊和土耳其，共同反对塞尔维亚。俄、法、英协约国为对抗德、奥匈等国，竭力调解巴尔干各国之间的矛盾，反对塞、希缔结反保联盟。俄国邀请塞、保、希、门等国首相于1913年6月16日赴彼得堡会谈，以调和彼此之间的冲突。但未成功，于是协约国集团公开站在希、塞一边。

1913年6月29日，保加利亚国王斐迪南在奥匈帝国支持下，密令其军队向驻扎在马其顿的塞、希两国军队发动突然袭击，从而揭开了第二次巴尔干战争的序幕。塞、希、门三国并不感到意外，它们早已作了准备，也正想通过战争得到谈判桌上没能取得的东西。因此，保加利亚的挑战正中其下怀。保加利亚拥有50万大军，自恃实力雄厚，但事实上，塞、希、门三国对战争准备得更加充分，三国联军投入的兵力总数达59.8万人，且得到英、俄等国的援助，而奥匈帝国答应给保加利亚的援助，实际上是空头支票。

保加利亚原以为几天之内就可击败对方。事实正相反，保军进攻一开始就被三国联军粉碎，被迫转入防御。7月4日，希军攻占了由5万多名保军驻守的基尔基斯城；14日占领德腊玛城。塞军将保军驱逐出札伊恰尔，一举夺得科恰纳、科利沃拉克等地。保军失利，使罗马尼亚、土耳其感到趁火打劫的时机已到。1913年6月30日至7月2日，罗马尼亚50万大军分两路强渡多瑙河，进入南多布鲁甲平原和北部地区，接着向保加利亚首都索菲亚迅速推进。土耳其出动2.5万人部队，越过米迪亚-内兹一线，占领了亚得里亚堡，随即向保加利亚边境迅速挺进。7月底，罗军从北方逼近索菲亚，塞、希两军也准备从西、南两面向索菲亚进军。保军陷入被包围的困境。保加利亚政府以菲迪南国王的名义致电罗、塞、希政府，请求停火。

1913年7月28日，在大国的干预和安排下，以保加利亚为一方，希、塞、罗、门为另一方的谈判在罗马尼亚首都布加勒斯特举行。同年8月10日，保、塞、罗、希、门5国签订了《布加勒斯特和约》。根据条约，马其顿几乎完全被希、塞两国所占。塞尔维亚分得马其顿西部和中部以及诺维巴萨东半部。希腊不仅占据了马其顿南部及萨洛尼卡港，还取得色雷斯西部的杰杰阿卡奇港。保加利亚的谷仓、800平方公里的南多布鲁甲，被迫割让给罗马尼亚。不过，保加利亚也得到了马其顿和色雷斯西部一小块领土，那是上次巴尔干战争的战利品。另外，根据1913年9月29日保加利亚同土耳其签订的《君士坦丁堡条约》，土耳其政府从保加利亚手中重新夺回了亚得里亚堡及东色雷斯的一部分，包括埃地尔内。

两次巴尔干战争具有几种性质：从民族主义出发，具有南斯拉夫等被压迫民族争取独立和解放的性质；从历史发展来看，是近代资本主义在巴尔干地区对中世纪封建主义的胜利；从国际战略格局、协约国集团与同盟国集团互相对抗来看，是协约国方面的一次胜利，尤其对俄国来说，这是一次较为成功的势力扩张。俄国为向巴尔干扩张而打出的蛊惑人心的"泛斯拉夫主义"旗号，得到了巴尔干地区斯拉夫民族的呼应，使他们成功地挣脱了土耳其统治，获得了独立。俄国之后要做的，便是如何使巴尔干半岛上的南斯拉夫小兄弟"返回"斯拉夫大家庭的问题了。两次巴尔干战争的结果对同盟国方面是个沉重打击，德国建造巴格达铁路、向东扩张的如意算盘被打乱。第一次巴尔干战争中德国支持的土耳其和第二次巴尔干战争中奥匈支持的保加利亚，都是战败者。因此，同盟国在巴尔干地区的经济利益和政治威信均受到严重削弱，德、奥当然不会善罢甘休。

当然，巴尔干战争除了上述几种时代层面上的、形而上学的性质外，最为重要的是：它再次体现了一个被历史所反复验证的事实，战争大都为争取生存空间，为扩张领土，归根到底就是为肚皮而打的。

## 4. 斐迪南大公被刺

两次巴尔干战争产生了一种特殊的心理效应，所有参战国家，无论胜负，都不认为这次领土解决具有永久性约束，并且认为1913年签订的一切条约都不过是一堆废纸。这些国家都希望新战争不久爆发，通过再决雌雄来实现各自的领土要求。

巴尔干战争使得奥匈帝国同塞尔维亚之间的紧张关系变得白热化，塞尔维亚是战争最大的受益者，它的领土比战前扩大了一倍多，屡战屡胜使得其建立"大塞尔维亚"的民族主义狂热越发不可收拾。塞尔维亚境内的400万南斯拉夫人向奥匈帝国境内的800万南斯拉夫人发出呼吁，要求组成统一的民族国家。这种形势让奥匈政府惶惶不安，以致其政府内的强硬派——奥军参谋总长康拉德将军一再主张直捣贝尔格莱德，用武力彻底解决塞尔维亚。

"塞尔维亚之所以存在，其唯一目的就是要合并奥匈帝国的南斯拉夫省区。"这是塞尔维亚总理巴希奇坚持不渝的信条，也是"大塞尔维亚主义"的中心思想。为了使奥匈帝国内部的南斯拉夫民族地区脱离出来，巴希奇政府有一套完整的计划。塞尔维亚人组织了两个联盟，一个是由塞尔维亚政府要人出面领导的、公开的"国防联盟"，负责文化宣传，组织间谍网，进行军事训练，培训游击队员。另一个是比较神秘的地下组织——黑手党，它的公开口号是"不统一，毋宁死"。这个秘密组织的章程第二条声明："本党重视恐怖行动甚于宣传。""黑手党"的首领是塞尔维亚参谋本部的一位上校，其真实姓名是迪米特里耶维奇，却化名埃皮斯进行地下活动，他曾因1903年刺杀前塞尔维亚国王亚历山大而一鸣惊人。以后，埃皮斯又先后组织了对奥匈帝国皇帝法朗兹·约瑟夫、门的内哥罗国王尼基塔、保加利亚国王斐南的刺杀，并组织了五次对奥匈帝国派驻克罗地亚、波斯尼亚的总督的暗杀活动，但无一成功。在执行这些任务时，"黑手党"往往雇佣在塞尔维亚首都贝尔格莱德过着流亡生活的波斯尼亚青年，这些年轻人也都是"大塞尔维亚主义"的狂热信徒，无论失败成功，他们在贝尔格莱德都会被当做英雄来颂扬，作为为民族统一的神圣事业而献身的勇士来赞扬。

如何摆脱国家的内忧外患困境，一直是奥匈政府深感棘手的问题，军方人士主张对塞尔维亚发动先发制人的战争，但奥国皇太子斐迪南大公指出这种解决方式十分愚蠢。法朗兹·斐迪南原是奥皇法朗兹·约瑟夫的侄子，由于鲁多夫太子因恋爱纠纷自杀后，才成为奥皇的继承人。他一度因患肺结核被取消皇位继承权，但他以惊人的毅力和严格的生活规律恢复了健康，重新取得了皇位继承人的资格。奥皇希望他遵照门当户对的皇室习惯，和一位表妹——女公爵玛莉娅结婚，然而斐迪南偏偏爱上了一位等级较低的波希米亚女伯爵索菲娅。这种贵贱同婚很可能引起继承权的纠纷，甚至引起奥地利与匈牙利的分裂。奥皇企图阻止这桩婚姻，甚至问他："一个人仅仅为了恋爱就可以放弃他的责任吗？"斐迪南爱情至上，拒绝让步。他对首相表示：除非他能和索菲娅结婚，否则他就会自杀或疯狂。这样，斐迪南如愿以偿，但按皇室规定，索菲娅和她的子女不能继承其丈夫和父亲的爵位和财产，在一切哈布斯堡王室的正式典礼中，索菲娅只能远远地排在后面，不能和其丈夫在一起。

据同时代的人回忆，斐迪南大公是一位深藏雄才大略的政治家，他对自己国家所处的严峻形势有非常清醒的认识，他对内对外所采取的对策也十分高明。在外交方面，他指出："我绝对不赞成与俄国发生战争。我宁愿牺牲一切以避免此种战争。俄奥之间若发生战争，则其结果不是推翻罗曼诺夫王朝就是推翻哈布斯堡王朝，甚至于两个王朝同归于尽。"（后来历史证明，这番话确实表明斐迪南具有非凡的政治预见力，只是萨拉热窝的子弹使他来不及在历史舞台上一显身手。）斐迪南认为奥匈必须外保和平，内求改革。他从美国哥伦比亚大学聘请了一位教授给他讲授美国宪法，并充任自己的顾问。他的远景规划是想把奥匈帝国变成一个联邦制国家，11个不同的民族都有其独立的地方政府，他受美国的启发，称自己未来的国家为"大奥合众国"，各民族在联邦内自成一邦，除了有共同的王室、共同的外交政策、共同的国防以外，都能享受完全的自治。在这样的改革之下，南斯拉夫问题也就迎刃而解了，贝尔格莱德的"大塞尔维亚主义"也就失去了吸引力。如果奥匈境内的几百万南斯拉夫人都接受了这样的安排，那么像塞尔维亚这个小国家也会自动愿意加入这个联邦。但这就要求匈牙利分出一部分土地，划给其他民族实行自治，尽管国内的匈牙利贵族极端顽固，寸土不让，斐迪南私下表示，只要一朝大权在握，他就要强迫布达佩斯接受改革方案，甚至不惜使用武力。

斐迪南的计划不仅受到匈牙利人的仇视，更与塞尔维亚人成立统一的民族国家的目标发生了严重的冲突。塞尔维亚杰出的外交家希巴拉克维奇曾在1912年坦率地说过："塞尔维亚必须在斐迪南继承皇位之前获得奥匈境内南斯拉夫人居住的省份，否则就会太迟了。"

于是，塞尔维亚国内的秘密组织、由极端民族主义分子组成的"黑手党"，把行刺的目标自然而然地对准了斐迪南大公。1914年初，"黑手党"首领迪米特里耶维奇决定必须暗杀奥国皇太子。他得知斐迪南将在6月底去波斯尼亚首府萨拉热窝视察军队大演习，觉得是个下手的千载良机。于是，在斐迪南预期到达的3个星期前，训练有素的杀手们就已分批秘密进入萨拉热窝市。塞尔维亚总理巴希奇与"黑手党"有着密切联系，所以在5月底就知道了这个暗杀计划，虽然他也是一个大塞尔维亚主义者，但也知道政府组织毕竟与民间组织不同，受国际公法约束，作为政府总理，他不想承担如此重大的责任，便召集内阁成员开会商议。由于内阁成员对胆大妄为的"黑手党"并无好感，加之担心自己的靠山俄国沙皇一听王室皇储死于非命，产生反感，所以全体表示反对。于是，内政部长下令边界守备部队阻止刺客出境。许多边防人员本身就是"黑手党"成员，便报告说：那些人早已出境了。内阁得报后再度开会，议员们主张向奥匈政府通告。也许仅仅用含蓄暗示的方式，奥匈政府会不以为然，而明确告知的话，恐怕"黑手党"很快会端掉自己的脑袋，也许还有种种其他顾虑，总之，巴希奇始终没有向奥匈发出警告。[剑桥大学三一学院研究员J.M.K.维维安认为："有一点完全可以肯定，他们（塞尔维亚政府）曾向维也纳方面提出过警告，不过过于谨慎从事，因而没有引起重视。"]

1914年6月28日，斐迪南驱车前往萨拉热窝，开始作正式访问，选定这个塞尔维亚人称之为"维丹日"的国耻节出访，似乎另有一番用意，因为五百多年前的今天，塞尔维亚和波斯尼亚联军同强大的奥斯曼土耳其军队在科索沃地区展开决战，结果塞、波联军战败，塞尔维亚和波斯尼亚从此并入土耳其版图。

斐迪南的车队在前往市政府的途中，遭到了一枚炸弹的袭击，两名侍从军官负伤。斐迪南要求停车查看,吩咐将受伤者送往医院,表现出从容不迫的贵族风度。到达政府后,参加了欢迎仪式,当萨拉热窝市长致欢迎词念到"萨拉热窝的市民以欢欣鼓舞的心情欢迎殿下的光临……"时,斐迪南幽默地插道"用炸弹来欢迎"。市长面红耳赤。斐迪南致完答词,有人劝他提早结束这次访问,以防不测,但他决定去医院看望负伤者。在去医院的路上,司机因弄错方向,需要倒车,所以突然停车,无巧不成书,斐迪南的坐车正好停在一个名叫普林西普的波斯尼亚年轻刺客几英尺远的地方。普林西普赶紧下手,连发数枪,索菲娅本能地扑向斐迪南,企图用自己的身体挡住射向丈夫的子弹,但已无济于事,夫妇俩双双中弹身亡。

　　德国首相俾斯麦去世前不久预言"迟早总会有一个巴尔干的蠢货挑起一场欧洲大战"。现在,萨拉热窝枪声迸出的火星,正向欧洲这只巨型火药桶飞溅而去。

## 第三章 欧洲坠入战争漩涡

## 1. 浮云般的战前外交

### ·德国人开出的"空头支票"

斐迪南被刺事件推倒了欧洲通往战争的第一块多米诺骨牌。奥匈政府内的强硬派势力占据了上风,外交大臣贝赫托德认为与塞尔维亚进行总清算的时机到了,必须向对方提出最苛刻的要求,使之无法接受而拒绝时,奥匈军队可对其实行占领,以后便在适当时机加以吞并,就像波、黑两省那样。但是奥匈如要这样做,势必遭到俄国的干预,所以首先必须得到盟友德国的支持。1914年7月5日,德皇威廉二世收到奥匈皇帝的一封信件,奥皇表示要想取消塞尔维亚这样一个政治因素,德皇的回答是:任何情况下,德国将忠实地站在自己的盟国一边,履行自己的义务,对奥匈同塞尔维亚如何交涉,德国不加干预。

德国这一态度意义重大,如同后来的史学家指出的那样,德国把自己的空白支票交给了奥匈,不加约束地让其随便使用。这对奥匈在处理危机过程中,态度强硬,不肯妥协的态度起了决定性的作用。而德国这样做的原因,无非两种解释:要么是想利用奥匈挑起战争,要么是一种外交处理上的失误。但客观上,确实起了怂恿奥匈的作用。奥匈内部本来意见并不一致,匈牙利首相梯斯泽竭力反对向塞尔维亚提出过分要求,并以辞职相要挟。他认为:在由此导致的战争中，即使奥匈胜利了，充其量只是又增加了些南斯拉夫人的数量而已，而匈牙利人的势力将会削弱。但塞尔维亚的报纸舆论关于杀手普林西普是一位匈牙利伯爵以及类似的报道深深刺激了梯斯泽，使他转而同意用最强烈的措辞发出最后通牒。这样，奥匈内部的矛盾消除了，在对待塞尔维亚的态度上获得了一致。

德国外交大臣雅高得到德驻英国大使的警告，德国不要盲目地跟着奥匈走，否则就会被奥匈拖入巴尔干纠纷而不能自拔，雅高却无奈地回答：德国现在只剩下这样一个同盟国了。

1914年7月23日，奥匈向塞尔维亚发出了一份措辞强烈、要求苛刻的最后通牒。其内容如下：

　　1. 应禁止一切煽动仇恨与蔑视奥匈帝国的出版物，以及有破坏其领土完整倾向的出版物；

　　2. 应立即解散"国防联盟"团体，没收其一切宣传工具，并应同样处理从事宣传反对奥匈帝国的其他团体及其在塞尔维亚的分会。王国政府应采取必要措施，使被解散的团体不得以其他名称和其他方式继续活动；

　　3. 应立即清除塞尔维亚学校中所有支持和可能支持反对奥匈宣传的教员；

　　4. 应肃清军事机关及一般行政机关所有犯有反对奥匈帝国之罪的官员，奥匈政府保留向王国政府提出要求提供这些人姓名和行为之权利；

　　5. 应同意接受奥匈政府代表的协助，在塞尔维亚镇压所有侵犯奥匈帝国领土完整的颠覆运动；

　　6. 对塞尔维亚境内所有"6月28日暗杀案"的共犯，应立即进行侦讯，奥匈政府所委派之代表应参加相关的调查工作；

　　7. 应从速逮捕初步调查事涉"萨拉热窝事件"的陆军少校佛雅·唐科西基及塞尔维亚国家公务员米兰·西甘诺维奇；

　　8. 应以有效措施防范塞尔维亚当局参加非法运送武器和爆炸物过境；应开除并严办沙巴兹与罗士尼卡两地之边防人员，因其纵容萨拉热窝凶手越境，犯有协助凶手之罪；

9. 关于塞尔维亚高级官员在"6月28日暗杀案"后仍在塞尔维亚国内以及在公开访问中肆意发表敌视奥匈帝国之言论，应向奥匈政府做出解释；

10. 最后，应尽快将以上各点措施的执行办法，通知奥匈政府。

奥匈政府等待王国政府的回复，最迟至星期六，本月25日下午6时为止……

## ·奥匈的冲动宣战

奥匈驻塞尔维亚大使吉斯尔男爵亲自把最后通牒交给塞国总理巴希奇，声明期限为48小时。第二天，1914年7月24日，塞国摄政王致电俄国沙皇：塞尔维亚政府愿接受俄国所愿意给予的任何忠告。这意味着塞尔维亚把自己国家的命运托付给了俄国人。巴希奇对国内各政党领袖说，如果俄国不予以支持，我们就只能接受最后通牒。俄国因在远东和波斯的扩张受阻，扩张的重点已重新回到了巴尔干，俄国外交大臣沙佐诺夫对奥匈的要求提出警告，宣称：奥匈在贝尔格莱德进行调查是对一个独立国家的主权的侵犯，俄国决不会容忍。这时恰逢法国总统普恩加莱在俄国首都彼得堡访问，他表示俄国对此事应态度坚定，法国在这个事件上一定给予俄国充分的支持。与此同时，英国外交大臣格雷向俄驻英大使表示：他希望如果奥匈对塞尔维亚进行动员，则俄国也立即对奥匈实行动员；格雷还补充说：他已面告德驻英大使，德国不应把俄国的动员作为自己动员的借口，而应看成是为了缓和奥匈对塞尔维亚的压力之举。法、英的态度使俄国人胆子壮了不少，经过内阁长时间的讨论，终于决定支持塞尔维亚，必要时不惜使用武力，只要奥匈开始进攻塞尔维亚，俄国立即进行总动员，而目前先实行局部动员。7月24日，俄政府秘密下令基辅、敖德萨、莫斯科、喀山4个军区和黑海舰队、波罗的海舰队进行动员。

7月25日，在最后通牒期限还剩6个小时时，俄国的决定通过电报到达了翘首以待的塞尔维亚首都，像是给垂危的病人注射了一针强心剂，贝尔格莱德的气氛为之一变，塞尔维亚摄政王立刻宣布总动员，并命令迁都尼希。同时，政府拟定了一份措辞慎重的给奥匈政府的复文，于当天下午6时差5分，由巴希奇交给吉斯尔，这位总理解释道："我们已经接受要求的一部分，其余的，我们就只好把希望寄托在奥匈帝国的侠义精神上面。"巴希奇在返回官邸的路上，收到了吉斯尔大使派人送来的一份通牒，声称塞尔维亚政府的答复不能令奥匈帝国感到满意，他本人必须离开贝尔格莱德，并且声明：当阁下接到这份通牒时，两国外交关系的断绝已成为事实。下午7时半，这位大使乘火车离开了贝尔格莱德，在断绝邦交的速度上创下了最新纪录。在这天夜里，奥匈政府下令动员预备对付塞尔维亚的21个师（因为塞尔维亚在7月24日已动员了15个师）。

塞尔维亚政府给奥匈大使的答复中，迫于压力，忍辱求全，除了"奥匈政府所委派之代表得参加与之有关的调查工作"这项要求之外，接受了其他全部要求。奥匈的最后通牒虽然要求苛刻，却符合国际法的惯例，即使奥匈委派代表参加有关调查的要求，从国际法的观点来看，未尝不可接受。当年为了取缔俄国的无政府主义者，俄国在巴黎设有警察机构，以往在柏林也有同样的机构存在。当年有人在奥匈帝国境内企图谋刺塞尔维亚米切尔亲王时，奥匈政府也曾允许塞尔维亚政府派员参加调查工作。根据后来的史家推测，塞尔维亚政府之所以认为这一条不能接受，是因为刺杀斐迪南案件的确与政府人员有着摆脱不了的干系，虽然政府没有主使行刺事件，但假使允许奥匈派人参与调查工作，恐怕对方会顺藤摸瓜，牵扯出有关的政府官员，进而指控政府指使了这场谋杀，那时，塞尔维亚政府便处于极为被动的困境。

7月26日，英国外交大臣格雷建议由德、法、英、意四国进行调停，解决奥、塞争端。法国马上表示反对，因为它担心这会减弱协约国之间的团结。同一天里，意大利首相焦利蒂也发出呼吁：建议塞尔维亚政府作为"对欧洲的责任"来接受奥匈最后通牒的全部要求。除德国表示支持外，其他国家对此十分冷淡。就在格雷提出建议的当天，英国海军部在精力充沛的海军大臣丘吉尔再三催促下，发表公告：命令即将结束演习任务的皇家海军舰队不准解散，继续保持在"战位"上。这是丘吉尔同格雷讨论的结果，希望这个消息的公布能够对柏林和维也纳起点清醒剂的作用。

7月27日，格雷再次建议由德、法、意三国驻伦敦的大使和英国代表对奥、塞争端实施仲裁，但遭到德国的拒绝，德国认为英法意三国都不会同情奥匈。此时此刻，奥匈对于战争已感到迫不及待了，贝赫托德最大的心愿就是借暗杀事件来浑水摸鱼，所以他力主宣战以让调停变得更加困难。德国驻奥大使柴尔希基暗中表示同意。这时，一条消息传来：塞尔维亚部队向多瑙河中行驶的奥国运兵船开枪射击（第二天此消息被证实纯系子虚乌有）。在这条消息刺激下，奥皇在宣战书上签了字。此时，德国首相贝特曼已建议奥匈考虑英国的调停建议，贝赫托德却说已经太迟了，我们已决定宣战。7月28日，奥匈帝国正式向塞尔维亚宣战。同一天，法国外交部长向俄国驻法大使正式声明：法国已决定与俄国一致行动。

· 俄国总动员

也许是韬晦之计，德国给世人一种巴尔干纠纷的局外人的印象，也许德皇正如时人描述的那样，是一位不停地试穿一千多套各式服装、手指套满各种纯金戒指、喜欢骑马打猎且有"旅行癖"的君主，在斐迪南被刺事件发生后，德皇居然到挪威的山水之间度了整整三个星期的假，于7月27日回到柏林。总之，直到7月28日，也就是奥匈向塞尔维亚宣战的这天上午，威廉二世才刚刚看到塞尔维亚给奥匈最后通牒的复文。德皇对复文相当满意，在文件上批道："在仅仅48小时之内，能够提出这样的答复实可谓一种卓越的成就。那是超过了我们的期待。对于维也纳而言，这要算是一次伟大的精神胜利。而且同时也消灭了一切战争的理由。吉斯尔实在应该安静地留在贝尔格莱德不走，以此为基础我决不会下动员令。"威廉二世变化无常的态度使人高深莫测，但真正了解了他那种经常在两个极端之间大幅度摇摆的性格后，便不觉奇怪了。正如后人评述的那样：他与其说是一个地道的普鲁士人，倒不如说是个着眼于权势而又胆怯的人，一个具有老虎气势而生就野猫胆子的色厉内荏之辈。他从不曾真心想打仗，他要的是更大的权力，更高的声望，尤其是要德国在国际事务中具有更多的权威，而且只想用恐吓别国而不是攻略别国的手段以遂其图。他想不斗而获得斗士的奖赏。所以每当到了战争一触即发的时刻，就像阿尔及西拉斯和亚加迪尔事件爆发时那样，他就畏缩不前了。这次也是如此，他把空白支票无条件地交给了维也纳，使形势一发而不可收拾，待德皇想要阻止战争时，有恃无恐的维也纳政府早已开战在先。

奥匈对塞宣战引起俄国的恐慌，7月29日上午，沙皇尼古拉二世批准对奥进行局部动员。下午，奥匈大使谒见俄外交大臣沙佐诺夫时称：奥匈不可能讨论给塞尔维亚最后通牒的内容，但保证将不要求塞尔维亚的领土。沙佐诺夫指出：问题不仅在于塞尔维亚的领土完整，而且还有它的主权，奥匈的要求已侵犯了塞的主权，如被接受势将改变巴尔干现有的权力平衡，这是俄国不能容忍的，为此俄国将被迫实施局部动员。两人心平气和的谈话被一个电话给打断，原来奥匈军队已开始炮击贝尔格莱德。沙佐诺夫放下话筒后态度剧变，向奥匈大使说，奥匈的谈判只是为了拖延时间，奥军正在炮击一个不设防城市，在这种情形下，会谈已无意义，说完起身送客。一小时后，德驻俄国大使普塔里斯要求会见，这位大使告诉沙佐诺夫，如果俄国再进一步继续动员，将迫使德国进行动员，欧洲大战也就在所难免了。当然，这位大使解释说，这绝无威胁之意，只是一种友善的忠告。俄国外交大臣却吃不消这一"忠告"，他回答说：他现在终于明白了奥匈的态度为何如此强硬的原因。德国大使离去后半小时，沙佐诺夫同总参谋长亚鲁希克维奇和陆军大臣苏克霍姆利诺夫进行会谈，沙佐诺夫认为从7月25日起，战争已经成为既成事实，既然对奥匈的局部动员必然导致德国动员，从而使得战争无法回避，那么干脆两步并一步，放弃局部动员，直接开始总动员。因为在技术上，针对奥匈的局部动员的俄军要从俄德边境地区抽调，一旦德国卷入，再进行总动员，必受先前局部动员之干扰，比起直接进行总动员要延迟8～10天时间，所以，比较聪明的做法就是不要浪费时间，立即下令总动员。7月29日下午，沙皇尼古拉二世批准了总动员。沙皇此时尚不知道总动员即意味着战争。

下午9时40分，刚批准总动员令的沙皇接到了他的表哥德皇威廉二世的电报，告诉他自己正在努力，而采取军事措施只会使情况更为恶化。沙皇向身旁的侍卫长弗里德利希询问怎么办，老成的侍卫长坦言道：总动员的意义就是战争！沙皇不禁叫道：对于这样可怕的屠杀我不能负责！他立即打电话给总参谋长命令将总动员改为局部动员。

7月30日，欧洲命运的决定权似乎又重新操在了奥匈帝国的手中。上午，德驻奥大使柴尔希基将贝特曼的来电向贝赫托德朗读了两遍。贝特曼在来电中指出：如果发生战争，德奥两国将同四个大国作战。他力劝奥匈在所建议的光荣条件下接受调解，并在结尾处说：否则责任将异常严重。贝赫托德面如死灰地静听着，当他发现电文中并没有"如不接受调解建议，德国将不再受两国间盟约的限制"时，他才松了一口气。贝赫托德同奥皇、参谋总长康拉德一起会商后决定反对接受调解,拒绝同俄国就对塞最后通牒问题进行谈判;并认为:即使现在塞尔维亚接受最后通牒的全部要求,奥方也已感到不满足,他们决定婉言谢拒德国调停的努力。到了黄昏时分,贝特曼得知维也纳拒绝与俄国就对塞尔维亚最后通牒问题进行谈判的消息,立即电告柴尔希基大使:"拒绝与圣彼得堡交换意见实乃大错,因为显然将挑起俄国的军事干涉。我们当然准备履行同盟义务,但不能容许维也纳不听忠告而将我们硬拖入世界大战,请立即与贝赫托德伯爵商谈并强调事态的极端严重性。"不过,他始终没有明确提出:如果奥匈一意孤行,德国将拒绝履行同盟义务。这时奥匈政府还没有正式答复。

当德、奥两国的首脑人物们急得团团转时,俄国的外交大臣沙佐诺夫也已成了热锅上的蚂蚁。他的思维完全被奥匈拖延时间和德国人将实行动员的威胁所占据,他认为大战既然无法避免,就不能让德国人在动员方面抢得战前主动权。在他和总参谋长亚鲁希克维奇的再三恳求之下,1914年7月30日下午4点,沙皇终于同意重新下达总动员令。就在这天,法国发出了要求谨慎行事的呼吁。法国政府给驻俄大使帕来奥洛格发了一份电报,要他向俄国政府转达如下意思:法国将履行对同盟的义务,同时建议俄国"不要立即采取任何措施,致使德国得到全面或部分动员其军队的借口"。但至今尚未搞清在最后关头,法国的这份电报对俄国人的决定起过什么影响。西方有学者认为:他将这个警告转达得太晚了,或者只转达了其中一部分内容,甚至根本没有转达,因为帕来奥洛格素以好战闻名,在整个这次危机中的行为都是可疑的,因而从中作梗的可能极大。

7月31日,维也纳给柏林的正式答复终于来了,它表示奥匈并非不肯考虑和解,但必须俄国取消其对奥匈的动员,而且允许奥匈仍继续进行对塞尔维亚的军事行动。同时又称它仍准备与彼得堡继续磋商,但也进一步决定动员在俄国边境上的兵力。然而,这时欧洲命运的操纵杆却不在维也纳手里,已落到柏林的手中。

## ·德法各怀"鬼胎"

德国的内外政策在很大程度上是由参谋本部来决定的,正如某位西方人士在分析国家与参谋本部时所指出的那样:"与其说是德国的参谋本部,不如说是参谋本部的德国。"早在法俄缔结同盟时,德国参谋本部就在考虑东西两面作战问题了，在耗费了参谋本部将近20年的精力后，一份细致周密，堪称天衣无缝的"史里芬计划"已赫然存放在参谋本部的保险柜中。它是德国的一件法宝，一朝战争临头，德国的兴衰存亡全系于它了。"史里芬计划"所依据的战略设想是：一旦战争爆发，德国不得不进行两面作战的话，将凭借迅速而高效率的动员体制，并利用俄国动员体制的迟钝低效，在最短时间内，首先打败法国。然后掉过头来，回师东向，同俄国一决雌雄。换言之，德国决不会等法、俄两国动员完毕才同他们开战，这无异于坐以待毙。在战争时间表上，它要在俄国完成动员之前先解决掉法国，德国的命运就这样悬在了"时间差"上。因此，当俄国人从7月24日开始进行秘密局部动员时，德国参谋本部已焦急不安，到7月29日，参谋本部正式向首相贝特曼提出警告：如果俄国和法国继续备战的话，德国将逐渐丧失在动员方面的领先地位。7月30日，从纯粹军事角度考虑问题的德国参谋总长小毛奇，不顾政府外交方面还在作避免战争的最后努力，私下给奥匈参谋长总康德拉发了一份电报，鼓动说"立即动员起来对抗俄国，德国将要动员"，以致贝赫托德提出疑问："到底是谁发命令，是小毛奇还是贝特曼？"柏林的内部不协调和军方的态度无疑影响了维也纳在最后时刻采取不妥协立场。小毛奇的压力来自俄国即将总动员的消息，因为据悉：俄国的部分动员，除三个征兵区外，包括了帝国的整个地区，这三个除外的征兵区是面对德国战线的。而进一步实行总动员，就包括了这三个地区，如果不加制止，在经过一段时间的外交努力后，战争仍无法避免的话，德国已完全丧失动员方面的绝对优势，建立在"时间差"基础上的两面作战的战略企图以及"史里芬计划"全都成为泡影。因此，以小毛奇为首的军方势力不断给首相施加越来越大的压力，所以，在7月30日以前，可以说德国的参谋本部，但在这天以后，就可以说参谋本部的德国了，因为国家的内政外交已完全为军方的作战计划所左右。

7月31日上午，德国已得到俄国下达总动员令的消息，于是，贝特曼便向俄国发出最后通牒，要求俄国立即取消总动员令，否则德国将实行总动员，限期答复为12小时。同时宣布德国处于"战争危险迫近状态"（即为动员的准备阶段）。

德国大使普塔里斯在午夜时分将最后通牒交给沙佐诺夫，限俄国政府在第二天，也就是8月1日正午前予以答复。贝特曼根据法学原理指示德大使，当俄国拒绝时，则必须在当天递送宣战书，因为如果不向俄国宣战，也就不能向法国宣战，不向法国宣战，也就不能向比利时发出要求假道的通牒（"史里芬计划"的核心是假道比利时，以大迂回奇袭的方式迅速击败法国）。现在，德国人必须弄清法国的意图，在向俄国递交最后通牒的同时，指示德驻法国大使冯·秀恩男爵向法国政府递交最后通牒，要求在18小时之内答复：法国在德俄战争中是否保持中立。如果保持中立，则先将法国土尔和凡尔登两地要塞交给德国，以作为中立的保证，待战争结束后归还。这就等于让法国交出自己大门的钥匙。德国这份通牒之"蛮横"连它的大使都感到难以启齿，因此，冯·秀恩大使在递交通牒时，没有提出以要塞作中立的抵押品。但法国政府破译了这项指示的电码，对此一清二楚。德国之所以如此"蛮横"，出自这样的考虑：万一法国假装答应中立，等德国集中力量于东部对俄作战时，法国再宣战，那时德国便陷于极度被动之中，所以口说无凭，要法国交出两个要塞区以示诚意。

对法国来说，现在首要的政策目标是必须使英国与自己并肩作战，要做到这点，法国只能扮演被侵略者的角色，所以，法国政府在7月30日采取了一个异乎寻常的措施，下令在瑞士和卢森堡之间德法边境上的所有法军后撤10公里。这在军事上来看是一着险棋，目的在于取得政治外交上的效果。8月1日凌晨2点，俄驻法国大使、原俄国外交大臣伊斯沃尔斯基忧心忡忡拜访法国总统普恩加莱，这位大使显得非常伤心和焦虑。根据1892年的法俄协议规定："如果德国或奥地利在德国支持下进攻俄国，法国应调动其所有军队进攻德国"，以及"如果三国同盟或三国同盟任一成员国动员了其军队，法国和俄国一旦知悉，无须任何事先的协议，应立即同时动员该两国的全部军队……"现在俄国已经动员了，但害怕法国临阵退缩，不愿履行盟约。俄国大使问法国将作何种打算。他的担心不是没有道理，尽管法俄军事联盟的条款早就存在，却从未向议会透露过。俄国是专制制度，沙皇有绝对的权威，在法国，如果没有议会的支持，动员令是无法下达的。普恩加莱向俄国大使保证，几小时后就会召集内阁会议，给他一个答复。与此同时，俄国大使馆的武官也出现在法国陆军部长梅西米的卧室里，提出了同样的问题。就在俄国人逼着法国首脑们表态时，法军总司令霞飞也催促着内阁下动员令，他警告，每耽搁24小时就等于失去15～20公里的国土，作为总司令，他将拒绝这个责任。中午11点，德国大使冯·秀恩已在法国外交部等候2个小时了，他在等待法国政府的最后回音。当法国总理维维亚尼到达时，这位大使怏怏不乐地说："我的问题未免过于天真，因为我们知道你们已有一个同盟条约。""这就不用说了。"法国总理应声说道,他已和总统普恩加莱商量好了对德国最后通牒的答复。他对德国大使说:"法国将按自己的利益行事。"德国大使刚走,俄国大使就奔了进来,带来了德国向俄国发出最后通牒的消息。维维亚尼回到内阁,内阁终于同意下达总动员令。现在,俄国和法国已开始接受德国的挑战了。

8月1日正午,德国给俄国的最后通牒限期已到,但俄国没有答复,似乎表明俄国对此不屑一顾。不出1小时,一份向俄国宣战指令的电报发往圣彼得堡。下午5点,德国宣布总动员。在大使馆焦急不安的普塔里斯,一直在等待俄国人的答复,过了正午时限仍不闻音信,到了下午6时,却收到柏林要他下午5时向俄国递交宣战书的电报。他匆匆赶到俄国外交部按惯例向沙佐诺夫询问三遍,俄国是否接受德国的最后通牒,后者也三次回答"不"。德国大使颤抖着手递上宣战书,说道:"这就是我的使命的结束。"沙佐诺夫大声嚷道:"全世界将咒骂你们!"德大使回答:"我们是为了维护我们的荣誉。""这与你们的荣誉无关,上天自有公道。"俄外长反驳道。德大使喃喃自语:"上天自有公道,上天自有公道。"俩人互相拥抱、亲吻后分别。德国人刻板地拘泥于法理而首先宣战,是外交上的严重失策,使本来已居心叵测的意大利得到不履行三国盟约的借口,因为意大利只是在防卫战争中才有参加同盟国作战的义务。

德国总动员令刚发出才几分钟,德国驻英国大使利希诺夫斯基从伦敦发来一份电报,一下子打乱了整个动员计划。这天中午,格雷向他谈了英国的建议,据利希诺夫斯基的理解,这个建议的意思是:"如果我们不进攻法国,英国将保持中立,并保证法国也保持中立"。威廉二世大喜过望,因为德国已不得不按既定的计划实施两面作战,现在大军正向法国边境调动,如果法国采取中立的话,德国就可放心地对俄一面作战了。德皇向参谋总长小毛奇读了电报后,得意洋洋地说:"现在我们可以只同俄国作战了。我们干脆全军挥戈东进!"小毛奇闻言犹如五雷轰顶,他认定部署在西线的几百万部队180度的掉头向东,简直如同痴人说梦。他向德皇进谏:"皇帝陛下,这不可能办到。上百万大军的调动部署是不可能临时急就的。如果陛下坚持要把全军带往东线,那这支军队将不再是一支枕戈待旦的军队,而将是一群带枪而没有给养供应的乌合之众。单单安排他们的那些给养,就花了整整一年艰巨复杂的劳动才完成……凡事一经决定,就不能变动。"德皇无可奈何地说:"你伯父肯定会给我一个不同的回答。"小毛奇虽然自尊心受到伤害，但坚决认为：德法两国既然都已动员，要维持两国之间的和平是不可能的。最后，小毛奇终于说服德皇，不改变动员计划。随后，贝特曼和雅戈起草了一份给英国的电报，说德军开往法国边境的行动已无法改变，并对此表示歉意。但保证8月3日7时前，将不越过边境线。雅戈还赶紧给驻巴黎大使发了一份电报，请他"务必暂时稳住法国不动"。同时，德皇也发了一份私人电报给英王乔治说，"因技术原因要撤回动员令已为时过晚，如法国向我表示中立，我自当勒马不进攻法国，而将军队用于别处，但英国必须以海陆军签字担保。深望法国不必紧张。"德皇不顾小毛奇五内俱焚，撤销了当晚7时进入卢森堡境内，夺取铁路运行中枢的命令。快近午夜时，正当小毛奇为是否要在这道命令上签字而万般苦恼时，驻伦敦的大使利希诺夫斯基又来了电报，原来他和格雷进一步交谈后发现，自己上午把格雷的意思弄错了。格雷的意思是：如果德国答应对法国和俄国保持中立，就是说对两国都不发动战争，静待各方为解决塞尔维亚事件努力的结果，英国将答应使法国保持中立。这一误会源于格雷一向简略而含糊的语言表达方式。格雷在8年的外交生涯里，已将自己尽量做到言之无物的说话方式锤炼得炉火纯青，以致那位被即将来临的灾难弄得晕头转向的德国大使在关键时刻误解了他的话。现在，他沮丧地来电说："英国的建议已基本无望。"德皇看完电报后在卧室召见小毛奇说："现在你可以为所欲为啦。"说完便睡觉去了。

## 2. 兵戎相见，一触即发

### ·德国开动战争引擎

8月2日，一份命令驻比利时大使赫尔·冯·贝洛于当晚8时向比利时政府递交最后通牒的电报，从柏林发往布鲁塞尔。

按照"史里芬计划"，解决法国的第一步就是要迅速通过比利时，这样才能取得奇袭的效果。大军假道比境已是德国人打"时间差"、对俄法两面作战的战略链条上不可脱节的一环。早在7月26日，也就是奥匈帝国向塞尔维亚宣战前两天,奥匈和俄国开始动员的前四天,小毛奇亲笔拟就了给比利时的最后通牒的底稿,再经外交部次官齐默尔曼和政务秘书施图姆修改,复由首相贝特曼和外交大臣雅戈润色校正,才定稿密封派专使于7月29日送抵驻比使馆,随附命令:"未奉此处电令,不得拆阅。"8月1日,比利时外交部次官巴松皮埃尔试探冯·贝洛是否愿意发表一项德国保证比利时中立的声明,后者表示他未经柏林授权这样做,不过他宽慰他的客人说:"比利时对德国没有什么可以害怕的。"8月2日清晨6时,比利时外交大臣达维尼翁在睡梦中被德国入侵卢森堡的消息所惊醒,他立刻召见德国大使要求解释,后者用了一个绝妙无比,后来被广泛流传的比喻:"你邻居的屋顶可能失火,但你自己的房子将安然无恙。"在此之前,7月31日,格雷得知德国向俄国发出最后通牒后,即分别给德、法两国政府去电,要求两国保证:在比利时中立未受其他强国破坏时,尊重比国的中立。法国在接到电报一小时内,就回电表示同意,德国的回答是:"外交大臣不可能在请示皇帝和首相前给予回答。"这天也是德国宣布处于"战争危险迫近状态"的日子,比利时也于当天午夜时分开始动员军队,但比利时此刻并不知道谁将首先破坏中立,入侵将来自哪一方,因而也无具体的敌国为其目标,只是征召入伍而已。8月1日晚,德国对格雷的要求保持沉默已满24小时,比利时国王阿尔贝决定以个人名义向德皇做最后一次呼吁。他和他的妻子——一位巴伐利亚公爵的女儿,纯德国血统的伊丽莎白王后共拟了文稿:希望"亲缘和友谊的纽带"肯定会使德皇向阿尔贝国王作出个人的私下保证,尊重比利时的中立。但即使是"亲缘"关系也没能打动威廉二世。相反,在8月2日晚上7时,德国大使送来了一份杀气腾腾的最后通牒,限比利时人12小时内作出答复。

通牒的概要为:德国收到可靠情报,法军将沿基维至那慕尔一线推进,所以法国打算通过比利时国境进犯德国的意图已不容置疑。比利时军队显然无力阻止法军的推进,因此德国根据自卫的需要有必要先发制人,以阻止法国这种敌对性的进攻。如果比利时人把德国进入比利时国土的行为视为针对它本身的一种敌对行动,德国将深感遗憾。不过,如果比利时能够保持善意中立,则德国将保证一旦战争结束缔结和约时,当即撤出比国领土,保证赔偿德军所造成的一切损失,并且在和约缔结时,保证王国的主权和独立。如果比利时反对德国通过其领土,则将被视做敌国,今后两国关系将由枪炮来决定。

事实上,法军无任何向比利时境内运动的迹象,德国政府要进入比国的理由纯属捏造。比利时人明确意识到：若要坚决捍卫自己的独立，它将受到力量十倍于己的德国的攻击，他们的家园将遭毁灭。如果他们屈服于德国的要求，那将听任德国占领自己的国家，而一个胜利的德国是很少有可能把撤退放在心上的，不仅如此，德国还会使比利时成为进攻法国的帮凶，成为自身中立的破坏者。不论选择哪条路，他们的国家都要被德国占领，但是，如果屈服，还得丧尽荣誉。最后，比利时人毅然作出决定："如果我们必然要化为齑粉，就让我们光荣地化为齑粉吧。"8月3日凌晨4点，阿尔贝国王主持的国务会议通过了给德国的复照，并通过了国王的建议，即在德军实际进入比利时之前，不向其他保证比国中立的国家发出求援呼吁，以防这种呼吁被德国用来作为入侵的理由。上午7时整，也正是12小时限期的最后一刻，德国大使冯·贝洛接到了比利时政府的复照。比利时声明：如果接受德国的建议，它"将牺牲其民族尊严，背叛其对欧洲的义务"。因此，比利时"坚决以其权力范围以内的一切手段抵抗对其权利的每一进犯"。这天晚上，比王收到德皇对他两天前发出的呼吁的答复，德皇复电说，"由于怀着对比利时的最友好的愿望"，他才提出了他的严肃的要求，"正如所提条件已经阐明的那样，能否维持我们以前和目前的关系，依然取决于陛下"。"他把我当做什么啦？"阿尔贝国王愤慨地叫道，他立即下令炸毁列日要塞附近穆斯河上的桥梁，以及与卢森堡交界处的铁路隧道和桥梁。8月4日清晨6时，德国大使最后一次拜访比利时外交部，递交了一份照会。照会说：鉴于德国政府的"善意的建议"遭到拒绝，为了自身安全，德国将不得不采取措施，并"于必要时兵戎相见"。这个"必要时"是有意为比利时改变主意留下了余地，但这已无济于事，此时比利时人早已拿定了主意。两小时后，8时刚过2分，德军先头部队浩浩荡荡越过边境，开始进攻列日要塞。

### ·格雷成功掌舵大英帝国

当时间把欧洲向危机的顶峰推去时，英国这艘军舰也曲曲折折向战争驶去。7月31日，即德国向俄国发出最后通牒，要求取消总动员的这天，格雷在内阁会议上开门见山地说，英国作出决定的时刻已经来到，是支持协约国，还是保持中立，不容再拖延了。他表示，如果内阁选择中立，他绝不是执行这种政策的人。弦外之音是以去职相要挟。大臣们听完鸦雀无声，会议没作出任何决定就结束了。很明显，大家都在观望，等待事态的进一步发展。

8月1日，当俄国人在逼法国表态时，在伦敦，法国驻英国大使康邦也在对英国外交大臣格雷施加压力。中午，英国内阁召开会议，德高望众的莫利勋爵指出，在这场战争中，一个胜利的俄国将危害英国在亚洲的利益，而且英国人民也不准备在一场为自由和正义而战的斗争中，接受沙皇的哥萨克骑兵作为自己的战友。内阁再度否定了丘吉尔要求立即动员的建议，并决定就比利时的中立问题再向德国提出警告，但目前暂不采取行动。格雷把内阁的态度转给焦虑不安的康邦，格雷说英国必须等待局势出现某种"新的发展"，因为俄、奥、德三国的争执所涉及的问题与英国"无关"。格雷态度暧昧有其难言之隐和复杂的国内政治背景。"光荣孤立"的外交传统在国内仍有强大的势力，政府内阁和议会存在两派意见，一派主张介入欧洲大陆的事务，另一派则反对介入。内阁中格雷派和保守党属于前者，他们认为英国的国家利益和法国的生存是紧密相连的，但是如果格雷公开说明这一观点，势必引起内阁和全国的分裂，从而使任何从事战争的努力在战争开始之前遭到致命的打击。因为英国是欧洲唯一不实行义务兵役制的国家，战时得依靠自愿应募。如果在战争问题上有一批人退出政府，那就意味着退出政府的那批人将领导成立一个反战组织，募兵工作就会因此产生不堪设想的后果。所以，英国参战的首要条件是要有一个联合一致的政府。

英国内阁里，反对干预的那一派势力雄厚，莫利勋爵是其领袖，他相信可以指望有"八九个人可能赞同我们"，反对丘吉尔以"超凡的精力"和格雷以"狂热的直率态度"所公然为之奋斗的解决办法。莫利有一点很清楚，比利时的中立"比起我们在德法争斗中的中立来是处于第二位的"。格雷也很清楚，只有比利时的中立遭到破坏，才会使主和派相信德国的威胁，相信需要用战争来保卫英国的利益。8月1日，内阁和议会的裂痕已经出现，并在继续扩大，18名内阁阁员中，有12人反对英国保证在战争中给予法国支持。自由党议员决策委员会以19票对4票通过一项决议：不论比利时或其他地方发生什么事情，英国都应保持中立。这天中午，伦敦证券交易所在金融恐慌风潮中宣布停市，全欧洲的交易所也相继关闭，外汇暴跌，银行家和商人一想到战争就大惊失色。次日，英格兰银行总裁告诉劳合·乔治，整个伦敦城全都反对英国插手战争。在英国大众中影响甚广的《笨拙》周刊发表了一首诗，题为《表达一个普通的英国爱国者意见的诗》：

> 凭什么我要奉行你们的打仗路线，
> 就为了一桩与我无关事件……
>
> 到时候我将被征召作战，
> 全欧洲烽火遍地
> 卷进了一场别人的战争，
> 为的是要履行两家协约的规定。

康邦大使结束了同格雷的谈话后，极度失望之下，去拜访反对党领袖，他抛弃了以往的外交辞令，直截了当地指责道："我们所有的计划都是双方共同拟定的，我们两国的参谋本部都曾进行过磋商。你们已经看到了我们的全部计划和准备工作。请看我们的舰队！由于我们和你们所作的安排，我们的整个舰队都在地中海，因而我们的海岸对敌人敞开着。你们把我们搞得门户洞开！"康邦又来到英国外交次官尼柯逊的办公室，瘫坐着口中不断地重复："他们要抛弃我们！他们要抛弃我们！"伦敦《泰晤士报》记者恰好来采访，问康邦来此有何贵干，康邦硬邦邦扔去一句话："我正在等候着想要知道'荣誉'这个词汇是否已经从英国的辞典中被删去了。"随后，康邦对尼柯逊进行威胁，扬言要向外界公布"他的小文件"（即1912年两国往来的信件），让格雷和他的政府出丑。

格雷应付完康邦，旋即被尼柯逊缠住，尼柯逊问："在此危机关头英国是否真的要拒绝援助法国？"格雷不知如何回答，只是作了一个无可奈何的姿态，尼柯逊怒吼道："你简直让我们成了国际上的笑柄！"吼完扭头就走。格雷还来不及反应，德国大使利希诺夫斯基已站在他面前，格雷向德国大使宣读了英国内阁的警告：德国不得侵犯比利时中立。大使天真地问道："如果德国正式承诺不侵犯比利时中立，英国是否也承诺保持中立？"（这位大使一点也不清楚"史里芬计划"必须破坏比国中立。）格雷回道："英国不能给予任何承诺。"德国大使进一步追问："英国在何种条件下才肯保持中立？"格雷回答说："英国必须保持行动的自由。"后来当威廉二世看到这份谈话记录时，忿忿地批示道："所以他们简直是一群流氓！"

法国大使威胁要公布的"他的小文件",的确是格雷先生的"痛处",英法之间的军事密约长期以来一直瞒着议会和内阁其他人员,从英国长远利益考虑,英法合作势在必行,两国总参谋部联合制订的计划和海军协定都属未雨绸缪之举,但迫于"光荣孤立"的传统惯性,格雷和他的内阁又同时对法国人私下声明,尽管双方合作已到了这一步,但并不意味着在战争中,英国承担援助法国的义务。事实上,英国人这种滴水不漏的做法纯属自欺欺人。根据克劳塞维茨的观点,既然战争是国家政策的继续,那么军事计划也是国家政策的一部分,两国参谋本部花了9年时间才把全部细节拟定完毕的计划,既非逢场作戏,也不是消磨时光。既然伙同法国搞了联合作战的计划,又声明不承担义务,一方面反映了英国政府的自私精怪,另一方面也反映了国内反战势力的强大,以及相当一部分政府官员明知"不承担义务"不符合现实中事件发展的逻辑,仍自我催眠。

8月2日下午,格雷要求英国内阁授权履行英国海军保卫海峡一边法国海岸的诺言。德国舰队一旦出现在海峡,对英国的直接挑衅将不亚于当年的西班牙无敌舰队,因此,内阁勉强地同意了格雷的要求。格雷于当天下午,也就是德国向比利时递交最后通牒前几小时,向康邦大使递交了一份书面保证:"如果德国舰队进入海峡,或是通过北海对法国海岸或海上运输采取敌对行动,英国舰队将全力给予保护。"不过格雷又表示:该项保证"并不约束我们必须与德国作战,除非德国舰队采取上述行动。"这时的格雷再一次表现出英国人特有的"精怪"。他还告诉康邦,因为英国不能确保本土海岸,所以不可能安全地派遣武装部队出国。康邦刚喜又惊,问道这是否意味着英国将永远不采取这一行动。答曰:仅就当前情况而言。康邦建议英国派遣两个师以收道义上的效果,格雷说派遣这样小一支部队甚至4个师都会给他们带来最大危险,而效果又将是微乎其微。继而格雷还告诫说,在次日通知议会前,英国海军承担义务一事千万不得公开。此刻,落在水里的法国总算抓到了一根稻草,康邦既感失望犹抱希望,他相信这会导致英国全面参战,因为无论哪个国家都不会半推半就地打仗。

履行海军协议的保证终于导致了英国内阁的分裂,莫利勋爵和约翰·伯恩斯两位大臣宣布辞职。生龙活虎的丘吉尔四处串联,准备万一内阁倒台就组织联合政府。格雷深知举国上下痛恨卷入战争,要彻底履行对法国人的义务,就要把英国带进漩涡并维护康邦所说的"英国的荣誉",真是如履薄冰,如临深渊。

除非"英国的荣誉"套上一件"比利时外衣",因为中立的比利时是英国政策的产儿,对比国的入侵就是对英国在大陆利益的践踏。正当英国政府为是否接受挑战而焦头烂额,内阁行将崩溃时,德国人毫不吝啬地将"比利时外衣"及时送到。这天晚上,格雷正同原陆军大臣霍尔丹共进晚餐,一份"德国即将入侵比利时"的电报送上餐桌。这份电报不知是谁发的,不过格雷却肯定其言可信,他问霍尔丹有何想法,后者回答立即动员。他俩很快找到首相阿斯奎斯,给他看了电报,要求他批准动员,首相表示同意。霍尔丹自荐暂时重返陆军大臣职位,而格雷已决定要求内阁将比利时中立被破坏视做宣战的理由。

8月3日中午时分,英国陆军部已发出了动员令,内阁也得到消息:比利时已决定将其6个师投入战斗,抗击德国。内阁还收到保守党领袖两天前就发出的声明,声明指出:如果对法国和俄国的援助犹豫不决,就会使联合王国的信誉和安全化为泡影。而自由党那边,约翰·西蒙爵士和比彻姆勋爵两位大臣已辞职,但比利时的事态则决定了中枢人物劳合·乔治仍在留守。这天下午,格雷要向议会宣布政府声明,这是危机发生以来英国人第一次正式公开声明。他没有时间准备讲稿,临到最后一小时,德国大使来访,询问格雷打算对议会讲些什么,是宣战吗?格雷回答说,不是宣战,而是说明条件。德国大使问比利时的中立是否条件之一?他"恳请"格雷不要将此提作条件。俩人各怀心事,心急如焚,格雷想抓紧时间构思几个要点,利希诺夫斯基竭力想拖延时间,以推迟公布这一挑战的时刻。

8月3日下午3时,格雷开始向座无虚席的议会发表将一个国家带进战争的历史性演说。格雷的使命是要使国家朝野一致、上下团结地投入战争。他从容不迫,感情充沛地请人们从英国的利益、英国的荣誉和英国的责任来对待这次危机,他叙述了英法军事会谈的经过和结果,强调这仅仅是未雨绸缪,英国并不因此承诺过任何"义务"而丧失在任何情况下保持"行动自由"的传统原则和灵活性地位。接着他透露了两国海军的安排,法国的海军根据协议已集中在地中海,地中海贸易航线对英国无疑十分重要,在那儿,英国舰队的力量不足于对付其他国家的联合舰队,也不能派遣更多的舰只去那儿。现在法国北部和西部海岸已处于毫无防御的状态,如果英国舰队不履行保卫法国海岸的承诺,法国舰队一旦从地中海撤回,英国在那儿的海上利益能否维持,将难以预料。因此他已受权对法国大使作出保证:英国将履行保卫法国北部、西部海岸的义务,如果德国舰队开进海峡轰击法国海岸,英国不能袖手旁观,不能不采取任何行动。说到此处，引来议会席上一大片喝彩声，反战人士则表示默认。喝彩过后，格雷继续说他了解到德国政府的意图是：如果英国保持中立，德国同意它的舰队不攻击法国北部海岸。但格雷认为这种约定范围太狭窄，英国的中立只换得鸡零狗碎的东西是不明智的，事态已发展到更为严重的地步，因为从他刚刚得到的消息来看，似乎德国现在已经向比利时提出了最后通牒，要损害它或侵犯它的中立，使它失去孤立地位。格雷提请议院设想一下："如果法国在这场生死决斗中打败了，从而失去了大国的地位，屈服于一个更强大的战胜国，而且如果比利时受同一控制力量的支配，然后荷兰、丹麦紧接其后。"格雷说到这儿明智地援引了反对者领袖、前首相格莱斯顿的观点："我们国家能够袖手旁观，熟视这种玷污历史的前所未有的可怕罪行，从而成为这一罪行的帮凶吗？"他还引用了最为关键的一句："我们有着反对任何国家无限扩张的共同利益这一点，岂不是就成为事实了吗？"格雷接着斩钉截铁地发挥道："如果在这样一场危机之中，我们逃避根据比利时条约所承担的事关荣誉和利益的义务……我简直不能相信，在战争结束时，即使我们持旁观态度，能够把战争中所发生的情况改变过来，防止我们对面的整个西欧陷于独一无二的大国的统治之下……我相信，我们也将在全世界面前丧失别人对我们的尊敬，丧失我们的名誉和声望，我们将无法逃脱最严重和最严酷的经济后果。"

格雷将"问题和抉择"放在了议会面前，当他结束了一小时又一刻钟的演讲时，议院大厅爆发出一片掌声。仍有少数议员反对格雷的观点，麦克唐纳代表工党议员发言说，英国应该保持中立。自由党议员则通过一项决议声称：格雷没有说清参战的理由。但格雷基本上获得了举国支持，当大英帝国处在历史的十字路口时，他成功地驾驭了国家的命运。离开议院时，丘吉尔问："现在该怎么办？"格雷说："现在嘛，我们要在 24 小时内向他们发出最后通牒，要他们停止对比利时的侵犯。"几小时后，格雷又对法国大使康邦说："如果他们拒绝，那就是战争。"

· 宣战、中立、最后通牒

就在格雷结束下院演说后两小时，德国驻巴黎的大使冯·秀恩带着政府的宣战书来见法国总理维维亚尼，他一见面就抱怨说，他来的路上，一位法国太太把头伸进他的汽车窗口，侮辱了他的皇帝。维维亚尼问他是不是就为抱怨此

事而来,他说另有任务。德国大使打开文件宣读战书:

德国行政和军事当局已经证实,法国军事飞行员在德国领土上采取了一些公然敌对行为。在这些行为之中,若干次飞行飞越比利时的领土,公开侵犯比利时的中立;一次飞行企图毁坏韦塞尔附近的建筑物,另外几次是在艾弗尔区被发现,还有一次则在卡尔斯鲁厄和纽伦堡附近铁路投弹。

我奉训令并荣幸地通知阁下,德意志帝国面临着这些侵略事实,认为由于法国的行为的结果而与法国处于战争状态。

同时,我荣幸地使阁下获悉,德国当局将扣留德国港内的法国商船,但如果在四十八小时内德国当局得到完全互惠的保证,德国当局将释放这些商船。

我的外交使命因而告终,应请阁下给予护照,并采取阁下认为合适的步骤,保证我本人和大使馆的工作人员及巴伐利亚公使馆和德国驻巴黎总领事馆的工作人员回返德国。

德国在宣战书里对法国的指控纯属捏造,维维亚尼当即给予正式否认。这些指控与其说是讲给法国人听的,不如说是讲给德国国内公众听的。8月4日正午,比利时国王正式发出呼吁,要求比利时中立的各保证国采取联合一致的军事行动。几小时前,德军已越过边境开始了进攻。在这以前,比利时和法国担心德国向比国发出的最后通牒可能是一种诡计,想诱使法国先行进入比利时,以便找到入侵借口。所以,比国政府迟迟没有发出呼吁,直到德国入侵成为事实。在柏林,德国当局以为比利时人会为了面子做一下象征性的抵抗就会同德国达成谅解。当比利时驻德国大使拜恩斯前往德国外交部索取护照时,德国外交大臣雅戈赶忙迎上前去问道:"你有什么话要对我说吗?"似乎在等待着某种建议。他再次申明德国愿意尊重比利时的独立,并说,如果比利时不毁坏铁路、桥梁和隧道,在列日不进行抵抗而让德军自由通过,德国愿意赔偿一切损失。拜恩斯转身要走时,雅戈仍跟在后面说:"或许我们还有一些话可以谈谈。"

下午,法国总理维维亚尼在参众两院联席会议上发表演说,当他说到意大利已"以其拉丁民族的理智所独具的洞察力"宣布中立时,全场响起了如痴如狂的欢呼声。维维亚尼致词完毕，接着就是宣读法国总统普恩加莱的书面演说词，由于宪法的规定，总统不能亲临国会。总统的演说词指出，法国是为自由、正义和理性而战，必将获得文明世界的全体支持。与此同时，法军总司令霞飞将军正信心十足地来向总统辞行，然后奔赴前线。

　　几乎同样的时刻，德意志帝国的国会议员们聚集一堂，在大教堂做完仪式后列队鱼贯进入皇宫，首相贝特曼身着龙骑兵制服，从公文包里取出演讲稿递给德皇，威廉二世一身戎装披挂，头戴盔帽，手按剑柄，杀气腾腾地宣称："我们拔剑出鞘，问心无愧，双手清白。"他说战争是由塞尔维亚在俄国支持下挑起的，他历数了俄国的罪行，激起一片"可耻"的嘘叫声。演说词念完后，德皇提高嗓门宣布："从今日起，我不承认党派，只承认德国人！"然后要求各党派领袖，如果同意的话就上前同他握手。在激动的狂热中，所有党派的领袖们都从命不误，其他在场的人员爆发出欣喜若狂的欢呼声。议员们离开皇宫，又继续到国会大厦开会，当贝特曼宣布德军已进入比利时和卢森堡时，议员席上引起一阵巨大的骚动。他解释说："法国确实向比利时保证尊重它的中立，但我们知道法国时刻准备入侵比利时，所以我们不能等待，这是出于军事上的需要，而'需要是不懂法律的'。"说到这里，贝特曼总算把所有的人俘虏过来了，但不知从哪儿来的一股勇气或是蛮气，他居然说道："我们对比利时的侵犯是违背国际法的，但是我们现在正在犯的——我公开这么说——过错，在我们的军事目标一经达到之后，我们是会弥补的。"这句话在海军上将蒂尔皮茨看来是德国政治家有史以来最严重的失言；而自由党领袖康德拉·豪斯曼却认为这是整篇演说中最精彩的部分。贝特曼最后说了一句惊人的妙语："不论哪个国家若也像德国这样受到如此严重的威胁，所考虑的也只能是如何杀出一条血路。"接着，情绪激动的国会议员们一致通过了50亿马克的战时公债，并决定国会休会4个月，因为按照当时人们的一般想法，战争只要4个月时间就会结束。

　　当天晚上7点，英国终于向德国发出了最后通牒，这份通牒分两步走，第一步要求德国作出它对比利时的要求"不予执行"的保证，并要求对此"立即回答"。但从技术上看还不能算最后通牒，因为既未加时间限制，又未提出如不答应或不答复时英国将采取措施。格雷一直等到获悉德军确实入侵比利时之后才发出第二份照会，要求当天午夜之前必须作出满意答复，不然英国大使就将索取回国护照。

英国驻德国大使爱德华·戈申爵士在递交通牒时,贝特曼勃然起怒,大发了一通议论。他说:"英国竟对一个联姻的国家宣战,简直不可思议,这等于在一个人为了自己的生命与两个来犯的人搏斗时,从他背后猛击一下。"此刻,这位德国首相在一时冲动下又说了一句惊世骇俗、响彻全球的话,他说英国这样做"仅仅是为了一个词儿——'中立'——仅仅是为了一张废纸……"这句话为他在危机过程中的"妙语连珠"再添"异彩"。戈申大使针锋相对道:"如果假道比利时涉及德国的存亡,那么履行盟约义务也关系英国的存亡。"

德国对英国的通牒置之不理。晚上9点左右,英国政府从一份截获的明码电报得知德国已决定从英国大使要求发给护照之时起,即同英国处于交战状态。不过,英国人还是决定等到午夜。午夜过后20分钟,英国向德国宣战,不列颠狮终于和德意志鹰撕咬起来。自萨拉热窝刺杀事件以来,弥漫在欧洲上空的迷雾终于散尽,尘埃落定之处,两大军事集团都已穿上"闪闪发亮的甲胄",登场亮相。

## ·坠入漩涡的欧洲

8月初的头几天里,整个欧洲像是被卷进一个疯狂的漩涡。在美国作家巴巴拉·塔奇曼的笔下,某些景象成了具有历史意义的镜头,反映了战争悲剧到来时欧洲人的心情。这里似有必要录下几段:

"在布鲁塞尔,德国入侵开始后一小时,阿尔贝国王身穿军服,未作任何佩戴,骑马去国会开会。一辆敞篷马车上坐着王后和她的三个孩子,后面跟着两辆马车,国王一人在马背上殿后,这个小小的行列沿着皇家大道小跑而来。一路上家家户户挂着国旗,拿着鲜花;街头巷尾满是兴奋激昂的人群;素不相识的人们互相握手,欢笑与呼号杂交一片,每个人的感情,正如有人后来回忆所说,'都被他和他同胞之间的共同的爱和共同的恨的纽带联结在一起'。一阵又一阵的欢呼声朝着国王而来,仿佛人们怀着共同的感情,试图向他表明,他是他们国家的象征,是他们坚持独立意志的象征,甚至不知怎么竟忘了不该出场,也和其他国家的外交官们一起在国会窗口观看着这个小小行列的奥地利大使也在揩拭眼泪了。

……

同一天在巴黎，穿着红裤子和宽下摆、纽扣在两边的深蓝色上装的法国士兵，迈着整齐步伐穿过街道，引吭高歌着：'这是阿尔萨斯，这是洛林，这是我们的阿尔萨斯，啊，啊，啊，啊！'唱到最后一个'啊'字，歌声化作一片胜利的欢呼。失去了一只手臂，因而赢得更多欢呼声的独臂波将军，佩戴着1870年沙场老将的青黑绶带，骑马走在前列。骑兵团的士兵，身披闪光耀眼的护胸铁甲，头盔上垂下长长的黑色马尾巴，他们并不感到这有什么不合时宜。

……

车辆绝迹的林荫大道走过一对又一对的志愿兵，扛着旗帜和横幅，横幅上写着表示决心的口号：'卢森堡人决不做德国人！''罗马尼亚忠于自己的拉丁族母亲！''意大利的自由是法国人的鲜血换来的！''西班牙和法国亲如姊妹！''英国人愿为法兰西而战！''希腊人热爱法兰西！''巴黎的斯堪的纳维亚人！''斯拉夫民族和法兰西站在一起！''拉丁美洲人捍卫拉丁美洲文化的母亲！'一条横幅上写着'阿尔萨斯人打回老家去！'的口号受到人们表示敬意的欢呼喝彩。

……

柏林街头人群扰攘，皇宫前哄聚了成千上万的人，他们焦虑不安，情绪紧张，心境沉重。柏林多数工人承认，社会主义在他们思想上，还比不上他们对那些斯拉夫游牧民族的出于本能的恐惧和仇恨那样深刻。……5时整，一名警察出现在皇宫门口，向人们宣读了动员令，人们便恭敬地唱起了国歌，'让我们感谢上帝吧！'站满军官的车辆沿着菩提树下街飞驶而去，他们挥舞着手帕，高呼着'动员起来！'人们顿时从马克思变成了马尔斯，他们欢欣若狂，并且一哄而散……

……

……当咖啡馆里的顾客听到远处街上阵阵欢呼的时候，一个谣言就已传遍各个咖啡馆。有人在日记里记述了当时的情况：'欢呼声越来越近，人们听着听着，尔后跳了起来。欢呼声越来越大，回荡在波茨坦广场上空，势如狂风骤雨。顾客们放下饭菜，奔出饭馆。我随人流向前。发生什么事啦？'日本对俄国宣战啦！'他们狂叫着。好哇！好哇！欢呼声响彻云霄。人们互相拥抱着。日本万岁！好哇！好哇！一片欢乐情景。这时候，有人叫道：'到日本大使馆去！'于是人群一哄而去，每个人都被席卷到这人流之中，使馆给围得水泄不通。'日本万岁！日本万岁！'人们激动地呼喊着，直到日本大使最后不得不出来。他惶然不知所以，支支吾吾对这突如其来的并且看来也是受之不当的敬意表示了感谢。虽然第二天真相已白，这个谣言全属子虚，但是这种敬意不当到何种程度，那是两个星期之后才见分晓的。"

接下来整个世界便陷入一片宣战、中立、最后通牒的喧嚣声中。8月5日，奥匈向俄国宣战。8月6日，中国政府宣布中立，塞尔维亚和门的内哥罗向德国宣战，8月12日，英国对奥匈宣战。8月15日，日本趁火打劫，向德国发出最后通牒，要求德国从中国山东胶州湾撤出。8月23日，日本对德国宣战，并于1915年1月18日向中国政府提出旨在灭亡中国的"二十一条"。11月2日，俄国对土耳其宣战，土耳其正式向协约国宣战，伊朗宣布中立。11月5日，英国和法国对土耳其宣战……

一场史无前例的世界大战终于成为现实。各参战国都抱着不同的目的，投入这场空前的巨赌。

# 第四章 参战各国的"虚"与"实"

## 1. 各参战国基本状况

### ·大同小异的军事制度

自普法战争以后,普鲁士的军事制度逐渐为欧洲各国所效仿。这就是老毛奇创建并加以完善的参谋本部制度、陆军大学和短期现役的征兵制等一整套军事制度。每个国家的军事思想和军事组织基本大同小异。各国都有一个"参谋本部",它被称为"陆军之脑"。这个军事机关的首长称之为"参谋总长"。参谋本部实际上是国家的最高军事指导机构。按照德国人的理论,参谋本部制度的最重要特点,是其中的所有成员都受过一种严格的教育,无论在战略或是战术方面,对于情况的分析和研判都能遵照一种统一的思想规范。参谋总长要想实现其作战意志,主要是通过这种思想程序的一致性,能使军队各部分自动协调得像一个有机整体。因此也就产生了"参谋本部军官团"的组织,凡是能够进入这个组织的军官必须是最优秀的人才,是德国陆军中精华之精华,必须是陆军大学的高材生才有入选的资格。当然,在欧洲只有德国能真正达到这个标准,其他国家只是不同程度地趋近这一标准。与德国相比,它们差距较大。

参谋本部在战时的任务是指导战争,在和平时期则准备战争,即拟制作战计划,并根据新的情况不断地加以修改和补充。19世纪下半期,欧洲的军事组织大都已经典型化，比如一个"师"的概念，在各国的参谋作业中被视为一种共同的计算单位，它的战斗价值几乎成为常数。所以各国在进行战略上的力量对比时，自然就出现了重视数量的趋势。如何获得较大的数量优势成了主要问题。换言之，这是一个如何将国家的人口优势转化为军队数量优势的问题。这样便产生了预备役问题，即利用长期服役和高水准的军官和士官，来训练服役人员，完成训练后的人员必须退为预备役，以便腾出人手和设备来训练下一梯队的人员。这样既可在平时维持较小规模的军队，以便减轻国家的负担，又可在战时迅速征召庞大数量的预备役人员以供扩充和补充之用。义务兵役制度与预备役动员制度的结合，把各国人力资源充分调动了起来。所以，动员计划成了战略计划的基础，在和平时期，各国参谋本部秘密拟定了整套的动员计划，对几百万人员、几十万匹马、几百万吨补给的调度都作了极详细的规定，只需一声动员令下来，动员体制就像一部机器那样无法阻挡地运转起来。所以在当时，人们一致认为动员即意味着战争。

虽然动员计划为战略计划的基础，但战略计划也是动员计划的基础，两者互为因果，但两者又都以铁路为基础。英国史学家泰勒曾说，第一次世界大战是一种铁路战争。最早发现铁路在军事上价值的是德国人，在普鲁士还没有铺设铁路时，德国一位天才的经济学家弗里德利希·李斯特就指出：普鲁士的弱点是，它处在强大的潜在敌国之间，处在帝国包围的中央位置上，铁路的应用能使它从二等的军事国上升为强大而难以对付的国家。"日耳曼可以成为欧洲心脏中的一个防御堡垒。动员的速度，军队从国内的中心移向边界的速度，铁路的运输，以及处于'内线'地位的其他显著利益，使得日耳曼比其他欧洲国家具有较大的相对优势。"他提醒道："如果邻国的铁路比我们早完成一英里，或是比我们的长一英里，都是对我们不利的……现在，该是我们来决定，看看是否应用工业进步给我们提供的新式防御武器，就像我们的前辈要决定他们是否应用枪以取代弓箭一样。"后来，普鲁士和法国都进行了利用铁路运输军队的尝试，获得了极佳的效果。从那以后，铁路变成了战略中的主导因素，铁路系统往往能判断出一个国家的战略企图和战争部署。

欧洲大陆上德国的铁路网最为发达，法国其次，俄国再次。以每一百平方公里领土计算，德国铁路为11.8公里，法国为9.6公里，俄国的欧洲部分为1.1公里。当时，一个军的运输要求是：军官需170节车厢，步兵965节车厢，骑兵 2960 节车厢，炮兵及辎重需 1915 节车厢，共需 6010 节车厢，编成 140 趟列车，而一个军的补给又需要同样多的列车。当动员令下达时，铁路网像一部战争机器一样开始发动，人员、装备、补给都自动从铁路线上滚了出来，预备役人员纷纷乘火车到指定地点报到，换上军装，领取武器装备，然后由连而营、由营而团地像滚雪球一样在铁路上不断滚动，越滚越大。等他们到达国境附近的预定位置时，也就完成了由师而军，由军到军团的战前部署。

动员速度快的一方可先发动打击，使对方的铁路交通瘫痪，进而使其动员速度减慢、甚至丧失动员能力。即使双方实力旗鼓相当，但动员速度的快慢也会造成悬殊的结局。所以，萨拉热窝危机发生后，各插手的大国的军方都不约而同地催促自己的政府下达动员令。

## ·各国军事装备大比拼

当时欧洲国家的军队编制中，最大的作战单位是集团军，由 3～6 个军组成，还包括一些直属骑兵、工程兵、炮兵部队。1 个军由 2～3 个步兵师，还有一些军属辅助性兵种部队组成，如骑兵、炮兵、工兵、通讯兵、航空兵后勤运输部队等。1 个步兵师由 2 个步兵旅组成，另有 1 个炮兵旅（团）、2～3 个骑兵连和一些特种部队。1 个步兵团由 3～4 个营组成，每营 4 连。各国的营的人数几乎都是 1000 多人。各国的陆军师在 1.6 万～2.1 万人。德国 1 个师为 16600 人，法国为 15900 人，俄国为 21000 人，英国为 16000 人。

到战争爆发时，各主要交战国拥有的兵力情况为：法国 62 个步兵师、10 个骑兵师；英国 6 个步兵师、2 个骑兵师；俄国 114 个步兵师、36 个骑兵师；比利时 6 个步兵师、1 个骑兵师；塞尔维亚 11 个步兵师、1 个骑兵师；德国 87 个步兵师、11 个骑兵师；奥匈 49 个步兵师、11 个骑兵师。

当时步兵的主要轻武器为步枪和重机枪。步枪的主要型号有莫辛 1891 年式弹仓式步枪、勒贝勒 1896 年式步枪、李·恩菲尔德 1903 年式步枪、毛瑟 1898 年式步枪、曼利黑尔 1895 年式步枪，射程在 2500～3000 米之间。主要机枪型号是马克沁重机枪，哈奇克斯重机枪，施瓦尔茨格泽重机枪，射程为 3000 米。步、机枪的口径均在 7.62 毫米～8 毫米之间。重武器有轻、重野战炮，轻、重野战榴弹炮；速射炮；巴日式短管炮。口径在 75 毫米～155 毫米之间，射程在

5.7～12.7公里之间,炮弹重量在6.5～43公斤之间。另外还有极少数更大口径的攻城炮和要塞炮。

在1914年,各国军一级单位的装备和编制大同小异。俄国1个军有机枪64挺、火炮108门、马13500匹、马车3770辆;法国1个军有机枪56挺、火炮120门、马12600匹、马车2240辆;德国1个军有机枪48挺、火炮160门、马16800匹、马车2880辆。德军在炮兵上占明显优势,奥军炮兵是各国中最弱的。

战前不久发明的汽车,当时也已用于军事。到各国军队动员时,法国约有5500辆载重汽车、4000辆轻便汽车;英国约有1141辆载重汽车和拖拉机、213辆轻便汽车和半载重汽车、131辆摩托车;德国有3500辆载重汽车、500辆其他类型汽车;俄国有475辆载重汽车、3562辆轻便汽车。

1903年由莱特兄弟发明的飞机也已迅速运用到军事领域。大战降临时,各国航空兵大致情况是:俄国有263架飞机,法国有156架,德国有232架,奥匈有65架,英国有258架。一般飞机发动机功率为60马力～80马力,个别达到120马力,时速一般不超过100公里,升限为2500～3000米,上升2000米的时间是30～60分钟,续航时间2～3小时,战斗负载120～170公斤,其中包括20～30公斤的炸弹,机组人员两名,即飞行员和观察员。

## 2. 德国的作战计划

### "史里芬计划"

德国的参谋本部在普法战争不久,就在考虑未来的欧洲大战问题了。老毛奇已预见德国在未来可能不得不在两条战线上作战,他认为由于铁路的发达,德国可以一方面对付进攻之敌,另一方面对付动员迟缓之敌,"我们能否调动大部分兵力先去对付一个敌人,然后再去对付另一个敌人,仅仅取决于定下决心是否及时"。但他同时又认为,在很短的时间内,不能指望以一次迅速而成功的进攻摆脱一个敌人,然后再去进攻另一个敌人,因为欧洲国家已经空前地武装起来了,任何一个国家都不可能在一两次进军中被削弱到认输的地步。老毛奇已意识到未来战争的长期性。他的计划是在未来的两线作战时，对法国先取守势，快速击败俄国后，再反攻法国。老毛奇的计划只是一种防御攻势战略，只想迅速挫败对手，获得有利的和平，目标有限而无追求总体性胜利的野心，同时还出于法国刚遭惨败，一时难以恢复元气的考虑。瓦德西接任参谋总长后仍遵循老毛奇观点，在1887年，瓦德西曾主张西面暂取守势，对俄国发动预防性战争，但受到俾斯麦的制止。

1891年，史里芬接任德军参谋总长后提出第一号备忘录，由于法国迅速地恢复了元气，他对德军在未来战争中，能否迅速突破日益加强的法军在法德边界上的筑垒地区开始怀疑，从而提出了绕道比利时迂回法德边界的设想。由于法国再次变得强大，史里芬判断战争一开始法军就会迅速进攻德国，而俄国的动员速度较慢，所以德国要掌握战争主动权就必须先迅速打败法国，然后再同俄国交战，"要想赢得胜利，则我们在接触点上必须是较强的一方。所以唯一的希望就是对于行动能做自由的选择而不消极待敌"。1894年他提出了第三号备忘录，彻底抛弃了老毛奇的计划，决定先同法国交手。

确定了首战目标后，接下来的问题是如何在极短时间内击溃法国。起初，史里芬曾想在法德边界上直接发动进攻，但很快就发现成功的希望非常渺茫，后来他又考虑当法军进攻时，设法将其引入伏击圈围而歼之，不过，他又认为这种机会太不可靠。直到1897年，史里芬才下定决心，在战略上，避开法德边界上法国要塞防线，采取从侧面进行大迂回的作战样式。这就是近现代军事史上著名的"史里芬计划"的核心。从1897年到1905年的8年多时间里，史里芬不断地在修改其计划的细节，在他领导下进行的德国参谋本部军官军事演习和野外旅行作业中，对合围和俘虏50万～60万"敌军"的方法进行了系统的演练，并对各种各样可能出现的情况作了充分的考虑。

"史里芬计划"规定：德国全部作战兵力对俄国战线和法国战线分配的比例为1∶8。即开战初以少数兵力，10个师和一些地方部队，在东线借助与奥匈军队遥相呼应，来和庞大的俄军周旋，目的是在法国崩溃之前，把俄军牵制在东普鲁士边境地区。与此同时，在西线集结大部兵力进攻法国。用于西线的全部兵力又分成左、右两翼，分配的比例为1∶7。在西线全部兵力的72个师中，53个师都分配在旋转的右翼上，10个师作为旋转的枢轴布置在面对凡尔登的中央地段，仅以9个师部署在240公里长的法德边境上，构成德军左翼。很明显，史里芬要把左翼削弱到最低限度以使右翼达到最大的攻击强度,即使法军攻入洛林,将德军左翼压迫到莱茵河一线,也不能妨碍德军右翼穿越比利时的迂回进攻,而且法军主力东进越深入,以后的危险也就越大,因而也就留下了诱敌深入的余味。当德军右翼迂回成功,席卷整个法军后方时,深入德国境内的法军因远离后方就更易崩溃。这好比一扇旋转式门,越是用力推前面一扇门板,后面旋转过来的另一扇门板打在背上的力量就越大。左翼的任务是牵制法德边界上法军主力的正面,如果顶不住,就后撤以引诱法军向莱茵河深入,进入梅斯和孚日山脉之间的"口袋",将其捆住。如果右翼得手,法军后撤,就紧咬不放,从正面协同聚歼法军主力。

右翼的任务是绕过法德边界上法军主力的正面,向其侧面实施战略迂回,从背后将法军主力全部包围。这是一个典型的"右肘弯击",整个右翼以梅斯-提翁维尔地区为轴心,向西南方向旋转,横扫比利时中央平原后,由法比边界进入法国,其右翼右端在里耳地区进入法境,史里芬力求最大限度地向西展开,"让右翼末梢袖拂海峡",再沿瓦兹河流域南下,到达巴黎西边,再折向东南,然后以宽正面向东挺进,以打击整个法军的背部,逼迫法军向德国和瑞士边境溃散,最终使整个法军主力落入一个巨大的包围网中加以毁灭。在这个巨型的轮转运动展开时,为确保右翼兵力的绝对优势,预定从左翼再抽出两个军来增强右翼,以保持最初强大的攻击力(日益扩大的占领区需不断地从进攻部队中抽兵驻守,会使攻击力逐渐减弱)。计划实施的时间表就像火车时刻表那样准确、刻板,计划要求右翼部队主力,自动员下达后第12天前打开列日通道,第19天拿下布鲁塞尔,第22天进入法国,第31天达到提翁维尔-圣康坦一线,第39天攻克巴黎,取得决定性的胜利。史里芬期望整个西线战事在6~8天里结束,这也是他估计中的俄国动员所需时间。

"史里芬计划"虽然是军事计划的杰作,但其中却充满了冒险性。在政治上,该计划的实施粗暴地破坏了比利时的中立,践踏了国际法。史里芬曾经想把右翼迂回限制在法国境内,普法战争时的色当会战,德军的迂回没有超出法国境内。但史里芬所处时代各国军队已急剧膨胀,用上百万军队去包围上百万军队,240公里长的法德边境实在太狭窄,根本没有回旋的余地。所以史里芬就打起了比利时的主意,因为在他看来,比利时的中立比起事关德意志帝国存亡的"时间差"的利用,根本不算回事。史里芬刚开始拟定这一计划时,只要求横切穆斯河以东的比利时一个小角，以后随着对计划的不断修改，"小角"逐渐扩展成很大一片地区，这将在政治外交上承担很大风险。事实上，比利时中立问题成了英国参战的重要原因。在时间上，它忽视了老毛奇关于战争长期性的告诫，把赌注都押在速战速决上。确切地说，企图利用俄国动员的迟缓，打一个"时间差"，对法、俄实行各个击破。这就必须冒法军突破薄弱的左翼，长驱直抵莱茵河以及俄军攻入东普鲁士的风险。史里芬一生沉湎于"坎尼战"的研究，他曾得出这样一个结论："要想出现一次坎尼会战，必须一方有一位汉尼拔，另一方又有一位法罗。"他把对法国的战争想象成一个巨型的"坎尼会战"，这就需要一个前提，对方最高统帅必须是一个法罗式的蠢货。事实证明，法国的霞飞远不是法罗，德国的小毛奇更谈不上是汉尼拔。从作战样式看，"史里芬计划"也并非属于他本人所热衷的汉尼拔的"坎尼型"，而是一种放大的"斜行阵"，属于腓特烈大帝的"鲁腾型"。从德国为实施该计划而作的动员规模来看，属于孤注一掷的性质，他一反预备役部队只从事占领和后方勤务的传统，大胆将预备役部队用于第一线，没有留下战略预备队，当时德国的指挥教令中建议"甚至把最后一个营也投入战场"。

空前的冒险精神激发出闻所未闻的"灵感"，史里芬在其代表作《坎尼战》中写道："与其在战线后面积蓄只能是无所作为的预备队……倒不如关心一下如何更好地补充弹药。汽车运去的子弹是最好的、最可靠的预备队。所有从前留在后面用来夺取决定性胜利的部队，现在都应当立即派到前面去进行侧翼进攻。投入战役的兵力越多，进攻就越坚定有力。"他始终强调，德军在未来的战争中已不再占有数量上的优势，然而只要能以自己全部兵力和大部兵力投到敌人一侧和其后方，迫使敌人掉转正面在对其不利的方向上接受交战，那么数量弱势的一方同样可以战胜优势之敌。只有最大限度地削弱用以攻击敌人正面的兵力，才能有强大的、侧翼进攻所必需的兵力优势，而且在任何情况下都要使敌人的正面受到攻击。"史里芬计划"就是这些观念的直接产品。

## ·小毛奇的折中方案

1906年，史里芬退休，小毛奇接任参谋总长。1913年，80岁的史里芬临终时仍一再叮嘱："必有一战时，切莫削弱我的右翼。"不过他九泉有知，一定会失望，他的继承人小毛奇是个生性多疑且又天生悲观之辈，他不具备史里芬那种作乾坤一掷式豪赌所需的自信、决断、冒险精神和非凡气魄。史里芬有知人之明，小毛奇接任时，史里芬在日记里失望地写道："一位新的参谋总长已开始领导德国陆军，作此任命的君王相信他所指派的人选是一位战略家，他将会感到严重失望，因为一位战略家不是可以随便指派的，而是天生的和命中注定的。"德皇选中小毛奇，是因为他和威震欧洲的伯父老毛奇有一个共同的名字，认为"毛奇"这个大名就足可使其他国家心惊胆寒。小毛奇不是参谋本部军官出身，他被大多数人认为是一个不折不扣的庸才，这多少有些过分。只是和史里芬的气魄相比确有相当的差距。史里芬的风格是大胆、再大胆，小毛奇信奉的是不要过于大胆，他的性格不适合执行"史里芬计划"，也不适合担任参谋总长，对此他有自知之明。当德皇提出要他接任参谋总长一职时，他说："一旦发生战争，我不知道将如何是好。我对自己很不满意。"他问德皇是否奢望"一张彩票中两次头奖"。不过小毛奇无论在个性上还是在政治上都不是一个懦夫，对军事形势许多方面的判断都比较准确，他的不幸在于：让一个一贯谨小慎微的他，去勉强执行一个胆大包天的人制订的冒险计划。如果让小毛奇负责东普鲁士的防御或西线左翼的防御，凭他的素质会干得很出色，所以，并非小毛奇有问题，而是威廉二世不能知人善任才使小毛奇身败名裂。

小毛奇主持参谋本部后，开始担心东普鲁士的安全和西线左翼的安全，那两个方面正是史里芬的大胆之处，如果战争按计划打赢了，那两个方面将成为史里芬的伟大之处，以及大气魄、大手笔的象征。但现在小毛奇的个性特征使他越来越担心这两个方向上，薄薄的防线会不会被对方一下子戳成大窟窿，甚至在短时间内被撕成碎片。他没有勇气完全抛弃前任"伟大"的计划而重新拟出一个新计划，只能做些修修补补的功夫。到大战爆发时，"伟大"的"史里芬计划"已被小毛奇弄得支离破碎，非驴非马。所以，严格地讲，1914年德军的作战计划应叫做"史里芬－小毛奇计划"，其具体部署如下：

在东普鲁士面对俄国的方向上，部署了德军第8军团，共4个军、1个预备师、1个骑兵师和一些地方警备队，约20万人。基本按照史里芬当初的设想，但还是增添了些兵力。在西线左、右两翼的兵力分配上，小毛奇不顾其前任的临终嘱咐作了重大调整，将史里芬1∶7的比例改为1∶3。西线的78师如果按史里芬的比例，左翼兵力应为9.75个师，右翼兵力应为68.25个师，现在小毛奇把左翼加强到23个师，而将右翼削减为55个师。原定在右翼开始进军时从左翼抽调2军共6个师增援的计划也被取消了。这样，小毛奇在决定性进攻方向上，把按史里芬意图应有的74.25个师减去了近20个师。

史里芬原来的计划中不仅要进入比利时，而且右翼兵力还要沿荷兰边界展开，越过被称之为"马斯特里赫特盲肠"的一片荷兰领土，迂回比利时列日要塞的后方，小毛奇改为直接进攻列日要塞。他甚至还准备将意大利20万兵力也算入西线，而史里芬从不对意大利人抱有幻想。

德军在整个西线正面的部署上投入7个集团军，由北向南依次为：

1. 克鲁格的第1集团军，共7个军，3个骑兵师，3个后备旅，总数32万人。其构成旋转部队的最右端，一面向法军后方攻击前进，一面在最外侧掩护整个迂回行动。它应到达艾克斯－拉卡培里之线，然后攻占布鲁塞尔继续南下，从西南方向包围巴黎并袭卷法军后方。

2. 比洛的第2集团军，共6个军，2个骑兵师，2个后备旅，总数为26万人。其任务是在规定时间内攻占列日要塞，为整个迂回行动打开前进通道，然后进到华费里和那穆尔之线，协同右边的第1集团军一起向内旋转，将法军压进包围圈。

3. 豪森的第3集团军，共4个军，1个后备旅，总数为18万人。其与右边的第2集团军齐头并进，到达那穆尔和吉弗特一线，以压迫法军。

4. 阿尔勃莱希特的第4集团军，共5个军，1个后备旅，总数为18万人。其担任右翼枢纽，当第1、2、3集团军展开巨大包围时，通过阿登山区北部，缓慢前进到弗拉梅和艾尔仑北面的艾提尔特之线。

5. 德国皇太子普林斯的第5集团军，共5个军又1个师，2个骑兵师，5个后备旅，总数为20万人。其任务性质和第4集团军相同，右翼通过阿登南部山区进攻维尔通和隆维、蒙梅迪两个法军要塞。左翼留在提翁维尔的旋转轴心上。

6. 巴伐利亚亲王鲁普雷希特的第6集团军，共5个军，3个骑兵师，4个补充师，总数为22万人。前进到莫斯里河将正面法军紧紧钉住。

7. 黑林根的第7集团军共3个军又1个师，2个补充师，4个后备旅。总数为12.5万人。应进至莫尔斯河上。

从小毛奇的部署可以看出，这是个两翼进攻的方案，按史里芬的意图，左翼的第6、7两个集团军在开战初应且战且退，引诱法军深入东进，使右翼更便于旋转，猛击法军后背，现在左翼却反而向西推进，富勒尖刻地评价道："这既不像'坎尼型',也不像'鲁腾型',任凭称它为哪一种,都足以使汉尼拔或腓特烈大帝在九泉下捶胸顿足!"

## 3. 英、法、俄的作战计划

### ·英国远征军的作战计划

　　早在格雷刚接任外交大臣时,英国就已经在不承诺义务的前提下同法国人一起制订联合作战计划。负责英帝国军事政策的是伊谢尔勋爵、弗希尔爵士和克拉克爵士,所谓"伊谢尔三巨头"。起初,英国人考虑在比利时独立作战,不准备将英国派往大陆的部队归属法军指挥。伊谢尔主张英国远征军应据守与英国有直接利益的安特卫普等海岸地区。弗希尔则认为法军根本不是德军对手,一旦交战必败无疑,把英国陆军运往大陆去分享失败毫无意义。他认定陆军在法国的作战计划是自取灭亡的愚蠢行动。他主张把陆军配属给海军,进攻德国的背面,他选定在东普鲁士波罗的海沿岸一片10英里长的沙滩上实施登陆,那里距柏林90英里,是从海路到达德国首都最近的距离,通过打击德国的"后脑勺",使德军无暇他顾。随着1905年的危机过去,英、法军事联合计划也就几乎停顿了下来。

　　然而,后来负责同法国军方制订秘密联合计划的威尔逊,却始终主张派远征军到大陆。1911年3月,已担任英国参谋本部作战处处长的威尔逊经数年努力,终于将远征军赴大陆作战的一切安排就绪。并与法国军方签署了联合军事行动备忘录,这就是著名的"迪巴伊-威尔逊协定"。协议规定:英国的6个步兵师,1个骑兵师,从动员后第4天至第12天,将在法国登陆并在指定地点莫伯日集中,在第13天即可投入战斗。1914年7月23日,英国首相阿斯奎斯秘密召开帝国国防委员会特别会议,就具体参战方式举行了整整一天的讨论。威尔逊阐述了陆军方面的观点,他正确地判断出德军将采取右翼迂回行动,但又受到法国人的影响,对穆斯河以西德军兵力估计远远不足,他最后结论是:如果战争一爆发,就把英国6个师立即送上大陆,位置在法军的最左端,这对阻击德军是有利的。

但海军方面仍重弹在东普鲁士登陆的老调。阿斯奎斯首相觉得陆军的方案比较合理，遂决定采用之，陆战的选择对英国的战略产生了决定性作用。在会上改组了海军部，由丘吉尔调任海军部长。

1914年8月5日是英国进入战争的第一天，国防防御委员会召开战争会议，新任陆军大臣吉青纳将军发表重要建议：他认为在法、德两国近150个师的决斗中，英国的6个师根本就发挥不了作用，英国必须准备把数以百万计的军队开上战场，并维持他们达数年之久。他指出英国现有的职业军官士官都非常宝贵，如果在目前不利的环境中，把他们都牺牲在战场上，那将是一种罪恶的蠢行。在赴法英军的集结地点上，他认为不应放在莫伯日那样远的地方，因为德军会全力冲向那里，所以英军应在莫伯日后面70英里的亚眠集结。他第一个建议显然对一贯重视海军的国家产生了强烈的冲击。

经几番争论，会议决定现有的6个师全部运往法国，至于集结地由法、英两国参谋本部暗行协商。但在24小时之内，因会议消息泄露而引起舆论哗然，公众认为把正规军开往法国会使英国本土处于危险中，英国政府不得不顾忌舆论而留下了2个师。8月7日，由弗伦奇任司令的英国远征军开始上船，所有港内船只汽笛长鸣，甲板上士兵欢呼声如雷，出征场面甚为壮观。8月12日，富有远见的吉青纳与三位同僚和三位法国军官又一次就战略问题展开激烈争辩。他断言德军必以强大兵力从穆斯河以西南下，如果英军集中在莫伯日必定首当其冲，这样就会在未完成战斗准备之前被迫撤退，将对远征军士气是一个很大打击，他坚持要求英军在亚眠集结。他的建议遭到弗伦奇、威尔逊和法国人的一致反对而被迫放弃。8月中旬，英军在勒阿弗尔、鲁昂、布伦三个港口上岸。陆军大臣吉青纳代表政府发给远征军司令弗伦奇一份训令："你必须完全了解你的部队是一种完全独立的部队，无论在任何情况下，都不得接受任何同盟国将领的命令。"这样，英国人就将统一指挥的原则给取消了，目的是保存现有部队的精华，作为将来扩军的核心。8月20日，约有8.7万名英军到达预定的莫伯日、勒卡托地区展开战前部署。英国远征军的行动比计划晚了三四天。

· 霞飞的"第 17 号计划"

　　法国在普法战争后逐渐形成了一种"攻击主义"的军事思想，他们摈弃一切有关防御的观点。这一军事学派的代表人物是法兰西战争学院院长福煦。他认为克敌制胜的意志是胜利的首要条件，只有当一个人认为他的会战失败了，才是真正地失败了，因为从物质上来说，会战是不可能失败的。反之，只有当一个人不承认他自己是被击败了，这个会战才会胜利。福煦强调的"意志"有如巫术一般令人神秘莫测，在《战争原理》和《作战指导》这两本书中，福煦经常从玄学的凌空翱翔中急转而下，降落到战术的地面上，谈一些具体的军事问题，但他对法国年轻一代军官的影响还在于对"意志"的玄妙阐述。少壮派军人领袖、参谋本部作战处处长德朗梅松上校对福煦过于偏激的理论如痴如狂，他在 1911 年战争学院的两次演讲对意志决定一切和攻击主义在法国的盛行，更是起了推波助澜的作用。

　　只有一个人在唱反调，他就是法国战争会议副主席米切尔将军，内定在战时出任法军总司令，在 1911 年的最高军事会议上，他作了最后一次努力，要求法国采取一条防御的战略。他判断：德国人不可能希望在洛林赢得一个决定性的会战，从卢森堡和穆斯河以东的比利时一角所发动的进攻，对热衷于战略大包围的德国人也提供不了作战的空间。因此，米切尔认为，德国只有利用整个比利时领土，才能对法国发动一个具有决定性的大攻势。他主张法国应沿着凡尔登－那慕尔－安特卫普之线展开 100 万大军，也和史里芬的想法一样，法军左翼末梢应擦过海峡。米切尔还建议用 1 个预备役团来配合 1 个现役团的混编方式，来使第一线兵力增加一倍。

　　事后来看，米切尔对德国人意图的分析和判断非常深刻、准确，他要求重点设防之线，正是德国人主要突破区域。然而他的计划属于防御性质，而且法国预备役人员除了年轻的编入现役部队外，其余一律编入后备部队，担任后方勤务和充任要塞守卫这是法军的传统惯例，"后备役不顶用"则是法国军官团的传统见解。

　　米切尔的计划提出后，他的顶头上司，陆军部长梅西米认为他的神经有问题，早在第二次摩洛哥危机时，他就认为米切尔是个犹豫不决的人，若在战时担任总司令，那是国家的不幸。这次，梅西米伙同加利埃尼、霞飞、波和迪巴伊四位老资格将军,在最高战争会议上一致否定了米切尔正确的防御计划,并解除了他的职务,几经考虑后,在加利埃尼的推荐下,霞飞接替了米切尔的职位。

霞飞将军是一位工兵专家,身躯魁梧,大腹便便,面目慈祥像个圣诞老人,他具有无比坚定的自信心。他的副官亚历山大少校曾经问他战争是否指日可待。"我认为这不成问题,"霞飞回答说,"我一向是这么看的,战争是要来的。我要指挥作战,我要取得胜利。不论干什么我都会成功的,就像我在苏丹那样,这一次也如此。"副官肃然起敬道:"要是那样,你就会有一支元帅杖了。"霞飞语气坚定地说:"对!"

霞飞接任后便全力以赴修订《野战条令》,1913年修改过的新《野战条令》是"攻击主义"的集大成之作,它一开始就刀光剑影,豪气非凡,"法国陆军,现已恢复,自今而后,除进攻外,不知其他律令。"在这种狂热的进攻精神指导下,霞飞抛弃了原来对德作战的第16号计划,在1913年4月制订出一个新的第17号计划,1913年5月,未经任何讨论即由最高战争会议通过。以后8个月中,法军就按照第17号计划进行部署,到了1914年2月,法国对战争大致准备就绪。

法军计划和部署要点是从阿尔萨斯的贝尔福到伊尔松略呈弧形的一线上展开五个军团,这条战线包括整个法德边境和法比边界线的三分之一,而法比边界另三分之二的距离,也就是伊尔松到海岸之间几乎处于完全无防御状态。这一地区正是米切尔计划的重点防御线,也是史里芬计划中战略迂回的重点进攻地段。法国参谋本部的意图是:取道梅茵兹直取柏林,即准备在南锡东北130英里的梅茵兹渡过莱茵河,其中2个集团军从麦茨以南攻入洛林;另2个集团军从麦茨以北迎击通过卢森堡前进的德军,第5集团军为总预备队。法军的作战计划严格地说不是一个作战计划,而是一个集中计划,它给予每个军团几条可能的进攻路线,但无任何全局性或阶段性目标,也没有详细的行动进程表。霞飞的作战指导思想是:"从来不曾有一个书面拟定的作战计划,我除了决定集中所有一切兵力以发动攻势以外,就更无其他的预定观念。所以我决定把我们的研究,限制在集中方面,使其可以适应于任何作战计划。"事实上,法军是用进攻来对德军的攻势作出反应,所以事先也无法确定具体目标和制订行动时间表。它的特点是无论在战略方面还是在战术方面都采取进攻的作战样式。所以霞飞说:"意图是不变的,攻击!但其一切安排可以有充分的弹性。"

霞飞的第17号计划以两个假定为前提,一是德国不会把预备役用于第一线;

二是坚信法军的进攻是无法阻挡的。根据第一假设，估计德国只能动员100万人的兵力，这就不可能做到既可以从比利时发动大规模迂回进攻，同时又有足够的兵力在法德边界挡住法军的攻势。所以，法国人并非不考虑德国从比利时迂回过来的可能，而是认为如果德国这样做的话，他们在法德边界上的兵力一定非常薄弱，这对法军在这一方向上的进攻却十分有利。法军副参谋总长德卡斯特尔诺认为：要发动一场强有力的攻势，标准的兵员密度是每米5～6人，如果德国人把战线向西拉到里尔，力量就会分散到每米2～3人，只会对法军有利，"我们要把他们拦腰截断"。所以法国这方面的对策是：只要德国人远道迂回包抄法军侧翼，法军就发动钳形攻势，在德军设防的梅斯地区的两侧突破德军中路和左翼，并乘胜切断德军右翼同后方基地的联系使其无法出击。如果说德国小毛奇的作战计划过于小心，那么法国人的想法实在过于大胆。

法国参谋本部一旦认定上述的判断和设想后，便固执地排斥所有不同的建议和一切相反内容的情报。格鲁阿尔上校对防御战略作过具有远见的分析，他在1913年出版的《可能的战争》中警告说："我们首先要集中注意的是德国发动借道比利时的攻势。我方的战役发动之后，必然的后果将会如何？就我们的预见所见而言，可以毫不迟疑地说，如果我们在开始时即取攻势则我们必败无疑。"但是如果法国做好准备，对德军右翼迅予回击，"我方当可稳操胜券"。法国参谋本部第二处（军事情报处）也搜集到许多情报，足以表明德军将用强大兵力实行右翼包围。但霞飞等军事决策者一概未予置信，他们相信的是如此用兵的论据，并不相信如此用兵的证据！

早在1904年，一个德国参谋本部的军官曾将史里芬计划的初期样本出卖给法国情报部门，文件上标明的德军进军路线正是1914年的作战路线，文件完全真实可靠。当时的法军参谋总长庞德扎克认为：这份计划同当前德国主张大规模包围战的战略趋势十分吻合。但大多数人却认为这是德国人玩的疑兵之计，是为了把法军从他们真正要进攻的地区引开。

法军参谋本部第二处还搜集到大量的情报，充分证实了德国将使用后备役兵员充当作战部队。小毛奇为1913年的德军大演习写的一篇述评落到法国人手中，它也表明德国将在第一线部队里使用后备役人员。同时，比利时驻柏林武官梅洛特少校注意到德国已经异乎寻常地征召大量的后备役兵员，他为此写了报告。但17号计划制订者对此一概置之不理，他们一厢情愿地认为：德国动用后备役是为了守卫交通线和战场中处于守势的几个地方。

于是，在战争爆发时，法国根据第17号计划作了如下兵力配置：

1. 迪巴伊的第1集团军集中在卡尔米斯－阿尔齐斯－达尔里地区，共5个军又4个师，2个骑兵师，总数为25.6万人。

2. 德卡斯特尔诺的第2集团军，集中在潘特圣芬森特－米里考特地区，共5个军又3个师，2个骑兵师，总数为20万人。

3. 鲁夫的第3集团军，集中在圣米赫尔－丹费勒尔斯地区，共3个军又3个师，1个骑兵师，总数为16.8万人。

4. 德朗格尔·德卡里的第4集团军，集中在华芬考特－巴尔里杜克－伐德地区，共3个军，1个骑兵师，总数为19.3万人。

5. 朗雷扎克的第5集团军，集中在格南德普里－苏皮斯－考蒙特－波尔森地区，共5个军又5个师，1个骑兵师，总数为25.4万人。

6. 索尔德的骑兵师，集中于米齐里斯，共3个师，约1.6万人。

7. 右翼侧卫：集中在维祖尔，共3个预备队师。

8. 左翼侧卫：集中在伊尔松，共3个预备队师。

此外，在贝尔福的3个步兵师、法、意边界上的4个预备队师也直属总司令，直属陆军部长的有巴黎的2个预备队师，以及马伊的1个预备队师，还有4个预备队师组成要塞总预备队。又根据英、法两国参谋本部的联合军事计划，英国远征军将部署在朗雷扎克将军的第5集团军的左翼莫伯日地区。

## ·俄国的作战计划

俄国在欧洲人眼里向来被视作庞然大物，平时常备军有142万人，一经动员可达到311万人，此外还有一支200万人的地方部队和可以征召的后备力量。整个国家可使用的兵员总数达650万人。然而，沙皇的专制政体在制度上不利于最优秀的军人被推上最高层。"这是一个愚不可及的政体"，"它是集怯懦、盲目、狡诈、愚蠢于一体的大杂烩。"它的一位首相维特伯爵曾如此评论过。俄国军队便是这一霉烂母体的产儿。除了数量的优势足以吓坏胆小者外，就其素质而言，几乎没什么可以称道的地方，真可谓金玉其表，败絮其内。军官团里超龄老将多如过江之鲫，这支军队一败于克里米亚，再败于日本之手，声名狼藉。因不称职而被清除的军官达340多人，到1913年，军官缺额达3000名之多。陆军大臣苏克霍姆利诺夫将军是个游手好闲、寻欢作乐、贪污枉法、勾引女性之辈，他压制军队中的改革派，对"射击的组织与实施"之类的代表军事发展新趋势的观念深恶痛绝，他一口咬定俄国过去的失败，只是由于司令官的错误，而不是由于训练、准备和供应方面的不足。他顽固地坚信刺刀胜过子弹，所以根本不肯花力气去兴建工厂，增产步枪、子弹和炮弹。以至于俄国在开战时，他连政府专供生产军火的拨款也没用完，每门大炮只摊到850发炮弹（而西方国家则每门大炮有2000~3000发炮弹），成千上万的补充兵员赤手空拳地待在前线战壕里，等着同胞战死后留下的武器。1914年之前，俄国的备战工作就是在这么一个昏庸无耻的角色主持下进行的。在军事观念上，法国人狂热鼓吹的"攻击主义"正中俄国佬的下怀，因为后者一向具有哥萨克冲锋和刺刀见红的传统。

俄军的集中和展开是按照第19号计划"A"方案进行的，面对德、奥两个方向，俄国编成西北、西南2个方面军，它在德国战线上投入吉林斯基的西北方面军，其战斗序列为：

1. 莱宁坎普的第1集团军，共3个军，1个步兵旅，1个骑兵旅，5个骑兵师，402门火炮。沿涅曼河在科夫诺、奥利塔、麦利奇一线展开，右翼由1个骑兵军给予掩护，左翼由1个骑兵师和1个步兵旅掩护。

2. 萨姆索夫的第2集团军，共6个军，3个骑兵师，702门火炮，在格罗德诺、奥索维茨、沃斯特罗温卡一线展开。

俄国西北方面军这2个集团军总兵力为25万人，计划是分北、南两路向东普鲁士发动钳形攻势。在奥匈战线上，俄国投入了实力雄厚的伊凡诺夫的西南方面军。在400公里长的弧形战线上，由北向南的战斗序列为：

1. 扎利茨（后为埃维特将军）的第4集团军共3个军，3个半骑兵师，402门火炮。

2. 普列韦的第5集团军，共4个军，3个骑兵师，516门火炮。

3. 鲁兹斯基的第3集团军，共4个军，3个骑兵师，685门火炮。

4. 勃鲁西洛夫的第8集团军，共3个军，3个骑兵师，472门火炮。

在东线战役展开前，俄国西南方面军兵力为60多万人，有些师、团尚在开往集结地途中，故而这个方面军的总数未超过计划的75%。俄国这两个方面军之间约有200公里的空隙，后来组建了第9集团军以作充实。西南方面军的总目标是在德涅斯特河东岸围歼奥匈部队主力，阻止奥军撤向德涅斯特河西岸。

在巴尔干方面，奥匈帝国参谋总长康拉德将军手里可供使用的兵力共 8 个集团军，他准备用第 5 集团军和第 6 集团军进攻塞尔维亚，占领其首都贝尔格莱德。把第 1、第 2、第 3、第 4 共 4 个集团军部署在加里西亚方面以对抗俄国的西南方面军，并准备在东普鲁士德军的协助下，攻占华沙。

塞尔维亚共展开 4 个集团军，其野战部队约 24 余万人，再加上 14 万人的地方部队，共动员兵力达 38 万人，有火炮 610 门。摄政王亚历山大亲王担任武装力量总指挥，战场实际指挥为参谋总长普特尼克将军。塞军以一部兵力部署在西部和北部与奥匈接壤的边界，将主力集中部署在瓦列沃以东多山地区之预设阵地，以防御姿态迎击来犯的奥匈军队。门第内格罗集团军 6 个师约 5 万人，除在几个边境要地留下部分兵力外，其余主力部署在国内难以通行的卡尔斯山地高原，以策应塞尔维亚的作战。

## 第五章
## 1914年：全面开战

### 1. 德法交战

#### ·借道比利时

西线战事由德军入侵比利时揭开战幕，而其中的列日要塞首先接受战火洗礼。列日城是从德国进入比利时的大门，连接德国、比利时和法国北部的四条铁路线在这个战略城市汇集，然后向比利时平原作扇形展开。控制这些铁路干线是实施"史里芬计划"的先决条件。因为120多万迂回大军的后勤补给主要依赖这几条铁路线的运输。只有拿下列日，组成旋转右翼的第1、第2、第3军团才可以行动。

列日要塞区雄踞穆斯河左岸高地，对所有道路都一览无遗，换言之，它的12座威力强大的炮台足以封锁所有进出比利时的通道。整个炮台区直径约10英里，由当时欧洲杰出的军事工程师亨利·布里亚尔蒙特将军设计，在花了约25年时间后，于1913年完工。炮台是由装有装甲炮塔的、形状像平坦的三角形小孤山的钢筋混凝土构成，配备着400件武器，从机枪到8英寸的大炮，三角形的每一角都装备着较小口径的速射炮的炮塔。每座炮台的周围都是30英尺深的干燥的深沟，配有防止夜袭的探照灯，炮台之间相互支援体系受到3英里缺口的限制，后来鲁登道夫就是利用这一点突入要塞中心地区。

为迅速夺取列日要塞，德军参谋本部从比洛第 2 集团军抽调 6 个旅加上 2 个骑兵师组成一支 6 万人的"穆斯河部队"，由冯·埃姆米希将军指挥从东、南、北三个方面向列日进攻。1914 年 8 月 4 日，德军入侵当天在维塞强渡穆斯河成功，并派出前驻比利时武官要求要塞指挥官、率领 2.5 万千名守军的勒芒将军投降，在遭到拒绝后，即以密集型冲锋向东端的四座炮台发起猛攻，这正好成为比军要塞速射炮和密集机枪火力最佳目标。德军不顾死活一个连接一个连地投入，一排排肩并肩朝绵密的火力网冲去，倒下的人渐渐形成一堵又一堵的"人体街垒"，使比军机枪手感到射击非常困难。

德军遭受到第一次挫折后恼羞成怒，不顾一切再次投入大量兵力，几乎是需要多少就投进多少，以便按期攻克目标。8 月 5 日，德军第 14 旅旅长被机枪击毙，部队陷于混乱，随行前进的第 2 集团军副参谋长埃里希·鲁登道夫当机立断，接过该旅指挥权，于第二天 8 月 6 日下午 2 时，奇迹般地突入到堡垒圈内的制高点，因为德军在穿越炮台之间的 3 英里空隙时，比军居然没有向他们开炮。在制高点上，德军架起大炮向周围比军堡垒猛轰。是日，鲁登道夫又派人打着休战旗帜前往劝降，仍被拒绝。于是德国人又玩了一个鱼目混珠的把戏，冒充英军混到要塞司令部门口，企图绑架和杀害勒芒将军，结果没有得逞，36 名士兵和 6 名军官反被全部击毙。在一片混乱中，勒芒逃到城西隆森堡垒，继续指挥。8 月 7 日，鲁登道夫和埃姆米希不等后援部队到达，攻进列日城。消息传到柏林，德皇把小毛奇狂吻了一阵，称他为"最亲爱的恺撒大将"，而就在前几天，德皇还在痛斥小毛奇，"瞧你怎么搞的，无缘无故把英国人惹来打我！"

列日虽已占领，但市郊 12 座炮台一座也没攻下。鲁登道夫坚决要求从国内调用攻城巨炮。当几门怪模怪样、像"吃得太饱的鼻涕虫"似的巨炮在泥泞中向前线挣扎时，德国政府还在通过美国驻比利时、荷兰的公使作外交努力，以战后撤出比国领土的承诺，要求获得一条自由通过比利时的走廊。8 月 12 日，这份备忘录转到阿尔贝国王手中，国王表示拒绝。当天晚上，几门克虏伯兵工厂的 420 毫米、奥匈斯科达兵工厂的 305 毫米攻城巨炮运抵前线，当晚开始发射，一吨重的炮弹的弧形弹道高达 4000 英尺，60 秒钟后命中目标，炮弹爆炸时尘土、碎片和硝烟形成巨大的圆锥形，升入 1000 英尺的高空。几百米外围观的人群前倒后仰，地动山摇宛如发生了地震，附近玻璃窗全部震碎。13 日、14 日两天，列日北面和东面的炮台在"巨无霸"的连续轰击下全部失陷，德军最右翼的克鲁格第1集团军开始启动。8月16日，一颗一吨重的炮弹自天而降，命中最后一座尚在抵抗的隆森炮台的弹药库，从内部将该炮台炸了个稀烂。勒芒将军在昏迷中被俘，醒来后他向冯·埃姆米希交出指挥刀说："我是在昏迷中被俘的，请你务必在战报中说明这一点。"后者把指挥刀还给了他，并说："你的指挥刀并没有玷污军人的荣誉，留着吧。"隆森炮台陷落的次日，第2、第3集团军立即向前推进，这样，德军右翼兵力全部投入大迂回行动，列日要塞的抵抗，仅仅使德军行动比预订的时间表延迟了两天，而不是后来所夸张的两个星期。

## ·德军势不可挡

### 洛林会战

法国的5个集团军实力与德国部署在西线的总兵力相仿，在阿尔萨斯和洛林，第1、2集团军组成右翼，面对德国的第7、6集团军，任务是发动强大攻势，突入阿尔萨斯和洛林，把德军赶回莱茵河一线，在德军左翼和中路之间打进一个楔子。此外，由第7军和第8骑兵师组成一个独立集团，其任务是解放牟罗兹和科耳马尔，并据守德国、阿尔萨斯、瑞士交界处的莱茵河沿岸。第3、4、5集团军在凡尔登至伊尔松一带展开，任务是发动突破德军中路的大攻势。

法军向阿尔萨斯的进攻揭开了法德边境序战一幕，1914年8月7日清晨5时，博诺的第7军从孚日山出击，经6小时传统的白刃战，法军攻占了阿尔萨斯边境小镇阿尔特基希，但没能乘胜夺取牟罗兹。8月8日，在总司令部的严令下才进占该城。德军后撤待援。8月9日，德军向牟罗兹反攻，8月10日，法军渐渐不支，为免遭包围而不得不放弃该城。早在8月3日的高级军事会议上，迪巴伊向霞飞指出他的部队需要增援，攻势才能奏效，但增援至今尚无着落。霞飞回答说："那可能是你的计划，而不是我的。"这话弄得众将感到神秘莫测。如今，霞飞感到确实有增援的必要。他先解除了博诺军长和另两个师长的职务，调来1个正规师和3个后备师充实第7军，专门组成一个"阿尔萨斯军"，召回退休的独臂波将军指挥这个军，准备重新发动攻势。

8月6日，法军派出一支骑兵部队进入比利时，沿穆斯河疾驰3天，侦察德军的集结实力和主攻方向，因来得太迟而未发现大批德军战略迂回部队早已渡河的情况。朗雷扎克的法军第 5 集团军原定向东北方向阿登山地进攻，但他预感德军会从比利时迂回过来，如果这样，他的军团将首当其冲，他将自己的看法向霞飞陈述，第 3 集团军司令鲁夫将军也向霞飞表示了同样的忧虑，霞飞认为这一看法"完全不合时宜"。于是，法军仍按 17 号计划发动攻势。从 8 月 14 日至 8 月 25 日，法、德两军在法德、法比边境全线交战，史称"边境交战"。

1914 年 8 月 14 日，法军发起"洛林会战"。波将军的"阿尔萨斯军"重新向阿尔萨斯发动进攻，迪巴伊第 1 集团军和德卡斯特尔诺第 2 集团军也同时向洛林地区的萨尔布尔和莫日朗出击，德军驻守洛林的巴伐利亚王储鲁普雷希特第 6 集团军和黑林根的第 7 集团军，在头 4 天里按预定计划向后且战且退，以便将法军引入"陷阱"。8 月 20 日，法军进攻萨尔布尔和莫日朗德军之坚固阵地，因缺乏足够的炮火掩护和战术运用的错误，在德军猛烈炮击下，遭受严重挫折。莫日朗要塞满山遍野的法国士兵的尸体，扑灭了法国军事教条"进攻主义"灿烂的火焰。

鲁普雷希特亲王原本就不甘心在这样一场决定德国命运的会战中，仅扮演一个次要角色，更不愿当别人进攻时自己却在后撤，尽管出于战略上的需要。现在法军进攻受挫，他开始不断对参谋本部施加压力，要求立即反攻。德军参谋本部从史里芬到小毛奇的思想深处一直存在着打一场真正的"坎尼战"的渴望，即左右开弓两面合围法军主力，但鉴于兵力不足，不敢冒险而将这一想法克制了下去，采取单边包围的"斜行阵"战略。现在右翼轻松地击败进攻之敌，使被压抑多年的"坎尼战"的欲望死灰复燃，在鲁普雷希特的强烈要求下，德军参谋总部终于改变左翼继续后退的计划，同意第 6、第 7 两集团军立即向当面法军发动反攻，并向厄比纳尔方向追击。原先要从这一地区抽出 2 个军加入右翼攻击部队，现在也取消了，一块就地反攻。8 月 23 日，德军左翼发起声势浩大的反攻，但几天后便在法国的贝尔福、厄比纳尔、土尔等坚固的要塞阵地前遭坚强之阻击，陷于苦战。

洛林会战法军的败退从全局来看，无意中挽救了法军的全面失败，因为法军第 1、第 2 集团军没有进入德国为之设下的陷阱，不久从这一方向抽调的部队组成的巴黎方面第 6 集团军的主力，向德军右翼克鲁格集团军实施侧击，取得"马恩河上的奇迹"，扭转了整个战局。德军在洛林会战中犯下了战略性的错误，他们把正在进入陷阱的法军右翼主力推了出来，让其据守在坚固的要塞阵地，缩短了战线,以后又有机会分兵巴黎方向,增加了德军迂回部队的阻力,使德军没能达到两翼包围的战略目的。所以德军的反攻为"史里芬-小毛奇计划"钉下了第一颗棺材钉。

### 阿登会战

进攻洛林受挫并没能使霞飞气馁,他认为德军左翼主力已被缠住,向中路突破的时机已到,而法军参谋本部一向以为德军中路兵力薄弱,法军在此地占有优势。8月20日,霞飞发出向阿登山区进攻的命令。鲁夫的法军第3集团军向山区南部进攻,任务是将当面的普林斯指挥的德军第5集团军赶回梅斯至提翁维尔一带,然后加以包围,同时收复布里埃铁矿区。德朗格尔的法军第4集团军从山区北部进攻,任务是围歼当面的阿尔勃莱希特指挥的德军第4集团军,这两个法国集团军如果在中路得手,德军右翼和左翼将被割裂。但在8月21日,霞飞从鲁夫集团军抽走3个师约5万人,同另外4个后备师一同编成一个"洛林军",由莫努里将军率领驻守在凡尔登和南锡之间,以掩护洛林方向和阿登方向的进攻。在以后的4天里,双方在阿登山区展开血战,德军兵力和大炮都占优势,远出法军意料之外,除了法军战前查明的6个现役军外,还有迅速动员后加入进来的4个预备役军,霞飞则稀里糊涂地把对方10个军当做6个军来打。这是一场典型的遭遇战。德军战术较正确,掘壕作战,法军一贯轻视掘壕战斗训练,采用刺刀冲锋,结果被机枪纷纷扫倒。法军的大炮也给德军带来重大伤亡,"成千上万的死人还是站着,靠在像是由成批成批尸体垒成的60度斜坡的拱扶垛上"。8月23日,损失惨重的法军开始退却,第3集团军退往凡尔登,第4集团军退往斯特内和色当,在穆斯河西岸重组防线。

### 桑布尔河会战

从8月上旬起,第5集团军司令朗雷扎克不断接到的侦察报告愈来愈符合自己原先对德军攻击重点的判断,他将德军开始向比利时迂回的动向接二连三地报告给总部,却被嗤之以鼻。按17号计划,他的第5集团军应向东北方向的阿登山区进攻。他担心这样做会被迂回的德军主力从左翼切断后路。朗雷扎克一再强烈要求北上抢占穆斯河与桑布尔河汇合的三角地带,以阻击正在南下的德军右翼。这些要求都未被霞飞和他的司令部人员所重视。直到8月15日下午

7时，德军右翼席卷法军左翼的威胁已十分清楚时，霞飞才下达第5集团军进入桑布尔河和穆斯河三角地带的命令。霞飞此举只是应付一下德军右翼的威胁，并非准备放弃旨在进攻的第17号计划。

法军第5集团军需要5天时间，行军80英里才能抵达桑布尔河一线，8月18日，比利时军队不顾法军和英军正在北上，放弃热特河有利之阵地，向安特卫普撤退。同一天里，正在全力北进的朗雷扎克接到霞飞给他的两个方案，要他选择。一是按现在行动的那样，比、英、法部队联合向桑布尔河北面进攻；二是如果穆斯河西岸之敌仅是德军右翼的一部分力量，则朗雷扎克的第5集团军回渡穆斯河，支援向阿登山区进攻的主力部队，由比、英两军来对付桑布尔河和穆斯河北面的德军。朗雷扎克对总部的敌情判断完全失去信任，将第二个方案置之不理，继续向桑布尔河前进。这天德军右翼正展开向比利时的迂回，克鲁格第1集团军、比洛第2集团军、豪森第3集团军正从外、中、内三路分别向布鲁塞尔、那慕尔、迪南挺进。

8月21日，朗雷扎克的一部分兵力渡过桑布尔河到达北岸，和德军比洛的先头部队接火，比洛的另一部兵力也在那慕尔和沙勒罗瓦强渡桑布尔河到达南岸。这时，法军第5集团军和弗伦奇的英国远征军再加那慕尔比军1个师，总共21个师，而德军在这一地区投入作战的共有38个师。朗雷扎克虽然不清楚对方确切的数目，但深知既然德军采取了迂回比利时的战略，他自己的集团军现在也就处于首当其冲的位置。他自己这点兵力是难以承受其压力的。8月22日，德军比洛的第2集团军展开3个军在沙勒罗瓦地区向法军第5集团军发起正面进攻。是夜，德军豪森第3集团军投入4个军猛击法军第5集团军的右翼，不过豪森没有遵照参谋本部的命令，挥戈西南夺取吉韦，直扑法军后方，而是听从了比洛的错误指挥，向西直接攻打法军较为坚固的防御阵地，以致法军第5集团军的后撤通道始终畅通无阻。8月23日，法军第5集团军左翼的骑兵部队被德军击溃，同英国远征军之间出现的缺口越来越大。正午时分，比利时第4师撤出那慕尔要塞。傍晚，豪森部队扩大了穆斯河对岸迪南南面翁埃耶的桥头堡，有进一步席卷法军第5集团军后方的模样，紧接着，沙勒罗瓦正面部队未能守住阵地、正在退却的消息，以及右翼德朗格尔第4集团军在阿登山区严重受挫，从早晨起一直在退却的消息都得到证实，至此，朗雷扎克感到法军已全线败退，自己的正面、左右两翼正在崩溃中，如不及时撤出战场，就会重蹈1870年色当会战的悲惨结局。

朗雷扎克在没有征求总部意见的情况下，断然下达了第5集团军全面撤退的命令，总部得知后，既没有提出异议，又没有撤销该命令。后来法国官方为寻找替罪羊指责朗雷扎克：自认为右翼受到威胁便命令撤退而没有反攻。倒是一位英军发言人说了公道话，他认为朗雷扎克的撤退命令使法国避免了又一次色当大败，毫无疑问地拯救了英国远征军，同时也使法国军队免遭了灭顶之灾。德国冯·豪森将军在战后承认，朗雷扎克的撤退打乱了以包围法军左翼为出发点的德军全部作战计划，迫使克鲁格采取蹩脚的内圈迂回行动。8月25日，在德军420毫米和305毫米巨型攻城炮的轰击下，那慕尔要塞5000守军被迫投降。至此，桑布尔河会战以法、比军队的失败而告终。

**蒙斯会战**

英国远征军在鲁昂上岸后即向勒卡托和莫伯日地区集结，一路上受到法国和比利时民众热烈欢迎。8月17日，远征军司令弗伦奇爵士与法军第5集团军司令朗雷扎克将军会晤，因在一些具体问题上意见不合而产生误解和对立情绪，弗伦奇一改和霞飞会晤时答应于8月21日完成作战准备的承诺，告诉盟军他要到8月24日才能准备就绪。朗雷扎克大失所望，得出英国人靠不住的结论。8月20日，德军克鲁格第1集团军攻占布鲁塞尔，并南下向蒙斯方向挺进，此刻北上的英军也正向蒙斯接近，双方都互不摸底。8月22日，双方先头部队中的侦察骑兵发生遭遇战。克鲁格吃了一惊，他因没有及时吃掉热特河比军5个师而懊丧不已，比军这5个师已撤往安特卫普，克鲁格军团南下时，比军可以拊其背。现在前面又突然冒出了英军。克鲁格要求继续向西，寻找敌人侧翼边缘，以便将对方"兜"进罗网。但他左翼的第2集团军司令比洛害怕两军之间会出现缺口，阻止他继续西进，命令他直接向蒙斯进攻。早在8月17日，参谋本部就命令克鲁格接受比洛的指挥。于是，怒气冲冲的克鲁格只好向英军正面发起强攻。

8月23日，在25英里长的战线上，弗伦奇指挥黑格的第1军和多林的第2军开始接仗，英军原以为当面之敌是1个或2个军，但实际上德军投入作战的有4个军和3个骑兵师，还有2个后备役军，一个还差2天路程，一个在防犯安特卫普的比军。克鲁格以第3、4两个军集中进攻多林的英军第2军，经一整天惨烈之战斗，双方均遭重大损失，英军炸毁了蒙斯河上的桥梁后，退守第二道防线。克鲁格在当天下午才意识自己犯了致命的错误，即没有将两翼第 2、9 军投入战斗，他调整部署，命令进攻的两个军在正面牵制住英军，第 2、9 军从两面包抄其后方，打一个歼灭战。弗伦奇原想第二天再战，但这时一个令人沮丧的消息传来，法军朗雷扎克第 5 集团军已后撤，撤退前也没通知英军，当晚弗伦奇又接到霞飞的电报，说各种证据表明英军面对的是德军 3 个军加 2 个骑兵师。于是，孤立无援的英军决定在夜幕掩护下后撤。黑格第 1 军不在德军攻击范围内，至今几乎一枪未发，很快撤了下来。多林因司令部位置设置有误，直到凌晨 3 点才接到命令，这时德军已将另外两个军拉了上来，多林的第 2 军不得不在一整天的炮击下开始撤退，遭受不小损失。至此，蒙斯会战以英军后撤而结束，法、德两国的边境会战也随之结束。

## ·法军扭转战局

### 巴黎恐慌

边境战役之后，法军左翼 3 个集团军全线败退，右翼 2 个集团军仍在洛林战线苦撑。德军右翼和中路的 5 个军团像一把横扫的镰刀，从比利时向法国割来。8 月 24 日，德军进入法境，为了不让英、法军队站稳脚跟，以便获得喘气机会而重组防线。克鲁格集团军和比洛集团军不顾部队的极度疲劳和后勤供给已近极限，连续强行军，对同样是疲惫不堪的英、法军队一路穷追不舍，迫使后者不断地返身进行艰苦而危险的后卫战。霞飞为阻止德军右翼向法国腹地的突进，于 8 月 25 日，发布第 2 号通令，提出从洛林方向抽调部队组成一个新的第 6 集团军，并将其部署在德军右翼的进军路上，正在退却的 3 个集团军应尽力设法保持一条连续的战线，由后卫部队进行短促而猛烈的反击，阻挡或者至少阻滞敌人前进，并做好重新展开攻势的准备。

德军即将席卷巴黎的姿态使法国首都陷于一片惊慌中，政府内部在寻找替罪羊，有人责骂霞飞是个白痴、笨蛋。也有人扬言要剥陆军部长梅西米的皮。最后梅西米和米切尔被普恩加莱和维维尼尔解除了职务。由米勒兰接替梅西米的职务。8 月 26 日，加利埃尼出任巴黎军事长官兼巴黎部队司令，他是在政府答应调拨3个军给他的情况下任职的。是日，第6集团军的核心部队，莫努里将军的"洛林军"从右翼原来掩护阿登、洛林进攻的位置向左翼运动，乘火车经巴黎到达了亚眠，并向前方开进。第6集团军由第7军和从第3集团军抽出的第55、56两个后备师以及巴黎方面的第61、62两个后备师编成，埃贝内任司令。

为防止第6集团军在展开部署前就被德军进军的洪流冲垮，霞飞于8月27日严令正在撤退的朗雷扎克第5集团军立即掉转身来，向西北方向的圣康坦发动进攻，以便迟滞西进的德军。朗雷扎克先是拒绝，后在霞飞威逼下不得不着手进攻。8月29日，霞飞亲临前线督战。由于1名法军军官被俘，泄露了法军作战计划，法军向圣康坦的进攻被严阵以待的德军击退。德军比洛部乘机向第5集团军右翼发动攻势。朗雷扎克再次显示出他的机智和敏捷，断然放弃进攻，重新集结兵力，重创比洛部于吉兹，取得战术上的胜利。但由于左翼的英军和右翼的法军第4集团军继续在撤退，朗雷扎克的两翼失去掩护，仍有被包围之虞，只好向后退却。

英军自蒙斯后撤以来，其后卫一直被德军克鲁格部紧紧咬住，8月25日，黑格将军的第1军在朗德雷西埃遭敌突袭，他因过分紧张而向远征军总部求援，弗伦奇受其影响也变得慌乱起来，下令黑格撤退方向由东南改向正南，造成同多林的第2军分道扬镳。为摆脱纠缠，8月26日，英军多林的第2军被迫在勒卡托转身与德军进行了一场艰苦的后卫战，弗伦奇断定多林第2军的覆没已无法避免，惊慌失措地将自己的司令部撤往圣康坦，对黑格询问如何帮助激战中的多林部队的电报竟然不能给予任何指示，以致实力充足的黑格虽然已听到勒卡托方向密集的枪炮声。因"拿不定主意"而无法相助苦战中的第2军，多林毅然转身迎战之举拯救了整个战线的左翼，并暂时摆脱了德军的纠缠。

这时发生了一段插曲，8月27日，为从背后牵制德军向西南进军，3个营的英军和6000名比军在比利时的奥斯坦德登陆，但因英、法军队后退太远，这一背后威胁已完全丧失意义。到8月31日，英军3个营又重新上船回国。

德军出乎意料的主攻方向和庞大兵力的压迫，再加法军第5军团撤退时，事先招呼都不打，以及接二连三的败退加上15000人的损失，使情绪易变的弗伦奇感到惊慌、愤怒、沮丧而被笼罩在末日将临的恐惧中，初来乍到的雄心大志和豪言大语早已烟消云散，他现在唯一的想法是尽快脱离与德军的接触，以保证英军不被消灭。他拒绝霞飞要他坚守阵地配合法军第 5 军团的反攻,当法军反攻时,弗伦奇继续后撤,以致在他左翼的法军第 6 集团军和右翼的法军第 5 集团军侧翼暴露无遗,只好也跟着后撤。8 月 28 日,方寸已乱的弗伦奇下令英军各部将所有军火弹药和非必需辎重统统扔掉,显然他不愿再战而只想逃命了。但实际上英军的士气和撤退状况远不像他的总司令想象的那样糟糕,大部分部队指挥官没有理睬这道命令。8 月 29 日,弗伦奇又下令将英军主要基地撤到诺曼底半岛南面的圣纳泽尔,此命令跟抛弃军火的命令在精神上同出一辙,他断定法国已一蹶不振,英军得尽快撤到海岸,登船回国。霞飞告诉他第 5、第 6 军团正在奉命坚守阵地,请求他不要继续后退使法军两个军团之间出现缺口。弗伦奇在写给陆军大臣吉青纳的报告中竟歪曲事实,说法军是想自己撤退,让英军单独坚守阵地,所以自己才不得不如此。(直到战后弗伦奇在自己的回忆录里仍这样写,使得他的同胞们不得不赠送给他一个词:谎言。)陆军大臣吉青纳并不赞成弗伦奇的做法,几次电文往来后,吉青纳于 9 月 1 日上午赶到法国巴黎,在英国大使馆里同弗伦奇会商,最后的结果是,英军继续部署在作战线上,与法军配合行动。

**转瞬即逝的战机**

德军右翼在一条左右杀开 75 英里宽的地带,浩浩荡荡向巴黎方向进军。追杀在最前面的是克鲁格,他是"史里芬计划"中要去"袖拂海峡的右翼末梢",同时也是"镰刀"上弯曲的刀尖部分,并将随进展的顺利,这一刀尖会越来越弯,越来越长,直到碰上靠近瑞士的法德边境"刀柄"而形成"圆圈"。8 月 30 日,他的第 1 集团军在右翼击退了法军第 6 集团军的几支分队,在中路发现英军撤退时仓皇丢弃的大批弹药和辎重,他的左翼报告法军第 5 集团军已被打得抱头鼠窜,克鲁格感到决定性的时刻已到来,他一方面决心不让对手获得丝毫喘息之机,另一方面,他又从法军第 5 集团军的撤退方向判断,法军防线向西延伸的并不如想象中的那样远,因此就无需死板地按原计划从巴黎西面和西南进行迂回和大面积扫荡,而在巴黎北面即可席卷法军,这样也可填补同比洛之间那个始终令人放心不下的缺口。当晚 6 时 30 分,比洛来电要求克鲁格采取内圈包抄行动,此建议正中后者下怀,克鲁格毅然作出了影响后来战争进程的错误决定,改变进军方向,当晚小毛奇电复批准,因为德军右翼的密度已低于进攻所需,如按原定计划从西面迂回,战线势必还得延长 50 英里或更长些,而小毛奇本来就为战线上的几处缺口感到不安,所以认为克鲁格的建议会带来幸运。8 月 31 日,德军第 1 集团军从正南改向东南前进,以企席卷法军第 5 集团军。这样,巴黎便不在史里芬原来的包围计划中了,德军"右翼末梢"也不能"袖拂海峡",而是在巴黎东北面,从法军第 6 集团军的正面擦过。

克鲁格的先头部队已突破法军第 5 集团军与巴黎之间英军后撤留下的缺口,第 5 集团军仍未摆脱被包围的危险,德军的包抄运动看来已无法遏制。9 月 1 日,霞飞发出第 4 号通令,决心撤退到塞纳河对岸稳住战线,然后用一周时间调整部署,9 月 8 日重新发动攻势。9 月 2 日,负责巴黎防务的加利埃尼终于被授权指挥第 6 集团军,第 45 师和从凡尔登方向第 3 集团军抽调的第 4 军在以后 2 天也乘火车到达巴黎。是日深夜,法国政府撤出巴黎迁往波尔多。9 月 3 日,法军侦察飞机报告克鲁格的部队从巴黎东北擦过,由西向东移动,当德军的转向行动在加利埃尼司令部作战地图上,用彩色大头针显示出来时,他的参谋长克莱热里和吉罗东上校不禁喊道:"他们把侧翼送上门来了!"

加利埃尼立刻看出这一稍纵即逝的机会,他决定尽速对德军暴露的右翼进行侧击,并说服霞飞停止向塞纳河后撤,立即在全线恢复攻势。显然这一战略行动取决于霞飞的同意和英国远征军的配合。此刻,霞飞也在忙着反攻的事,不过不是在考虑具体地点和时间,而是在撤换第 5 集团军司令朗雷扎克,这位才华出众、极富远见,法军最优秀的将领几乎从战争一开始就一直同总司令在许多问题上磕磕碰碰,使霞飞的指挥极不顺手,霞飞为保证部下贯彻其作战意志,终于下决心将其解职,任命原第 1 军军长弗朗歇·德斯佩雷担任该军团司令。9 月 4 日拂晓,法军飞行员的报告进一步证实,克鲁格部队向东南方向的迂回已使他的殿后部队成为法军第 6 集团军和英国远征军的明显攻击目标。上午 9 点,加利埃尼在未取得霞飞同意的情况下,命令莫努里将军立刻做好部署,于当天下午出发,作为第 6 集团军向东全面出击的先头部队,同时又将部署电告霞飞的总部,建议于 9 月 6 日在马恩河北岸进攻。现在霞飞要在原计划撤至塞纳河再反攻和抓住目前机会立即冒险与敌决一胜负之间进行选择。

霞飞总司令部的参谋军官们笼罩在一片紧张和兴奋中,霞飞走出屋子,在一棵垂柳下一动不动整整思考了大半个下午,终于下定决心。他向全军发布命令:"将巴黎守军设想的局部行动扩大到协约国军左翼的全面反攻。"9 月 5 日,各协约国代表在战场节节败退的沮丧气氛下会聚伦敦,签署了"在这场战争过程中,不得单独媾和"的相互约束的条约。是日上午,霞飞得知弗伦奇的英国远征军拒绝参加反攻的消息后,感到震惊,他驱车115英里于当天下午2时赶到英军司令部驻地,面对弗伦奇声色俱厉道,决定性的时刻已经到来,不管发生什么情况,为了拯救法国,最后一连的法军也要投入战斗,法国全体人民的生命、法国的国土、欧洲的未来,全靠这次进攻了,"我不能相信英军在此紧急关头会推卸它的责任……对你们的不参加战斗,历史将作出严厉的审判"。最后,霞飞一拳砸在桌子上道:"元帅先生,英国的荣誉处在危机存亡之中!"弗伦奇元帅一直面红耳赤,心情激动地听着,最后被"英国的荣誉"刺激得泪流满面,终于答应与法军协作,参加反攻。

### 马恩河会战

从9月2日起,小毛奇对克鲁格向内转后,侧翼暴露的情况越来越感到不安,于是他给克鲁格下了一道通令,一方面批准向东南转进,另一方面要求克鲁格集团军列成梯队,尾随第2集团军之后,并掩护两军的侧翼。克鲁格根本不愿执行,这将使法军获得喘息的计划,他向部队下令继续向马恩河方向追击,并于明日渡过该河。克鲁格曾三次电告最高统帅部自己即将横渡马恩河的意图,由于通讯困难,这三份电报直到第2天才收到,德军最高统帅部在关键时刻与克鲁格第1集团军失去联系整整两天,等发现克鲁格拒不执行先前给他的命令时,他的先头部队已经渡过了马恩河。此时德军统帅部发现,虽然十几天来,德军连续击败法军,但俘虏甚少,缴获的大炮数量也较少,小毛奇判断法军正在作有计划的撤退。接着他又接到情报,法军两个军从洛林战线抽走,而开往巴黎方向的列车络绎不绝,这表明法军在向左翼增援,这也就意味着法军要向德军右翼进攻。

早在8月25日,德军参谋本部就从克鲁格和比洛的部队中各抽去一个军,增援东普鲁士,因为俄国出人意料地提前发动了攻势,同时也以为法军已被击破,西线即将大获全胜。这样原定应在进攻中不断得到增强的德军右翼,非但没有得到计划中的6个军,反而从攻击主力中抽去2个军。小毛奇不从德军左翼抽兵,一来是被两面包围的前景所吸引,二来可能是迁就领兵的将领,因为他们是王储。9月4日,小毛奇打算从左翼抽调兵力支援右翼,但鲁普雷希特和冯·克拉夫特反对从左翼调走一兵一卒。恰好德皇视察鲁普雷希特的第6集团军前线，对攻破南锡的法军防线深信不疑，也极力支持鲁普雷希特等人的意见。小毛奇既然无兵可调，只好决定右翼停止前进。当晚他草拟了一份命令指出：法军已摆脱德军第1、第2集团军的包抄，部分已与巴黎守军会合，摩泽河战线上的法军正向西移动，很可能要在巴黎附近集中优势兵力，威胁德军右翼，因此第1、第2集团军必须停在原处，面对巴黎以抗击对方的任何进攻。这份命令反映了小毛奇在许多人沉浸于胜利在望的喜悦时，能够保持清醒的头脑和对局势的准确判断。他虽有遇事犹豫的缺陷，但毕竟不像后来指责他的人所说的那样，是个地道的庸才。如果不是加利埃尼反应迅速的话，这道命令尚能及时挽回危局。

9月5日，渡过马恩河的克鲁格集团军继续全力向前推进，企图卷击法军侧翼，4个军浩浩荡荡向大莫兰河挺进。他的部队疲惫不堪，士兵到达宿营地倒地就睡，强行军使重炮部队落在了后面。上午7时，他接到小毛奇电令，要他转身对付巴黎方向的威胁，克鲁格对此命令不屑一顾，仍全速前进。是夜，小毛奇派参谋本部情报处长亨奇上校从卢森堡驱车175英里赶到前线，向克鲁格解释命令的原委，敦促第1集团军务必撤到马恩河北岸。亨奇告诉克鲁格，左翼鲁普雷希特集团军在法国边境堡垒线上已陷于僵局，后者和其参谋人员大吃一惊。接着又有沮丧的消息传来：在马恩河北岸担任侧翼后卫的德军第4后备军发来报告证实，法军已开始行动。这正是从巴黎向东进攻的莫努里的先头部队。强悍的克鲁格这次不得不屈服，决定于次日，即9月6日晨，开始后撤。

就在亨奇警告克鲁格的同时，法军这边，霞飞回到总部走进作战室，对聚集在那里的军官们说："先生们，让我们在马恩河战斗吧。"不过，为了在万一失败时推脱责任，霞飞在给总统和总理的电文中说："由于加利埃尼过早地发动了进攻，我已下令停止退却，接着我也转入了进攻。"后来霞飞想贬低加利埃尼在此战中的作用，企图从作战记录里抹去某些事实时，白里安发现了这份电文，他出示给加利埃尼说："这'过早'两字值千金。"

马恩河会战实际上在9月5日已经打响，起端于格罗劳指挥的德军第4后备军对莫努里指挥的法军先头部队的袭击，整个过程达7天，从凡尔登到森里斯的整条战线上战潮起伏，包括了无数的小型战斗。9月6日上午，德军林辛根的第2军奉命赶到提里普特，增援苦战中的第4后备军，在6小时内，这支极度疲劳部队便同法军第6军团整个正面展开激战，这时莫努里手中已达15万部队，攻势凌厉，林辛根深感危机，向克鲁格紧急求援，后者又调阿尔林的第4军前往助战，于9月7日清晨到达战场，这天战况对德军越来越不利，巴黎方向的第6集团军气势磅礴的攻势有席卷德军整个右翼之势，克鲁格不得不把第3、第9两个军调转身来全力对付来自巴黎方向的压力（9月6日黄昏，德军从战俘身上搜出霞飞的反攻命令，方知局势严峻）。9月7日这天，莫努里的第6集团军情形也十分危急。当时有一个师的生力军赶到，在巴黎下了火车，距前线尚有40英里，加利埃尼情急生智，紧急征用出租汽车600辆，竟用两个来回便把一个整师送上火线，成为战争史上第一次大规模使用汽车运输军队的先例。

德军若想取胜，关键是豪森的第3集团军需击退新成立的福煦第9军团，这样就可迂回法军第5集团军右翼，迫使其后撤，这样巴黎方向的法军第6集团军就孤掌难鸣了，即便有英军相助，克鲁格也能应付裕如。但福煦还是顽强地守住了阵地。战至9月8日，莫努里已将克鲁格整个集团军调转过来，被吸引在奥里奎河上，德斯佩雷指挥的法军第5集团军也返身击退比洛的德军第2集团军，迫其向东北退却。于是，克鲁格与比洛之间出现30英里宽的缺口。弗伦奇的英国远征军3个军乘隙而入。按富勒的说法，战争史上没有比这种时刻更需要速度了，但弗伦奇的精神状态跟不上从自己差点被全歼到可以全歼对手的时间和角色的快速转换。面对2个师的德军警戒部队，他总觉得自己正在进入一个巨大的埋伏圈。3天内英军在这个缺口里小心探路，竟推进25英里，从而成为后世笑柄。如果弗伦奇以一个真正的骑兵老将的姿态，迅速插入，便可轻松地从背后将克鲁格军团包围起来。

小毛奇为前线的局势感到万分焦虑，他又派亨奇视察前线5个军团，同时授予他代表最高统帅部发布命令的权力。9月9日，亨奇在第1集团军司令部接到比洛已经撤退的电报，而且获悉英军已进入第1、第2两军团之间的缺口，于是这位参谋本部的全权代表下令克鲁格全面撤退，从而避免了德军右翼的崩溃。然而，这同时也就宣告了德国人苦心孤诣的"史里芬计划"已彻底破产。具有戏剧性的是，当弗伦奇带着3个军慢吞吞爬进克鲁格和比洛之间的缺口时，便创造了"马恩河奇迹"，而他自己却还莫名其妙。

马恩河会战的意义在于：它使法国避免了军事上的全面崩溃，重新组织起一条新防线，从而稳住了西线，粉碎了德国先西后东，对法国、俄国实行各个击破的战略计划，使德国陷入它所竭力想避免的东西两线作战的困境。法国也付出了相当大的代价，从开战到马恩河会战结束为止，法军120多万部队有60万人死伤和被俘。

## 2. 俄德交战

### ·贡比楠边境交战

大战爆发后，俄国出乎意料地提前在东线发动了攻势。德国参谋本部原来估计俄国需要6个星期的动员时间才能开始进攻，但俄国在法国一再催促下，把进攻的时间提前了4个星期。

俄国参谋本部制订了两份对德作战计划，视德国如何行动而选择使用。其中之一是，如果德国以主力攻打法国，俄国就用主力攻打奥匈。在此种情况下，以4个集团军投入奥匈战场，用2个集团军来对付德国。对德作战计划规定：吉林斯基指挥的西北方面军的第1、第2集团军向东普鲁士发动钳形攻势，莱宁坎普指挥的第1集团军在北面首先采取行动，以便最大限度地将东普鲁士的德军主力吸引过来；萨姆索夫指挥的第2集团军将从南面绕过马祖里湖，插入德军背后，切断德军向维斯瓦河的退路，达成围歼后，第二步就是向维斯瓦河西面150英里的柏林进军。

东普鲁士地形条件使德国参谋本部判定，俄军势必沿着马祖里湖泊地带两侧发动钳形攻势，所以德军作战计划的基本原则是：利用东普鲁士境内完善的铁路网，进行迅速的集中和机动，充分发挥内线作战的优势。两路进攻之敌哪一路提供了最有利的机会就先打击哪一路。对此，史里芬有言在先：投入全部兵力，对首先进入我军射程的一路俄军，予以痛歼。

早在8月5日，法国大使帕莱奥洛格在谒见沙皇时就恳求说："请求陛下命令麾下军队立即采取攻势，否则法军有遭覆没之虞。"他还为此拜访了俄军总司令尼古拉大公，大公向法国大使保证，为履行动员第15天行动的诺言，他准备不等部队全部集结完毕，于8月14日就开始向德国大规模进攻。

实际进攻的日期又提前2天，8月12日拂晓，莱宁坎普第1集团军先遣部队的1个骑兵师进入德境，占领距边境5英里的马格拉博瓦镇，揭开了东普鲁士的战幕。接着他的主力，3个军和5个半骑兵师约20万人，于8月17日展开攻势，沿35英里的正面越过边境，向距37英里的因斯特堡峡口前进，此峡口北通柯尼斯堡要塞，南至马祖里湖区，是为军事险要。

德军在东普鲁士的兵力为普里特维茨指挥的第8军团，计有4个半军，1个骑兵师，柯尼斯堡的卫戍部队和一些地方部队，人数为俄军进攻兵力的一半。小毛奇给第8集团军的命令是保卫东、西普鲁士，不得让自己为优势兵力所压服或被赶过柯尼斯堡要塞区，如果发觉受到非常强大的部队的威胁，就撤到维斯瓦河西岸，将东普鲁士放弃给敌人。于是，普里特维茨决定采取先击退北路，再对付南路的作战顺序。他派第20军去东南方向，尽可能地缠住正在逼近的俄军萨姆索夫集团军，集中另3个半军和1个骑兵师在莱宁坎普集团军到达因斯特堡之前，在距边境的25英里的贡比楠地区迎击该部。

桀骜不驯的德军第1军军长冯·弗朗索瓦先期到达贡比楠后，不顾上司命令继续向边境挺进。8月17日下午，在距俄国边界5英里的施塔卢珀楠，德军第1军与俄军第3军开始交火，弗朗索瓦以迂回战术击溃俄军第27师，俘获3000人，并于当晚退回贡比楠。莱宁坎普不顾前锋受挫，重新前进。但才两天，到8月20日便停止了。原因不在于后勤补给已捉襟见肘和道路、通讯状况日益恶劣，而是顾虑推进太快，德军的迅速后撤会使俄军的钳形夹击落空，他想诱敌前来，好让萨姆索夫集团军有时间进到德军背后，给予致命一击。

莱宁坎普8月19日用简单密码发出的无线电令，被德军第8集团军的密码员（一位数学教授）毫不费劲地破译了。德军得知莱宁坎普停止了进军，更难抉择了。德军放手攻打一路而不受另一路的干扰的时间只有6天，现已3天过去了，如果德军仍等待俄军进攻，几天后势必陷于两支俄军的夹击中。这时第20军来电称：俄军萨姆索夫集团军已在上午越过边境。现在德军要么立即击溃面前的莱宁坎普，要么脱出身来南下对付萨姆索夫。普里特维茨选择前一个方案，他命令弗朗索瓦于次日，即8月20日晨在贡比楠地区发动进攻。

黎明前，弗朗索瓦第1军开始了左翼进攻。在中路，冯·马肯森指挥的第17军于上午8时赶到战场。在右翼，冯·贝洛指挥的第1后备军直到中午才抵达前线。战至黄昏，德军中路马肯森军在俄军猛烈炮火下向后溃退，右翼贝洛军失去左翼掩护也被迫后撤，只有左翼弗朗索瓦重创对手，颇有收获。总的来说，贡比楠会战是俄军获胜了。当晚，普里特维茨感到会战已经失败，如果俄军一鼓作气，穷追猛打，势必将第8集团军冲裂为两部分，一部向北退往海岸地区，一部向南退向马祖里湖地区，最后会被俄军各个击破。为避免这种局势，他决定放弃东普鲁士，退到维斯瓦河西岸，并将自己的建议电告最高统帅部。

第8集团军作战处副处长、原参谋本部俄国军事问题专家霍夫曼上校认为，情况虽属严峻，但事情尚有可为，利用内线作战特点和铁路便利进行重新部署，就足以对付两路俄军，如果北面俄军行动不出他所料，继续停滞不前的话，还可以集中全部力量来对付其中的一路。他说服了集团军参谋长冯·瓦尔德泽，后者居然说服了原先不同意的普里特维茨，霍夫曼立刻开始草拟命令，并向各军发出指示，这些内容是：弗朗索瓦军立刻乘火车赶到南面索尔茨军的右翼布阵，马肯森军和贝洛军立即脱离同莱宁坎普集团军的接触，强行军南下，在索尔茨军的左翼展开。当依此计划的调动已开始时，他又后悔了，他在电话里对小毛奇说必须得到增援，否则他甚至不能保证守住维斯瓦河。

小毛奇决定撤换普里特维茨和他的参谋长，8月22日上午9时，正在那慕尔前线的鲁登道夫接到命令，被任命为第8集团军参谋长。15分钟内他就坐车启程，傍晚6时到达科布伦次，3小时内，听取了东线局势介绍和有关指示，还受到小毛奇和德皇的接见，当晚9点乘专车前往东线。鲁登道夫当即给第8集团军发了一些命令，内容是第1军乘火车南下支援第20军，第17军和第1后备军在8月23日这天要完全与俄军脱离接触并休整好。这些命令和霍夫曼的命令相同，体现了德国军事学院和参谋本部军官团对同一命题作出同样答案的严格要求。是日下午，退休的兴登堡将军在汉诺威家中接到最高统帅部命令，命他立即前往东线接任第8集团军司令，该集团军新任参谋长鲁登道夫将在东去的列车上同他会面。兴登堡匆匆忙忙穿着旧军服上路了。次日清晨4时，专列开进汉诺威车站，鲁登道夫走上月台向兴登堡报到，两个人开始了历史性的合作。

· 坦能堡会战

莱宁坎普赢得贡比楠胜利后并没有乘胜追击，其思路同上次发布停止前进的命令一样，生怕南面俄军在断敌退路前，德军撤过维斯瓦河。他的上司吉林斯基将军的判断也是如此，以为德军正在向维斯瓦河撤退，所以他连连催促萨姆索夫赶快发动强有力的进攻，以拦截莱宁坎普前面正在退却的德军主力。8月19日，萨姆索夫集团军越过边境后即向德军第20军大举进攻，占领德国境内10英里的佐尔道和奈登堡。索尔茨因援军未到被迫后撤。8月23日，俄军再次猛攻索尔茨部，在付出较大伤亡后迫使德军又后退10英里。是日，北面的莱宁坎普集团军终于又前进了，但他并不斜插向南，去和萨姆索夫会师，而是向正西进军，因为南下唯恐弗朗索瓦击其背。8月24日，正当鲁登道夫和兴登堡对先应付哪一路俄军难下决心时，他们截获了萨姆索夫给所属5个军第2天的作战指令，虽然北面的莱宁坎普意向不明，却知道了如何迎战萨姆索夫，这就解决了问题。现在，鲁登道夫和兴登堡决心把全部力量投入对萨姆索夫的进攻，在北面只留下第1后备骑兵军与莱宁坎普集团军进行周旋。战斗将在第2天，即8月25日打响。

俄军进入德境才几天，后勤运输便几乎陷于瘫痪，早先俄国为防德国入侵时利用自己的铁路，便将铁路设计成宽轨，大军进入东普鲁士后，德国人已将火车头全部撤走，俄军无法利用德国的铁路。许多军用物资都堆积在靠边境的宽轨铁路线尽头，只能用马拉的大车费劲地往前拖，才深入德境20多英里，许多部队已经断粮数日，人和马匹皆饥肠辘辘。通讯部队的管理几乎处于混乱状态，战地电话线短缺，只够军部与所属各师部联系，与集团军司令部和各军之间的通讯只能靠无线电报了。由于俄军第6军没有密电码，萨姆索夫只好用无线电明码发布命令，结果让德军截获，使德军定下作战决心。

8月25日上午，德军又截获两份俄军电文，一份是萨姆索夫当天清晨6时发出的，从内容来看，他把索尔茨军的撤退误认为德军的全面后退，同时规定了俄军追击的具体时间和路线。另一份是莱宁坎普当天清晨5时30分发出的，内容为所部的进军路程，他第2天的目的地并不远，不足以威胁已经转过身来，即将向南进攻的贝洛军和马肯森军的后方。鲁登道夫的作战计划是：索尔茨第20军继续在中路作正面牵制，贝洛第1后备军和马肯森第17军在左翼进攻俄军右翼，弗朗索瓦第1军在右翼进攻俄军左翼。两翼得手后实施包围，全歼俄军第2军团。作战命令与8月25日午夜前全部发出后，鲁登道夫得到飞行侦察报告，说莱宁坎普的部队正向自己逼近，他顿时陷于紧张中，此刻，兴登堡用坚定的语气使他镇定了下来。

是夜，鲁登道夫接到遥远的最高统帅部作战处处长塔本上校电话，说要调

3个军和1个骑兵师增援东线战场。鲁登道夫感到吃惊，此刻西线最需要兵力，是何原因导致统帅部作这一调动，他甚感惶惑。不过，他对塔本说，东线并不需要这些兵力，即使来，对目前这一战也为时过晚，战斗已经打响。塔本说这些部队还是抽得出来的。调兵东线是德国参谋本部惊慌失措之举，史里芬对东线的兵力安排是基于俄国军队大量地被日本吸引在远东的考虑上。目前形势剧变，8月15日，日本宣布参加协约国，这就使大量俄军从东亚脱出身来，又因俄军如此迅速攻入东普鲁士，实出德皇和小毛奇的参谋本部的意料，凭第8集团军这点薄弱兵力能否顶住俄国这个庞然大物，确实令人担心，慌忙之中作出了调兵的决定。后来这些被调动的部队既没能参加决定性的西线进军，也没能赶上坦能堡会战。

8月25日夜，萨姆索夫也做好了战斗部署。第15军和第13军再加第23军的1个师，在中路攻击前进。第1军掩护左翼，并得到第23军另一个师的加强。第6军扼守右翼。8月26日拂晓，在贡比楠溃退后已迅速重整旗鼓的德军马肯森军猛扑俄军右翼的第6军，由于萨姆索夫频繁地更换给第6军的命令，导致该军在混乱的调动中仓促应战。日落西山时，贝洛第1后备军也赶来投入进攻。战至第二天早晨，俄军右翼第6军已向后溃败。俄军中路2个半军奋勇向前，攻下了阿伦施泰因。不过，萨姆索夫已意识到现在不是包围敌人而是自己如何不被包围。当晚，他也不知道右翼的第6军已被彻底击溃，德军正从那个方向直插自己后方，他决定第二天继续打下去。8月27日清晨，弗朗索瓦终于等来了他足足盼了两天的全部炮兵部队。鲁登道夫曾命令他对俄军左翼第1军的进攻，必须在8月25日打响，但遭到他的有力拒绝，因为他的炮兵尚在赶往前线的途中。天还未亮，弗朗索瓦一顿炮弹劈头盖脸砸在乌斯道俄军阵地上，不到中午，赫赫有名的俄军第1军便放弃了整个阵地。8月28日黎明，弗朗索瓦第1军再次用大炮开路，不顾鲁登道夫再三要他向左转，对猛攻德军正面的中路俄军进行侧击的命令，笔直地向东前进，他觉得"从中间咬破鸡蛋，蛋黄可能滑掉"。他决心包围萨姆索夫已经崩溃的左翼，并切断整个俄军的退路，将整个"蛋黄"吞进嘴里。

吉林斯基已清楚德军根本不是在向维斯瓦河撤退，而是向第2集团军进逼。他要求莱宁坎普的左翼尽可能向前推进。但他指示的目的地过于偏西，路程也不远，也没有要求部队作急行军。由于后勤的拖累，莱宁坎普仍然在向西作蜗牛爬行。8月28日，萨姆索夫见两翼已折断，深感大势已去，便亲临前线指挥。是晚，他下达撤退令。但这时德军已将中路2个军完全包围。以后3天里，饥饿、混乱的俄军在包围圈里左冲右突，无济于事，抵抗逐渐消失。

8月31日，会战结束。俄军被俘9.2万，2名军长被活捉，萨姆索夫逃进森林后开枪自杀。另外3个军只剩下2个师和1个旅。德军大获全胜。于是，根据霍夫曼的建议（也许是鲁登道夫的建议），将这场会战用附近一个叫做坦能堡的小村庄来命名，以雪1410年条顿骑士团在此败于波兰和立陶宛联军的耻辱。坦能堡会战结束后，德军立即转向东北进击。在9月9日至9月14日的马祖里湖战役中，俄军莱宁坎普第1集团军被德军击败，损失12.5万人，德军损失约1万人，俄军退出东普鲁士向涅曼河撤退。

## 3. 奥俄、奥塞交战

### ·加里西亚会战

奥匈帝国参谋总长康德拉对俄作战计划是：从加里西亚发动迅速进攻，夺取华沙与布列斯特－里多夫斯克之间的铁路线。战前，康德拉与小毛奇有约在先，当奥匈对俄国进攻时德军应作配合，从东普鲁士向谢德耳策进攻。开战后德国人自顾不暇，无法兑现当初许诺。但康德拉仍无意打消进攻的念头。伊凡诺夫指挥的西南方面军作战计划是：击溃加里西亚方面奥军，阻止其撤到德涅斯特河对岸和向西撤到克拉科夫，以便实施大规模包围作战，在喀尔巴阡山以北的平原地带摧毁奥军主力。

8月20日，康德拉亲自指挥第1、第4、第3共三个集团军以200英里的宽正面向北、向东运动。在普里匹亚特沼泽地西南同伊凡诺夫指挥的俄军第4、第5、第3、第8共四个集团军发生遭遇战。经两天激战，奥军首战告捷，在克拉希尼克，奥军第1集团军击败俄军第4集团军，并继续向北追击。接着经8月26日到9月1日的鏖战，奥军第4集团军在科马罗夫一仗中打败俄军第5集团军，使其陷于即将被合围的困境而不得不后撤。奥军在北线进展较顺利，但其侧翼战线上，即东线作战的奥军第3集团军情况不妙。俄军第3集团军和第8集团军正在此向利沃夫迅猛突进，似有包抄整个奥军战线后方的模样。奥军第3集团军在得到从塞尔维亚前线调回的第2集团军的增援后，仍不能稳住局面。8月28日，奥、俄两军在东线的格尼拉亚利帕河上展开持续3天的主力会战。俄军第3、第8集团军以优势兵力和猛烈的火炮击败奥军第3、第2集团军，9月3日，俄军进入已被奥军放弃的加里西亚首府利沃夫。是日，伊凡诺夫下令俄军转入总攻，计划在维斯瓦河与桑河之间的三角地带围歼奥匈第1和第4两个集团军。9月4日，俄军第4、第5和新组建的第9集团军在北线突破奥军阵地一直向前推进，奥军损失惨重，加入奥军左翼作战的德国沃尔希后备军亦遭重创。

康德拉发现由于德国人不能履行向谢德耳策进攻的诺言，奥军继续向北发展进攻已毫无意义，甚至对没有及时改变战前计划而发动这场会战感到后悔，他决定战役重心南移，命令第4集团军调头南下，与第2、第3集团军一起对利沃夫实施向心进攻，击退俄军第3、第8集团军，收复加里西亚。9月10日，奥军奉命转入进攻，战至9月11日，奥军3个集团军的攻击均无见效，俄军第5集团军乘机在腊瓦-立斯卡亚奥军第1和第4集团军的结合部实施突破，攻到奥军第4集团军后方，大有将其合围之势。是夜，康德拉不得不停止进攻，发出向桑河对岸撤退的命令。俄军步步进逼，奥军节节败退。9月26日，奥军退守杜纳耶茨和比亚瓦河一线。加里西亚会战遂告结束。此战奥军死伤25万人，被俘10万人，超过其军队总数的三分之一，其优秀的军官几乎全部丧生。俄军损失23万人。奥匈军队已被打残，再也不可能恢复元气。奥军残部15万人留在普热米什尔要塞，被围攻6个月后，终因粮弹不济而投降。

## ·塞尔维亚战场

8月12日，奥军第5、第6两个军团约20多万人在波提奥里克将军指挥下，渡过沙瓦河和德里纳河，分别从西面和西北面越过边境侵入塞尔维亚。塞尔维亚第2、第3集团军立即进入预设阵地，塞军在其参谋总长普特尼克卓越指挥下，采取诱敌深入的战法，迫使奥军在不利的地形条件下作战，并使其进攻受阻。8月16日，得到增援的塞军在雅达河上发起反攻，重创奥军并迫其退回到沙瓦河和德里纳河。原定用于俄国战场的奥军第2集团军被迫增援塞尔维亚战场，严重影响了加里西亚的战事。这场序战中，奥军死伤5万人，奥军士气遭到严重打击，奥匈帝国的威望也一落千丈。

9月7日，奥军重新发动进攻，双方在德里纳河上鏖战达10日之久。11月7日，由于奥军向南迂回进展顺利，加之粮弹不济，迫使塞军放弃坚守了两个月的阵地，向南部山区作有计划的撤退。12月2日，奥军占领贝尔格莱德。次日举行极为壮观的入城仪式，以庆祝奥皇84华诞，但却没有对塞军实施追击。重新部署好的塞军及时得到法俄两国运来的武器、弹药和粮食。12月3日，塞军乘柯鲁布拉河泛滥，在奥军后方发起突然的反攻，奥军在奇袭之下兵败如山倒，再次退过德里纳河。12月15日，贝尔格莱德被收复。塞尔维亚境内的全部奥军已被肃清。此战奥军损失达10万人之巨，其中被俘4.6万人。在整个1914年的塞尔维亚战线上，奥匈军队共损失7600名军官，以及27.4万名士兵；塞尔维亚军队损失13.2万人，剩下的部队约10万之众。

## ·罗兹会战

奥匈军队在加里西亚的惨败，使德国的西里西亚地区暴露在俄军的打击下，这时小毛奇因马恩河会战的失败被解职，由法金汉接任参谋总长，法金汉命令兴登堡迅速援助奥军，防止其崩溃，同时阻止俄军进入西里西亚。德军再次利用高效率的铁路网将第8集团军的4个军运到克拉考附近奥军的北侧翼面上，在那里改称第9集团军，兴登堡任司令。原第8集团军由舒伯特任司令，仍留驻东普鲁士。

俄军统帅尼古拉大公在取得加里西亚会战胜利后，雄心勃勃，试图从维斯瓦河中游地区渡河，占领上西里西亚，由此进击柏林。正当俄军统帅部耗费了大量精力判明敌情后，刚下达准备进攻德国而重新进行兵力部署的训令当天，9月28日，德军第9集团军和丹克尔的奥军第1集团军分别从琴希霍托瓦和克拉考两地，向到达维斯瓦河西岸和桑河西岸的俄军同时发动进攻，这一行动打乱了俄军统帅部的原定部署，迫使其不得不先应付德、奥军队眼下的联合攻势。伊凡诺夫的西南方面军随即组成3个集团军来应战：以第2、4、9、5集团军组成主力集团在维斯瓦河右岸展开，并控制部分左岸渡口。第3、8集团军组成加里西亚集团，继续封锁普热米什尔要塞，掩护主力集团的左翼。另一个较弱的那累夫河沿岸集团坚守华沙,掩护主力集团的右翼。

10月6日,德军将俄军前卫部队击退到维斯瓦河右岸。10月9日,马肯森率德军3个军向华沙疾进。10月10日,德军第9集团军与俄军第2、5、4集团军在维斯瓦河中游展开遭遇战。德军18个师与俄军60个师展开对攻,起初几天,德军用优势炮火将俄军2个军逼回右岸,但自己也进展受阻,以后俄军大批赶到,渡河发起反攻,因众寡悬殊,德军于10月20日被迫撤退。这是兴登堡和鲁登道夫吃的第一个败仗。

南面进攻的奥军第1集团军发起进攻后,已击退当面之敌,抵达桑河一线,10月9日,奥军在强渡该河时被俄军击退。为保障维斯瓦河中游德、奥军队的退却,奥军对俄军侧翼敏感部位的第3集团军发动佯攻,俄军西南方面军司令伊凡诺夫果然中计,急调第9、4集团军南下增援。这样原来乘胜追击,攻入德国的计划变成了进入奥匈境内的结局。

俄军击败德、奥的联合进攻后,便集中第2、4、5、9集团军准备进攻德国本土。但德军通过截获俄军无线电报,了解到对方的计划,决心再次发起进攻,重新掌握东战场主动权。11月1日,兴登堡升任东线德军总司令,马肯森任第9集团军司令。德军计划以4个军担任正面牵制,以马肯森集团军为突击主力,隐蔽调往托伦地区,向库特诺进袭,从东面迂回罗兹,递次消灭第5西伯利亚军和第2军,最后围歼整个俄军第2集团军。11月11日,德军的进攻拉开了罗兹会战的战幕,激战两天,俄军向后败退,但围歼俄军第5军的企图没有达到。俄军这个方向的指挥官,西南方面军司令鲁兹斯基起先并没有察觉德军的意图,仍按原定计划以主力向西进击攻入德国。直到11月16日,才认清德军要合围自己的右翼,便急忙将第2、5集团军的正面由西面转向北面。但情况已变得十分危急。11月19日,担负迂回包围任务的德军舍费尔第25后备军,已深深插入防守罗兹的俄军第2集团军的背后,并且达成两面包围。此时一切取决于德军正面的向东进击能否奏效。在这紧要关头,俄军第5集团军及时赶到,击退了来自东面的德军,与此同时,俄军第2集团军配合友军攻到了德军迂回部队的后方。这样一来,形势急转而下,战至11月22日黄昏,舍费尔的第25后备军反而落入陷阱,被俄军反包围起来。不过,舍费尔的才干使自己的部队度过了危机,11月24日,该军且战且退突破包围圈。除阵亡1500人外,全军约 4 万人，包括负伤的 2800 人在内全部撤回，还带回 1.6 万名俘虏和缴获的 64 门火炮，被认为是战史上的杰作。

## 4. 远东、近东战场

### ·日本趁火打劫

大战刚爆发，一心想称霸东亚的日本立刻扮演起趁火打劫的角色。1914 年 8 月 7 日夜，日本内阁通过了参加协约国作战的决定，8 月 15 日，日本向德国提出最后通牒，要求德国立即从日本和中国水域内撤走军舰和武装船只，并将不能撤走的船只解除武装，要求在 9 月 15 日以前无条件、无偿地把租借的中国胶州地区让给日本，最后答复限期为 8 月 23 日。德国未作答复，在 8 月 22 日召回其驻日公使。8 月 23 日，日本发表宣言，对德宣战。

中国政府意识到日本的参战将威胁到自己的独立和领土完整，遂于 8 月 3 日发出呼吁，请求交战大国不要把军事行动扩展到中国的租借地和中国水域内，并于 8 月 6 日宣布中立。日本政府置如罔闻，派遣 3 万部队于 8 月 28 日至 10 月 5 日，分别在山东龙口和青岛东北 40 公里的崂山湾登陆。英国 1 艘战列舰和 1 艘驱逐舰以及 1500 名士兵参加了这次行动。从 9 月 28 日起，日军开始包围由德军 4700 多人据守的要塞地区。10 月 31 日，日军发起总攻，苦战 7 天竟未获任何进展，只是德军弹尽粮绝，才于 11 月 7 日自动投降。

日本出兵青岛之举，实属"项庄舞剑，意在沛公"。日本对德宣战后，即要求中国政府将黄河以南划为"中立外区域"，允许日军在其中自由行动。经交涉后，软弱的中国政府同意把龙口、莱州以及连接胶州湾的若干地区划入"中立外区域"，后来日军根本不予遵守，任意出入，还强占胶济铁路。对中国政府的抗议，日本均置之不理。大战爆发时，德国原准备将胶州湾和山东之特权无条件交还于中国，以避免敌对，但为日本施展外交诡计所阻。中国想乘早加入协约国并对德作战，以收复青岛的租借地，又遭日本破坏而未能成功，直到 1917 年才得以参战。日军完成其军事行动后，又赖在山东不走，以后更提出旨在灭亡中国的"二十一条",由此可见,日本参战本意不在一块小小的德国租借地,而是意在蚕食中国。

## ·萨勒卡默什会战

素有"欧洲病夫"之称的奥斯曼土耳其帝国,一直是欧洲各列强企图瓜分的对象,无论加入哪一方参战,对其本身都存在着危险。土耳其虽然十分衰弱,但地理位置却有特殊的战略意义。它可以封锁博斯普鲁斯海峡、马尔马拉海和达达尼尔海峡以断黑海与地中海之间的通道,使俄国只能依靠有半年冰封期的阿尔汉格尔和遥远的海参崴来对外航运。以后的事实表明,黑海被封闭后,俄国的输出降低了98%,输入降低了95%。英法支援俄国的作战物资也无法送到俄国人手里。

在两大对立阵营间,土耳其不得不进行选择的时间已经不多了,他们既怕俄国,又恨英国,也不相信德国。青年土耳其党人领袖恩维尔一心想与德国结盟,而实际的权力操纵者塔拉特贝伊,对土耳其在一场列强大战中保持中立而能幸存下去不抱信心,他认为如果协约国得胜,土耳其将被瓜分;如果德奥集团胜了,土耳其将成为德国的仆人。

德国看到了土耳其战略位置对自己的重要意义,便开始拉拢。它向土耳其保证其领土完整,并且不反对土耳其对其他国家的领土要求。俄国为了避免另辟一条战线,也极力拉拢土耳其,甚至答应不再觊觎君士坦丁堡,并保证其领土完整。就在土耳其犹豫不决时,7月28日,英国没收了他们根据合同在英国建造的两艘当时第一流的军舰,其中一艘已完工,这两艘军舰是巴尔干战争失败后,土耳其举国上下卧薪尝胆,由公众捐款建造的,花费达3000万美元。英国外交大臣格雷对"征用"土耳其两艘军舰表示遗憾外,闭口不谈赔偿两字。这副催化剂使亲德的土耳其政府于8月2日,同德国签订了同盟条约,同时宣布为了自身安全进行总动员。由于战争准备尚未完成,土耳其政府于8月3日宣布严守中立。另一方面,土耳其还想观望一下,先看清战争最初几仗的趋势再说。

德国却没有这样的耐心,封锁俄国的黑海出口势在必行。为迫使土耳其人就范,在地中海游弋的德国海军、2.3万吨的重型战列舰"格本号"和另一艘

4500吨的驱逐舰"布雷斯劳号"奉命向达达尼尔海峡驶去。德军地中海舰队司令威廉·祖雄上将带着两艘军舰在地中海上,同前来消灭他的英国舰队"玩"了7天的捉迷藏后,于8月10日在开了几炮、炫耀了一下威风后进入达达尼尔海峡。协约国向土耳其提出抗议,要求土政府解除德国人武装。土耳其政府于左右为难之际,忽生一计,宣布买下这两艘军舰,这样一来,各方皆大欢喜,土耳其既白白得到两条军舰,又报复了英国没收自己军舰之举。"格本号"和"布雷斯劳号"更名为"雅武号"和"米迪利号",船员戴上了土耳其帽。对德国人来说当然是换汤不换药,祖雄上将依旧是指挥官。以后近3个月里,土耳其对参战仍然首鼠两端,摇摆不定。德国人打定主意不能再无限期拖下去了。10月28日,祖雄上将在本国政府密令下,带领原来的军舰即现在土耳其海军的"雅武号"和"米迪利号"以及几只土耳其鱼雷艇驶进黑海,炮轰俄国敖德萨、塞瓦斯托波尔等要塞,击沉1艘俄国炮艇。

土耳其政府给德国人在自己家门口干下的既成事实弄得惊恐万状,束手无策。他们的政府、王宫、权力都处在德国人的炮口之下,赶走德国军事代表团和海军代表团又根本办不到,而这恰恰是自己向协约国保证中立的证明,现在,战争又是以土耳其的名义挑起,于是,俄国于11月4日向土耳其宣战。第二天,英、法两国也向土耳其宣战。11月12日,土政府向英、法、俄宣布"圣战"。就这样,土耳其在自以为得计地扮演着渔翁角色时,被德国人一把抓上战车。

俄土交战在高加索地区展开,土耳其共动员军队78万人,苏丹穆罕默德五世是名义上的最高统帅,陆军大臣恩维尔负责实际指挥,参谋总长是德国上校冯·舍伦多夫。土军第1、第2、第5集团军部署在小亚细亚半岛,保护黑海沿岸、海峡和君士坦丁堡。第4集团军在地中海东部沿岸展开,保护巴勒斯坦和叙利亚。另有部分兵力部署在美索不达米亚。

部署在高加索的是土军第3集团军共3个军又5个半骑兵师,与之对抗的俄军为高加索集团军,兵力为2个军又2个步兵师和2个哥萨克骑兵师。土军的意图是进攻并歼灭萨勒卡默什附近的俄军高加索集团军的主力,得手后进占阿尔达汉和巴统。俄军在战略上基本取守势,保卫重要工业中心巴统,不让土军进入高加索。为达到这一目的,应攻入西亚美尼亚,抢占边境山区的有利地形加以固守。11月2日至12月22日,俄土两军在边境一带发生遭遇战,双方互有胜负。12月22日,土军第3集团军开始实施对萨勒卡默什的俄军高加索集团军主力的包围作战。土军第11军在正面牵制，以第9军和第10军从左翼迂回其背后。12月25日，土军在付出重大代价后攻入俄军后方，完成包围。但土军第11军正面攻击受挫，俄军救援部队及时赶到，内外夹击，于12月31日重创土军合围部队，战至1915年1月2日，土军被迫实施撤退，第二天俄军迅速转入反攻，1月4日，俄军将迂回深入自己后方的土军第9军合围并歼灭，俘虏其军长和各师师长，战斗遂进入尾声。萨勒卡默什会战中，土军第2集团军10万人损失9万，其中冻死3万人。俄军高加索集团军损失2万多人。

## 第六章
## 1915年：陷入僵局

### 1. 东线战场

新年伊始，德、奥两国就决定在东战场南北两个方向发动攻势。1月22日，开始德、奥为逼退俄军，救出被围困的普热米什尔要塞的守军，同俄军在喀尔巴阡山区血战两个月，迫使俄军向普鲁特河和德涅斯特河撤退。由于俄援军赶到，德、奥军前进受阻。3月22日，俄军攻克坚守达半年之久的普热米什尔要塞，12万奥军缴械投降。双方都未在喀尔巴阡山地区达到预期目标。

俄军西北方面军准备在2月下旬发起攻势，占领东普鲁士。右翼第10、12集团军担任主攻；左翼第1、2、5集团军在维斯瓦河西岸待机。德军也计划于2月上旬，在这一地区发动进攻，第10、第8集团军担任进攻。德军先下手为强，于2月7日、8日两天，第8、第10军团先后投入对俄军第5集团军的包围作战。俄军遭此意外打击后，很快向涅曼河、博伯尔河一线败退，德军迅速插入其后方，将俄军第5集团军中的第20军包围在奥古斯托夫森林，于2月22日全歼该部。3月2日，俄军第1、第12、第10集团军转入反攻，德军被阻止在中涅曼河、博伯尔河、那累夫河之线，冬季交战结束了。俄军向东普鲁士的进攻计划流产了，德军也没有达到围歼俄军西北方面军右翼的目标。

鲁登道夫与法金汉在东线作战问题上产生分歧，前者坚持认为应从东普鲁士方向采取大迂回的方法绕过波罗的海岸的俄军北翼,通过维尔纳插入俄军深远后方,切断那里通往波兰的几条主要铁路线,在加里西亚的德、奥部队配合下,合围前凸在波兰中部的俄军东线主力。参谋总长法金汉认为鲁登道夫这种南北相距400英里的钳形攻势很难奏效,在德皇支持下,法金汉决定对俄军实施中央突破,在维斯瓦河与喀尔巴阡山之间发动攻击。5月2日,德军马肯森的第11集团军在得到从西线调来的4个军的加强后,在果尔利策一举突破俄军第3集团军的防线,在以后一个多月的交战中,俄军损失惨重,节节败退。德、奥军队渡过桑河、德涅斯特河,收复普热米什尔要塞,在6月22日,占领利沃夫。俄军重创之下,被迫退出加里西亚。马肯森名声大噪,升为元帅。

为配合马肯森部队的继续东进,7月13日,德军加尔维茨的第12集团军开始在北面进攻,经10天激战,俄军败退,德军渡过那累夫河进逼俄军后方重镇谢德耳策。德军贝洛第10集团军也在7月14日向米塔瓦方向的俄军第5集团军进攻,德军占领了立陶宛大片领土,但德军并未达到歼灭俄军普列韦第5集团军的目的,只是将其击退到西德维纳河上。德、奥军队频频得手的进攻使战场势态对俄军十分不利,北面的德军已威胁俄军中央集团的后方,俄军所据守的波兰地区位置向西突出,三面受敌,有被对方合围的危险。于是,俄军统帅部不得不下令全面撤退,8月5日,德军占领华沙,但并未达成法金汉消灭其主力的目标,9月中旬,他只好允许鲁登道夫以有限的兵力在北面发动迂回进攻。早已等得不耐烦的鲁登道夫闪电般切断从维尔纳到德维斯克的铁路线,但此刻俄军战线已经收缩,从波罗的海岸的里加到罗马尼亚边界的柴尔诺维兹,战线由圆弧拉成直线,因此有足够的预备队来应付鲁登道夫的攻击。而德军因远离后方基地而攻势渐衰,东线上的秋季交战也告结束。

俄军的失败主要是武器弹药的严重缺乏,士兵、军官的素质不如德军强,当取得加里西亚胜利后,远途进军,因波兰境内铁路状况落后,使自己的后勤陷于困境。在前线,成千上万没有枪支的士兵在战壕里等着接受因别人死伤而留下的枪支。火炮是当时战场上具有决定性的武器,但每到关键的交战地点,俄军的火炮远处劣势。当俄军接近德国边界时,德军正好充分发挥其边境地区良好的铁路交通网的作用,对敌实施有效的打击,但此时正确的战略似乎应采取鲁登道夫的建议,对过于深入的东线俄军主力实施合围,从鲁登道夫9月攻势的效果来看,如果法金汉当初下决心这样做,未尝不能做到。事实上,俄军虽然败退了，却没有被消灭，他们的败退像是向后滚雪球，越滚越大，越滚越紧，原先伸开的五指又收拢为拳头，大批德军反倒被吸在东线不能脱身。

## 2. 西线战场

马恩河会战后一个多月里，双方都试图从西面迂回对方侧翼，结果变成双方向海边的"赛跑"，战线一直延展到北海沿岸，双方都进入阵地战，圆镐铁锹阻止了最初的运动战。10月8日，德军攻克安特卫普，阿尔贝国王退守伊塞尔河（他一直在那里坚守了4年，直到美军参战）。10月20日，新任德军参谋总长法金汉调集重兵进攻伊普尔突出部的英军阵地，猛攻10天不克，11月10日，德军再次猛攻无效后，于11月25日转入守势。这就是所谓"第一次伊普尔会战"，德军死伤约13万人，英军损失近8万人，法军损失约17万人。造成死伤人数巨大的原因是双方指挥官的战术观念跟不上现代火力的发展速度，在狭窄的空间里，以传统的密集步兵队形，不停顿地冲击由绵密火力网构成的对方阵地。这些现象在以后几年里一再重复。

到1915年初，西线呈典型的阵地对峙，第一道防线一般由两三条彼此间隔100~150米的堑壕线组成，其正面，有时也在侧翼围上铁丝网。防线阵地上构筑避弹所、掩蔽部、机枪和火炮发射点，掩体之间由纵横密布的交通壕连接，防线的个别地段筑成环形防御。在重要方向上，还在第一道防线后面3.5公里处构筑第二道防线，并建立掩护侧翼的斜切阵地。在防线的深远后方设置筑垒兵营，在此集结的部队可随时增援前线。

为打破僵持，迫使德军向法、德边界退却，法军统帅部于2月16日至3月17日发起香巴尼会战，担任主攻的法军第4军团在伤亡和失踪9.1万人后，连德军第一道防线也未突破。在此期间，为配合法军行动，英军第1集团军也在里尔西南发动进攻，占领德军一小块阵地，但终因无法扩大突破口而停止了行动。4月5日至17日，法军第1集团军又在战线右翼的韦夫尔谷地发动打击，企图以突然的快速行动消灭圣米耶尔突出部的德军。经过12天的战斗，法军伤亡6.4万人，但一无所获。

法军攻势刚被遏制，德军第4军团便于4月22日在伊普尔开始进攻。德军利用顺风之利，首次在战场上使用化学毒气罐，毒气放了5分钟，一人高的黄绿色浓烟向英军第5军阵地漫卷而来，目击者称："当第一阵浓烟笼罩整个地面，人们闷得喘不过气，拼命挣扎时，最初的感觉是吃惊，随之便是恐惧，最后军队中一片慌乱。还能行动的人拔腿就跑，试图跑在径直向他们追来的氯气前面，但多数人是徒劳的。"德军依靠毒气出奇制胜，打开了一个3.5公里宽的缺口，但德军预备队没有及时跟上来，因而没能发展突破，直到5月12日会战结束，德军付出巨大伤亡，也只是略微扩大了一点突破口，远未达到目标。

为报复德军在伊普尔的行动，同时应东线正在败退的俄国的请求，英法联军于5月3日发起阿图瓦会战，担任主攻的法军第10集团军和英军第1集团军，分别从阿拉斯和内夫－夏佩尔地区向杜埃总方向进攻，以求达到中央突破，为阵地战发展成运动战创造条件。联军的其他部队和过去的会战一样，在各自据守的地段采取佯动以迷惑对方。这次会战断断续续进行了6个星期，结果是法军夺到7公里宽、3.4公里纵深的一小块土地，英军夺到6公里宽、900米纵深的土地。英法联军伤亡13.2万人却远远未能达到会战目标。此战德军也伤亡7.3万人。

上述行动失败后，法、英两国决心于秋季在香巴尼和阿图瓦两地再次发动大规模攻势。8月底，法军最高统帅部通过本国政府使英国政府承认，法军总司令对法国境内的联军所有兵力的战斗行动享有进行总指挥的优先权。英军总司令则有权选择执行法国所拟定计划的手段。9月25日，在经过两个半月秘密准备之后，法军第2、第4集团军在香巴尼展开攻势。双方兵力情况是，法军以42个师和3000门火炮对德军21个师和1500门火炮。与此同时，法军第10军团和英军第1军团也在阿图瓦拉开战幕，这儿的兵力是英、法32个师和2500门火炮对德军16个师和1200门火炮。10月中旬，双方都打得筋疲力尽，英、法联军停止了两地的进攻，两地会战的结局是：法军在香巴尼占领了德军第一道防线上正面22公里宽、纵深3.4公里的一小块地盘，在12公里正面上接近了德军第2道防线。在阿图瓦，法军攻占了一块正面9公里、纵深2公里的地段，英军攻占了一块正面6公里、纵深3公里的地段。法军伤亡20万人，英军伤亡7.4万人，德军伤亡14.1万人。同法国统帅部实施战略大突破，解放全部法国国土的目标相比，协约国联军的收获实在微不足道。

秋季会战双方都使用了化学毒气弹和燃烧弹，步兵进攻之前，进行了好几天的连续炮击，耗费炮弹几百万发。火炮群射击由气球和飞机通过无线电进行校正。为测定对方炮兵位置，测声和地形测量等技术兵种也出现于战场。总的来看，战斗有利于防御的一方，进攻往往得不偿失。防线上一旦出现突破口，后方待命的预备队或友邻部队立刻上来进行堵击，由于在突破口激战的双方步兵距离很近，攻方的炮火无法相助，因而进攻的步兵很难向纵深发展。在坚固的、有着较强纵深配置防御阵地线上实施完全的突破几乎是不可能的事。秋季攻势失败后，英、法军队在整个战线上停止了进攻行动，转入阵地防御式作战。

## 3. 其他战场

### ·意大利转投协约国

意大利国势贫弱，野心很大，这就决定了它要扮演一个领土扩张投机者的角色。1882年意大利参加德、奥同盟是针对法国的，以后两国为互相换取在非洲殖民地的利益而达成妥协，并签订了一项秘密协定，双方承诺在未来战争中，如果一方受到攻击，则另一方应守中立。所以法国已不再是意大利的假想敌国。意大利的主要领土扩张方向是地中海和土耳其领下的北非，它的殖民政策更多地需要仰仗具有强大海权的英国，而不是大陆强国——德国。它虽同德、奥两国签订三国同盟，不过是聊壮声势的权宜之计，以后德、奥两国也知道这个盟友是靠不住的。三国同盟规定，如果德奥两国受到攻击，意大利有援助的义务。盟约还规定，如果奥匈占领巴尔干领土，事先必须就意大利补偿问题达成协议。大战爆发时，德国是攻击者而非被攻击者，奥匈在对塞尔维亚动手前，也根本不曾与意大利讨论过补偿问题。所以，意大利在大战初宣布中立，左右观望，以便待价而沽。意大利向德、奥表示，保持中立需有"补偿条件"，其中包括要求奥匈割让特兰托、南提罗尔、的里雅斯特给意大利。德国为了应付这条"惯于跟在猛兽后面的豺狗"，从中斡旋，劝奥匈接受意大利的条件以换取其严守中立而不加入协约国方面作战，但被一向瞧不起意大利的奥匈拒绝。

意大利的领土要求不能遂其心愿，同时又看到奥匈连连败北，行将崩溃，唯恐再不加入协约国一方参战，将来便没有资格参与对奥匈的瓜分。于是便转而向协约国讨价还价，后者当然要比同盟国一方慷慨得多了，1915年4月26日，意大利同英、法、俄签订了一项秘密条约《伦敦条约》，协约国家同意意大利获得特兰托、南提罗尔、的里雅斯特、达尔马提亚和三年前占领的土属多德卡尼斯群岛。另外，意大利将在新建立的阿尔巴尼亚享有特权，如果战后土耳其被瓜分，意大利还应得到小亚细亚的南部；如果德国殖民地被瓜分，意大利也有领土补偿权。作为交换，意大利必须在《伦敦条约》签字后30天内加入协约国阵营作战，为此，意大利还得到英国提供的5000万英镑的参战费。5月26日，意大利对奥匈宣战，但对德国的宣战直到1916年8月27日才公布。

意大利在意、奥边境展开4个集团军共12个军（36个师），约87万人。奥匈以20个师与之相对抗，不久又增加了5个师。意军名义上的统帅是国王艾麦纽二世，实际指挥由参谋总长卡多尔纳将军负责。意军总的战略意图是渡过伊松佐河，通过阿尔卑斯山脉东端低矮的丘陵地带进入奥地利平原，进军维也纳。这也是受北面阿尔卑斯山地形严重限制的意大利，唯一可选择的进攻路线。5月23日夜，意军不待集结完毕即发动全线进攻，经一个多月的激战，收获甚微，抢占了伊松佐河对岸一小块阵地、蒙特内罗高地和特兰托前沿几块阵地。

6月23日至7月7日，意军发起第一次伊松佐会战，意军19个师、1200门火炮对奥军13个师、700门火炮。意军企图强渡伊松佐河两面包围奥军，激战11天意军毫无进展。

7月18日至8月3日，意军动用预备队以25万人的兵力发动第二次伊松佐河会战。奥军仅以7.8万人进行防御，意军这次实施中央突破，并一度得手，后被奥军一再逆袭击退。最后意军弹药不济，停止进攻。

10月18日至11月4日，意、奥两军又开始第三次伊松佐河会战，意军除徒损兵力外，一无所获。

11月10日至12月2日，第四次伊松佐会战又起。意军竭尽全力，仅在奥军防线上挤进3个小小突出部，伊松佐河沿岸重要军事据点仍然掌握在奥军手里。在四次伊松佐河会战里，意大利共损失兵力近18万人，奥匈也损失了约12万人。这样，意大利加上别处的损失，在开战半年时间里，共损失约25万人而一无所得。它唯一的贡献是减轻了俄国的压力，使奥匈从俄国战线上前后抽调了10个师来应付意大利战线。这个国家的野心和能力实在是不成比例，正如前德国首相俾斯麦所描绘的：意大利有狮子般的胃口却长着一副老鼠的牙齿。

## ·塞尔维亚战败

德、奥为打通与土耳其的陆上联系，决心征服塞尔维亚。英、法、俄为能在巴尔干方面牵制同盟国，也极力支持塞尔维亚。于是，保加利亚的动向在巴尔干局势中便显得举足轻重，双方都极力拉拢其加入自己的营垒，但问题的关键是哪一方肯出高价，满足保加利亚对塞尔维亚的领土要求。协约国虽然说服塞尔维亚作出很大让步，但仍不能使保加利亚感到满足，而同盟国这方面的态度当然使保加利亚感到满意。另外，由于德国向保加利亚提供巨额贷款，也促使后者最终倒向了同盟国家。就在同盟条约签字之前，素有"狐狸"之称的保加利亚国王斐迪南讹诈有数，说他在伦敦存有价值几百万英镑的私人财产，一旦向协约国宣战，势必被英国没收，他要求德国保证，即使战争失败德国也保证赔偿他的损失，结果德国只好同意。直到战后30年代，德国仍在还他这笔钱。

1915年9月6日，德、奥、保三国参谋总长法金汉、康拉德、甘塞夫在普里斯签订一项军事合作公约，由德军马肯森元帅统一指挥入侵塞尔维亚，其作战计划是：奥、德军队从北面、东北面全线压出，保军从东面切入，合围歼灭塞军主力。

塞尔维亚曾考虑过单独媾和问题，准备要做的第一件事就是审判并枪决暗杀斐迪南皇太子的主谋迪米特里耶维奇，以息奥匈怒气。但时间已来不及，德、奥已大军压境。塞尔维亚随即向协约国提出一个大胆的计划，打算以少数兵力在北面进行防御，集中主力于东面，先发制人，趁保加利亚军队尚在动员阶段就将其歼灭，并占领其首都索菲亚，迫使其投降，然后以全部兵力投入对奥、德军队的作战。但协约国还在痴迷于保加利亚加入己方作战的幻想，拒绝了这一计划，等到明白了保军动员的真正意图时，又同意了塞军的作战计划，但为时已晚。由于协约国态度变化不定，当进攻迫在眉睫时，塞尔维亚连一个明确的应敌方案和部署都没有落实。

10月6日，马肯森指挥德、奥联军共14个师强渡萨瓦河与多瑙河，于10月9日占领贝尔格莱德。从10月8日开始，塞军指挥官普特尼克将军被迫将主力从东面调往北面。10月15日,保加利亚不宣而战,保军鲍亚吉耶夫的第1集团军和托多罗夫的第2集团军约30万人,由东向西长驱直入,配合北面的德、奥联军开始包围作战。20万塞军经顽强抵抗,终因寡不敌众,且战且退。早在10月初,英、法远征军3个师就在中立国希腊的萨洛尼卡陆续登陆,10月底开始北上,企图和退却南下的塞军会合,但遭到保加利亚第2集团军的有力阻击,败退的塞军见与英、法远征军会师无望,害怕被合围,便转而向西南方向的门的内哥罗和阿尔巴尼亚退却。塞军经历了千辛万苦,两次跳出德军的包围圈,在损失5万将士和无数武器辎重后,终于到达亚得里亚海岸。1916年1月初,塞军依靠盟国船只又撤往科孚岛和宾泽特,这时塞军只剩约10万人。1916年5月,这支塞军加入萨洛尼卡的远征军,随后参加了解放祖国的战斗。

塞尔维亚战败后,奥匈参谋总长康拉德不顾德国盟友的反对,继续向门的内哥罗和阿尔巴尼亚进军。1916年1月25日,门的内哥罗战败投降,其国王尼古拉斯一世自杀殉国,成为第一次世界大战中唯一因战败而自戕的国家元首。接着,奥军攻入阿尔巴尼亚,击退一支意大利部队,到达亚得里亚海岸。尽管协约国已在希腊的萨罗尼卡登陆,开辟了一条巴尔干新战线,但德、奥、保三国军队仍然没有越境进入希腊,以防希腊正式加入对方阵营。

## 4. 加利波利会战

西线战场陷于阵地对峙令英、法政府和军事要人一筹莫展,他们急于要打破这一看来是无止境的僵局。这时,俄国尼古拉大公为减轻土耳其对高加索方面的压力,要求英、法在达达尼尔海峡发动一个牵制性的攻击。英国内阁中丘吉尔早先也曾主张从海上进攻土耳其,占领其首都君士坦丁堡并控制达达尼尔、博斯普鲁斯海峡,打通与俄国的海上交通联系,向其提供急需的作战物资。打败土耳其可促使巴尔干地区一些观望者,保加利亚、希腊、罗马尼亚加入协约国队伍,另外,达达尼尔海峡战前都是英俄所关注的焦点,英国人自然希望在混战中抢在俄国之前控制海峡,以便将来胜利后,作为对付俄国的重要筹码。

1915年1月初,英国政府的"战争委员会"通过了进攻土耳其的方案,决定实施一次大规模的海上行动。俄国很快感觉到英、法此次大规模行动的"弦外之音",向两国表示了强烈不满,坚决要求英、法两国保证,一旦战争胜利,在瓜分土耳其时,君士坦丁堡连同附近的海峡沿岸将并入俄国。英、法两国先是拖延,以后在会战进程中,强行通过达达尼尔海峡行动失败后,才同意俄国这一要求,但提出的交换是,俄国必须站在英、法一边作战到底。

英、法的作战计划是:先扫除海峡的布雷区,然后同舰炮火力彻底摧毁土耳其的海岸防御体系,然后海军舰队通过达达尼尔海峡,攻占君士坦丁堡,迫使土耳其投降。会战定于2月19日开始,由英国地中海舰队司令卡登将军指挥。土耳其守军由乌策多姆、梅尔滕和赞德尔斯三位德国海陆军将领负责指挥。由于英国内阁为此战举行多次会议,既走漏了消息,又拖延了时间,土耳其方面在2月中旬得知消息后,迅速在海峡地区集结起20万部队以加强防御,在会战开始前,土军已在海峡水道以南布设了9道水雷障碍,并有专门的炮兵部队保护布雷区。对英、法方面来讲,奇袭的效应已经丧失。

达达尼尔海峡会战分两个阶段,1915年2月19日至3月18日为第一阶段,英、法舰队在没有陆军的支援下单独作战,试图强行通过达达尼尔海峡;4月25日至次年1月9日为第二阶段,陆军部队在加利波利半岛登陆后作战。

2月19日清晨,英、法舰队6艘战列舰和1艘战列巡洋舰开始炮击海峡外围炮台,从而揭开会战第一幕。虽然英、法海军火力占有七八倍的优势,但因连续几天的大雾或暴风雨,战果甚微。2月25日,英、法海军恢复炮击,且压制了土军的大部分火力,驱逐舰驶抵海峡入口处开始扫雷,3艘战列舰尾随其后,压制保护布雷区的土军炮兵,以掩护扫雷行动。但被土军猛烈的炮火所逐退。接着英、法军又采取单舰炮击和夜间扫雷,也没有成功。3月18日,英、法投入全部兵力发起总攻,罗比克接替患病的卡登,担任总指挥。整个舰队编成3个分舰队,所有的舰艇各司其职,一边同土军展开激烈炮战,一边排雷,企图强行通过37英里长、2.5英里宽的海峡。战斗中,战列舰"狂饮号"、"无敌号"、"奥申号"或因触雷、或因炮击而沉没;战列舰"苏弗伦号"、"巨人号"、"坚定号"被重创,而后长期不能作战。鏖战至黄昏,舰队指挥官罗比克见损失严重、难以取胜,便发出脱离战斗的信号。

英、法海军惨败后,决定动用陆军在海峡北岸的加利波利半岛实施登陆,企图在陆上从背后攻克土军海防工事,让其舰队通过海峡。登陆部队有英军第

29师、澳新军、海军陆战师，法国第1殖民师以及希腊1个志愿军团，登陆部队由汉密尔顿将军指挥，人数约8.1万人。与之对抗的是德国赞德尔斯将军指挥的土耳其第5军团约6万人，2万人部署在海峡的亚洲一面，4万人配置在欧洲的一面。

4月25日，联军登陆部队在主攻和佯攻方向都登上了海岸，巩固了滩头阵地，但在两天内却损失近2万人。激战到5月底，英军战列"舰霍莱伊特号"被土军驱逐舰击沉，战列舰"胜利号"和"威严号"被德国潜艇击沉。陆上战斗因行动缓慢和指挥上的严重失误而毫无进展。英国海军大臣丘吉尔、海军参谋长费希尔上将因再次失败而被迫辞职，贝尔福接任海军大臣，杰克逊接任海军参谋长。尽管作了这些人事上的调动，也改组了政府，但英国已骑虎难下，决定再向加利波利半岛增兵。

8月6日，联军在加利波利半岛的苏夫拉湾登陆，以后的两天里，胜利女神一直向联军敞开着大门，但英军前线指挥官斯托夫将军偏不进去，他任凭部队懒洋洋地待在海滩上，就像童子军宿营一样。而土耳其援军正以强行军朝着前线赶来。英军指挥官不谙将道，如果最高指挥官汉密尔顿或负责前线指挥的斯托夫，能随部队一起上岸，及时向纵深发展，胜利将唾手可得。然而，汉密尔顿在一个小岛上等候消息，斯托夫则坐在1艘军舰上对部队登陆很满意。而他们的对手赞德尔斯在破晓前已骑着马到处搜寻兵力。关键时刻已经过去，两军在半岛上展开了数月的拉锯战。联军远道而来，且水土不服，疾病蔓延，利在速战。现久攻不下，情况日益严重。斯托夫、汉密尔顿先后被撤换，孟罗接替最高指挥官一职。到任两天后即向首相阿斯奎斯建议从加利波利撤退。此时保加利亚已加入同盟国作战，塞尔维亚全部被占领，德国与土耳其的陆上交通已连接，各种作战物资源源运到前线土军手里。11月27日，寒流席卷半岛，联军两天里冻伤5000人，加速了危机的来临。英国内阁几经争论之后，终于决定退兵。1916年1月9日，英法联军完成撤退，加利波利会战结束。协约国失败的原因是：没有同一协调的指挥，汉密尔顿和罗比克互不服气；没有完整的计划；也没有重视时间的意识以及作战、指挥方式的老化与陈旧。

此战双方损失为：英、法军队25.2万人，土耳其军队21.8万人。对英国来说这是历史上最悲惨的事件之一，在以往任何一次战役中，它都没有遭到过这样巨大的损失，而且一无所获。德国人与土耳其人则弹冠相庆，欣喜若狂。

君士坦丁堡和柏林举行了盛大的庆祝活动。赞德尔斯被誉为"东线的兴登堡",恩维尔被捧为"土耳其的拿破仑",苏丹穆罕默德五世被称为"无敌者"。

此外,1915年的近东战场形势还包括:土军第3集团军和俄军高加索集团军仍继续对峙在高加索战线。从1月开始,俄军屡屡进击,到6月为止,前进了80~100公里,肃清了阿塞拜疆的土军,获得较大战果。7月9日,土军转入反攻,展开阿拉什凯尔特会战。8月3日,俄军因缺乏弹药,在阿拉什凯尔特谷地包围土军的企图未能成功,土军向梅尔盖米尔山隘撤退。

10月,俄军巴拉托夫的骑兵军渡过里海,踏上伊朗袭击亲德、亲土的伊斯兰集团。12月,俄军占领其主要据点哈马丹,使德、土唆使中亚国家卷进对俄作战的企图遭到破产。

英国在大战爆发的当年12月9日,就出兵美索不达米亚,占领了底格里斯河同幼发拉底河相交的库尔纳。到1915年3月,英军已增加到2个步兵师和1个骑兵旅,由尼克森指挥。5月底,英军分两路沿底格里斯河和幼发拉底河向巴格达进攻,英军汤森德东路纵队沿着底格里斯河前进,起初连战皆捷。11月22日,德国霍尔兹元帅指挥的土军第6集团军同汤森德部在克泰齐丰展开激战,英军败退库特城。12月7日,土军包围该城,英军苦撑待援。直到1915年快结束时,仍未能决出胜负。

## 第七章
# 1916年：形势逆转

## 1. 凡尔登会战

  1916年刚刚来临，德军参谋总长法金汉的一个新的进攻计划已接近成熟。他认为德军无法赢得一个长期的战争，要瓦解协约国关键在于使法国尽快屈服，要做到这点必须让"法国因流血过多而死亡"。于是他便选定法国人视为圣地，必然死守的凡尔登要塞区域作为打击目标，但未必一定要拿下这个要塞，目的在于耗尽法国的元气，把它变为法国人的"流血池"。所以，法金汉给这个作战计划起了个杀气腾腾的代号——处决地。但法金汉给第5集团军司令、皇太子普林斯的命令是："在穆斯河地区向凡尔登方向发动一个攻势。"这个命令比较空泛，甚至语焉不详。皇太子则顺理成章地作为含有攻占凡尔登的意思来理解，并依此作出进攻计划。法金汉自然不是这个意思，如果迅速攻下这个要塞，"要使法国把血流尽"的伟大战略就不能实现了。仗还没有打，德军前线将领同最高统帅部在目标认识上已发生错位。

  由于大战以来，列日、那慕尔等要塞的陷落，使人们发现脱离野战部队、单独来防守永久性要塞是不可能的事。法军已将凡尔登、贝耳福等地的要塞的火炮拆除连同守备队一块用以加强野战部队，以原来的要塞为基地建立野战工事体系，从而使要塞成为野战军团防御线上的不可分割之部分。凡尔登要塞防区隶属法军中央集团军群，它凸入德军防线，距德军主要铁路系统仅12英里，穆斯河流经此地，将该防区分为东、西两部，法军统帅部在凡尔登要塞区设置了4道防线，正面防御达112公里，法军3个军防守。

德军原定的进攻时间是2月12日，由于天气恶劣，雨、雪、雾等接连不断，进攻时间向后推迟了一个多星期。期间德军的投诚和俘虏人员向法军透露了德军即将进攻的消息，使得法军在德军发起进攻前，得到6个师和6个炮兵团的援助。2月21日，德军以1500多门火炮和迫击炮向要塞的第一、第二道防线实施猛烈炮击达9小时，布拉邦特、奥恩、凡尔登这块狭小的三角地带落下200万发炮弹，法军损失重大，指挥系统瘫痪。2月25日，德军死战攻下要塞最重要的杜奥蒙炮台，夺取了法军第二道防线，获得战术上的重大胜利。法军统帅部急调贝当的第2军团增援凡尔登，并下达了死守的命令。德军虽然夺取了杜奥蒙炮台，但法军的防御是由要塞永久性工事和野战防御工事相结合所构成，所以炮台被占，但防区仍能坚守下去。关键在于同后方的联系。贝当在这方面显示了卓越的组织能力，他采取有效措施，始终保持着巴勒杜克－凡尔登的畅通无阻，这是当时前线与后方连接的唯一的公路。这条线路被法军称为"神圣之路"。这条65公里长的公路被分为6段，3900辆汽车被编为175个汽车排，约9000名官兵执行汽车勤务，通车能力达到每昼夜6000辆。在整个会战期间，几十万部队和数不清的武器弹药以及其他作战物资从这条"神圣之路"源源流向前线。

从3月5日起，德军把进攻重点移到穆斯河左岸，即凡尔登要塞西部。5月7日和20日，经三个月的反复冲杀和几度易手，德军加尔维茨集团终于分别占领了304高地和莫尔特－奥姆高地，这是凡尔登要塞防御线上两个重要支撑点。6月初，德军已经突破法军3道防线，正向最后一道防线反复冲击。这时德皇已发布6月15日前占领凡尔登的命令。6月7日，专门组成的德军炮台强击部队攻克法军位于最后防线上的沃炮台。6月24日，最后一道防线上的弗勒里村庄、蒂奥蒙堡垒群也相继被德军洛霍夫集团攻占。不过德军对凡尔登的进攻，此时已达到其高潮的顶点，在以后的两个多月里，德军对苏维尔炮台的几次进攻均被击退。

就在凡尔登会战进行时，俄军于6月4日在东线发起大规模攻势。英、法军队也在西线索姆河地域于7月1日发起声势浩大的进攻。8月27日，罗马尼亚参加协约国一方作战。在此情况下，德国在凡尔登的作战已失去战略意义。德皇威廉二世终于明白了法金汉的战术意义：不仅要法国人的血流尽，也要放干德国人的血。由于凡尔登作战失败，法金汉8月28日被迫辞职。兴登堡接任德军参谋总长，鲁登道夫任参谋本部首席军需官。法金汉曾断言，罗马尼亚在9

月中收获庄稼前不会参战,现在正好是个难得的机会,把他降级充任罗马尼亚战线上的一个集团军指挥官的职位上。9月2日,新任参谋总长兴登堡下达了停止进攻的命令。这时法军已重获主动权,在8月,法军相继收复杜奥蒙、弗勒里、和304高地。11月2日占领杜奥蒙炮台和沃炮台。法军就这样一码一码地恢复了丢失的阵地,经数月顽强攻击,于12月18日达到第三道防线,然后停止了进攻。

历时十个月之久的凡尔登会战是第一次世界大战中规模最大、时间最长的会战,它纯粹是一场消耗战,是交战双方的物资竞赛。在这个被称做"绞肉机"或"穆斯河的磨坊"的凡尔登战场上,共毁灭了120个师,其中法军69个师,德军50个师。死伤人数:法军约54.2万人,德军约43.4万人。这场会战对于德军来说,无论从法金汉的目标,还是从皇太子误解后的目标来看,都是失败的。前者虽然极大地消耗了对手,但自己也同时被消耗了。后者既没有占领凡尔登,又没能达成突破,原因是以当时的武器火力,在狭窄的地段孤立地实施突破,不会给进攻者带来成功。防守者能够及时将预备队投入突破地段,封住突破口,还能进行有力的反扑,不让战术突破发展成战略突破。另外,一个法军炮兵无意中击中了隐藏在斯潘库尔森林里的一个德国兵工厂,引爆了装有45万颗大口径火炮的炮弹,引起了第一次世界大战中的最大一次爆炸。在4月初,整个防区里德军所有15英寸和16.5英寸的大炮,都被法军炮兵摧毁。法国一位军事历史学家认定,这两件事情对于最终击败德军起了决定性的作用。

## 2. 索姆河会战

在1915年12月6日的协约国军事联盟会议上,也就是第二次尚蒂伊会议,与会各国通过了英、法在次年夏季实施索姆河会战的计划。计划规定:法军3个集团军、英军2个集团军联合进攻法国北部的德军。法军应在佩罗纳、圣康坦、拉昂发动进攻,粉碎"努瓦荣突出部"和埃纳河地区的德军;英军应在巴波姆、康布雷、瓦朗西安发动打击。目的是击溃部署在阿腊斯和利斯河地区的德军北方集团军群。由于德军先期发动凡尔登会战,打乱了法军的计划,迫使霞飞和其参谋总长德卡斯特尔诺将原计划使用的兵力减去62%,但英军原定投入的力量不变。

英、法军队为此次会战足足准备了5个多月的时间，在其进攻地带，从后方到前线共铺设了约250公里的标准铁路，500公里的窄轨铁路；修建了6个机场；构筑了150个混凝土场地，用于搭建大口径火炮专用的掩蔽部；挖掘了2000口小井，建造上水道网；扩大了13所后方医院，可容纳4万多名伤员；法军的军团、军、师的仓库里共准备了约600万发75毫米炮弹和200万发重炮炮弹。

担任攻击主力的是英军劳林森将军第4集团军的5个军加上英军第3集团军的1个军，和法军法约尔将军第6集团军的5个军。预备队是英军的1个军，法军第10集团军的4个军。会战共投入3500门火炮，300架飞机。防守的一方是德军比洛的第2集团军，开战时只有8个师，德军阵地由三条防线组成，彼此间隔二三公里，每条防线又有三条密集堑壕线和无数相互支援的支撑点，环形防御工事，四通八达的交通壕。阵地下面已略显地下城市的模样，照明用电灯，有洗衣店、修理厂、医疗站、咖啡馆。

会战从6月24日开始，炮兵向德军阵地持续轰击了整整7天，仅法军第6军团阵地上的炮兵就发射了250万发炮弹。7月1日，在航空兵和猛烈炮火的掩护下，步兵开始跃出战壕，向前进攻。在突破正面上，英、法军队的兵力密度是平均每公里1个师。进攻的第一天，英军士兵组成几批攻击波，在每一波里，他们秩序井然，手握枪、肩并肩，以标准的操典式正步前进。德军在对方炮轰时全部躲进安全的地下掩蔽部，并用地下潜望镜观察地面上的情况。炮击结束后，对方的徐进弹幕射击往后延伸时，德军又从地下回到地面阵地，架上机枪向成密集队形，正步走来的进攻者不停地扫射，其效果像割麦子一样，一片片地倒下。进攻第一天，仅英军就死伤超过6万人。法军的进攻出乎德军意料，因而取得较大的战果，在步兵进攻的第一天就攻下德军第一道防线。第二天拿下德军第二道防线。第三天德军反攻企图夺回阵地，被法军击退后，撤到第三道防线上。到7月5日，法军已攻入德军最后一道防线时，德军参谋本部派来增援的5个新锐师及时赶到，打退了法军的进攻并利用法军进攻出现的时间间隙，封闭了突破口。这样法军未能将战术突破发展成战略突破。到7月中旬，英、法军只在德军防线上楔入2~7公里。

8月里，英、法部队继续发展攻势，双方援军接踵而至，联军增加到51个师，飞机有500架。德军增加到31个师，飞机近300架。英、法方面虽占据优势，但德军战术对头，采取机枪集群战术，成群的士兵携带机枪，占据弹坑或掩体，使以散兵队形进攻的对方遭到巨大的伤亡，德军隐蔽在防线纵深的预备队，经常对已经获得前沿突破的敌军发动强有力的反击，使对方前功尽弃。头两个月的战斗，英军伤亡近20万人，法军8万人，德军超过20万人。

9月至10月间，会战规模扩大，英军投入哈夫将军的第5集团军，法军投入米希勒将军的第10集团军。德军在原有第2、第1集团军的基础上，又增添了第6集团军。9月3日，在炮火轰击后，英、法联军以4个集团军的兵力发起协同进攻，几天后再次逼近德军第三道防线。9月12日，法军攻克德军最后一道防线上的布夏文，但后续部队没有及时跟进，无法向纵深发展突破。第二天清晨，德军机枪群封锁了突破口，法军第二次丧失战机。

9月15日，英军首次投入新武器——坦克。同后来的坦克相比，这些"摇篮期"的坦克非常笨拙，车体长8.1米，宽4.1米，高2.5米，平均时速3.7公里，最大行程19公里，储油量约为6小时，车内温度高达70度。预订参加进攻的50辆坦克还未开到前进阵地，便坏了32辆，实际投入战斗的只有18辆。这些庞大的钢铁怪物发着巨响，冲破带刺的铁丝网，碾平掩体，压扁机枪巢，用机枪和火炮猛烈扫射，如入无人之境。德军士兵在心理上受到了震撼。在坦克支援下，英军5小时在10公里宽的正面上轻易地向前推进了4～5公里。以往这个战果的代价是几千吨炮弹加几万条人命。英军取得了战术胜利，但没有实现决定性的突破，因为坦克投入得太少。

10月里，联军方面又发动几次进攻，也投入少量坦克，但带来的是巨大的损失和微不足道的战果。到11月中旬，由于天气不好和物资耗尽，双方终于停止了索姆河会战。这场会战持续了近4个月，双方共投入兵力150个师，协约国军队没有达到目的，在花了巨大的代价后，仅夺回240平方公里的土地。法军损失34.1万人，英军45.3万人，德军53.8万人。这次会战显示出协约国在军事和经济方面的绝对优势，实际战果虽然有限，却从德军手中夺取了战略主动权。

## 3. 意大利战线

1916年3月11日，正当西线凡尔登会战打得难分难解时，卡多尔纳指挥意大利第2、第3集团军发起第五次伊松佐河会战。意军此次进攻的目的在于不让奥军调往其他战线，并与西线盟军遥相呼应，以减轻德军对凡尔登前线法军的压力。奥军在几个点上发动反攻，逼退了意军。会战持续到3月29日才结束，双方均遭受重大损失。

奥军参谋总长康拉德曾要求德军合作，彻底击败意大利，迫其退出战争。但被拒绝，因为法金汉一心想在西线把法国的血放干，同时又认为即使打赢了这一仗，也达不到使意大利退出战争的目的。康拉德转而又提出用德军替换俄国战线上的奥军，以便抽调出奥军9个师到意大利战线，同样被法金汉所拒绝。于是康拉德决心单独干一场。他不动声色地从俄国战线调回最精锐的5个师，计划从北面的阿尔卑斯山地出击特兰托，得手后迅速进到伊松佐河意军集团的背后，将其包围消灭。

进攻部队为奥军第3、第11两个集团军，由欧根亲王指挥。由于山区气候恶劣，奥军足足等了将近一个半月的时间。这段时间里，意军得到了情报，把防御力量增加了一倍。5月15日，奥军向当面之敌布鲁扎蒂指挥的意大利第1集团军发起猛攻，起初，奥军进展较大，连续突破意军两道防线，几天后又部分地突破了意军第三道防线，眼看奥军就要跨出山区，踏上威尼斯平原。意军参谋总长卡多尔纳孤注一掷，将全部预备队押上，奥军攻势开始减弱。6月4日，应意大利国王向沙皇的求援，俄军在东线向主要由奥军防守的地段发起突袭，取得战略性的突破。奥军被迫从激战的前线抽出部队前往增援。6月16日，奥军停止进攻，就地转入防御。同一天，意军发起强大反攻，从6月25日起，奥军全线后撤，但意军却没能完全恢复丢失的阵地。

在这次特兰托会战中，意军损失至少14.7万人，其中被俘者约5万人。奥军损失约8万人。奥军战果虽丰，但没有达到战略目的。意军在特兰托的惨败使国内震惊，导致萨兰德拉内阁于6月12日倒台，保罗·博泽利新政府成立。

7月9日，意军停止在特兰托地区的反攻，抽调部队加强伊松佐河战线。8月6日，意军发起第六次伊松佐河会战。意军第3集团军在10多天里，夺得了一些地盘，攻占了奥军重要军事要点戈里齐亚，改善了防御势态。虽然战果十分有限，但恢复了军队的自信心。这次双方损失是：意军伤亡7.4万人，奥军伤亡6.1万人。

随着协约国军队在各条战线的形势改观，卡多尔纳的进攻欲望也越来越强烈。从1916年9月到该年年底，他又在伊松佐河连续发动了第7、第8、第9次攻势，由于浓雾弥漫和阴雨连绵，这3次进攻只获得局部性的战术小胜，而且得不偿失。3次交战意军共伤亡达7万人，奥军约5万人。

## 4. 勃鲁西洛夫攻势

1916年3月，德军发动凡尔登攻势不久，法国便通过法驻俄军事代表团团长波将军，向俄军参谋总长阿列克谢也夫请求俄军尽快在东线发动进攻，减轻西线盟军的压力。俄军遂于3月18日至29日，动用第2、第10、第12集团军，发动了纳罗奇湖战役。俄军进行了两天的猛烈炮击，但对德军阵地损害甚小。炮击过后，俄军开始密集冲锋，立即被德军火炮和机枪编织成的火力网所罩住，经10天左右的冲杀，俄军损失11万人，德军损失2万人。俄军在纳罗奇湖的进攻以完全失败而告终。

俄军统帅部感到要守住一条1200公里宽的防线是非常困难的，德军一旦从西线腾出手来，集中力量于东线任何一处，都能轻易突破俄军的防御。唯一解决的办法是在5月先敌进攻，迫使德军随俄军的行动而改变计划，而不是相反。4月14日，已取代尼古拉大公自任俄军总司令的沙皇和参谋总长阿列克谢也夫召集各方面军司令官和参谋长及军需官举行最高统帅部会议。会议决定：在夏季对德军发动大规模的、先发制人的打击；原定的进攻日期从5月初推迟到5月底；在东线的3支大军里，由中路的西方方面军担负主攻；右翼的北方方面军负责佯动以迷惑敌方，如情况发展有利的话，则由佯动转入全力以赴的进攻；左翼的西南方面军实施有力的辅助性进攻，以配合主攻方向。

就在5月中旬俄军为夏季攻势作准备时，奥军在特兰托发动打击，重创意军。意大利政府上下惶恐不安，意大利国王亲自致电沙皇，请求俄国用西南方面军的进攻来减轻意军的压力。俄军统帅部遂于5月31日下达了进攻的指令。6月4日拂晓，俄军西南方面军在勃鲁西洛夫指挥下，在320公里的正面上发动全面突击，3天内获得巨大的战果，俄军从80公里宽的突破口潮涌而入，奥军第4集团军和第7集团军丢盔弃甲，向后溃逃。康拉德为了一举荡平意大利，从这里抽走了5个精锐师，现在，他须为此而付出可怕的代价。

勃鲁西洛夫是俄军中最优秀的指挥官，当时的战争经验已否定了正面突破的作战方式，尽管这样，实际作战还是采取毫无成效的正面进攻，因为当时的军人们面对战场僵局实在无计可施。勃鲁西洛夫发现：正面进攻的失败是因为进攻的一方必须在选定的地段集结大量的兵力和重武器，由于有了飞机空中侦察的手段，这种集结就失去了隐蔽性，对方能够准确判断出地点，并采取相应措施来防止突破，所以，进攻一方就应在20～30个地点同时开始做进攻的准备工作，使守方无从判断主攻方向。勃鲁西洛夫运用这一观念，获得正面突破的成功，把战术突破发展为战略突破。

俄军西南方面军向铁路大枢纽科韦耳逼近，开始危及普里皮亚特河以北的整个德军防线的侧后，兴登堡迅速从四面八方凑集援军，由林辛根将军统一指挥向俄军反扑。到了6月末，俄军冲势减弱，不久转入防御。7月28日，勃鲁西洛夫从南、北、东三面向科韦耳发起进攻。这时，他的部队从原来的进攻配角成为主角，中路埃维特指挥的西方面军起先借故迟迟不动，后来也没有给予有力的配合。俄军最高统帅部里原来没有人对勃鲁西洛夫的进攻抱有信心，也没有为他准备后备部队和作战物资，等到用马车把大批物资缓慢地向前运送时，德军的增援正在高效率的铁路上向东疾驶。俄军付出了重大代价没能攻占科韦耳，却拿下了布科维纳。9月初，俄军地盘上收获颇丰，不过攻势已成强弩之末。双方战线稳定在斯托霍德河、基谢林、兹洛切夫、勃列扎纳、加利奇、斯坦尼斯拉夫、杰拉滕、沃罗赫塔、谢列京一线。

奥军的惨败使德国人感到恼火，对自己的盟国大有麻绳拴豆腐——提不起之感。德国人一向希望在东线建立统一的指挥，但被奥匈拒绝。这次惨败后，奥匈便赶紧接受德国的建议。于是，兴登堡的职权范围向南延伸了360多公里。为了照顾奥匈的面子，在塔诺堡到罗马尼亚边界之间另成立一个集团军，由奥匈皇储卡尔大公爵任总司令，但必须接受原德军马肯森第11集团军参谋长希克特将军（30年代到中国任蒋介石首席顾问）做他的参谋长，以便德方的控制。

俄军西南方面军的夏季攻势是奥匈帝国在大战中遭受的最沉重的打击，若不是德军投入40万援军，奥匈帝国很可能就此崩溃。这一战使意大利军队避免了毁灭的命运，有力地支援了正在西线苦战的英、法联军，并促使罗马尼亚放弃中立，加入到协约国一边作战。此战奥军遭到真正意义上的毁灭性打击，损失部队达75万之巨，其中被俄军俘虏40万人。俄军损失也达50万人。这次攻势作战是第一次世界大战中，俄国人军事上最杰出的一次表演。勃鲁西洛夫成为这次大战中唯一以个人名字来命名一个会战的人。

## 5. 其他战场

### ·罗马尼亚战线

1916年8月27日，罗马尼亚对德、奥宣战。消息传来，威廉二世的第一个反应是战争已经输了。罗马尼亚原来与三国同盟缔有互助条约，其国王也是霍亨索伦王室成员，但罗马尼亚对其邻国保加利亚和奥匈素有领土要求。大战爆发后，双方胜负一时难以判断，故而头两年且作壁上观，现在协约国的威逼利诱下终于参战。罗马尼亚军队约50万人，编为4个集团军，武器装备、军官素质都很差，虽然士兵很勇敢。

罗马尼亚统帅部的计划是越过喀尔巴阡山和南喀尔巴阡山向西、向北进攻，到达匈牙利平原并夺取梦寐以求的外特兰西瓦尼亚地区。罗军把3个集团军投入进攻，但由于隘道险阻、补给困难和指挥上的无能，罗军的攻势只前进了80公里就被奥军阻止了。

罗马尼亚虽是弱国却资源丰富，德国的石油和粮食依赖它的提供。所以，德国决定迅速将其征服。9月1日，由德、保、土三国军队混合组成的马肯森集团在保加利亚境内的多瑙河之线展开进攻，进入多布罗加省。马肯森集团兵分两路向北推进，一路沿多瑙河，一路在黑海附近切断罗马尼亚唯一通往黑海的铁路线。但俄军第9集团军的到达暂时挡住了德军锋芒。9月30日，德军3个师和奥军2个师组成的法金汉第9军团在外特兰西瓦尼亚集结完毕，并开始同罗军接仗。另一个由1个德军师、4个奥军师组成的奥军第1集团军担任助攻，在一个月的时间，法金汉利用罗军的弱点，采取各个击破的战法，很快击败3倍于己的罗军，证明了他虽然不是一个称职的参谋总长，却是一个杰出的战地指挥官。12月1日，亚费里斯鸠指挥罗军向渡过多瑙河的马肯森部反攻，在获得少许成功后最终一败涂地。在马肯森和法金汉两集团的钳形攻势下，罗军放弃首都布加勒斯特，残余部队退守塞利特河下游。经过4个多月的战斗，罗马尼亚丢掉了几乎全部的领土。

罗马尼亚的参战对两大交战集团来说都有得有失，协约国家又得到了一个盟友，开辟了一条新战线，迫使德、奥分散了兵力。德、奥虽然打败了罗马尼亚，从而可以利用其丰富的资源,并把战线的北翼依托在黑海海岸之上,获得比较安全的保障,但战线却由此延长了400公里,正如鲁登道夫所言:虽然我们在罗马尼亚获得胜利,但在总体上我们被削弱了。

## ·萨洛尼卡战线

塞尔维亚战败后,在萨洛尼卡登陆的协约国军队的去留便成了问题。经协约国首脑讨论,最后还是决定留下来,作为今后在巴尔干作战的基地。到了1916年7月底,萨洛尼卡的协约国军队已达25万人,其中英军5个师,法军4个师,补充整编后的塞尔维亚军6个师,意大利军4个师。法国将军萨拉伊负责统一指挥。8月间,为配合罗马尼亚方面的作战,保加利亚第2集团军首先采取攻势,想占领希腊的卡伐拉海岸地区。9月10日,协约国军队发动了一个攻势,11月19日,塞尔维亚第1集团军突破保军第1集团军防线,攻克莫纳斯提尔隘口,这是马其顿山区的重要交通枢纽,若非德军及时来援,这个集团军可能全军覆没。

希腊仍保持中立,但英、法却不满足于希腊的中立,于1916年7月6日,宣布对希腊进行经济封锁,要求彻底解除希腊军方握有实权的亲德分子职务。9月中旬,英、法扶持维尼齐洛斯组成"临时政府",而此时在雅典又组成一个听命于协约国的新内阁。10月和12月,协约国家两次敦促希腊政府交出自己的舰队,不然炮轰雅典。在一连串的逼迫下,希腊政府步步就范,终于被英、法押上战车,正式对德宣战。

## ·高加索战线

土耳其的"拿破仑"——恩维尔对土军1916年的作战没有明确的计划,他认为这场战争的胜负并不决定于土耳其战场,而是在欧洲。他向法金汉建议将多余的土军调往伊松佐河战线或加里西亚战线,但恩维尔的想法很快为俄军高加索军团先发制人的行动所打乱。

俄军考虑到达达尼尔会战的结束,使土耳其很快会把腾出的兵力调往高加索方面,这将加剧情况的严重。所以俄军决定与其被动等着挨重拳,不如乘对方还未形成重拳之前先动手。1916年1月10日,俄高加索集团军发起埃尔祖鲁姆战役，经一个月的激战，重创土军第3集团军，攻入军事基地埃尔祖鲁姆要塞，土军向西后退 70～100 公里。4月1日，俄军得到增援后乘胜发动第二次打击，于4月5日攻占军事重镇特布拉松。土军连吃两个败仗却并不气馁，频频调集部队，于5月30日出其不意在梅马哈顿地区发动强大反击，俄军败退，直到7月初俄军才把形势稳定了下来。8月5日，土军第2集团军在奥各诺特方面再次进攻，将当面俄军击败，战斗延续到9月上旬，因严寒突然降临，双方遂停止作战行动，各自准备过冬。从严冬到第二年开春，双方都转入防御。

## ·美索不达米亚战线

当英军汤森德纵队被围困在库特时，英军先后派出援军前往解围，到4月已损失2.2万人，所有援军均被土军击退。在此之际，俄军统帅部向英国人提出救援办法，但却在计划中乘机打自己的小算盘，英国则怕战后让俄国人占了便宜，予以拒绝，同时要求俄军进攻土军后方，以解除被围英军的困境。于是俄军巴拉托夫骑兵军以蜗牛般速度驰援。1916年4月29日，英军汤森德纵队1.2万人被迫向土军投降。这时俄军的救援部队才刚刚攻下哈纳金。7月2日，土军第6集团军乘胜攻击俄军巴拉托夫的骑兵军，将其击败，收复哈马丹。

## ·巴勒斯坦战线

达达尼尔海峡会战结束后，法金汉说服恩维尔，组织远征军进攻苏伊士运河，以便把更多的英军牵制在那里。德军中校克雷斯指挥土军2个师和1支德、奥技术炮兵队向苏伊士运河进发。此时，驻埃及的英军总司令莫尔雷正在苏伊士运河地区部署防御，但很快他便发现单纯防守不如主动出击，于是率部向西奈半岛前进。8月初，土耳其远征军开始攻击罗马尼和卡提亚的英军阵地，但被莫尔雷巧妙地击退。到1916年年底，英军已越过西奈半岛的沙漠地带，占领了土耳其远征军自动退出的阿里什，接着又攻占马格哈巴，完成了保卫苏伊士运河交通顺畅的战略目标。土军这次远征战果不佳，但同样达到了把很大一部分英军牢牢牵制在苏伊士运河的目的，使之不能调往法国前线。

# 第八章
## 1917年：大反攻

### 1. 俄国退出战争

　　1917年对于协约国和同盟国集团来说都充满着危机，而俄国的形势尤其恶化，沙皇在年初便向奥匈发出和平试探，准备与同盟国集团单独媾和。消息传出后，英、法甚感恐慌，英国驻俄大使布坎南开始同俄国国会中的左翼强硬派领袖密谋废除沙皇政体，成立民主共和政体。不等英国大使动手，2月底，首都彼得堡出现骚乱，警察开枪射杀示威群众暴行，激起了部队哗变，在骚乱发生一星期内，各地纷纷成立由工人和士兵代表组成的苏维埃，沙皇对局势已失去控制，此刻他像个迷路的孩童，与高级将领和国会议长通电询问：我该怎么办？几乎所有人都要他退位。3月15日，当沙皇亲笔写下退位诏书，把皇位让给其兄弟米切尔公爵时，形势已发生急剧变化，首都已成立李沃夫亲王为首的临时政府，罗曼诺夫王朝寿终正寝。这就是历史上的"二月革命"。但这时俄国国内却出现了代表地主阶级、资产阶级的临时政府，和代表工农无产阶级的苏维埃两个政权并存的独特现象。

　　3月20日，临时政府发表公告，表示坚决履行协约国的义务，将战争进行到底。5月1日，临时政府向各盟国发出照会，重申了自己将严格履行所承担的义务的立场。这一对外政策违反了民心，表明临时政府并没有吸取沙皇政权垮台的教训。6月5日，俄国临时政府免去阿列克谢也夫俄军总司令的职务，委任勃鲁西洛夫接替这一俄军最高指挥职务。

早在1月初，俄军北方方面军的第12集团军发动了一次"米塔瓦战役"。开始阶段，俄军小有进展，随后遭到了德军第8集团军的迎头痛击，损失2.3万人，却一无所得。"二月革命"后的临时政府为摆脱国内的困境，决定发动一次大攻势，由勃鲁西洛夫负责指挥。从6月29日开始，俄军西南方面军首先向奥军发动打击，一星期后，在斯坦尼斯拉夫以南获得突破，但军队此时已深受国内革命的影响，对战争厌恶已极，战场上俄军的某些部队开始拒绝执行进攻的命令，以致俄军不能扩大战果。7月19日，德军赶到并投入反攻，俄军士气崩溃，许多部队未经战斗，自动放弃阵地，解散回家。

俄军"六月攻势"失败激起首都彼得堡群众大规模示威游行，临时政府通过镇压结束了两个政权并立的局面，克伦斯基任政府新首脑兼陆军部长。新内阁原打算让极有威望的勃鲁西洛夫出任政府首脑，但他坚决反对任何不必要的牺牲和冒险，因此成为许多政府要员的眼中钉。7月30日，克伦斯基的一份电报解除了勃鲁西洛夫的最高统帅职务，由科尔尼洛夫接替了他。9月1日，古特尔指挥德军第8军团向里加进攻，古特尔采用新的"渗透战术"，一举突破俄军防线，渡过西德维纳河。9月2日，俄军纷纷向后溃逃，德军于行进中占领北方军事重镇里加。里加失陷后，俄军总司令科尔尼洛夫立即命令第3骑兵军向首都进军，发动军事政变，但部队拒绝服从，半路上便作鸟兽散。逆拂民心而又连吃败仗的临时政府此时也陷于绝境。

1917年11月7日（俄历10月25日），布尔什维克党组织了武装起义，推翻了临时政府，建立了苏维埃社会主义共和国，这是一个无产阶级性质的政权和国家，这一称做"俄国十月革命"的事件后来被证明具有划时代的意义。当时成功的秘密在于利用俄国人民普遍而强烈的反战、厌战心态，以"面包与和平"为号召，赢得了广大人民的热烈拥护。

苏维埃政府于11月9日，公布了第一个法令即和平法令，建议各交战国立即签订公正、民主和不割地、不赔款的和约。出于意识形态和利益上的对立，协约国对此表示缄默，并支持设在莫吉廖夫的俄军总司令杜鹤宁的统帅部，怂恿其另搭政府班子。同盟国家为结束两面作战的局面，以便从东线腾出兵力用于西线，愿意开始谈判。于是苏维埃政府转而与同盟国单独交涉，同时解除不执行命令的杜鹤宁的职务，由军事人民委员克雷连柯上尉任俄军总司令。12月2日，苏维埃政府和谈代表团在布列斯特－里托夫斯克同德、奥、保、土四个国家的代表团举行会谈。12月15日，双方签订为期一个月的临时停战协议，规定如果一方中止停战，须在七天前通知对方。

12月22日，双方进入实质性谈判，苏维埃政府缔结基本原则是不割地、不赔款。12月25日，奥匈外交大臣切尔宁代表四国代表团声明准备同意苏维埃政府的基本原则，但附加了一项条件：要求在协约国其他国家也履行这些基本原则的情况下，同盟国家才承诺履行义务。这就为后来强迫苏维埃政府签订屈辱的丧失大片领土的和约埋下了伏笔。切尔宁的声明在德国遭到军方强硬派的竭力反对。鲁登道夫指责德国代表、东线参谋长霍夫曼说："您怎么能让这个照会出现？我们必须获得新的领土，以保卫东普鲁士。"兴登堡则向德皇要求，军方以后对和谈施加决定性的影响，并承担全部的责任。

1918年1月9日，和谈复会，同盟国家以其他协约国家拒不参加谈判为由，坚决拒绝了根据苏维埃政府的普遍和约建议来继续谈判，强调目前只能讨论单独媾和的问题。会议厅里又出现了分裂出去的乌克兰代表团。1月18日，德国代表霍夫曼向苏维埃代表团团长托洛茨基出示改动了边界的新地图，阐述了和约的条款，根据这些条款，原属俄国的，现被德国所占的西部领土，波兰、立陶宛、拉脱维亚的一部分和白俄罗斯的一部分并入德国版图。布列斯特－里托夫斯克以南的边界，则同独立的乌克兰谈判确定。

当时俄国旧军队已处解体状态，前线大批大批的部队放弃阵地，丢下火炮和军用物资退往后方，这种现象无法加以阻止。虽在1月28日刚通过建立工农红军的法令，但新军队尚未建立，新生的政权无法守住漫长的战线，除了接受苛刻的和约外，别无出路。苏维埃政府中对和约有三种意见，布哈林认为签订和约就是同德帝国主义勾结，是对世界革命的背叛，主张立即停止谈判，向德国及其盟国宣布进行革命战争。托洛茨基主张既不要和约，也不要战争，单方面宣布结束战争，军队复员。他对德国无产阶级即将起来革命抱有幻想。列宁认为只要条件不损害"十月革命"的成果——无产阶级专政，即使在最苛刻的条件下，也要尽快缔结和约。列宁明确指示托洛茨基，只要德国人不下最后通牒，就坚持不让步，一旦下了最后通牒，就在和约上签字，不要再坚持，否则会在德国人进一步打击下，被迫签订条件更为苛刻的和约。2月9日，德国代表、外交大臣屈尔曼以强硬态度要求苏维埃政府代表团立即在德国提出的和约上签字。第二天,托洛茨基宣读了声明:苏维埃政府将不签署和约,但要结束战争,复员军队。德国代表声称,如果拒绝缔结和约,就要恢复战争行动。托洛茨基断然声明不可能继续谈判。至此,和谈宣告破裂。托洛茨基对列宁的指示置若罔闻、一意孤行,使苏维埃国家处于极其险恶的境地。

2月16日晚,苏维埃政府收到德方通知,2月18日,德军将恢复军事行动。德国人没有遵守必须在中止停战前七天通知的约定。德军和奥军于2月18日沿整个东线发动进攻,俄军不堪一击,兵败如山倒,德、奥军队5天里深入俄境二三百公里。进攻第二天,苏维埃政府致电德国政府,同意在先前拒绝的和约上签字,并急派特使将一份电报副本送给正在进攻的德军。但德国人却并不急于回答。直到2月23日,苏维埃政府才收到德国政府的一份最后通牒,条件比两周前更加苛刻。通牒要求俄军立即撤出波罗的海沿岸地区、芬兰和乌克兰,把安纳托利亚地区归还给土耳其,同独立的乌克兰政府缔结条约,复员军队,恢复对俄不平等的1904年俄德通商条约,最后通牒限48小时内答复。第二天苏维埃政府宣布接受最后通牒,并派出代表团前往布列斯特-里托夫斯克。3月3日,双方在和约上签字。与战前相比,俄国割让约100万平方公里领土,人口约5000万,占全国总人口三分之一,那里的煤产量占全国的90%,铁矿石占70%,还包括全国工业的54%和铁路的30%。

《布列斯特-里托夫斯克条约》对新生的苏维埃政府来说,的确是不幸的和约,但战争史已证明,失败的时刻签订和约是聚集力量的手段。在强弱悬殊的情况下,弱者若坚持不妥协则等于自取灭亡。1918年11月9日,德国爆发资产阶级民主革命,霍亨索伦王朝覆灭。德国及其盟国最终在第一次世界大战中战败。11月13日,苏维埃政府宣布废除《布列斯特-里托夫斯克条约》。事实表明,列宁的决策和苏维埃政府的忍辱负重是极其英明正确的。

俄国退出战争后,罗马尼亚顿时成了失去巨人保护的弃儿,被迫与同盟国家于1918年5月7日,在布加勒斯特签订和约。南多布罗加割让给保加利亚,北多布罗加被置于德、奥、土、保四国共管之下。德国则垄断罗马尼亚的石油和粮食的输出。不过,作为对马尔杰洛曼政府的通力合作的回报,德国及其同盟国准许罗马尼亚吞并俄国的比萨拉比亚。

## 2. 美国投下砝码

  1914 年至 1916 年，美国作为一个中立国家置身战场之外，它一面作壁上观，一面同交战双方做生意，大发战争财。由于协约国家的海军对德国进行海上封锁，使美国与德国的贸易难以进行，但同英、法等协约国家的贸易十分顺利。同样表现在贷款方面，到 1917 年 4 月为止，协约国家从美国得到 20 亿美元贷款，而德国仅得到 2000 万美元贷款。战争进程不到 3 年，协约国家已负债累累，而美国却成了他们的大债主。如果协约国一方失败，美国就别想收回债务，必然遭受巨大经济损失。一只看不见的手已使美国向协约国集团倾斜。

  促使美国参战的直接原因是德国宣布实行"无限制潜艇战"。早在 1914 年 8 月 20 日和 10 月 29 日，英国两次修改 1909 年的《伦敦宣言》，宣布对德、奥实行海上封锁。英国这一举动在外交上要冒很大风险，因为它触犯了跟德、奥有贸易来往的中立国家的利益，尤其是美国。然而出于报复，德国在 1915 年 2 月 4 日，宣布用潜艇封锁英国周围的水域，无论何种船只要进入封锁区域，一概予以攻击。这就使同英国进行贸易往来的国家，特别是美国深感不满。

  1915 年 5 月 7 日，一艘英国豪华邮轮"鲁西坦尼亚号"，在爱尔兰海岸附近未经警告就被德国潜艇 U-20 用鱼雷击沉，在死亡的 1198 人中有 124 名美国人。是年 8 月 19 日，又有一艘英国邮轮"阿拉伯号"被击沉，其中有 4 名美国人丧生。德国的做法激起了美国的愤怒，迫使德皇于是年 9 月 1 日宣布：停止对客船和中立国船只的潜艇攻击。但是到 1916 年 2 月 21 日，德国又宣布：自 3 月 1 日起，所有武装商船均视为军舰，并一律不予警告加以攻击。3 月 24 日，德国潜艇攻击了一艘英国商船，船上 7 名美国人毙命。美国政府立即以断绝两国外交关系相威胁，德国又只好再作让步，于 5 月 15 日宣布放弃不经警告即予以击沉的原则。显然，美国对德国的潜艇战的愤怒已远远超出英国的海上封锁。

  随着时间推移，德国军方感到战争前景越来越渺茫，对如何尽快取胜感到束手无策。这时德国海军参谋总长霍尔特恩道夫经过精密计算，得出结论：如果进行全面的潜水艇战，最多在半年内英国的抵抗将崩溃，只有潜艇战才能赢得整个战争。他以海军专家的身份向国会保证：即使美国参战，由于潜艇战的威力，不会有一个美国兵在欧洲登陆。德军最高统帅部接受了这种观念，并通过对美国军事现状的分析得出结论——美军真正作为一支生力军参战,起码需要一年的时间来组建军队。但德国只需半年就可迫使英国投降。这就是德国人在1917年发动"无限期潜艇战"的思路,一切建立在精密的计算之上。

事实上这种计算的方式是错误的,直到大战结束,英国的抵抗意志没有受到潜艇战丝毫影响,美国的200万大军也到达了欧洲,德国潜艇没有使一个美国大兵葬身海底。丘吉尔在战后披露,英国对德国潜艇战可能带来的危害早就心中有底,按丘吉尔的说法,英国的抵抗能力是座10吨的桥梁,而德国的潜艇战仅仅是一辆8吨的卡车,要说车几乎把桥梁压断了,那是不现实的,事实上永远不会有这种机会。当初英国人对德国的潜艇战大声惊呼,实是一个诱导德国不顾一切采取无限制潜艇战的计谋,目的是让德国激怒美国,用德国的潜艇把美国人拖进战争的漩涡。

德国人却把潜艇战看成制胜的法宝,即使冒美国对自己作战的风险也在所不惜。1917年1月9日,德皇威廉二世向所有海军舰艇发出秘密指令:从2月1日起以最大努力发动无限制潜艇战。1月31日,德国驻美大使贝恩斯托夫把德国这一决定通知了美国政府,美国人被弄得措手不及,连抗议都来不及了。2月3日,美国总统威尔逊宣布同德国断绝外交关系,并警告说,如果发生因德国潜艇攻击而使美国船只被击沉和美国人丧失生命,他将采取进一步行动。这等于在告诉德国应悬崖勒马了。

就在美德关系异常紧张时,又发生了一件事。1月17日,英国海军情报单位通过密码破译了德国外交部长齐迈曼给驻墨西哥大使的一份密电,内容是如果美国参战,德国将与墨西哥结成同盟共同对付美国,条件是德国向墨西哥提供大量财政支援,同意墨西哥收复在得克萨斯、新墨西哥、亚利桑纳的过去割让给美国的领土,请墨西哥总统出面劝日本加入三国同盟,共同对美国作战。英国人在恰到好处的时间,即2月23日这天才把破译的电文交给美国驻英大使佩奇。3月1日,"齐迈曼电报"成了美国所有报纸的头条新闻,不久德国政府极其愚蠢地承认这份电报是真的,其敢作敢当的气魄令人咋舌。美国朝野终于被激怒了。

3月16日,两艘美国商船被德国潜艇击沉。俄国爆发革命的消息已传来,很明显,东线的俄国垮了,英、法在西线也就岌岌可危,战争形势将会急转而下。美国政府感到扭转乾坤的时刻已到来,不能再等待了。4月2日,威尔逊总统向国会发表演说，要求向德国宣战，宣战的理由既义正辞严又冠冕堂皇。4月6日，美国国会参议院以82票对6票、众议院以373票对50票通过了对德宣战的决议。

美国在向德国宣战时，其陆军只有20万人，武器陈旧不堪，军官士兵的素质也不高。5月中旬，美国国会通过了兵役法，其性质是义务兵役制，为了便于国会通过，称为"选役制"。根据美国军方的计划，如果一切顺利的话，到1918年底，美军可扩充到100万人。为了振奋协约国的人心和作为美军参战决心的象征，1917年6月底，美国远征军司令潘兴将军率美军第1师，在法国的圣纳泽尔登上欧洲大陆。美国的参战决定了战争的进程和最终结局。

## 3.协约国攻势高涨

### ·尼维尔攻势

1917年新年伊始，法军第2集团军司令尼维尔将军越过集团军群这一指挥级别，直接升任法军陆军总司令。霞飞则因长期专横跋扈和两年中毫无意义地拼消耗，被解除总司令一职。尼维尔在凡尔登会战时只是一个军长，会战中途贝当升任法军中央集团军群司令，尼维尔接任第2集团军。在坚守凡尔登期间，他的一套反攻战术获得很大成功，使德军寸步难行。尼维尔过分相信自己的经验，认为把凡尔登成功的方法用于整个战线，胜利唾手可得。

尼维尔的作战方案是：集中120万兵力，对德军防线上努瓦荣地区的一块舌形突出部，实行钳形夹击，英军在阿拉斯向东切入"舌形部位"根部，法军在里姆斯向北切入另一"根部"，两军在圣康坦、吉兹封闭包围圈，将突出部的德军一网打尽。法国陆军部长佩恩勒发现尼维尔的计划如此轻率，便要求辞职，不想承担责任。英国首相劳易德·乔治却对他的计划大为赞赏，几乎到了入迷的地步。当英国将领们感到疑惑时，尼维尔信心十足地放言道："我们在24～48小时之内即可赢得一切。"

德军早已对努瓦荣突出部感到忧虑，2月9日，鲁登道夫接受了鲁普雷希特的建议,开始将突出部德军后撤到坚固的齐格菲防线（联军方面称兴登堡防线）

上。撤退时德军对这一地区做了最彻底的破坏，使之成为一片废墟，后撤行动于4月5日完成。德军拉直了战线，巨大的突出部消失了。不过，德国人因这次破坏行为而获得"匈奴人"的称号。

尼维尔得到德军从突出部撤退的消息后，起初坚持认为不可能，等到部队小心翼翼进入已成真空的突出部，消息被证实后，尼维尔愤怒指责德国人不应使用这种无耻的诡计。但他仍不放弃原定的攻势。4月6日，法国军政首脑在康边最高统帅部召开最后决定会议。鉴于德军防线已缩短，防御兵力厚度加大，法军参谋总长贝当反对这一攻势，主张慎重。尼维尔则认为：敌人的数量愈多，胜利也就愈大。最后他以辞职相要挟，与会者大都是军事外行，见其言之振振，就半信半疑地同意了。

4月9日，英军第3集团军在阿拉斯首先发起攻击，以期调动敌方主力北上，达到声东击西之目的，但在5天前，德军从一个法军俘虏身上搜出一份作战命令，因而获悉了联军的主攻方向。4月16日，尼维尔发出气壮山河的进攻命令："时间已经来到！信心！勇气！法兰西万岁！"法军第5、第6军团在228辆坦克的前导下，以密集队形和波次开始了冲锋。尼维尔原定最多48小时大获全胜，但恶战至4月20日，只夺取了德军防线上的几个高地。法国政府得知军队遭到巨大伤亡，坚决要求停止战役。尼维尔攻势进行了仅5天，法军便伤亡了18万人，英军伤亡16万人，德军损失约16万人。

英、法联军的攻势失败后，尼维尔被撤职。5月17日，贝当接任法军总司令。贝当的战略是停止一切进攻，守住现有阵地，等美军主力到来后再图大举。但事情却还没有完，法军军心开始严重动摇，内部发生大规模哗变事件，从5月25日到6月10日，共发生80起严重的"集体叛变"案件，大约波及45个师。部队拒绝战斗，不听指挥，有的夺取汽车和火车开往巴黎去支援工人罢工，有的组织士兵委员会取代指挥官。贝当软硬兼施，安抚和镇压并举，直到是年7月中旬，法军内部大规模骚乱现象才消失。法军中共有23385人被判有罪，4312人被判死刑。派往法国作战的俄军两个旅的其中一个也发生哗变，法国政府派另一个俄国旅前往武力镇压，法军在后压阵，才平息下去。法国战时新闻封锁很严，外界对法军大规模哗变居然一无所闻，不然的话，德军若乘机发动打击，后果真不堪设想。

## ·康布雷会战

尼维尔攻势失败后，英军总司令黑格决定联合法军采取一次大的突破行动，但贝当告诉他法军士气不振，7月底以前无法行动。黑格决定单独行动。黑格早在前一年就为这次进攻作了准备，他花了15个月的时间，在梅森山嶺脊下秘密挖掘了24条地道，装填了600吨黄色炸药，直通到德军阵地下面的25～50米深处。6月7日在英军第2集团军发起进攻前，引爆了19条地道的炸药，因为有两条已被德军发现并破坏，另三条因故障未引爆。当工兵按下电钮时，一阵阵闷雷在大地下面滚过，山崩地裂，远在英国伦敦唐宁街10号的英国首相劳合·乔治也感觉到大地在颤抖。爆炸后的弹坑深达30多米，直径达130米。仅仅在这次爆炸中，德军就死伤约两万人。爆炸过后，英军从缺口冲入，黄昏时占领第二道防线，俘虏德军7300多名。以后德军发动反攻，战斗延续了几天，在付出25000人的代价之后，英军终于守住了新的阵地。

梅森的胜利刺激了联军，7月31日，黑格发起了所谓"第三次伊普雷会战"，决定消灭佛兰德海岸地带的德国潜艇基地。英军第5集团军担任主攻，英军第1、第2集团军支援进攻。对方为德军第4集团军。在整整一个秋季的会战里，双方都竭尽全力，进行了大战中罕见的艰苦作战，联军的260辆坦克大多陷于沼泽中，被德军炮火摧毁，沼泽成了坦克的墓地。有时一连十来天的大雨，英军就像是在泥巴里打滚。这场巨大的消耗战于11月10日，在一片冰天雪地中不了了之。结果是英军占领了一些高地，没有取得决定性的胜利。英军伤亡约24.5万人，法军伤亡5万人，德军伤亡27万人。

伊普雷战场硝烟尚未散尽，11月20日，拜恩将军的英军第3集团军发动了康布雷会战，目的是消除伊普雷会战的阴影和意大利军队在卡波雷托会战中惨败的不良影响。这次会战持续了9天，英军没能巩固最初的战果，11月29日，会战以德军夺回先前失去的阵地而告终，双方交了个平手。然而这次会战中使用的坦克具有重大意义，对20世纪以后的战争样式产生了巨大影响。

英军第一次将坦克作集中的使用，成立了坦克军。埃利斯任军长，富勒为参谋长。为越过德军12英尺宽的防坦克壕，每辆坦克都携带一大捆束柴投入壕中，坦克再从上面开过壕去。在拂晓的浓雾笼罩下，几百辆坦克跟随200间隔的徐进弹幕前进，5个英军师分成几个攻击波尾随着坦克集群，6小时之内突破了德军4道防线。进攻地段的两个德军师被粉碎，俘虏德军8000人，英军损失仅为4000人。由于坦克攻击战术得当，6小时的战果超过了持续了4个月的第三次伊普雷会战。但是到了夜幕降临时，因故障和被炮击而不能作战的坦克已超过了三分之一。英军本来对战果就没有抱很大希望，对发展突破毫无准备，所以面对如此大的成功居然不知所措，弄得进也不是，退也不是。几天后，在德军反击下逐步放弃占领的阵地。会战中，德军的反坦克作战也很出色，德军炮兵用卡车牵引野战炮，机动地迎击坦克，并将88毫米高射炮部署在反斜坡上，等到英军坦克在高地顶端一出现，便成了活靶。另外，德军的飞机也对英军坦克实施了空中轰炸。概而言之，康布雷战场是现代机械化战争的摇篮。

### ·卡波雷托会战

1917年4月，为了配合西线的攻势，尼维尔派福煦前往意大利，要求卡多尔纳在意大利战线发动一个攻势作为呼应。同时也拟定了一个援助意大利的计划。当尼维尔攻势失败后，意军才于5月14日迟迟发起所谓"第10次伊松佐河会战"。到6月8日会战结束时，意军在伊松佐河和特兰托地区夺得了一些地盘，但未取得决定性战绩。此役意军伤亡、被俘15万余人，奥军伤亡、被俘12万余人。8月18日，卡多尔纳集中52个师和5000门火炮，发动了最后一次、也就是第11次伊松佐河会战。意军第2、第3两个集团军分别在戈里齐亚以北、以南进攻，目标是夺取天然山区以便稳固正面防线。与意军相对抗的是奥军第5集团军。在南面的意军第3集团军的攻击遭到奥军的有力的阻击，8月23日即被遏制，战果甚微且损失很大。在北面的意军第3集团军进展较为顺利，取得重大战果。其中两个军强行渡过伊松佐河，攻占具有战略意义的巴因扎台高原。但因炮兵和补给跟不上，意军统帅部遂于8月29日停止进攻。

意大利发动的这次打击使奥匈陷于困境，奥军参谋总长康拉德认为只有转入进攻才能挽回颓势，他向鲁登道夫要求提供12个德国师来协助进攻。鲁登道夫发现奥匈因新败已有单独媾和的倾向，便决定派兵援助，但他告诉康拉德只能派出7个德国师。于是，这7个德国师和8个奥国师合编成第14军团，德国的冯·贝洛将军负责指挥。10月23日，奥德联军在普莱佐－托尔米诺－戈里齐亚一线发动打击，并使用古特尔将军在俄国里加会战中的"渗透战术"突破意军的防线。奥德第 14 集团军在普莱佐、托尔米诺方向取得重大进展，意军不堪一击，全线崩溃，正在前线视察的意大利国王差点在意军总部乌定被俘。进攻第二天，奥德联军便一举占领卡波雷托。会战因此命名为卡波雷托会战。10 月 26 日，卡多尔纳下令撤往塔利亚门托河，奥德军队第一次攻入意大利本土，是日，博泽利政府辞职，奥兰多就任首相。11 月 2 日，奥军强渡塔利亚门托河，意军无力抵挡，再次向皮亚韦河撤退。11 月 8 日，卡多尔纳被免去意军参谋总长职务，由阿芒多·迪亚兹接任。11 月 10 日，奥德联军开始又发动攻势，特兰托方面的奥军第 11 集团军也发起进攻，经激战意军终于守住阵地，而对方的攻势已成强弩之末。到 12 月底，双方战线在皮亚韦河一带稳定了下来。英军 5 个师、法军 6 个师也已到达意大利战场。

卡波雷托会战是第一次世界大战最重要的会战之一，双方共投入 250 万兵力，是规模最大的一次山地会战。意军战死 1 万人，负伤 3 万人，被俘 30 万人，另有 40 万人溃散，成为散兵游勇。德军高度运用了目标、集中、奇袭、节约的作战原则，并加以完美的结合，因而获得大战中少有的一次正面突破。意大利的失败加速了协约国建立统一的协约国军指挥部的进程。在 11 月 5 日至 7 日的拉巴洛会议上，决定成立高级军事委员会，由各盟国首脑和英、法、意、美的参谋本部的代表组成。

### ·其他战场

协约国在 1916 年 11 月 15 日的尚蒂伊会议上，要求萨洛尼卡的协约国军队在 1917 年发动进攻，以击溃保加利亚军队。1917 年 4 月 25 日至 5 月 23 日，协约国联军共 66 万人向保加利亚军展开进攻，由于缺乏重炮和法军内部出现哗变，在伤亡 2 万人后，被迫停止。进攻的联军比例是：英军 24 万，法军 20 万，塞军 13 万，意军 5 万，俄军 1.7 万，希军 2.3 万。

6 月 14 日，在协约国的逼迫下，希腊国王康斯坦丁退位，其子亚历山大继承王位并任命维尼齐洛斯组阁。6 月 29 日，希腊参加协约国一方作战。是月，科孚岛上的塞尔维亚政府和伦敦的南斯拉夫委员会共同发表《科孚宣言》，成立南方斯拉夫人的统一国家，包括塞尔维亚人、霍尔瓦提人、斯洛文尼亚人和塞尔维亚、门的内哥罗、奥匈的南方斯拉夫人的土地。

在美索不达米亚，英军汤森德部队被迫投降后，英军马上着手集结力量，到1916年年底，新任指挥官毛德指挥一个集团军重新展开攻势，英军对土军占有2：1的优势。1917年2月24日，经一个半月的激战，土军第6集团军被击败，向巴格达退却。3月9日，英、土两军再度交锋，经顽强苦斗，土军被迫向更远的摩苏尔撤退。3月11日，英军占领巴格达。英军在美索不达米亚的胜利虽然对大战的主战场无足轻重，但对过去一年里屡遭挫折的协约国方面却是一个很大的精神上的鼓舞。

俄军巴拉托夫的部队在英军向巴格达进军的同时，于1917年3月2日也转入进攻，到4月4日为止，俄军已连续攻占了哈马丹、哈纳金，后因部队水土不服只好撤往波斯山区。6月10日，根据英、俄两军的联合作战协议，俄军向土军摩苏尔方向展开攻击。7月5日，土耳其军转入反攻，把俄军赶回到原来的出发位置。9月间，英军利用土军被俄军吸引过去的机会发动打击，取得较大战果，并到达了摩苏尔省的边界地区。

在巴勒斯坦战线，英军在1917年3月和4月两次进攻加沙地带的土军军事据点，均被击退，且英军伤亡惨重。不久，艾伦比接替了莫里的指挥职务。1917年10月30日，得到加强的英军向比尔谢巴地区发动突袭，经一个星期战斗，于11月6日，突破土军正面防线，迫其退却。但沙漠作战的重要前提是水的保障，英军得胜后，因人员和马匹缺水，无法进一步扩大胜利果实。11月9日，艾伦比把进攻目标改向加沙沿岸地区，11月17日占领雅法。随后再次掉转锋芒，于12月9日，占领历史名城耶路撒冷。年底，因英军已疲惫不堪和当地雨季的来临，英军遂停止作战。英军在巴勒斯坦的胜利和在美索不达米亚一样，对主战场产生的影响不大，从大战略的观点来看，它属于通往目标的一种间接路线。

# 第九章
## 1918年：战争结束

### 1. 德国逃不掉的大败局

#### ·皇帝会战

在 1917 年 11 月 11 日，鲁登道夫在蒙斯的第 5 集团军总部召集两个集团军的参谋长，库尔和夏仑堡，加上参谋本部的作战处长韦兹尔开会，会上确定了德军在 1918 年的战略方针。德军的战略目标是赶在美军大量开到西线之前，发动一个决定性的打击，以彻底摧毁西线的协约国军队。而协约国的战略方针仍是贝当的既定方针，实行全面防御，等待美军主力的到来。德军迅速从东线调来部队，集中起 190 多个师，而协约国也集结了 180 多个师。德军的计划是在英、法部队之间的结合部，阿拉斯和拉费尔之间实施突破，得手后以一部兵力向南作牵制性攻击，以掩护攻击主力转向西北，将英军逼向海岸，或将其歼灭，或迫其撤回英伦三岛，然后再集中主力打击法军。

1918 年 3 月 21 日凌晨，德军 6000 门火炮作了 5 小时的短暂而密集的射击，从而拉开了被德国人称为"皇帝会战"的第一阶段"米歇尔作战"，也称"松姆河攻势"。3 月 23 日，战场形势打乱了德军原来的计划，德军贝洛第 17 军团、乌维兹第 2 集团军在主攻方向进展甚小，而辅助进攻方向上的古特尔第 18 集团军出乎意料地取得重大战果。鲁登道夫根据这一情况和"50 个英军师被击溃"

这一被夸大的情报，重新规定了进攻计划：迂回联军的两侧翼，同时击破英军和法军，将英军打退到沿海一带，将法军击退到巴黎。3月25日，英军第5集团军向西北退往海边，法军第6集团军向西南撤往巴黎。德军在通往亚眠的路上撕开了一个15公里宽的缺口。法军统帅部急调预备队第1集团军和第3集团军参战，于3月28日封闭了通往亚眠的缺口。德军因其补给线需经过一片4年战争所造成的"人工沙漠"，后勤补给无法跟上，难以扩张战果。接着双方进入胶着状态，鲁登道夫害怕陷入类似以往的消耗战，在4月5日晚下令全线停止战斗，第一阶段"米歇尔作战"告一段落。

德军在70公里正面上，楔入60公里，就短时间里占领地盘的多少而论，成绩巨大，但将英军逼向海岸的主要目标没有达到。从战场态势来看，德军形成了一个纵深60公里、宽150公里的预示危机的弧形突出部。此战德军伤亡24万人，联军伤亡被俘21.2万人。

早在1月，法军参谋本部就有建立联军最高指挥机构和协约国军总预备队的打算，但贝当和黑格为保持自己的独立性，表示反对。直到德军开始进攻，形势变得危急起来，经英、法两国政府首脑在道仓斯会商会后，3月26日才任命福煦将军为西线联军的"协调者"，他的指挥权十分有限。直到4月14日，福煦才进一步成为西线最高联军统帅，开始付诸实施建立协约国总预备队的计划。

4月9日，鲁登道夫又在佛兰德地区发动强大攻势，开始了"皇帝会战"中代号为"乔治"的第二阶段作战，也称"利斯河攻势"。德军第4、第6集团军向当面的英军第2、第1集团军实施突击，德军第6集团军首先摧毁葡萄牙的两个师，很快打开了缺口，当天傍晚前出到达埃斯泰尔地区的利斯河河岸。第二天德军第4集团军楔入英军第2集团军阵地，占领梅森附近一块高地。4月10日，英军眼看即将被围，放弃阿尔芒蒂埃尔，向海岸退却。英国远征军总司令黑格几次向福煦求援，但后者正在组织总预备队，只派了法国第10集团军中的4个师和1个骑兵军前去相助。英军眼看就要被逼下大海，但他们拼死战斗，终于守住了阿兹布鲁克这一重要铁路枢纽站。4月12日起，英军在前来增援的法军协助下不断展开反击，迫使德军于4月15日暂停进攻。4月17日，德军恢复攻势，一星期后攻下凯梅尔山地，不过对会战已无足轻重。4月29日，德军对佛兰德的进攻完全停止下来，从而结束了第二阶段的"乔治"作战。德军损失8万人，联军损失 11 万人，战场主动权仍操在德军手里。

鲁登道夫试图通过不断地向联军要害部位发动奇袭来保持手中的主动权。"乔治"战斗刚结束，就着手制订新的、旨在摧毁英军的第三次进攻计划，通常被称做"马恩河攻势"。由于协约国军的预备队已集结在前两次英军受打击的地区，所以这一次要在兰斯和瓦兹河之间，先对法军发动佯攻，达成突破后对巴黎形成威胁，将协约国军的预备队吸引过来。然后再对英军实施突击。为达成奇袭的效果，德军采用了种种欺敌手段。

5月27日凌晨，德军炮兵急速射击了法军第6集团军的阵地，两小时后，德军第7集团军几乎未遇抵抗，在双层徐进弹幕掩护下占领谢曼代达默，轻易地渡过了埃纳河。日落黄昏时，德军已到达韦勒河，并在几处强渡成功。德军在第一天就取得出乎自己意料之外的重大战果，中央突破获得成功，调虎离山的目的业已达到，协约国的预备队、法军第5集团军的13个师已从佛兰德赶到突破地点，德军第7集团军占领了韦勒河南面的部分高地，到达了计划所规定的位置。鲁登道夫命令朝兰斯和苏瓦松方向发展进攻。5月28日，经一整天激烈交锋，德军在夜间攻克苏瓦松。5月29日，贝当下令法军于第二天从两翼向德军反攻。5月30日，法军预定的反攻因德军在中央迅猛的发展而胎死腹中，德军全力进击，抵达马恩河。但这也是德军进攻的顶点。以后几天里，法军增援部队源源而来，抵抗力剧增。6月5日，法军在马恩河南岸、兰斯遏制了德军凶猛的势头。6月9日，德军第18集团军为改善亚眠至蒂埃里堡之间的战线，向贡比涅方向进攻，但没有达成目的。鲁登道夫第三次攻势结束。是役德军死伤、被俘近12万人，协约国军损失约17万人。

## ·第二次马恩河会战

德军这次中央突破出人意料的成功，很大程度是法军第6集团军部署上的失误造成的。原来法军参谋本部准备在前线采取"弹性防御"，在防区的第一阵地线上布置少数兵力，将防守的主要兵力布置在纵深第二阵地线上。这种"前轻后重"的配置虽然会造成第一阵地线失守，但对方在进攻第二阵地线时，就因无法得到炮兵的相助和遭遇强有力的纵深防御而受挫。然而这一合理的"弹性防御"观念被法国总理兼陆军部长克莱孟梭否定，他坚持要将大部分兵力配置在第一阵地线上。第 6 军团司令杜切尼也坚持这种兵力配置，这样法军便密集挤缩在防线的最前沿，成为德军密集炮火下的炮灰。等到德军步兵进攻时，法军防线上已没有抵抗能力。

经过这次进攻，德军战线上除了原来的亚眠和佛兰德两块突出部外，又增加了一块马恩河突出部。表面看德军再次进逼巴黎，法国人心惶惶，不过双方实力已悄悄地发生变化，美国的武器和军事基数装备正不断涌入西线。年初，美军在西线不过 29 万人，6 月底增加到近 90 万人，7 月超过了 100 万人。而德国方面兵员后续已告急，人力资源接近枯竭。鲁登道夫东一榔头西一棒的突袭方式，极大地消耗了德军的实力，几乎与阵地消耗战的效果无异。

为了在美军发挥作用前打垮英、法军队，鲁登道夫决定在 7 月 15 日发起第 5 次进攻，目标和过去一样，粉碎佛兰德地区英军。但先从打击兰斯地区的法军开始，以便从佛兰德引开对方尽可能多的兵力。德军第 1、第 3、第 7 集团军实施兰斯方面的进攻，进攻打响后两个星期，德军第 4、第 6 集团军开始进攻佛兰德的英军。法军这次事先获得准确的情报，作了充分准备。在兵力部署上，接受了教训，采取前轻后重的"弹性防御"的配置。

7 月 15 日，法军首先向估计中的德军进攻部队集结地发起突然炮击，企图未交手先捞把便宜，但效果不大。德军准时展开行动，经 3 个多小时的炮击后，炮火改为徐进弹幕射击，德军步兵出动，轻松地占领了法军前沿阵地。德军第 7 集团军在浓密的烟幕掩护下，颇为顺利地渡过了马恩河。但以后几天里，向法军防线的纵深发展遭到坚强之阻击。法军前轻后重的战术配置产生了极大效果，德军无法摧毁法军纵深内的强大防御火力。7 月 16 日，德军第 1、第 3 集团军停止了攻击。第二天，第 7 军团接到命令：在 7 月 21 日凌晨前撤回马恩河北岸。德军在兰斯的攻势虽说是虚晃一枪，但远没有达到所希望的效果。鲁登道夫正打算正戏开场，决定将炮兵调往佛兰德，开始对英军实施进攻，但协约国军已抢先动手。

7 月 18 日，芒让指挥的法军第 10 集团军从秘密集结点——维莱科特雷森林跃出，向马恩河突出部的德军发动强大反击。法军共投入 20 个师，其中美军两个师，还有 350 辆坦克也投入战斗，400 架飞机在空中组成 3 个层次的机群：2000 米以上的机群对付德军歼击机，1000～2000 米的机群攻击德军侦察机，1000 米以下的机群扫射德军地面目标、轰炸德军后方和对付德军强击机。法军的进攻使德军统帅部深感意外,被迫放弃原来对佛兰德英军的进攻计划,调兵前往增援。战至8月4日法军停止进攻时,德军已退过马恩河、乌克尔河,撤至埃纳河和韦勒河之线。法军已占领苏瓦松,也进到了韦勒河上。巴黎又一次摆脱了危险。协约国方面士气大振,这次会战也称做"第二次马恩河会战"。鲁登道夫期望在美军主力参战前摧毁英、法军队的战略企图彻底失败了,德军转入防御,持续了半年之久的"皇帝会战"终以德国人的失败而告终,战争主动权已转到协约国一边。

### · 德军全线崩溃

早在7月24日,福煦召集贝当、黑格、潘兴会商决定,未来第一阶段的作战目标是消除马恩河、亚眠、圣米耶尔德军的三块突出部,使铁路交通线与战线平行,以便改善和保障后勤补给。第二阶段联军将发起全面攻势。马恩河突出部由法军负责,已在消除过程中,亚眠方面由英军负责铲除,圣米耶尔地段则由美军包办。

8月8日凌晨,英国远征军黑格元帅指挥英军第4集团军、法军第1、第3集团军发起亚眠会战。协约国部队运用康布雷会战中的成功经验,在徐进弹幕和近千架飞机的掩护下,500多辆坦克滚滚向前,步兵战斗群紧跟在后面,德军出现了大战中罕见的士气崩溃的现象,他们从心理上被彻底击败了。起初德军士兵还顽强抵抗,一等到坦克越过他们防守的堑壕阵地,便成片成片地投降了,他们认为已尽到了自己的责任便放下了武器。联军的坦克群摧毁了德军第2集团军中6~7个精锐师,席卷了德军后方并端掉好几个师指挥部。尽管遭到突然打击,德军还是迅速调动预备队增援,协约国军的坦克也遭到很大损失,以后几天里,开头的运动战又演变为阵地消耗战。德军虽然被逼退近20公里,但还是守住了防线。亚眠会战于8月12日结束,黑格毕竟达到了目的,此战消除了德军对巴黎－亚眠铁路的威胁。接着,协约国军又在苏瓦松至阿拉斯的150公里战线上发动连续不断打击,到了9月初,德军第2、第9、第17、第18集团军全部撤回齐格菲防线(亦称兴登堡防线),这是德军发动春季攻势时的出发阵地。

鲁登道夫把8月8日这一天看成这次大战中德军最黑暗的日子。他和他的统帅部的战斗意志正是在亚眠攻势中彻底崩溃，并决定停止战争，进行和谈。鲁登道夫在战后回忆录里写道："8月8日已毫无疑问证明德军战斗力的衰颓，我已经没有希望找到一种战略手段来挽回颓势。一切计划都不再有安全的基础，以后的战争指导将成为一种不负责的赌博，那也是我一向认为必败的。对于我而言，德国民族的命运是一种太高的赌注，所以这个战争必须结束。"

9月12日，潘兴指挥的美国第1集团军向圣米耶尔德军突出部发起进攻。自从美军来到欧洲，一直没有机会独立成军，独立自主进行作战，总是分散到英法部队接受指挥，联军统帅福煦觉得这样使用美军比较顺手，故而常常阻挠潘兴将军建立美军独立指挥体制，借故分散、抽调不断抵达和正在集结的美军。为此，潘兴几次与福煦发生激烈争吵，甚至有打福煦耳光的冲动。当德国人发动春季攻势时，英、法军队的首脑们便联合起来对潘兴施加压力，要求美军分成几部分隶属英、法军队的领导，被潘兴拒绝。英法方面的理由之一是美军初来乍到没有经验，也未必是德国人的对手。但在6月里，初出茅庐的美军打得勇猛顽强，让德军大吃一惊。美、德两军在名叫康蒂尼的村庄第一次交锋，美军第1师半小时就将德军击溃，攻占了这一具有重大价值的高地村落，使德军心理上受到沉重打击。当法军第6军团向后狼狈溃逃时，毫无战斗经验的美军第3师赶来激战三天，粉碎了德军强渡马恩河的企图。美军第2师在贝莱奥森林一码一码地战斗了整整3个星期，将盘踞在坚固而完善的防御工事中的德军赶出森林。德军统帅部感到现在他们遇到了真正的劲敌。美军的出色战斗赢得了敌军和友军的一致尊敬，福煦最终只好同意美军编成独立的作战指挥体制。于是，美军便揭开了圣米耶尔会战大幕。

德军在得到美军就要进攻的消息后，立即开始了撤退，当美军于9月12日凌晨发起进攻时，德军撤退工作远没有结束，但重炮部队已经撤走，所以到第二天，圣米耶尔突出部已经消除，美军损失7000人，德军被俘就达1.5万人。协约国方面第一阶段的作战目标已经全部完成，接下来就是按计划发起第二阶段的反攻。

协约国的反攻计划是：美军第1集团军、法军第4集团军在战线右翼向德军侧后的梅济埃尔进攻，以动摇对方整个防线；英军第1、第3、第4集团军在法军第1军团军支援下，在圣康坦和康布雷之间进行中央突破，向莫伯日方向进击；由比利时国王阿尔贝指挥的佛兰德集团军群在战线的左翼、利斯河至海岸之间出击。三个总方向上的进攻时间从右到左依次顺延一天。德军预料协约国军全面进攻即将开始，赶紧在齐格菲防线后方修建三条从海岸到穆斯河的新防线。第一条防线经热尔芒、根丹、布伦吉利达、克里姆吉利达、根特、孔代、瓦朗西安、勒卡托、吉兹、雷代尔、武齐埃，到达孔桑武阿。第二条防线经安特卫普、布鲁塞尔、那慕尔、吉韦，再溯穆斯河而上到达凡尔登，亦称"安特卫普－穆斯防线"。第三条防线沿着德国边境，直到10月才开始动工。

9月26日，右翼的美军和法军首先开始进攻。3天里只前进了数公里，10月3日和8日，法军第5、第10集团军也转入进攻，同样没有打开局面。协约国军在右翼的攻势于10月13日被迫停止。失利的原因是德军事先加强了防御，而美军的进攻组织出现严重混乱，后方道路被堵塞，粮食和弹药无法送抵前线，之后又调用有战斗经验的部队，却更增加了混乱程度，并遭到重大损失，18天的战斗只前进了5～12公里。美军的失利引起了法国总理克莱孟梭的严厉指责，甚至要求联军统帅福煦将潘兴撤职。

9月27日，协约国军在战线中部展开行动，英军第1、第3集团军在康布雷开始发动打击，第二天强渡斯凯尔特河，经战斗一个月，在10月29日攻入康布雷郊区，将当面之敌逐出齐格菲防线。英军第4集团军、法军第1集团军也于9月29日在圣康坦和拉费尔转入进攻，第二天即在30公里的正面上突破齐格菲防线。

9月28日，佛兰德集团军群由利斯河向北展开进攻，部队克服了沼泽地造成的后勤补给上的困难，顽强推进使德军第6集团军处于即将被合围的困境，不得不在10月2日开始撤出齐格菲防线。

协约国军的10月攻势大获全胜，德军士气低落，节节败退。德军在撤退时一路进行破坏，经过之地成为一片废墟。11月5日，经连续攻坚，协约国军深深突破德军中央正面，战绩不佳的美军第1集团军几度拼杀后，终于也突破了当面德军阵地。11月6日，德军统帅部下令撤往"安特卫普－穆斯防线"，直到康边停战协定于11月11日签订时，协约国部队已抵达"安特卫普－穆斯防线"，并且突破了防线南端。此刻第一次世界大战的军事行动已告结束。

## 2. 曲折的和平之路

通往贡比涅森林之路漫长而曲折。早在1916年年底时，东线和西线战场上经历了一连串巨型会战后仍不见胜负，战争结束遥遥无期，生命和财富的巨大消耗程度令各国政府始料未及。既然战争不能解决问题，和平势力便在各国不同程度抬头。1916年11月13日，英国前外交大臣兰斯敦向内阁提出了一份和平谈判备忘录，但遭到当时以陆军大臣劳合·乔治为首的主战派的反对。不过这一备忘录反映了英国政府部分成员的情绪。同年12月12日，德国政府风闻美国政府即将提出和平建议，便抢先抛出自己的和平谈判建议，以显示外交上的高姿态。

这份建议声称德国及其盟国是为捍卫自身生存和发展而战，到目前为止已显示了不可摧毁的力量，并且准备如有必要将这场强加于它们的战争进行到底，同时在人类和历史面前声明不负任何责任。但建议又表示不企图摧毁和消灭敌方，出于制止流血和终止战争恐怖的愿望，建议立即开始和平谈判。德国将这份照会通过美国政府转交给了英、法、俄、意、葡、日、罗、塞等各敌国。

协约国家得到这份和谈建议后，于12月29日作了集体答复。答复指出德国的建议是企图将战争责任推在协约国身上，是一个既无内容又不具体、不具有任何开始谈判条件的提议。答复历数了德、奥种种背信弃义、破坏世界和平的事例，谴责其在战争中犯下的种种罪行，声称协约国家是为和平与正义而战，并将拒绝这样一个没有诚意和没有意义的建议。但在最后又强调了比利时的独立，赔偿和未来的安全保证是和平的先决条件。

就在德国抛出和谈建议，协约国尚未答复时，美国以中立国身份于12月18日向交战双方发出了和平建议。美国的意思是要求交战双方各自提出结束战争的条件，和保证未来不再发生类似冲突的妥善办法，美国愿意以可以被接受的方式、甚至采取主动，从中斡旋和出力，并且准备在结束战争后建立一个旨在保证全世界和平与正义的国际联盟。美国建议的其余部分都是些冠冕堂皇的话。

德国于12月26日对美国的建议作了回复，认为交战双方直接交换意见是达到所希望的结果最适当的办法。提议在中立国领土上迅速召集各交战国代表会议。最后敷衍道：德国愿在建立国际联盟这一崇高任务方面同美国进行合作。

协约国在 1917 年 1 月 10 日对美国的建议作了答复。首先对美国的崇高情感表示敬意，同时相信目前不可能实现协约国所期望的和平，因为这种和平将保证恢复协约国家的一切被占领土，以及对比利时、塞尔维亚、门的内哥罗的赔偿。对美国将两个交战集团混为一谈的做法表示抗议，因为这场战争的责任和道义上的评价，对交战双方都完全相反，并再次提醒美国：协约国没有挑起战争也不要战争，不是为自己利益而战，首先是为了保障各国人民的独立、公理和人道而战。至于结束战争的条件，协约国表示在正式谈判之前不予详细公布，但还是开列了一系列条件：恢复比利时、塞尔维亚等独立国家的地位并应得到赔偿，归还一切被占领土，解放奥匈帝国境内的少数民族，允许他们成立独立国家，改组欧洲并将土耳其从欧洲赶出去。

协约国拒绝直接谈判，因为知道自己的和平条件同战场现状之间距离实在太大，而自己的劲儿还没有全部使完，不愿接受有利于同盟国的和平条件。到了 1917 年 8 月 1 日，罗马教皇贝尼迪克特十五世发出了"致各交战国人民的统治者"的和平建议。但教皇的建议主要有利于德、奥方面，所以被协约国方面拒绝。当年底俄国退出战争后，美军一时还来不及填补真空，协约国见德国已摆脱两面作战的形势便感到西线压力的沉重，英国内阁中求和的呼声再起，英国首相劳合·乔治迫于形势提出了和平条件，他表示：英国无意取消德国在世界上的强国地位，强迫它接受不同形式的政府，也无意分裂奥匈帝国，英国仅要求恢复比利时主权并给予赔偿，对 1871 年铸成的大错——割取法国的阿、洛两省给予重新考虑，让奥匈境内的少数民族在其帝国结构内实行自治，给其境内的意大利人和罗马尼亚人以重返祖国的自由。至于俄国，可由其自己与德国去解决，但英国赞成建立一个独立的波兰国家。德国的殖民地问题应召开一个国际会议来解决。只要答应这些条件，英国欢迎和平。

劳合·乔治首相发表和平演说后没几天，美国总统威尔逊于 1918 年 1 月 8 日在国会宣布了著名的"十四点和平计划"，其内容要旨为：1. 公开谈判和约；2. 海洋自由；3. 取消经济壁垒；4. 裁减军备；5. 基于受治人民的利益对殖民地要求加以调整；6. 撤出俄国领土并由俄国自由决定其国家政策；7. 撤出比利时领土并恢复其主权；8. 撤出法国领土，阿、洛两省应归还法国；9. 依照民族界线调整意大利的国界；10. 允许奥匈帝国人民有自主发展的机会；11. 撤出罗马尼亚、塞尔维亚、门的内哥罗三国，并给予塞尔维亚以出海口；12. 应保证奥斯曼土耳其帝国中的非土耳其民族可自主发展，达达尼尔海峡应对所有国家的船只保持开放；13. 波兰应成为独立国家并给予出海口；14. 建立国际联盟并赋予维护世界和平的任务。

威尔逊的"十四点和平计划"对交战双方的利益来说，客观上都有利有弊。它抓住了全世界普遍厌战的心理，可谓深得人心。协约国方面虽然在某些条款上不太赞同，也发现这位自告奋勇的和事佬似乎打着主宰世界的算盘，但为了争取美国的援助，不得不在表面上赞同。但此刻已成了德国内政外交幕后主宰的鲁登道夫却把"十四点和平计划"斥之为胡说八道。他一意孤行，想以西线的决定性攻势迫使对方屈服于德国的意志。

在鲁登道夫的西线攻势发动前，他手下负责同协约国秘密接触的哈弗顿上校同英国参谋总长威尔逊的密使秘密会晤，英国人提出了更低的和平条件：其中将归还阿、洛两省改为允许自治。但鲁登道夫是一个典型的不懂妥协艺术的日耳曼人，他不仅拒绝，还向政府内阁隐瞒了此事。他对政府中主张和谈的人深恶痛绝，并且一直向其政府甚至参谋总长兴登堡隐瞒真实的军事现状。6月下旬，德军的西线攻势已露出失败的迹象，帝国外交大臣屈尔曼在议会表示：单凭军事手段而无外交努力是不能结束战争的。对长期不知战场形势真相的人来说，屈尔曼无疑在暗示军事形势对德国不利。鲁登道夫立即以政府内政外交不能很好配合前线作战为由，逼迫屈尔曼辞去外交大臣职务，并由海军将领辛兹接任。

如果说鲁登道夫过去一直是个主战派中的最强硬的人物，那么到了8月8日英军发起亚眠会战以后，他的态度转了180度。8月11日的御前会议前，鲁登道夫对辛兹说："三星期前我有把握迫使敌人求和，今天我已不再有把握了。"但在后来讨论所能接受的和平条件时，鲁登道夫坚持长期占领比利时、吞并波兰等不现实的要求，同时严密封锁前线攻势失利的消息，不让政府要员知道。这时的鲁登道夫已完全不是四年前攻打列日要塞和叱咤坦能堡时那种思路明快、行动果断的状态了，他已心力憔悴，迟疑不决，变得有点神经质。

直到9月28日，鲁登道夫才将前线形势已恶化的真实情况告诉兴登堡，次日便要求外交大臣辛兹通过美国总统威尔逊安排停战。为便于谈判，10月3日成立了以马克斯·巴登亲王为首的新政府。鲁登道夫现在又走向另一个极端，急切地催促新政府向协约国要求停战，但巴登首相认为在军事形势不利的情况下，这种要求是示弱的表现，对德国不利，这位新首相认为德国应声明愿意撤出比利时，归还阿、洛两省，并在东欧谈判新和约，然后静待协约国的反应。但鲁登道夫却表示军队在48小时内将崩溃，他要挽救他的军队（10月底鲁登道夫承认要求停战是他一生中最大的错误）。于是巴登只好违背自己正确的判断，于10月3日向威尔逊发出了要求停战的通牒。

威尔逊未经协约国协商，于10月8日向巴登复电，要求澄清3个问题：1. 德国是否接受"十四点和平建议"；2. 德国是否承诺停战达成后即撤出所有占领地区；3. 新首相是否代表全体德国人民。德国对此作了肯定的回答后，威尔逊于10月14日第二次复电，提出了3项停战条件：1. 协约国军现有的优势应予维持；2. 德国应立即停止潜艇战；3. 德国应不再受专制政权的控制。这时，鲁登道夫已感到自己铸成大错，想借机补救，遂坚持不能停止潜艇战，他向巴登表示战争可拖到明年，以较满意的和平条件结束。新内阁的外交大臣索尔夫当即讥讽道："如果是这样，9月底你对形势的分析和急于停战的做法就错得太离谱了！"显然，鲁登道夫已没了章法。

德国政府于10月20日致电威尔逊，同意停止潜艇战，不过强调深信美国总统不会提出"不荣誉的要求"，德国还想保留帝制。也许是英、法施加了压力，威尔逊于10月23日向德国发出第3份措辞严厉的通牒：如果美国现在和以后不得不同德国的军阀或皇室打交道，则提出的要求不是和谈而是投降。德皇威廉二世当然不愿放弃帝制，但为了便于谈判，他要求鲁登道夫自动辞职，后者的态度又变得强硬起来，并擅自向部队发出了不接受威尔逊通牒的声明。10月26日，格赖纳接替鲁登道夫任德军首席军需官。11月1日，威尔逊第四次通牒送至柏林，除了一些防止冲突的条件外，提出德国可以派代表团去同联军统帅福煦接洽。这时巴登已打定主意，如果协约国方面再提出实在难以接受的条件，他将呼吁整个国家进行决死战。

正在这时，德国后院起火，国内爆发了革命。原来德国海军上层军官深知一旦停战达成，德国将被迫交出整个舰队，他们觉得与其蒙受耻辱，不如在战斗中与舰队共沉海底。于是在11月3日，德国公海舰队司令希尔上将瞒着政府，秘密下令整个舰队从基尔军港起航驶往泰晤士河口，在同英国舰队交战中光荣沉没。但早已厌战的水兵拒绝执行命令，并与派来镇压的部队发生武装冲突，继而在军舰上升起红旗，事态很快发展成起义。基尔港的水兵起义如燎原之势向全国蔓延。11月7日，德国统帅部决定从前线调回几个可靠的师，去镇压基尔的水兵起义。柏林政府刚松了口气，格赖纳打来电话，他必须用这些部队先镇压在科仑发生的新暴动。不久政府又得到一个更坏的消息，这些可靠的部队竟拒绝镇压起义士兵，自动溃散了。但这还不算是最坏的消息。就在这天夜间，刚出监狱的慕尼黑戏剧批评家艾斯纳尔，衣衫褴褛，蓬首垢面走进巴伐利亚政府办公楼，宣布延续了千年的魏特尔斯巴赫王朝被推翻，自己任巴伐利亚共和国总理。

11月8日，德国中部和北部的各大城市几乎都落入士兵和工人组成的苏维埃手里。德国社会民主党中的独立派号召柏林工人总罢工，以推翻政府。社会民主党中的多数派力劝工人不要罢工，但对下属组织、人员已感难以控制。巴登首相几次与躲在斯巴统帅部的威廉二世通话，要他让位给长孙以挽救霍亨佐伦王朝，被德皇拒绝。德皇发布调动军队镇压叛乱的命令，兴登堡和格赖纳认为军队不会服从便扣住不发。是夜，政府顾问们力劝巴登首相发动政变，宣布德皇退位，但巴登不愿采取这种强硬做法。

11月9日清晨，柏林爆发革命，数十万工人和士兵涌向市中心，兴登堡和格赖纳一同前往统帅部谒见德皇，实际上是去摊牌。兴登堡说他实在说不出他所应该说的话，所以他必须辞职。威廉二世打断他的话，让格赖纳报告局势，后者告诉他起义者正在切断通往前线的补给线，前线部队只有5天储备粮，接着又把50位团长从前线召集到统帅部，当着德皇的面问他们，他们的部下是否会服从德皇命令，去镇压国内叛乱分子。结果只有一人说会服从，少数人沉默不语，大多数人认为不会服从。摊牌已到这个份儿上，威廉二世只好考虑退位，但还想捞一点是一点，他做出决定：退出皇位但保留普鲁士国王的地位。理由是：不这样做，军队会因失去效忠对象而解体。这时，前外交大臣辛兹打电话告诉柏林的巴登首相，德皇已有退位之意，要他等待宣布。巴登眼看德国即将被革命所淹没，厉声回答不能再等了，退位必须立即宣布。接着，他根本不征求德皇的意见就向国民宣布：威廉二世同时放弃德国皇位和普鲁士王位，他本人将暂时留任首相，直到成立新政府为止。

与此同时，威廉二世那里正在起草退位诏书。当威廉皇帝得知柏林那边已抢先宣布自己退位的消息后，不禁大骂："这是背叛！一位巴登亲王已推翻普鲁士国王！"他仍不罢休，向柏林接连发出电报以示抗议，但这些电报不仅一份也没发出去，而且一小时后局势发展使他的退位已变得不重要了。兴登堡告诉威廉皇帝，现在已不再有任何效忠他的部队了，为避免哗变的军队劫持皇帝送交协约国，兴登堡建议威廉二世立即启程，前往荷兰避难。11月10日凌晨，德皇的火车在黑暗中向荷兰驶去，投奔伯恩廷克伯爵，因为他们都是圣约翰武士团的团员，根据誓言，对于落难的团员应给予庇护。一路上威廉皇帝一言不发，直到进入伯恩廷克的别墅，他才向欢迎他的主人说："现在我必须要喝一杯好的、热的、浓的英国茶，是的，完全是英国味道！"

## 3. 同盟国投降

### ·德国投降

11月9日中午，巴登刚宣布完德皇退位，社会民主党多数派（右翼）领导人艾伯特和谢德曼谒见巴登，以温和的语气发出最后通牒：社会民主党必须接管政府。谢德曼告诉巴登所有的军队已归顺新政权，不信可以派代表到任何一处兵营看看就会知道。巴登原想以德皇退位来挽救君主政体，现在只好交出政权。谢德曼在国会的阳台上向聚集在国会门前的群众宣布，德国从此成为一个共和国。

马鞍工人出身的艾伯特接管政府的3小时内，便作出了两项重要的决定，他宣布组成一个包括社会民主党两派各3人的新政府内阁。同时他知道最关键的是取得军队的支持，其他事项都无关紧要。当晚他同军队第二号人物格赖纳将军达成秘密协定：新政府答应按传统维护陆军地位和军官团的权威，保证部队的财政开支和粮食供应。军队则保证支持新政府实现自己的执政目标，清除德国境内的布尔什维克革命。这个秘密协议很多年之后才为人所知。与此同时，格赖纳也说服了兴登堡继续留在原位，主持陆军撤回国内的工作。艾伯特请格赖纳转达新政府对兴登堡的问候。这样，德国度过了1918年11月9日这个充满惊涛骇浪的难忘日子。

就在德国处于激烈动荡时，协约国家也在10月底会商如何向德国提出停战条件。黑格认为德军实力尚存，英、法军队也早已厌战，只要德军退出占领区并归还阿、洛两省即可停战，不宜提出过分苛刻的条件。贝当主张德军应交出所有火炮，这样他们就会丧失再战的能力，不过他认为德国人会拒绝这个条件。潘兴赞成贝当的意见。克莱孟梭表示如因条件而使和谈破裂，则德国会像俄国一样发生布尔什维克革命。乔治首相也认为现在主要的敌人不是德国，而是布尔什维克主义。福煦预计如果战争继续下去，还需要3～5个月的时间才能胜利结束，但他表示如果德国接受我们的和平条件，则不应再流血。

11月5日，协约国方面通知德国派代表团前来谈判，摇摇欲坠的巴登内阁组成以艾兹伯格为团长的和谈代表团前往。11月8日，在法国贡比涅森林附近雷松德斯火车站的一列车厢里，福煦代表协约国方面同德国代表团面晤。福煦首先冷冷发问："先生们来干什么？"艾兹伯格回答："我们是来根据贵方的建议进行停战谈判的。"福煦立即回答："我们没有建议也不想谈判。"接着福煦起身准备离开，艾兹伯格不知所措，团员中一员外交官奥布恩多夫及时说道："元帅不必计较，您认为我们应使用何种措辞我们都接受，这对我们已无关紧要，情况已经太严重了。"福煦提醒道："先生们必须明白你们要求的是什么。"奥布恩多夫说："我们是根据美国总统的通牒来到这里，假如您允许，我将宣读。"接着他宣读了通牒的全文。随后福煦命令他的参谋长魏刚向德国代表团宣读了停战条件。

艾兹伯格认为条件太苛刻，难以接受。福煦则表示没有任何讨价还价的余地，德国必须在72小时内答复。一位德国骑兵上尉于11月9日黄昏将文件送到德军统帅部，格赖纳密电代表团就封锁和战俘问题略加修改。第二天代表团的温特费德上校与魏刚正在商谈这个问题时，福煦突然闯进来说："如果你们在15分钟内还谈不妥，那就让我来，我保证5分钟就完事。"原来他刚看到一份登载柏林爆发革命的报纸，并将报纸打开给德国代表团看。这时格赖纳又来了份电报，不知何故是用明码发的，授权代表团即使在对方不同意任何修改的情况下仍可签字。格赖纳是以政府首相的名义发出这份电报的，但当时巴登内阁已辞职，新内阁还未成立，新首相是谁，无人知晓。

11月11日，德国代表团在贡比涅森林的一节火车车厢中，在极其苛刻的停战协议上签字。根据协议规定：德国必须在14天内撤出一切被占领土，归还阿、洛两省，交出东非殖民地；协约国军队占领莱茵河左岸，并在右岸建立非军事区；德国立即释放协约国全部俘虏；德国还应向协约国方面交出 5000 门火炮、25000 挺机枪、3000 门迫击炮、2000 架飞机、5000 台火车头、15 万节火车车厢、5000 辆卡车、6 艘重型巡洋舰、10 艘战列舰、8 艘轻巡洋舰、50 艘驱逐舰和 160 艘潜艇。同时规定：对德国的封锁暂不撤销。

签字手续完毕，艾兹伯格当即发表了一项慷慨激昂的声明，最后一句是"一个 7000 万人的民族已遭受了苦难,但它不会死亡"！福煦听完后说了声"很好"，便起身离开了房间。此刻是 1918 年 11 月 11 日上午 11 时整，西线正式停火。它标志着第一次世界大战的军事行动的终止。接下去要做的是以缔结和约的形式正式结束战争状态。

炮声沉寂，战场平静，双方士兵钻出地面来到中间地带，协约国的士兵用食品、香烟、肥皂等换取德国士兵的手枪、刺刀、铁十字勋章，几天前还是弹雨如飞的战场，现已成为以货易货的黑市生意场。

## ·全面停战

1918 年 7 月，勇猛强悍的法国将军德斯佩雷就任萨洛尼卡前线联军司令，给协约国在巴尔干的这块战略死角带来了活力。协约国军已超过 60 万人，保加利亚部队和少数德军加起来不过 40 万人。9 月 14 日，协约国军在切尔纳河以东发起攻势，几天以后，突贯保军战线并发起追击战，塞军重新进入自己的祖国开始了解放战争。保军第 11 集团军全面崩溃，很快投降。期间保军约 1 万士兵发生哗变，进军首都索菲亚。9 月 29 日，哗变部队被赶来的德军 1 个师镇压下去。是日，惊恐万状的保加利亚政府匆匆与协约国方面签订了停战协定。根据协定：保军立即撤出希腊和塞尔维亚，不得在两地进行破坏和运走给养；除保留 3 个步兵师和 4 个骑兵团外，其余保军一律复员，全部武器在协约国监督下入库；在正式和约签订前，协约国可使用东线的保军战俘；协约国可使用保国境内一切交通设施，军队自由通过。保加利亚退出战争后，国王斐迪南退位，由其子继承王位。

在巴勒斯坦战线，英军于 1918 年 9 月 19 日突破德国将军赞德尔斯指挥的土耳其防线。英国骑兵军在拉法特至海边的 40 公里地段冲入突破口，向土军后方发展顺利。土耳其军全线崩溃。10 月 1 日英军攻陷大马士革，很快占领整个巴勒斯坦和几乎整个叙利亚。但协约国尚未夺取美索不达米亚的重要地区，所以并不急于谈判。10月中旬，英军向战略要地摩苏尔发动进攻，在沙尔卡特堡一带使土军第6集团军遭到毁灭性打击，占领了美索不达米亚的大部分。期间，英国传奇英雄劳伦斯组织的阿拉伯人起义，也对英军的胜利起了很大作用。1918年10月30日，已经焦头烂额的土耳其不得不在摩德洛斯港的英国"阿哈梅隆号"战列舰上，签订了条件极其苛刻的摩德洛斯停战协定。其中规定：土耳其交出全部海军舰只；除小部分维持边界和国内治安的部队外，陆军全部复员，所有军事装备交给协约国；断绝与同盟国的关系；协约国军队有权占领土耳其国内任何一个战略要地，并对其铁路实行监督。

意大利战线上，奥匈帝国的形势继续恶化。奥皇卡尔曾通过希克斯特斯亲王给法国总统普恩加莱一封信函，表示他将使用一切力量来支持法国对阿、洛两省的公正要求。后者表示法国坚持恢复1814年的国界，即以萨尔河为界，同时要求德国赔偿，并在莱茵河左岸获得安全保障。法国总统还表示，一年之内将有100万美军加入参战行列，协约国必须彻底击败德国后才和它谈判，但愿意同奥匈单独媾和，奥匈可以割取德国的巴伐利亚、西里西亚，不过奥匈必须把南提罗尔和达尔马提亚割让给意大利。后来奥、法两国的代表在瑞士秘密会晤时，协约国方面又加大了补偿，包括波兰和罗马尼亚的部分土地。奥匈一方面对这种角色变换的巨大和速度缺乏信心，另一方面因两国高层官员各自向外界泄露了秘密而节外生枝，弄得互相攻讦，奥匈外交大臣柴尔林被迫辞职。奥匈的和平试探遂以戏剧化结局告终。

1918年秋，奥皇卡尔决定向国内少数民族让步，准许自治，但不包括匈牙利境内。奥皇的这一宣言等于是帝国的讣告，正如其最后一任外交大臣安德拉塞所说："因为要防止别人杀害我们，所以我们就只好自杀。"

就在奥匈帝国朝不保夕之际，奥军参谋总长亚尔兹居然决定向意大利发动大规模进攻。1918年6月15日，奥、意两军展开皮亚韦河会战，奥军初战略有小胜，夺得了皮亚韦河对岸几处阵地，但仍然是后勤补给的滞后，加上意军的反复冲击，使得奥军在皮亚韦河上无法扩张战果。6月22日夜，奥军前沿部队接到撤回对岸的命令，在损失了15万人之后，终于无功而返。

尽管战场主动权已明显转到意大利一方，但意军参谋总长迪亚兹过于谨慎，不愿冒险，福煦一再催促他乘胜发动一个攻势，都被他拒绝。直到9月26日协约国西线部队发动大规模进攻后，迪亚兹和首相奥兰多才勉强同意。到10月3日，德国向威尔逊要求停战时，意大利统帅部出于对战后分赃的考虑，其行动突然变得迅速起来。他们的作战计划是集中全部兵力共9个军，57个师，其中英军3个师，法军2个师，捷克1个师，各种大小火炮近1万门，首先在皮亚韦河下游进行突破，切断该地奥军同特兰托方面的联系，接着向西席卷奥军山地战线。奥军共58个师，6000多门火炮。

由于多雨天气，原定10月10日发动的进攻拖到10月24日才开始。会战头4天里，奥军尚能顽强抵抗，到10月27日，意军第8集团军的迂回成功使奥军阵地开始动摇。此时此刻，奥匈帝国危机在前线和后方同时并发，国内因前线屡屡失败而四分五裂，匈牙利人、捷克人、斯洛伐克人、塞尔维亚人、斯洛文尼亚人、克罗地亚人、波兰人纷纷宣布独立，正在筹建自己的国家。消息传到前线，又导致军心涣散，兵无斗志。在会战的关键时刻，捷克人和克罗地亚人的部队不愿继续作战，匈牙利的几个师则在10月25日借口本国已受来自塞尔维亚方向的威胁，需要保卫而离开前线。到10月28日，奥军部队中已有30个师拒绝作战。10月30日起，奥军整个战线开始崩溃，意军相继占领战略要地维多里奥威尼托、特里恩特和的里雅斯特，并从瑞士边境到亚得利亚海岸绵长的战线上发起大规模追击战。

当参谋总长亚尔兹把前线崩溃的情况报告给政府时，财政部长史皮兹穆勒掏出怀表看了一看说：现在已是12点半了，我们赶快去吃饭，饭后我们就必须立即求和。10月27日，奥匈政府向协约国请求立即进行单独媾和的谈判。10月29日，奥匈向协约国方面表示愿在任何条件下接受和约。10月31日，以韦贝尔将军为首的奥匈代表团抵达帕多瓦附近的朱斯蒂城，与意军副参谋总长巴多格里奥为首的协约国方面举行谈判。1918年11月3日，双方签订了停战协议。当22小时后停战协议生效时，意军已俘虏42.7万名奥军官兵。根据停战条件：奥匈军队保留20个师，其余均复员；奥匈释放全部协约国的战俘；海军舰艇解除武装并全部交给协约国；协约国军有在奥匈境内通行的权力。

停战协议的签订加速了奥匈帝国的解体。10月28日，布拉格宣布成立独立的捷克斯洛伐克国家；同一天里，萨格勒布的国民议会宣布全体奥匈境内的南斯拉夫脱离哈布斯堡王朝成立自己国家；波兰人也于这天在克拉科夫宣布脱离奥匈；11月16日，匈牙利宣布为独立的共和国；而在4天前，11月12日，奥地利也宣布为共和国，奥皇卡尔流亡出走，长达700多年的哈布斯堡王朝寿终正寝。

# 第二部分 Part Two
# 第二次世界大战

就军事学术思想和对第二次世界大战的准备而言，法国和英国都已远远落后于德国，概括地讲，法国人是带着第一次世界大战的头脑来参加第二次世界大战，从战略到战术领域的几乎所有的观念，都停留在1918年的水准上。

# 第十章 各国的军事思想状况

## 1. 英国的创新与守旧

第一次世界大战结束后,欧洲军界人士纷纷对坦克作战的问题进行热烈的讨论。当时所形成的普遍看法是:1. 坦克是一种战术性突破兵器,只能在战术范围内使用;2. 坦克是步兵、骑兵进攻的辅助性工具,而非独立的兵种;3. 坦克使用的原则是分散到各个步、骑兵单位。很显然,这一结论没有超出第一次世界大战中坦克实际使用状况的范围,因而后来被称之为"传统的坦克观念"。

但另外极少数具有远见的军人,如富勒、利德尔·哈特、埃蒂安纳、马特尔、戴高乐等人却发现坦克具有潜在的战略性价值,将对未来战争样式产生革命性影响。他们指出未来是一个机械化战争的时代,其观点包括三个主要内容:1. 坦克是未来最主要的和最重要的独立的陆军兵种;2. 坦克应作集中的使用,以它为核心加上摩托化的其他诸兵种组成机械化部队,可用于战略性作战;3. 机械化部队突击与战术空军的配合是未来主要的陆战形式。他们的观点在欧洲各国军界引发了一场热烈的讨论。

在坦克的故乡英国,英军第一支坦克部队的创始人、军事天才人物富勒在仔细研究了亚眠会战时的几个重要细节后得出结论:英军第3、第6战车营若有摩托化步兵跟进,就可以轻松占领控制着德军第2、第18军团补给铁路线的里豪斯和巧尔尼斯附近的高地。若果真如此，面对法军第1军团的全部德军将被迫后撤。因为单凭战车无法占领高地，同样步兵不实行摩托化则不能迅速随战车到达纵深。他还注意到另外两件事，这对他产生灵感、形成后来的机械化战争观念有重要启示：一队装甲战车（实际上是装甲的汽车）脱离步兵单独进到了德军纵深方向，突袭了两个德军司令部，攻击了一支庞大的运输队，还破坏了敌战线内的一段铁路，致使一列德军火车被后续的骑兵俘获，最后攻击了一支正在就餐的德军部队；第二个事件同样富有戏剧性，一辆与骑兵失去联系的英军战车，独自渗透到德军防区，先从背后摧毁了一个德军炮兵阵地，继而协同两个骑兵巡逻队消灭了几个德国运输队。

富勒认为这12辆装甲汽车和1辆中型坦克给对方所造成的混乱是十分惊人的。如果8月8日这一天，所有中型坦克不受骑兵牵制，单独集中在巧尔尼斯附近，则从亚尔培特到蒙特狄地尔和从蒙特狄地尔到罗荣之间，共约50英里长的正面上，德军的全部指挥和行政体系都可能会一扫而光。对这些细节一连串的思考和想象，引发了富勒对坦克作集中的战略性使用的联想，在他所想象的世界里，呈现出一幅机械化战争的未来战场图景。

同样，另一位英国机械化战争思想的倡导者，利德尔·哈特在《是巴黎还是战争的前途》一书中，阐述了未来机械化战争在地面和空中的前景。然而在1925年，英国最有影响的将领，第一次世界大战时曾任英国远征军总司令的黑格将军却认为："今天，有些人在热烈谈论马匹可能要过时，并且预言飞机、坦克和汽车在未来战争中将取而代之。我相信马匹的价值及其未来的用处很可能会像以往那样大……我完全赞同使用坦克和飞机，然而它们不过是人和马匹的附属品而已。我十分相信，随着时间的推移，你们会像以往那样发现马——良种马——大有用处。"但新思想逐渐取得胜利，1927年，世界上第一支实验性的全机械化部队在索尔兹伯里平原上建立了。由于实验成功，英军参谋总长甚至考虑建立装甲师了，但到了1928年，由于保守势力的反对，这支机械化部队又被解散。一位高级军官对新闻界宣称"骑兵是必不可少的，坦克已不再是一种威胁了"。陆军部的首脑们在一次政策声明中声称："在机械化问题上，我们得慢慢来。"

利德尔·哈特的脑海里也常常浮现出一幅未来机械化战争的图景，他曾从1935年起在《泰晤士报》和其他场合建议在未来英国远征军中，应有一支强大的空军和两三个装甲师,以便在德军突破时进行反击,远征军不应由全一色的步兵组成。1937年英国内阁接受了这个建议,但到了1939年初又还是按照传统方式去组建远征军。在1940年5月的法兰西会战中,英军在阿拉斯反击时以两个坦克营向克莱斯特装甲兵团进行侧击,隆美尔第7装甲师陷于被动,德军统帅部心理上也一时产生动摇,这就愈加证明了利德尔·哈特的先见之明。

## 2. 法国的激进与保守

法国也是坦克的摇篮,第一次世界大战结束后,霞飞、贝当、福煦、魏刚等一大批战功卓著的老将占据着法军领导岗位,他们对自己那套曾夺取胜利的战争经验深信不疑,这就影响了许多具有新思想的年轻军官的晋升和法军在新思想指导下的更新。1920年2月,法国军事当局得出一个轻松的结论:20世纪战争的全部教训,都在1914~1918年间学到手了。

然而被称为法国"坦克之父"的埃蒂安纳将军,却是一位岁数年迈而思想清新的有识之士,他1921年在布鲁塞尔的一次演说中宣称:"我相信不久的将来,坦克不仅会动摇战术的基础,而且会动摇战略的基础,而在这以后,便会动摇一切现代军队的组织基础。"他提出了一个假想:一支独立的装甲部队,配备10万人,4000辆坦克和8000辆卡车,一天或者一夜可前进50英里,迅速突破或冲垮敌人。这个假想十分精确地预先描绘了德国在1940年5月势如破竹般冲入法国和比利时的情景。10年后的1931年,他进一步认为,装甲部队必须是一个独立的兵种,它与其他兵种的主要区别在于需要一支加油和供应的后勤部队,独立的装甲部队与飞机之间配合十分重要,飞机不仅要向前进中的坦克提供空中侦察,还应参加战斗和追击。埃蒂安纳的结论是:装甲部队将决定军队和人民的命运。

夏尔·戴高乐是法军中一位思想敏捷、眼光犀利的年轻军官,他受到利德尔·哈特的启发,在1934年出版了《为建设一支职业化军队而努力》这本引人注目的小册子。他建议法国应该建设一支机械化、职业化的突击部队,之后的法国总理雷诺当时也力持这一主张。而在7年前,1927年,利德尔·哈特在其出版的著作《重建现代化的军队》中指出：法军的模式和理论均已过时和呆板到了危险的地步，其僵化和臃肿的程度使军队在未来的战争考验中，有可能全军覆没。

把持法国军界领导权的年迈的老将军们，把埃蒂安纳、戴高乐等所发表的惊世骇俗的言论看做是哗众取宠的天方夜谭。法军骑兵总监布莱卡特将军在军事评论杂志《后备军官》上撰文，猛烈抨击建立轻机械化师和把他心爱的动物驱回牧场的观点，他呼吁道："我们正在建立危险的乌托邦！我们也闹不清这种机械化师要发展到什么地步才能完结！我们必须保护饲养战马的工作！"魏刚将军还算开明，建议至少在骑兵师里可以增加一些装甲车。步兵与坦克部队总监迪飞约将军则反对魏刚的建议，他认为一支机械化的战斗分遣队绝对不可能单独用来领导整个作战。至于组建独立的机械化装甲兵种，这位总监当然是听都不愿听了。

法军对坦克的认识集中反映在1930年制订的《使用坦克指导手册》的开头部分："作战坦克是伴随步兵的机械……坦克部队是步兵的一个组成部分……坦克只是一种辅助手段，应在步兵的布置下临时投入战斗。他们可以相当有效地加强步兵的作战行动，但不能代替步兵。步兵应当在坦克进行冲击的那个时刻抓住时机利用它们的作战效果，只有步兵的前进和占领作战目标才是决定性的。"在第二次世界大战爆发前9个月，1938年9月的《步兵评论》杂志上，拉波特少校的文章表明法军最高统帅部的最新想法仍然停留在1918年的水准上，文章认为："即使是最现代化的坦克，也不能独立地在战斗中冲锋陷阵，并且也不能独立地存在。它们的任务永远必须是伴随大炮的火力和步兵的重武器一起前进，以对进攻起一种掩护和支援作用……在战场上，步兵在胶着战中的主要敌人仍然是敌人的步兵。根据我国的命令手册的指导，只有步兵能占领、控制并且据守阵地。总之，我们必须将坦克视为步兵的辅助条件之一。"

1939年初，德高望重的贝当元帅在为《还有入侵的可能吗！》作序时，对装甲战理论作了权威性的评判，他写到："断言一支装甲部队能日行125英里，夺取强国的堡垒，并在敌后引起恐慌；把这种装甲兵力硬说成是一种不可战胜的武器，这种说法是不审慎的。靠这种兵力所获得的决定性战果是没有前途的……在反坦克炮密集火力下或是在地雷面前，装甲师便会陷入侧翼受到反击的困境……某些人以为坦克能够缩短战争的时间，其实，在这方面坦克是无能为力的。"

《凡尔赛和约》禁止德国制造坦克，法国原本在这方面领先，但法国军事领导集团的保守使他们丧失了坦克制造方面的优势。埃蒂安纳早在1921年便设计制造出当时第一流的B型重型坦克，它的性能几乎在各方面都超过德国人后来制造的坦克，但20年后，在北非战场上，让隆美尔感到束手无策的英国丘吉尔式坦克和美国格兰特式坦克，即为法国B型重型坦克的仿制品。最初设计的几辆B型坦克试验很成功，但被最高统帅部压了4年，讨论了4年，直到1935年，在德国已高速发展重型坦克的压力下，才决定将B型坦克投入批量生产，但指标被限制为每月10辆，不过就连这个指标也完不成。1939年初，德国装甲部队入侵奥地利和捷克斯洛伐克时，B型坦克的产量每月仅为8辆。其实，1933年希特勒上台不久，法国就获得德国人正以坦克作为他们未来军队基础的情报，但法国人并不相信坦克巨大的战略潜能，当然也就不会重视德国人的这一动向。

## 3. 德国引领潮流

在1918年8月的亚眠会战中，法国第1空军师的432架斯帕德型飞机，即斯图卡式俯冲轰炸机的前身，在配合地面大规模坦克突破时发挥了关键性作用。有一位年轻的德军上尉亲眼目睹了法国第1空军师的飞机与地面坦克群协同作战，以排山倒海之势冲垮了德军防线，这一情景使他久久不能忘怀。这位德军上尉就是后来德国装甲部队创始人、被西方誉为"现代装甲战之父"的海茵兹·古德里安。

古德里安原是一位通信部队的下级军官，第一次世界大战结束后，调入摩托化部队，研究战时的后勤工作。他从富勒、利德尔·哈特、马特尔、戴高乐的著作中接受了机械化战争的观念，并在1922年接连在德军的《军事周刊》上发表文章，倡导机械化军队是德军未来建设的方向。1937年，古德里安出版了《注意！装甲兵》一书，从而成为德国机械化战争思想的先驱。

然而，《凡尔赛和约》禁止德国生产坦克，于是他们另找出路。1921年，德国同俄国达成军事和经济上的合作，建立了两个合作机构，"工业投资促进会"

与"比索联合股票公司"。德国帮助俄国恢复工业，提供技术，俄国同意德国在俄国工厂里监制飞机、坦克，并在莫斯科近郊卡尔夫克建立分厂，研究和生产各种被《凡尔赛和约》所禁止的、包括毒气在内的武器。同时俄国还向德国提供训练基地，分别在卡森、卡尔可夫开办了坦克学校和航空兵学校，以训练德国的坦克兵和航空兵。

当德国人有了自己的少量坦克后，同样面临如何使用的问题。古德里安根据战史研究、英国人的演习和自己的模拟演习得出结论：除非其他一切支援兵器也都具有同样的速度和越野能力，否则坦克决不能充分发挥效力；在诸兵种合成的部队中，坦克兵种应具主要地位，其他兵种皆应配合坦克兵种而具辅助地位。他坚信把坦克编在步兵师里是绝对的错误，应建立一种新的装甲师的单位，其中包括一切支援性的其他兵种，使坦克部队发挥充分的战斗效力。他的建议得到参谋本部鲁兹将军等一些军官的赞成，却遭到另一些人的反对。运输兵总监纳兹美尔上校很早就对把这一运输兵种改为战斗兵种的想法十分反感，他曾粗鲁地对古德里安说："见鬼！什么战斗部队，它们只配装运面粉！"后任总监斯徒普纳格也禁止在理论上使用超过1个团以上的装甲部队，他把装甲师的构想看成是一个纯粹的乌托邦幻想，他在退休时对古德里安说："你是太性急，请相信我的话，在我们这一生当中都不要希望能够看到德国的坦克会做正式的行动。"到了1933年，古德里安同军内保守派的长期拉锯战中，终于获胜，成立了2个装甲师，但他要求一定要同时成立3个师时，参谋总长贝克将军（后来他因谋杀希特勒事败自杀）却说："不！不！我不想和你们发生任何关系。你们对于我而言，实在是走得太快了。"

希特勒任德国总理后开始重整军备，1933年，在德国兵工署举办的现代兵器表演会上，希特勒对古德里安训练的一支小型装甲分队的表演大为赞赏，连声说："这就是我所希望的东西！这就是我所需要的东西！"到1935年，德国已经成立了3个装甲师，根据古德里安的一再要求，德国坦克装备了当时第一流的观察和通信指挥工具，这一优势弥补了德国坦克的许多不足，并在后来的战争中这种优势保持了很长时间。1938年，德国军方在是建立以传统骑兵为主、装甲兵为辅的骑兵军还是建立以装甲兵为主、骑兵为辅的机械化部队的问题上面临抉择，希特勒支持古德里安的主张，认为在现代战争中马匹已无利用价值。于是，德国把大部分骑兵或改编为摩托化部队，或编入装甲部队。至此，古德里安运用大量坦克和摩托化步兵，配合摩托化的炮兵与空军，发动闪电战攻击的思想最终成为德军的典型战法。以后的事实证明，正是由于古德里安的大力倡导和不懈努力，德国装甲兵的建设走在了各国的前面。

## 4. 苏联的失误

苏联人似乎有一种长时间讨论问题的嗜好，从十月革命开始，就讨论无产阶级军事理论问题，由于偏重政治教条和思考方式迂腐，结果连"军事学术"这样清楚的概念都越讨论越糊涂。经过近9年马拉松式的各抒己见，苏联人总算提出了"大纵深作战"理论。1926年，特里安达菲洛夫首次对这一理论进行概述。这一理论的现实根源是第一次世界大战勃鲁西洛夫的纵深突破以及红军在国内战争中的经验。理论根源则无疑来自西欧的军事理论界，苏联早期的红军院校常用西方国家的军事著作当教材。著名红军将领图哈恰夫斯基对"大纵深作战"理论提出了具体的实施手段，这就是写进了1929年《野战条列》的进攻原则：在炮兵和航空兵的支援下同时使用2个坦克群（直接支援步兵的坦克群和远战坦克群）摧毁敌人防御战术全纵深。

30年代中期，"大纵深作战"理论从原来的战术范围扩大到战略范围，在图哈恰夫斯基元帅直接领导下，苏军组建了几个机械化军，另建有航空军和伞兵旅。1936年，苏军进行了坦克兵、航空兵、伞兵诸兵种联合作战演习。在接受机械化战争思想和组建机械化部队两个方面，德国和苏联几乎同时起步，在行动上，苏联人起初堪称大手笔，但是后来一系列因素造成苏联这方面优势的丧失。在骑兵的问题上，由于俄国的欧亚草原有着两千多年的骑兵传统和近代以来享有盛誉的哥萨克骑兵，以及红军第1骑兵军团在国内革命战争中的丰功伟绩，某些骑兵出身的苏军领导人尽管看到西方国家的骑兵在战场上地位已逐渐减弱，但对骑兵似有无限的眷恋，对给自己带来荣誉和权威、利益的兵种降为其他兵种的附庸似乎心有不甘，这种心态影响了思维、判断的准确性，必然表现为军事上的保守主义。红军早期五大元帅之一、赫赫有名的原红军第1骑兵军团司令布琼在《骑兵兵团的战术原则》一书中认为：骑兵已从第一次世界大战的辅助兵力变成了决定性的战斗和战役兵力,骑兵和机械化兵具有同等的作用。另一位元帅,原红军第1骑兵军团政治委员伏罗希洛夫在《工农红军和海军二十年》一文中坚持认为:红色骑兵仍然是所向无敌的歼灭性武装力量,能够在所有战场执行重大任务。

当斯大林的肃反扩大到军内时,希特勒巧使反间计,假斯大林之手除掉了主张苏军机械化的图哈恰夫斯基。当时,图哈恰夫斯基被指控为西方资产阶级混进工农红军的代表,搞军队机械化改革的实质是破坏红军建设。意识形态斗争严重阻碍了红军正常的建设。

在1936年的西班牙战争中,由于坦克部队集群的效应发挥受西班牙山地地形的限制,苏军负责机械化建设的汽车装甲部长巴甫洛夫得出错误的结论:坦克集群既然不能达成战术突破,也就不可能将战术突破发展成战役突破;机械化部队在未来战争中不能独立作战。从对西班牙战争这一错误总结出发,苏联总军事委员会在1939年7月开始讨论撤销原有的坦克军的问题。1939年11月21日,苏联总军事委员会同意红军装备部长库利克和装甲兵负责人巴甫洛夫的建议,解散4个坦克军,以原有坦克师的一半坦克数量组成机械化师,编入作为主要打击兵力的骑兵机械化集群,保留了少量的独立坦克旅,其余坦克或以团的建制编入骑兵师,或以营的建制编入步兵师。不难发现,苏军对坦克的认识水平已经倒退到和英、法军队同样的地步,把坦克看成是步兵的辅助性兵种,坦克使用原则是分散使用。当时正是德国大规模使用机械化兵团,取得入侵波兰胜利后不到两个月。

到了1940年夏天,德国运用机械化装甲兵团促使法国迅速崩溃的事实,使苏联军政首脑如梦初醒,斯大林得知法国迅速被打败的消息后愤愤道:"这下德国人要打破我们的头了。"但直到此时,苏联的军事刊物上,还在争论坦克兵种应作战术使用还是战略使用,是步兵的辅助工具抑或独立行动的兵种等等早已被波兰会战、法兰西会战证明的问题。1940年6月,即离撤销坦克军不到7个月,苏军急忙决定重建9个机械化军,每军坦克数量1000辆到1200辆。1941年2月,又计划在一年之内组建20个坦克军,以企亡羊补牢。但是离战争只有4个月时间了,仓促拼凑起来的所谓机械化军,在技术装备、诸兵种联合作战训练等方面,与经过波兰、法国之战的德国机械化部队有着相当大的差距。

苏军在军事战略上奉行的"大纵深作战"理论是一种纯粹进攻性观念,但却没有及时找到当时最有效的实施手段，即机械化地面部队与航空兵的协同作战。在富有经验的德军面前，以落后的技术装备、不合理的兵种编制结构以及在此基础上产生的（因而也必然是）糟糕的战术，能否以纯粹的防御来挡住德军进攻已经是很成问题了，再以"大纵深作战"的进攻性思想指导战场作战，也就埋下了开战初期惨败的种子。

## 5. 美国后来居上

美国的装甲兵发展也经历了一个曲折的过程。第一次世界大战结束时，美国大约有5000辆坦克，坦克军团的官兵有20000名，至1920年，被缩编至700辆和2600名官兵。当时驻马里兰州米德堡的2个坦克营在营长乔治·巴顿和德怀特·艾森豪威尔带领下曾举行数次较为成功的坦克兵演习，但坦克军团还是被撤销了。美国国会和参谋部认为坦克应支援战场上的决定性兵种——步兵，陆军首脑人物对机械化战争的态度不明朗，加上经费不足、理论上有争议、技术条件的限制和组织上的政治牵制，美国一直没有重视机械化战争的研究。

1927年，陆军部长戴维斯参观了英军装甲部队的一次演习后，授权参谋部组建一支类似的装甲部队。同欧洲军界的情况类似，美军中大多数军官对军队实行机械化的价值不屑一顾。1931年，新任美军参谋长麦克阿瑟下令全军所有地面部队的兵器全部实行机械化。美国的法律不准骑兵部队拥有坦克，因此在1933年到1937年之间，骑兵的改革者们创立了一支试验性的机械化旅。这个试验旅的特点是以坦克为核心，骑兵处于辅助地位，强调骑兵传统的运动性和突然性，但不强调机动火力，并且忽略了作为整体之部分的机械化步兵部队和机械化炮兵部队。到第二次世界大战前夕，美军对机械化战争认识和装甲部队训练方面取得了一些进展，步兵和骑兵的野战条令都要求在进行突击作战时，应大量使用坦克。美国陆军部接受了发明家克里斯蒂设计的中型坦克，并将坦克底盘卖给了苏联，后者将其改装成著名的T-34型坦克。

美军高层领导的"坦克派"与"反坦克派"人士之间的争论仍然很激烈，尽管这时德国人已在欧洲战场上大规模使用装甲部队，并在波兰会战和法兰西会战中证明了这种使用的成功，但是美军中的"反坦克派"态度仍然十分顽固。为决定未来美国陆军发展的方向，美军在1941年6月到12月里，在田纳西、路易斯安那和卡罗莱纳连续三次举行大规模坦克作战与反坦克作战的演习，以检验机械化军队的作战能力。在最后一次由几十万人参加的卡罗莱纳州演习中，美军第2装甲师师长巴顿在进攻开始不到1小时，就将"反坦克派"人物、13万"蓝军"部队司令德拉姆中将俘虏，并挟持出战场而不知去向，巴顿的恶作剧迫使演习不得不中止。美军装甲部队的三次出色表演，终于使"装甲战派"占了上风，坚定了美军机械化军队建设的信心。

# 第十一章 瓜分东北欧的阴谋

## 1. 闪击波兰

· "但泽走廊"问题

波兰在历史上曾被瓜分过3次,最后一次是在1795年,普鲁士、奥地利和俄国三国共同肢解波兰,从此波兰作为一个独立的国家不复存在,波兰人开始了长达100多年争取独立的斗争。第一次世界大战结束后,俄国和德国被严重削弱,波兰重新获得独立,但俄国和德国从自身利益出发,总认为一个独立的波兰对自己是威胁,何况又是出现在原来属于"自己的"版图内,这就是波兰同东西两个暂时衰弱的强邻打交道时的基本背景。

"一战"结束后,波、德边界争执解决后,两国曾有过一段友好的时期,希特勒肢解捷克斯洛伐克时,波兰也分得一杯羹。德波两国的破裂点是"但泽走廊"问题。当初列强为了让波兰获得出海口,强行在《凡尔赛和约》规定:维斯托拉河口、但泽及整个三角洲地区应组成国际监督下的自由市场,享有自由税权;给予波兰以港口设备使用的权利,并将该市的管理权交付波兰。这样一来,德国被从内陆通向波罗的海的"波兰走廊"一分为二,东普鲁士部分与德国本土被隔开了。但是德国如果收回"但泽走廊",把东普鲁士与德国本土重新连成一片,波兰就会失去唯一的出海口而成为一个内陆国家。这种格局表明德波两国的关系在本质上是水火不相容的。德国前国防军领导人冯·塞克特将军早在1922年就表明了此种态度:"波兰的存在对德国生存的基本条件来说是不能容忍的,不能并存的。波兰必须去掉——由于它自己内在的孱弱并且由于俄国行动的结果——也一定会在我们的协作下去掉……消灭波兰必须成为德国政策的一个根本目标……是可以利用俄国并且在俄国的协助下达到的。"塞克特的话可谓一语成谶。

希特勒侵占捷克斯洛伐克后不久,于1939年1月5日接见波兰外交部长贝克上校时表示:但泽是德国人的,它永远是德国人的,而且迟早要成为德国的一部分。波兰政府态度强硬,表示拒绝。希特勒原想利用波兰人一贯仇视俄国的心理,在未来同苏联作战时找个帮手,不过前提是归还但泽,不料其态度如此强硬,遂决心征服波兰。就在德波关系骤然紧张起来时,外交上感到被希特勒愚弄的英国首相张伯伦,一改慕尼黑绥靖政策和软弱姿态,在没有和传统盟友俄国的协商下,单方面声明若波兰一旦遭受德国人侵,英国将不惜一战,法国紧跟其后附和英国。

希特勒在国会重复高喊:对波兰决不妥协,要得到但泽通道!群情一片激愤。

德国与西方国家的关系因"但泽走廊"问题而日趋紧张,一直被排斥在欧洲事务之外的苏联突然身价百倍,其态度对双方变得举足轻重起来。1939年8月11日,英法派出杜芒克将军率领的军事代表团抵莫斯科,同伏罗希洛夫为首的苏联军事代表团进行谈判,以建立反对德国侵略的政治军事联盟。整个谈判的关键问题是苏军能否通过波兰领土与德国交战,由于波兰政府冥顽不灵,坚持在任何情况下苏军不得进入波兰的态度,谈判变得毫无意义。就在英法与莫斯科接触的同时,德国也迫不及待地对苏联的态度来了个180度的大转弯,极力表示要和苏联改善关系,并表示从波罗的海到黑海之间存在的问题,都能得到澄清和双方满意的解决。这显然暗示德国愿意和苏联协商划分东欧的势力范围,而德国的迫不及待和低姿态表明,将尽可能地满足苏联的愿望。对苏联来说,希特勒出的大价钱是英法方面出不起的。

苏联尚未从内耗中恢复过来,还未做好战争准备,它不愿为英法火中取栗,何况亚洲那边日本正咄咄逼人,出于自身利益的考虑,苏联决定中止与英法的谈判,同德国签订《苏德互不侵犯条约》。另附双方一项秘密协议。其内容如下:

值此德国和苏俄互不侵犯条约签字之际,在此签字的全权代表在严守机密的会谈中讨论了在东欧划分两国各自的利益范围的问题。

1. 一旦在波罗的海国家(芬兰、爱沙尼亚、拉脱维亚、立陶宛)所属的领土上发生领土的或政治的变动时,立陶宛的北部边界应为德国和苏联两国利益范围的边界。

2. 一旦在波兰国家所属的领土上发生领土的或政治的变动时,德国和苏联两国的利益范围将大体上以那累夫河、维斯托拉河和桑河一线为界。

出于缔约双方的利益考虑,是否需要维持一个独立的波兰以及这个国家的边界应如何划定的问题,只有在今后政治局势的发展中方能予以明确规定。在任何情况下,两国政府都将以友好的谅解来解决这个问题。

签订《苏德互不侵犯条约》和上述秘密协定书的时间是1939年8月23日,它决定了波兰被瓜分的命运,这也是历史上德国人和俄国人第四次瓜分波兰。

## ·白色方案

波兰的地理位置夹在东边俄国和西边德国两大宿敌之间,波兰一向以这两个国家为假想敌。鉴于德国已是战败国,苏俄就成为了主要假想敌,波兰总参谋本部早在 1935 年就制定了针对苏联的"东方方案",直到 1939 年 3 月,德国提出"但泽走廊"问题后,才着手制定对付德国的"西方方案"。

波兰军队是一支落后于时代的军队,波兰统帅部有一颗骑兵的心灵,他们对骑兵的关注远远超过军队机械化建设,他们对即将到来的机械化战争既没有预见,也不具备建设机械化军队的工业和技术能力。波兰军事当局认为骑兵是达到决定性目标的机动手段,骑兵必须填补陆军中技术运动工具的缺乏,正是骑兵这个"军队之王"担负着摧毁敌人的反抗意志,从心理上瓦解敌人并削弱其斗志的任务。他们甚至幻想着一旦击退德军边境进攻后,即以骑兵集团远征柏林,显然这是二战中的一大笑柄。很明显,波兰统帅部对德军即将采用的大规模使用机械化装甲部队与战术空军协同的作战样式,缺乏足够的估计。另外,波兰统帅部还期望:"要促使西方国家在战争一开始时就自动行动起来,进而从一开始就变波德战争为德国同西方国家和波兰同盟之间的战争,只有在这种条件下方能期望取得完全和彻底的胜利。"

基于这种指导思想,波军具体作战部署是:临边境线展开由 6 个集团军和 1 个独立战役群组成的战略第一梯队,后面留有 1 个集团军和若干个战役集群作总预备队。主要集团军有:

"莫德林"集团军,司令为普谢齐米尔斯基·克鲁科维奇将军,辖 2 个步兵师和 2 个骑兵旅,负责抗击东普鲁士方向的德军。如"莫德林"集团军作战失利,应向维斯托拉河和那累夫河方向退却,并在此地区设防固守。"维什科夫"集群的 3 个步兵师作为总预备队之一部,负责加强它。

由 5 个步师兵和 1 个骑兵旅组成"波莫瑞"集团军,博尔特诺夫斯基将军任司令,在"但泽走廊"展开,阻挡来自波美拉尼亚的德军进攻。

在向西突出的波兹南西部地区,配置由库特谢巴将军指挥的"波兹南"集团军,共 4 个步兵师和 2 个骑兵旅。任务是防守法兰福克、波兹南方向,对德军南北集团造成威胁,如可能的话,对由波美拉尼亚和西里西亚之敌进行侧击。

鲁梅尔将军指挥的"罗兹"集团军部署在瓦尔塔河和维达夫卡河地区,共

4个步兵师、2个骑兵旅，掩护通往罗兹和华沙的方向。

席林将军指挥"克拉科夫"集团军布置在琴希托霍瓦、卡托维兹和克拉科夫地区，有7个步兵师，1个装甲摩托化旅，1个山地步兵师，1个骑兵旅，任务是保卫西里西亚工业区，并协助"罗兹"集团军掩护华沙方向。

在"克拉科夫"和"罗兹"集团后面配置顿布·别尔纳茨基将军的"普鲁士"集团军，共8个步兵师、1个骑兵旅。这个集团是主要战役方向上的第二战略梯队，对由腊多姆斯科向皮沃特库夫进攻之敌进行侧击，并保证击溃之。

法布里奇将军指挥的"喀尔巴阡"集团军，共2个步兵师、2个山地骑兵旅、1个装甲摩托化旅，任务是保卫波兰南部边界。

波兰共投入军队100万人，39个步兵师，11个骑兵旅，2个摩托化旅，3个山地步兵旅，220辆轻型坦克，650辆超轻型坦克，火炮迫击炮4300门，作战飞机407架。

波军这种部署事后看来是一种自取灭亡的部署，波德边境线原长1250英里，后来德国并吞捷克后，波德边境线又增加了1750英里，差不多共3000英里。波兰整个西部地区，包括重要的西里西亚重工业区都处于德国的三面包围中，犹如一片舌头，夹在德国张开的上下牙床之间。战略势态已如此糟糕，但波兰统帅部因对机械化战争的无知，几乎将全部主力放进三面被围的"舌形地区"，更糟糕的是把部队沿贴着漫长而呈半圆形的边境线展开，仿佛是一把打开的纸扇。从防御来看也没有战略纵深，或是根本没打算防御。而从使用的兵种来看，坦克兵只是一种小小的点缀，空军的力量更是单薄，看来当时军事学界对陆战和空战最新思想的热烈讨论声，对波兰人有如东风贯耳。

德国入侵波兰的作战部署是根据1939年4月3日，希特勒颁布的"白色方案"制定的。"白色方案"中的作战要点如下：

……

（三）国防军的任务：

国防军的任务是歼灭波兰的军事力量。为达到此目的，必须做好准备，为求达成进攻的突然性，秘密的或公开的总动员将尽可能推迟到进攻日前一天才下令进行……

（四）国防军各军种的任务：

1. 陆军

在东线的作战目标是歼灭波兰陆军。为此，在南翼可进入斯洛伐克地区。在北翼应迅速在波莫瑞和东普鲁士之间建立联系。

……

3. 空军

空军必须对波兰实施突袭，而在西线则可只保留必不可少的兵力。

空军应在极短时间内歼灭波兰空军，此外，主要担负以下任务：

（1）干扰波兰的动员，阻止波兰陆军按计划进行。

（2）直接支援陆军，首先是支援已经越过边界的先头部队。

开战之前航空部队可能要向东普鲁士转场，这不可有碍于达成突然性。

第一次飞越边界时，在时间上应与陆军的作战行动协调一致。

……

可以看出，大规模机械化立体作战的思想已体现在"白色方案"中，德军准备以一种前所未有的作战样式，在波兰检验它的战争机器。根据上述指令，德军在德波边境作如下部署：

由伦德斯特上将指挥的"南方集团军群"，包括第14、10、8三个集团军，共23个步兵师、4个坦克师、4个轻装师和2个摩托化师，从德国的西里西亚地区向华沙这一总方向实施进攻。首先击溃边境地区展开的波兰军队，进至维斯托拉河，尔后协同"北方集团"军群，消灭波兰西部的波军。勒尔将军的第4航空队给予支援。

由波克上将指挥"北方集团军群"，包括第3、4两个集团军，共17个步兵师、2个坦克师和2个摩托化师，它将从波美拉尼亚和东普鲁士向华沙这一总方向实施进攻，并同"南方集团军群"协作，歼灭维斯托拉河以北的波军。凯塞林将军的第1航空队给予空中支援。

德军160万人，47个步兵师，7个坦克师，4个轻装师，4个摩托化师，坦克2800辆，火炮迫击炮6000门，作战飞机2000架。

从双方战略布势来看，波兰人沿漫长、呈大圆弧形的边境平均分配了兵力，企图守住一切。德军则将主力集中于南北两翼，南北两个集团军群之间的奥得河和瓦尔塔河的弧形地带几乎是个空档，只投下少数兵力以迷惑波军，使之产生进攻主要来自西南的错觉，而真正的打击却在两侧。在兵力兵器上，德军优势明显，突出的一点是没有一个骑兵师，他们已彻底抛弃传统的骑兵观念。德军总司令勃劳希契给陆军的训令要求以装甲部队和空军为主要打击力量，从南北两翼对波军后方作深远包围，以华沙为两路会师目标。

· 波兰全军覆没

德国人在发起进攻前先导演了一幕贼喊捉贼的闹剧。1939年8月31日夜晚，一群身着波兰军装的德军党卫队人员闯进德国边境城市格莱维茨的广播大楼，在播音器前开了几枪后，用波兰语广播了一篇事先准备好的讲话稿，声称"波兰对德开战的时候到了"，接着又枪毙了一些身着波兰军服的德国刑事犯，制造了一个德国军队被迫自卫反击的"现场"。演完了这幕过场戏后，第二天希特勒在广播里声称德国已遭波兰的入侵，德军已开始自卫反击，"从现在起，我们将以炸弹回敬炸弹"。

1939年9月1日拂晓，德军按预定方案从数个方向上同时发起进攻。德军空军首先开始争夺制空权，对波军一线机场实施突然袭击，地面机械化部队也向波军前线机场高速推进，并在战争头一天几乎瘫痪了波军所有一线机场。但波兰第一线空军在前一天已经转场，其主力尚在。9月2日开始，波兰空军开始与德国空军展开激战，争夺战场制空权。由于飞机备用件用尽、后勤补给枯竭和机场设施受损严重，激战一星期后，波兰飞机在天空几乎绝迹，剩下的116架飞机于9月16日分别逃到罗马尼亚和拉脱维亚。德国空军至此完全掌握了战场制空权。

在空军对波军前后方机场、兵营、交通枢纽、指挥通信中心进行毁灭性打击的同时，地面陆军部队也开始越过边境，分几路向波兰腹地突进。古德里安首创的现代机械化装甲部队作为各进攻方向上的攻击矛头，势不可挡，潮水般地从各个突破口涌出，在波兰平原上泛滥成灾。很快，德军地面进攻迅速发展成内外两大钳形包围作战。

库希勒第3集团军之一部和赖希瑙第10集团军形成内钳，库希勒军团由东普鲁士南下粉碎波军"莫德林"集团军，向华沙逼近。赖希瑙集团军从德国西里西亚地区向华沙总方向进击，与库希勒集团军形成对进之势，其所属的霍斯第15摩托化军和霍普纳的第16装甲军,在波兰"罗兹集团"和"克拉科夫集团"的接合部实施快速突破,迅速击溃当面之敌后,开始追击。9月8日傍晚,霍普纳的第16装甲军所属第4装甲师甩开步兵,利用罗兹附近波军防线上出现的一个缺口突贯而入,以惊人的速度出现在华沙郊外,波军统帅部为之震撼。这时,德军最高统帅部判断波军主力已退到维斯瓦河东岸,命令第10集团军渡河追击。但"南方集团军群"司令伦德斯特准确判断出波军主力仍在维斯瓦河东岸,经过一番争辩,德军最高统帅部修正了命令。于是,赖希瑙第10集团军在维斯瓦河东岸附近立即旋转北上,并在布楚拉河建立起一道封锁线,配合正面布纳斯可维兹的第8军团进行反正面作战。9月20日,当布楚拉河会战结束时,德军第10、第8集团军围歼了溃逃而至的波军主力"波兹南"集团军,俘虏波军近20万人,火炮320门、飞机130架、坦克40辆。此后德军的内钳部队开始向华沙合拢。

德军的外钳包围进行得声势浩大,如同摧枯拉朽一般。在北面,克鲁格第4集团军的进攻矛头——古德里安第19装甲军从德国本土波美拉尼亚出动,切断"但泽走廊"并合围了波军"波莫瑞"集团军。在穿越走廊时,波军波莫尔斯卡骑兵旅以中世纪的装备,挥舞刀剑和长矛向古德里安的坦克集群发起密集冲锋,结果惨遭失败。9月5日以后,装甲19军完成了围歼"但泽走廊"内的波军后,连续渡过维斯瓦河、那累夫河,沿布格河长驱直入,向华沙后方攻击前进。在南面,李斯特第14集团军的攻击矛头——克莱斯特第22装甲军,从喀尔巴阡山脉的贾布伦卡隘道附近跃出,以犁庭扫穴之势击溃波军"克拉科夫"集团军和"喀尔巴阡"集团军,相继渡过拜拉河、杜拉杰克河、维斯洛卡河、桑河,然后在著名的普瑟密士要塞附近向北旋转,最后在华沙后方的布列斯特里多夫斯克同由北向南汹涌而来的古德里安装甲部队会师。

此刻波军已被打得晕头转向,支离破碎,除了俄波边境地区的少量部队,波军全部陷于德军内外两层包围圈中。波军总司令史米格里·黎兹元帅已失去对部队的控制,波军已崩溃,陷入一片混乱中,只在华沙等少数地区有零星的抵抗。波兰政府和波军统帅部于9月15日仓皇逃入罗马尼亚边境上的一个村庄,并在那里号召国内的部队抵抗到底。9月28日,华沙守军12万人在优势敌人的压力下投降。个别地区的波军抵抗直至10月5日方才完全停止。双方损失情况是:波军6.63万人战死,13.37万人负伤,42万人被俘。德军1.06万人战死,3.03

万人负伤，3400人失踪。

正当波兰在军事上临近崩溃时，苏联政府变得焦急起来，因为苏联领导人没想到波兰会这样不堪一击，败得如此迅速，以致苏联竟一时找不到入侵波兰的借口。为了尽快得到秘密瓜分波兰协定中属于自己的那部分领土，苏外长莫洛托夫在9月10日，询问德国驻苏大使舒伦堡是否同意以德国威胁"波兰境内"的乌克兰人和白俄罗斯人为苏军进入波兰的理由，好让苏俄师出有名。德外长里宾特洛甫回答："欢迎苏联现在采取军事行动，至于想找个借口把罪名推在德国身上是绝对不行的。"于是，苏俄政府发表声明：鉴于波兰已经不复存在，因而《苏波互不侵犯条约》也就不再有效，苏联必须保护它自己的利益以及波兰境内乌克兰和白俄罗斯少数民族同胞的利益，决定派兵进入波兰。9月17日军队从东面越过苏波边境进入波兰，此时波兰已无力再对付来自苏俄的入侵，成了令人宰割的羔羊。9月18日，苏俄红军与德军在布格河的布列斯特里多夫斯克会师，双方军队互致敬意。

原来希特勒和斯大林一度打算以拿破仑时期的华沙大公国为蓝本，保留一个残存的波兰国家，但斯大林改变初衷，对德国人表示，留下一个独立的残存的波兰国家是错误的，德苏两国应将所有波兰领土悉数瓜分掉。这个建议正中希特勒下怀。在以后划分两国边界的谈判中，斯大林要求将第一次世界大战后独立的爱沙尼亚、拉脱维亚重新收入苏联版图，并同希特勒达成了用秘密协定中属于苏联的两个波兰省份换取立陶宛的领土交易。

在波兰会战期间，西线法军85个师面对德军34个师，而德军只有11个师较精良，其余都是预备役。9月10日后，德军又添了约9个后备师，装甲、摩托化部队和空军悉数已调往波兰。但甘末林只是在西线做了一个援救波兰的姿态，以搪塞世界舆论。9月7日至8日夜间，他发动了一个所谓的"萨尔攻势"，德军按预定方案迅速退入边境后面的"齐格菲防线"。法军9月12日在15英里长的战线上向前推进了约5英里，占领了大约20个空无一人的村庄。之后，甘末林命令他们停止前进，并指示前线部队，一遇德军反攻，立即退回马奇诺防线。当波军总司令和参谋本部要求紧急支援时，甘末林还欺骗说法军一半以上兵力已投入作战。实际上法军的萨尔攻势只动用了15个师，甚至战后大多数法国军事专家认为只投入9个师。

波兰失败的原因主要有三个方面：

从国际外交角度来看，它在但泽问题上的强硬态度以及拒绝接受苏联的军事援助和顽固的反苏立场，导致苏德走到了一起，而自己的同盟国英、法在地理上相距甚远，鞭长莫及，从而使自己在国际军事战略态势上陷于不利的处境。当战争具体展开时，波兰实际上处于孤军作战的绝境。这一切都是不够灵活的外交错误所致。

从军事角度来看，波军所信仰的骑兵决定一切的观念整整落后于时代近80年，早在19世纪美国内战时，骑兵集团的战场冲锋就已遭到新型速射火炮和重机枪的遏制，其效率已大为减低。从波军的兵种比例和采取的作战样式来看，波兰军事当局似乎对机械化作战思想闻所未闻，对世界军事技术发展动向麻木不仁，其骑兵以冷兵器向坦克群冲锋给人恍如隔世之感，仿佛在上演一幕古代人同现代人作战的荒诞剧。这一切归根结底是军事思想和军事理论的严重落后所致。落后的军事理论必然采取落后的战略战术以及错误的迎战态势，波兰军方如能充分认清敌我双方的军事差距，那么最佳的部署应是在战略上取守势，主力应布置在涅曼河、那累夫河、维斯瓦河、桑河一线，唯一的作战目标是争取时间。即便波兰人采取这唯一现实的方式，前途依然凶险叵测。这些捉摸不定的因素是：英、法是否会发动迅速而有力的西线进攻？苏联是否会从背后发动打击以协助德国？落后的波军在德军的机械化立体作战样式面前能坚持多久？这些都是未定之数。法国的魏刚将军曾建议波军统帅部采取上述较为现实的方案，但波兰人最终并没有采纳。由于波军对敌我力量缺乏起码的认识，并且按此种方案需放弃整个西部地区，包括重要的西里西亚工业区，不战而丢弃大片国土，对于有着极强民族自尊心的波兰人来说是根本不能接受的。

从战争史来看，波兰会战是机械化战争思想的首次实践。德国的古德里安作为这种划时代军事思想的第一位实践者和现代机械化装甲部队的创始人，对"实践"的结果有详细的记录："当他（希特勒）看到那些被毁的波兰炮兵团的时候，希特勒就向我问道'这是我们的俯冲轰炸机所干的吗？'我回答道：'不，这是我们的战车干的！'他不禁吃了一惊。在希维兹与格劳顿兹之间，凡是不必参加包围作战的第3师装甲部队，都调齐了让希特勒亲自视察一番。以后我们又去视察第23师和第2师的各单位。一边走，我们一边谈论这一次我军的作战经验。希特勒问我死伤了多少人，我把最近所得的数字告诉他，在全部走廊战役中，我所指挥的3个师大概死了150人，伤了700人。他对于这样小的死伤数字，不免感到很奇怪，与他在第一次大战中的经验相比，他那一团人在作战的第一天就死伤了2000人以上。我告诉他这一次敌人固然也很坚强勇敢，但是我们的损失却能这样小，其主要原因就是我们的战车能够发挥高度威力。战车实在是一个救命的武器。"

利德尔·哈特对波兰会战的军事总结是："在东面，一支毫无希望的落伍陆军被一支小型战车部队迅速地打垮了，这支战车部队，又是和优秀空军合作，并且把一种新奇的技术付之实践。"富勒晚年回顾历史时也总结道："战略性瘫痪理论找到了它的实际代表，那就是古德里安将军。"德国古德里安创建的机械化装甲兵团成功地将英国富勒、利德尔·哈特，法国埃蒂安纳、戴高乐等人的"幻想"变成了现实，它标志着战争史上机械化时代的降临。世界战争从19世纪末的静止的状态，重新恢复了运动的形式。至此，以坦克为主的地面机械化部队与空军的协同，成为20世纪40年代后陆上战争的主要形式。

## 2. 入侵芬兰

当苏联用两个波兰省份同德国交换立陶宛时，是出于把临时伙伴德国作为未来的假想敌的战略考虑，如按苏德秘密协定划分两国新边界，苏联中部地带明显前凸，右翼受到德国左翼前伸较远的威胁，一旦开战德国很容易利用这种势态插到苏联中央防线的后方。第一次世界大战中，鲁登道夫曾从这个方向发动过这样的打击，效果极佳。经过交换，苏联右翼向前推进，中部向后退缩，基本拉直了苏德边界线，苏联的边境战略态势得到极大改善。接着，斯大林开始考虑波罗的海侧翼的安全了。

在波兰会战接近尾声时，苏联政府以不容置疑的强硬态度，于1939年9月28日、10月5日、10月10日，分别与爱沙尼亚、拉脱维亚、立陶宛签署了条约，规定苏联可在三国战略要点进行军事部署。10月14日，苏联政府正式向芬兰政府提出下列要求：1. 将卡累利阿地峡上的苏芬边境向芬兰境内北移几十公里，使列宁格勒处于重炮射程之外；2. 割让荷格兰、赛斯卡里、拉凡斯卡里、台塔尔斯卡里、罗维斯托等岛屿；3. 要求租借芬兰的汉科港，建立军事基地和部署海岸炮兵，以便和对岸苏联的巴达斯基海军基地一起有效封锁芬兰湾；4. 调整北方国界，增加摩尔曼斯克港的安全。这样芬兰将割让2761平方公里的领土，但苏联愿以卡累利阿地区的5529平方公里的领土割让给芬兰。客观地讲，芬兰并不吃亏，边境线的北移并不损害芬兰的重要国防线——"曼纳汉防线"，苏联的安全得到了较大的保障，芬兰的安全也无多大损失，芬兰不能成为德国侵苏时的跳板，而苏联若进攻芬兰，也无多少便宜可占，相反，芬兰最危险的蜂腰部倒可放宽许多。尽管芬兰政府内部有不少人主张接受苏联的要求，但民族主义情绪促使芬兰政府拒绝了苏联的建议，表示荷格兰不能割让，汉科港也不能租借，因为那是违反芬兰中立立场的。苏联表示愿出高价购买，但被芬兰坚决拒绝。苏芬关系开始紧张，11月26日，苏联指责芬兰炮兵炮击边境，芬兰提出两国进行联合调查，被苏联拒绝。11月28日，苏联单方面废除1932年签订的《苏芬互不侵犯条约》。

1939年11月30日，苏联向芬兰进攻；苏军第7集团军在卡累利阿地峡向"曼纳汉防线"进攻；苏军第8集团军在拉多加湖以北进攻地峡内芬军主力侧翼；苏军第9集团军前出波斯尼亚湾北部，企图切断芬兰同瑞典之间的陆上交通线；第14集团军向百沙摩地区进军，以阻止其他国家从海上对芬兰的援助。但苏军后勤补给十分困难，在列宁格勒和摩尔喃斯克之间只有一条铁路线，再加仅有的一条支线通到苏芬边境，作战地区又多是沼泽和森林地带，苏军行动困难。所以在第一阶段的作战中，芬兰人不仅利用国内铁路交通的便利，守住了"曼纳汉防线"，且运用训练有素的滑雪部队截断深入险恶地形的苏军后方交通线，使大量的苏军部队陷于饥寒交迫的绝境，采用这种战术，芬军一举歼灭苏军第8集团军以及第9集团军之一部。

苏军在遭到严重挫败后，用了一个月时间进行重新部署。2月11日，苏军在铁木辛哥指挥下，向卡累利阿地峡作正面强攻，铁木辛哥以13个师的兵力在20公里的狭窄正面实施突破。2月15日，苏军以绝对优势终于突破"曼纳汉防线"，芬军在消耗完预备队后，放弃该防线西段，退守第二道防线，并将最后的预备队投入以维堡为中心的防御线上。

苏联虽然在第二阶段的作战中获胜，但国际舆论的压力很大，英法正准备派出志愿军前来援助芬兰，所以苏联想尽快结束战争。芬兰势单力薄，主要国防线已被突破，已没有预备队可调派了，英法的"志愿军"能否在芬军崩溃前赶到？芬兰统帅曼纳汉元帅实无把握，何况有波兰的例子在先，所以，双方通过瑞典互相进行了一番和平试探后，于1940年3月6日，芬兰政府派出代表团前往莫斯科谈判。苏联倚仗军事上的有利地位，除坚持原有的条件外，又增加了割让芬兰沙拉和昆沙莫两个地区，包括维堡在内的整个卡累利阿半岛，以及费希尔半岛的芬兰部分。3月13日，芬兰宣布完全接受苏联的条件，并于3月15日签订和约。以芬兰战败无援的处境和苏联一贯的霸道作风而论，这个城下之盟性质的和约对于芬兰来说算是比较宽大的了。

苏芬战争中，苏联红军尽管在纸上谈兵时，头头是道，高头大块的军事论文汗牛充栋，而马克思主义的术语也往军事学领域生搬硬套，弄出些"军事辩证法"之类的新名词，但真正的实事却没干几件。苏军的后勤保障极为混乱，对复杂地形下的作战缺乏起码的思想准备，更谈不上作针对性的训练，连一些起码的训练科目，如通过布雷区的演练、坦克之间的协同等都不曾进行过。苏军的战斗力状态对后来希特勒做出侵苏决策是一个重要因素，他认为乘苏军还没强大起来，打败苏联比较有把握。

## 3. 征服丹麦、挪威

从地理上看，丹麦和挪威对德国具有极其重要的战略意义。首先，英国和德国一旦发生对抗，英国可以从设德兰群岛到挪威海岸，组织一道横跨北海的封锁网，卡住德国海军和德国商船进入北大西洋的出路，所以德国只有获得丹麦和挪威的海军基地，才能打破英国的北海封锁线，为德国海军打开通往广阔海洋的大门，并且反过来对英国进行海上封锁。其次，德国的生存，包括战争机器的运行，依靠瑞典进口的铁矿砂。战争期间，德国每年所需的1500万吨铁矿砂中，有1100万吨依赖瑞典进口。在一年的暖和季节里，铁矿砂可从瑞典北部经波的尼亚湾越过波罗的海运到德国。即使在战时，这条运输线也不会发生问题，因为德国海军能有效地封锁波罗的海。但到了冬季，这条运输线结了厚冰就无法使用了，只能改道挪威海港纳尔维克，然后用船沿挪威海岸运到德国。再次，占领挪威空军基地，可使德国空军轰炸英国的距离缩短几百英里。

由于冬季那条挪威铁矿砂运输线处于挪威领海区内，所以，希特勒认为一个中立的挪威对德国是有好处的，它实际上掩护了德国的海上生命线。英国的海军大臣丘吉尔也看到了这点，他曾建议内阁在挪威领海布雷，但张伯伦和哈利法克斯不愿侵犯挪威的中立，丘吉尔的建议也就被搁了起来。

1939年11月30日，苏联进攻芬兰，斯堪的纳维亚半岛的局势变得严重起来。英国和法国组织了援芬志愿军，但英法志愿军只有通过挪威和瑞典才能到达芬兰。1940年2月5日，在巴黎召开的盟国最高军事会议决定：在志愿军派往芬兰的同时，顺手牵羊地占领挪威海港纳尔维克，以及离此不远的瑞典格里维尔铁矿场，以便截断对德国铁矿砂的供给（由此可见英国人在国际事务中的蛮横一点不亚于德国人，恐怕和他们共同继承了古代日耳曼血统有关）。

早在战争爆发时，德国海军上将卡尔斯就一再提醒雷德尔海军元帅德国占领挪威海岸的重要性。波兰战役结束后，雷德尔向希特勒提出了占领挪威的问题，但当时希特勒忙于即将展开的西线大战，尚顾不上挪威问题。两个月后苏芬开战，英法跃跃欲试，德国人准确地判断出英法出兵芬兰时，将占领挪威港口和瑞典铁矿的企图，便开始考虑抢在英国人之前，占领挪威的计划。这时德国人获得一个意外收获，挪威的亲纳粹集团头目吉斯林，自告奋勇充当引狼入室的角色，受到包括希特勒在内的德国要人的频频召见，并提供其经费，让其组织颠覆国内政府的活动。希特勒还命令最高统帅部与吉斯林会商，草拟占领挪威的计划，最高统帅部最初定名为"北方计划"。

但是德国海军作战参谋部研究结论认为，如果没有英国进攻的威胁，德国占领挪威就是一个危险的行动，因而最有利的解决办法就是维持现状。希特勒对海军和最高统帅部的结论均不满意，由海、陆、空军各派一名代表，组成代号为"威塞演习"的占领挪威的军事计划小组，并置于自己的直接监督之下，时间是1940年1月27日。2月17日，英国海军闯入挪威领海攻击并俘获德国"阿尔特马克号"供应舰，救出被俘的英国船员。挪威的中立实际上已被德国和英国共同践踏，这一事件使希特勒占领挪威的决心变得不可动摇。2月21日，希特勒任命福肯霍斯特为占领挪威的远征军总司令，并负责一切准备工作。

4月初，不断有消息证实，德国的陆军和海军在波罗的海港口集中，准备在挪威南部海岸登陆，丹麦和挪威政府对此都没有重视。英国内阁则批准丘吉尔于4月8日在挪威海岸线水道上布雷的计划，还决定派一小批英法军队在纳尔维克登陆，控制靠近瑞典的边境地带，以便对付德国因铁矿砂被封锁而采取的反应，另外还准备派一些军队占领更远的特隆赫姆、卑尔根和斯塔瓦格尔等，以防止被德国人占领和利用。这就是所谓的"R–4计划"。

德国人到底是这方面的高手，不等英国人动手，已捷足先登。4月9日这天充满了戏剧性，报纸上刊登了英法两国海军于前一天已在挪威水域布雷的惊人消息，但上午的新闻广播报道：德国军队已在挪威海岸的一连串地点登陆，并同时进入丹麦。这个更为惊人的行动立刻使英法海军布雷的消息黯然失色。

4月9日上午5点20分，德国驻哥本哈根和奥斯陆使节向丹麦和挪威政府递送了德国政府的最后通牒，要求两国接受德国的"保护"。德国拟定了和平与

德军装甲部队"顺利"闯进丹麦，仿佛这个童话王国对德军有的只是好奇。

武力两种占领方式，丹麦在毫无准备的情况下，被迫屈服。德军只用1个营和盘旋天空的一队轰炸机群就占领了丹麦首都哥本哈根。挪威政府断然拒绝了德国的要求，从入侵者一进入自己的领海就开始了英勇的抵抗。

德军动用了2艘战斗巡洋舰、1艘袖珍战斗舰、7艘巡洋舰、14艘驱逐舰、28艘潜水艇和若干辅助舰，以及1万多名先头部队（计划用3个师来征服挪威），于一天时间里，采用海上攻击、空中轰炸、伞兵空降和陆军登陆作战的陆海空三军协同的立体作战样式，在挪威的5个港口分头登陆成功。

德军占领挪威首都奥斯陆的过程充满了戏剧性，可谓浑水摸鱼的典型。挪威海岸炮台的火炮和鱼雷起初击退了运载陆军的德国舰队，1万吨的"勃吕彻尔号"被击沉，舰队司令和陆军指挥官落水后勉强游到岸上，做了俘虏，他们的任务是准备逮捕国王和政府人员的。虽然海上入侵暂时被击退，但德军的伞兵和空运步兵部队，从天而降，分别占领奥斯陆和斯塔瓦格尔的机场，这也是战争史上首次使用空降部队。实际上，只要在机场上放些车辆堵塞跑道，就可阻止德军飞机着陆，而首都的挪威部队也可以轻易地消灭在机场着陆的德军，但在一片恐怖和混乱的气氛中，军队既没有召集起来，更没有进入阵地，挪威政府已被一连串德军登陆消息弄得惊慌失措，王室和政府在上午便向北部山区逃去。在福纳布机场着陆的德军5个连，以一支临时拼凑的军乐队为前导，一路吹吹打打地进了首都。

在纳尔维克港驻地的陆军指挥官是个吉斯林分子，不战而降。海军两艘老式装甲舰却表现英勇，向10艘驶来的德国驱逐舰开火，但很快被击沉，300名挪威水兵全部阵亡。上午8点，德军在狄特尔将军指挥下占领了纳尔维克。接着，德国重型巡洋舰"希伯尔号"和另外4艘驱逐舰载着军队也轻易地拿下了特隆赫姆海港。在挪威第二大港口城市卑尔根，德国的"柯尼斯堡号"巡洋舰和一艘辅助舰被海岸炮台击成重伤，但其他舰艇上的德军仍然在午前登上了岸。下午，附近的英国海军开始支援卑尔根港的挪威军队。英国的15架轰炸机一举炸沉"柯尼斯堡号"巡洋舰，创下海战中飞机炸沉大型军舰的先例。由于丘吉尔过分小心，不敢进攻卑尔根港内的德军舰队，丧失了最初重创德国海军的良机。南部海岸的克里斯丁散港的海岸炮台曾两次击退德国舰队的进攻，德国空军赶来炸毁了要塞，港口于下午3时左右陷落。这样，在4月9日一天时间里，从斯卡格拉克到北极圈长达1500英里地区的5个主要港口城市和一个大机场，都落入德国人之手。

但整个挪威还没有陷落，希特勒命驻挪威公使勃劳耶数次与挪威国王哈康七世交涉，要求像丹麦那样停止抵抗，都被国王和他的政府所拒绝。他们联合英法登陆部队同德军继续作战。

英国人根本没想到德国会抢先在挪威来这么一手，在最初的沮丧过去后，开始在挪威同德国展开争夺。德国海军占领纳尔维克港24小时后，英国皇家海军的一支舰队冲入港内重创德军舰队，德舰队司令邦迪少将被击毙。两天后，英国另一支舰队赶来增援，全歼了残余德国军舰。狄特尔率领的德军陆地部队已退进山里。4月20日，1个英国旅和3个法国营在特隆赫姆东北80英里登陆，另一个旅在西南100英里登陆，对该港形成南北夹击态势，但遭戈林一手创建的强大的德国空军夜以继日的轰炸，其前进基地遭到严重破坏，补给品和增援部队的登陆也受到严重阻碍，无法按计划向特隆赫姆进攻。4月21日，英、德两军在利勒哈默尔首次交战，德军凭借掌握制空权的优势，攻陷利勒哈默尔，迫使英、挪军队向昂达耳斯内斯做远距离撤退。4月29日，挪威国王和政府人员在莫尔德仓皇乘英国巡洋舰"格拉斯哥号"到达北极圈上的特罗姆索，5月1日在该地建立临时首都。

5月28日，一支由法国、波兰、挪威军队组成的2.5万人的联军将一小撮德军赶出了纳尔维克，德国的命脉——铁矿砂通道似乎被彻底卡住了，看来希特勒在挪威算是白忙了一场。但就在此时，德军在西线发起了强大的攻势，英、法、比军队在比利时境内面临全军覆没的危机，于是联军急急忙忙放弃纳尔维克，从海上撤走。坚守在瑞典边境附近山区的德军狄特尔部队，于6月8日重新占领了这个港口，4天后，狄特尔接受了卢格上校残余部队的投降，后者曾领导挪威部队进行了英勇的抵抗。6月7日，挪威王室和政府人员从特罗姆索乘英国巡洋舰"德文郡号"去伦敦，开始了五年的流亡生活。

从军事上看，挪威战役具有深远的意义，英国人的失败固然有其行动迟缓的因素，但主要还是没有真正意识到制空权的时代已悄悄地降临，没有认清制空权是现代制海权的前提。从这个基本错误出发，他们在挪威作战时，步兵没有空军掩护，缺乏高射炮，而从挪威机场起飞的德国空军则对英国舰只、港口基地实施不断地轰炸，炸沉了装有大炮的英国运输舰，导致陆地上英军只得用步枪和机关枪同德军的大炮和轻型坦克对抗。所以挪威战役可以看成是：信仰海权的英国人败在了信仰制空权的德国人的手下。

## 第十二章 西欧的战争狂澜

## 1. 法兰西会战

### ·法国的"D计划"

就军事学术思想和对下一次战争的指导思想而言,法国和英国都已远远落后于德国,概括地讲,法国人是带着第一次世界大战的头脑来参加第二次世界大战,从战略到战术领域的几乎所有的观念,都停留在1918年的水准上。战略上法国统帅部坚信防御比进攻重要,因为上次大战中的许多会战表明,进攻的一方得不偿失,徒然消耗自己的力量,而防御一方总是能够达到目的。所以法国政府接受了军方的建议,花费巨资在法德边境修建了著名的马奇诺防线。战术上对新锐武器坦克、飞机的使用上,没有采取集中的大兵团方式,仍然将大多数的坦克编成坦克营,分派到步兵部队,充当步兵的进攻辅助工具。直到波兰会战中德国的机械化装甲兵团显示了巨大的价值后,法国才在1940年初陆续成立了3个重型装甲师,但其训练方面,如地空协同、坦步协同和后勤保障都相当欠缺,无法同德军相提并论。在这样的背景下,法国统帅部制订了针对德国的作战方案。

法军总司令甘末林将军在制订计划时,对德国未来的进攻方向作了颇费心思的判断。最初他凭直觉感到德军将会穿越难以通行的阿登山地,但不久便自已给否定了，他认为德军不可能从正面强攻马奇诺防线，阿登山区地形恶劣，大兵团不宜通过，机械化兵团的行动尤其困难。最后他判定德军进攻方案不可能超出"史里芬计划"的范围。也就是说，德国人将沿着第一次世界大战的老路，把进攻重点放在右翼，首先突入比利时，从法国北部侵入法国。甘末林的判断原本不错，德国陆军参谋本部最初制订的进攻方案正是对"史里芬计划"的抄袭，只是后来希特勒的"灵感"和曼斯坦因的"献计"，才使甘末林的判断变成了错误。

比利时境内的法德兰平原上，有三条河流可供设防之用：1. 阿尔培运河－穆斯河之线（安特卫普到列日）；2. 戴尔河之线（安特卫普到那慕尔）；3. 希尔德河之线（安特卫普到托尔莱）。比利时政府已决定将阿尔培运河－穆斯河之线作为自己的主要设防之线，所以法军只能考虑在戴尔河和希尔德河上设防，并分别称之为"D计划"和"E计划"。英法两国原考虑按"E计划"行事，在希尔德河布防，即可增援沿根特河部署的比军，又可随时推进至阿尔培运河之线，强化该线的防御力量。但比利时政府过分相信中立的保证，坚持在他国入侵成为事实前，自己决不破坏中立，拒绝了英法要求先期进入比利时布防的建议，甚至命令法比边境上的部队面对法国做好战斗准备，阻止英法强行进入比利时，以致后来当德国入侵时，英法军队在越过边境时，遭到不少麻烦。由于比利时态度坚决，法国统帅部只好选择"D计划"。"D计划"规定：当德军进入比利时，比军应在阿尔培运河和穆斯河上迟滞德军较长时间，与此同时，部署在法比边界上的英法联军主力应以圣孟吉斯为轴心向东北旋转，推进到戴尔河之线，然后同德军主力交战。

比利时防御是以北部安特卫普周围的要塞阵地和所谓"国家堡垒"为基础，这条防御带从阿尔培运河一直延伸到马斯垂克和列日附近为止。马斯垂克的防御以著名的埃本埃马尔要塞为重点，从列日起，防线又沿着穆斯河向西南延伸到那慕尔河为止。

荷兰的防御有其独立的计划。其兵力采取梯次配备，由东而西逐渐增强。在马斯布赫特的第一道防线上只布置了少量兵力；在"皮尔－拉门"第二道防线上，安置其主力部队；第三道防线由所谓的"荷兰堡垒"所构成。荷兰打算在"荷兰堡垒"的防御阵地中与德军作长期的周旋，利用该地以南可造成的泛滥，阻碍德军运动，以等候英法联军的抵达。

## ·德国的"黄色计划"

1939年10月9日,希特勒首次命令德国陆军总部制定西线进攻方案,10月19日,在陆军总司令勃劳希契和陆军参谋总长哈尔德向希特勒第一次提呈的进攻法国的"黄色计划"中,德军主攻方向正是甘末林所预料到的绕道比利时。

这个最初的"黄色计划"颁发之后,在三军总部和各集团军总部引起了激烈的争论。争论的焦点是:将所有装甲部队和摩托化部队都放在右翼的B集团军群内,是否妥当?10月25日,希特勒召见勃劳希契和哈尔德,他在听取汇报时突然来了"灵感",提出能否在南穆斯河穿越阿登山地,发动出其不意的进攻?显然,希特勒是第一个想到从阿登山地另辟蹊径的人,但他马上又对自己的想法表示了怀疑,因为除了该地区难以通行外,还有一个难以确定的因素,就是英法联军主力必须脱离法比边境进入比利时,这样,从阿登穿山而出的德军才能出现在英法联军后方,否则,仍会与他们发生正面冲突。所以希特勒的想法遭到陆军总司令和参谋总长等人的反对,三军统帅部的作战处长约德尔认为,穿越阿登进色当的行动是"一场连战神都会吃惊的赌博"。但希特勒始终不曾放弃这一想法。

就在这时,A集团军群参谋长曼斯坦因对照抄"史里芬计划"的做法很不满,认为"史里芬计划"当初有奇袭的效应,现在这种效应已经不存在了。他以报告的形式向参谋本部提出了自己的想法:进攻法国的重点应放在中路A集团军群方面,通过穿越阿登地区的出敌意料的行动,迂回进入比利时的英法军队并将其围歼,为此,A集团军群应由原来2个集团军增加到3个集团军。这就是著名的"曼斯坦因计划"。但这个计划起初没有被他的上司接受,他本人遭忌被贬到一个二流步兵军当军长。

1940年1月10日,一架德国空军飞机因迷航飞入比利时领空被迫降,携带着一份"黄色计划"的军官只来得及焚烧一部分,便连人带文件被俘了,文件相当一部分内容落入盟军手里。这就迫使德国人不得不重新考虑进攻计划。2月17日,希特勒宴请五名新任军长,曼斯坦因乘机向希特勒面呈了自己的计划,而在这之前,曼斯坦因曾就机械化装甲部队能否通过阿登地区,向古德里安作了询问,后者对此作了肯定的答复,曼斯坦因才如卸重负。曼斯坦因的想法自然同希特勒不谋而合,加上原来的计划已泄露,所以在希特勒的干预下,勃劳希契和哈尔德也开始赞成将重点放在阿登方向的进攻方案。德军参谋本部在具体的参谋作业中，为确保突破成功，将右翼"B集团军群"的实力削去一半，把中路"A集团军群"的兵力增加一倍，共调集4个集团军、45个师和大部分装甲部队及摩托化部队。这个即将实施的方案代号"镰割计划"。遑论其他，仅从双方的作战计划来看，法国人似乎已在德国人的算计之中了。

· 双方兵力和作战部署

在1940年4月、5月间，双方调兵遣将，秣马厉兵。在西线，荷、比、法、英四国总兵力为：荷兰步兵师8个；比利时步兵师18个；英国远征军步兵师10个、重装甲旅1个、机械化骑兵团5个；法国步兵师90个、重装甲师3个、轻装甲师3个、轻机械化师5个、独立坦克营27个。法军共有坦克2460辆（另加600辆旧式坦克），英军共有坦克229辆（171辆旧式坦克），法军坦克的装甲和火炮都较德军坦克优越。法军共有飞机3289架，其中2122架战斗机，401架轰炸机，还有600多架侦察、观测等类飞机。

德国在西线集结的兵力为：步兵师134个，装甲师10个，摩托化师4个。德军共有坦克2439辆，飞机3700架，其中1000架战斗机、1100架轰炸机、500架左右各类军用机。比较起来，法军坦克的装甲和火炮都较德军坦克优越；德军轰炸机占优势，法军战斗机占优势。

法军的部署是：比约将军指挥的法军第1集团军群中的5个集团军，其中包括一个英国远征军团，部署在法比边境上，从海岸一直延续到马奇诺防线的北端。它们依次是第7集团军、英国远征军第5集团军、第1集团军、第9集团军、第2集团军。其领受的任务是：一旦德军进入荷兰、比利时，这个集团军群战线便以马奇诺防线顶端附近的圣孟吉斯为轴心，向东北方向旋转，以宽正面迎战从这个方向而来的德军，并在戴尔河一线将德军挡住。在这个方向上，英、法、比、荷集结的兵力共81个师，德国的"B集团军群"进攻兵力仅为29个师。另外，在马奇诺防线还布置了普雷特拉将军指挥的法军第2集团军群，它由第3、4、5三个集团军组成，任务是固守马奇诺防线，阻止齐格菲防线上的德军进攻。法军统帅部把总兵力的三分之一共36个师配置这里，与之对峙的德军"C集团军群"只有19个中等水准的师。

即将开赴西部战线的英军士兵,他们轻松地弹琴唱歌说笑,自以为英国很快就会赢得胜利。

甘末林上述计划遭到部下将领的怀疑,第 7 集团军司令吉罗德对法军主力一开始就进军布雷达表示异议,东北方面军司令乔治担心如果德国人在比利时北部佯攻,而将真正的打击放在那慕尔以南的中间部分,法军将面临危机,他和比约、吉罗德要求把第 7 集团军作为战略预备队,放在随时可向北线和东线增援的位置上。甘末林固执己见，仍于 1940 年 4 月 15 日下达了第 7 集团军北上的最后命令。更令人不解的是，甘末林除了几个分散的师外，没有留下任何战略预备队。

德军兵力部署如下：右翼波克指挥的"B 集团军群"，辖第 18、6 两个集团军，以及希米特第 39 装甲军和胡普纳第 16 装甲军。该集团军群任务是迅速突入荷兰、比利时北部，给对方进攻重点在右翼的错觉，吸引英法联军进入比利时，落入"镰割计划"的陷阱。以后待中路"A 集团军群"包抄到位后，实施前后夹击，围歼英法主力。

中路"A 集团军群"由伦德斯特指挥，辖第 4、12、16 三个集团军，在其后方二线位置上还布置着一个第 2 集团军作预备队。克莱斯特指挥的装甲兵团放在最前面打头阵，这个兵团是德国装甲兵全部精华所在，从北向南一字排开的 3 个装甲军为霍斯第 15 军（辖 2 个装甲师）、莱茵哈特的第 41 装甲军（辖 2 个装甲师）、古德里安的第 19 装甲军（辖第 1、2、10 三个装甲师）。"A 集团军群"的任务是：当英法主力完全进入比利时与"B 集团军群"正面相撞时，迅速通过阿登山地，在那慕尔和色当之间突破穆斯河防线，一直进到海岸，切断已进入比利时的英法主力退路，同从东北方向而来的"B 集团军群"围歼陷入罗网的英法联军主力。

左翼"C 集团军群"由李布指挥，辖第 8、7 两个集团军，固守齐格菲防线（与马奇诺防线相对应）的同时，向马奇诺防线发动佯攻，以牵制该防线上的守军，阻止其向别处增援，等 A、B 两个集团军群得手后，在第二阶段作战中，对马奇诺守军前后夹击。

## ·法兰西会战第一阶段

1940 年 5 月 10 日早晨，希特勒从去年以来一再推迟的西线进攻终于打响，德军 5 个一线集团军北起北海，南到莫斯尔河同时发起进攻。德国空军对荷兰、比利时、法国的机场、交通枢纽、军事设施、通讯指挥中心等前后方军事目标发起猛烈袭击。佯攻方向上的德军波克"B 集团军群"进展尤其引人注目。根据希特勒的建议，德军空降部队在荷兰首都鹿特丹实施空降，占领机场和地面桥梁，保证了装甲部队进军时的畅通，一举占领荷兰首都。5 月 15 日上午，荷兰政府宣布投降。

波克的"B集团军群"在比利时境内的进展也让人惊讶。比利时在阿尔培运河的防御以埃本埃马尔要塞为重点，该要塞是打开比利时中央平原的大门。德军为夺取它早就在国内希尔德斯海姆用这个要塞模型训练了整整一个冬天。5月10日黎明时分，德军滑翔兵80人（一说78人）在一名中士率领下，降落在这个要塞的顶上，他们用特制的"空心炸药"往炮塔和气孔里投掷，使地下室弥漫起火焰和烟雾，不堪忍受的1200名比利时守军被迫投降。这一号称欧洲最坚固的要塞在不到30个小时内就陷落了。在攻打埃本埃马尔要塞的同时，德国另一支空降兵也迅速夺得该要塞北边阿尔培运河上两座完整无损的桥梁，保证了从边境线上急驰而来的霍普纳第16装甲军的先头坦克纵队赶到埃本埃马尔要塞，横扫了平原地区的一切抵抗，比利时守军被迫从阿尔培运河全线后撤。

5月10日清晨5点30分，法军总司令甘末林接到比利时人的呼救，立即命令东北战线总司令乔治将军实施"D计划"。乔治令第1集团军群比约将军所辖的5个集团军向比国境内出动；吉罗德第7集团军沿海岸直趋荷兰的布雷达；高特将军的英军第5集团军和布郎夏尔将军的法军第1集团军进向卢万和那慕尔的戴尔河之线；科拉普将军的第9集团军向色当西北移动，部署在穆斯河西岸到那慕尔一线；亨齐格将军的第2集团军已占据了色当至马奇诺防线北端。这样，法比边界上的英法联军共45个左右的师，包括法国最精锐的野战兵团完全按着事先的规定，以圣孟吉斯为轴心，整个左翼向东北方向旋转，而这正是希特勒和他的统帅部所希望的，因为这是德军"镰割计划"能够成功的先决条件。在希特勒和他的将军们看来，英法联军向比利时境内的运动，恰似争先恐后地跳入"陷阱"。

由于波克的"B集团军群"在荷兰、比利时假戏真做，干得惊天动地，使对方注意力完全被吸往东北方向，特别是鹿特丹的陷落和埃本埃马尔要塞的快速克服，更使甘末林毫不怀疑德军攻势的重点在右翼，他不免有几分"早在意料之中"的得意，更加相信德国人正在重演"史里芬计划"的故伎。

正当法军统帅部的视线被全部引往北面的波克"B集团军群"时，来自阿登方向的德军真正的打击开始了，由于甘末林的自信，他在这个防御线上部署了科拉普将军的第9集团军，这个集团军大多由预备役人员组成，是法军中最弱的部队，却守卫着75英里宽的一段防线，以后它将承受德军最精锐的机械化装甲兵团，德国全部10个坦克师中的7个师的攻击。在第9集团军的右翼，是亨齐格将军的第2集团军，据守着色当到马奇诺防线的北端。

5月10日，伦德斯特指挥的"A集团军群"前锋部队——克莱斯特装甲兵团的霍斯第15装甲军、莱茵哈特第41装甲军、古德里安第19装甲军由北向南摆开阵势，开始了穿越75英里纵深的阿登山地的行动。法军第9集团军和第2集团军4个骑兵师也东渡穆斯河，进入阿登山区的预设阵地并放出警戒部队。5月11日和12日，科拉普的第2、5骑兵师和亨齐格的第1、4骑兵师先后同古德里安和霍斯的坦克部队，在森林地带突然遭遇，法国骑兵被迎头痛击，立即向后溃逃，被赶回穆斯河西岸。

5月12日下午，克莱斯特装甲兵团已钻出阿登森林，到达迪让至色当一线的穆斯河东岸。霍斯装甲军所属的隆美尔第7装甲师于第二天，5月13日上午，在第南特最先强渡穆斯河，隆美尔亲临第一线，用坦克火炮肃清了法军的火力点，指挥步兵渡河抢占了一块登陆场，然后工兵在河上架起浮桥，夜里先头坦克纵队的15辆坦克到达对岸。5月14日，德军第7装甲师全部到达西岸，开始扫荡法军马丁将军的第11军，法军第5摩托化师和第18步兵师被击溃。5月15日，隆美尔第7装甲师和瓦尔斯波恩第5装甲师向仓促赶来的法军第1装甲师发起攻击，法军由于后勤缺乏效率、汽油不济以及没有空中打击和炮兵的掩护，战至天黑，被德军彻底击败，第二天，当法军第1装甲师退到法国边境上时，原来的175辆坦克只剩下12辆了。当霍斯的装甲军在第南特突破时，莱茵哈特和古德里安的装甲军也在差不多的时间内分别在蒙特尔米、色当突破了穆斯河防线。

法国真正的灾难是从色当开始的。这里是科拉普第9集团军和亨齐格第2集团军的结合部。5月12日下午，古德里安第19装甲军抵达穆斯河岸，攻克历史名城色当。对岸是法军第2集团军所属格朗萨德将军指挥的第10军第55师的阵地，这位法国将军认为德军的炮兵火力和坦克火力都不足以打开自己的防线，断定德军第二天不可能进行渡河作战，因为根据以往的经验，渡河需有重炮部队掩护，德军至少需要5～6天时间才能集结足够的重炮部队。但古德里安和战术空军指挥官罗兹尔商定，以猛烈而持续的空中打击来代替传统的炮兵攻击，打开法军的防线。5月13日上午11时，德军斯图卡式轰炸机对法军第55师阵地进行了5小时持续轰炸，到下午4点，空中打击结束时，法军官兵的精神已彻底崩溃，纷纷丢弃阵地，惊慌失措地逃跑了。第19装甲军的步兵轻松地渡河，抢占了登陆场，工兵于当天夜里架起浮桥，5月14日，第19装甲军的第1、2、10坦克师从浮桥上一拥而过，向南扩张战果。

5月14日下午3点，对双方来说都是关键性的时刻，古德里安在做出了法军不会进行大规模反击的判断后，冒着极大风险命令第1、2装甲师掉头向西。法军第3装甲师和第3摩托化师就在已暴露了无掩护侧翼的装甲19军附近，如果法军此刻完整地将装甲部队投入攻击，似乎有可能导致类似第一次世界大战时"马恩河奇迹"，同样是缺乏油料、器材、训练和分散部署给步兵的陈旧做法，使得法军坦克部队的反攻一拖再拖，最后干脆没有反攻。而这种宝贵的战机则在几小时，甚至一小时内稍纵即逝。

5月15日，古德里安第19装甲军，向西插到雷代尔和蒙卡尔内，切断法军第9集团军与第2集团军的联系，科拉普的第9集团军于当天下午彻底瓦解，通往巴黎和海岸的道路已畅通无阻。但希特勒却被自己的胜利弄得紧张起来，他不知道法军没有战略预备队，对法军至今尚未向侧翼暴露的德军西进坦克纵队发动强大反攻深感不安，希特勒不顾勃劳希契和哈尔德的反对，下令克莱斯特装甲兵团停止前进。5月15日晚上，古德里安突然接到克莱斯特停止前进的命令，他立刻意识到这将导致前功尽弃，他在电话里同克莱斯特经过激烈争辩后，后者勉强同意在下一个24小时内还可以前进。古德里安和部下及第41装甲军所属第6装甲师师长肯普夫商定只管向西挺进，直到耗尽最后一滴汽油为止。

5月16日，克莱斯特兵团的7个装甲师开始向西赛跑。第二天清晨，古德里安在前线机场迎候克莱斯特时，因违反停止前进的命令被后者大声训斥一顿，古德里安原本期待一番夸奖，不料得到的是一顿训骂，他立即要求辞去军长职务。克莱斯特也不挽留，但伦德斯特很快派第12军团司令李斯特前来挽留，他要求古德里安服从最高统帅部的命令，同时允许他作"威力搜索"。古德里安假借"威力搜索"的名义，挥动手下3个装甲师拼命向前推进，他已把希特勒在内的最高统帅部里衮衮诸公全都糊弄过去了。在以后的3天里，第19装甲军以犁庭扫穴之势席卷法国北部。5月20日晚上7时许，第2装甲师攻克海岸城市亚布维尔。至此，在比利时境内的英法比军队的退路全部被切断。利德尔·哈特战后认为：在法兰西会战中，事实上是古德里安的装甲军拖着整个德国陆军赢得了会战的胜利。

法军第9军团崩溃的消息传到巴黎，法国政府顿时陷入一片惊慌中，总理雷诺抓起电话打给英国首相丘吉尔，大声惊呼："我们已经被打败了，我们已经输掉了这场战争。"甘末林总司令告诉国防部长达拉第，他没有任何后备队，已无法阻止德军坦克纵队的前进。戴高乐将军以微弱的、仓促凑集的第 4 装甲师进行的反击，也无法力挽狂澜。英军的阿拉斯反击，虽然使隆美尔暂时受挫，但最终也被击退。5 月 18 日，雷诺改组政府，从西班牙和叙利亚召回上次大战的名将贝当和魏刚。魏刚于 5 月 19 日接过法军总司令的职务，第二天却把整整一天时间用在对政府要员的礼节性拜访上，5 月 21 日，魏刚发布的第一号令完全丧失了现实感，他的南北夹攻的计划根本不能实现。

德军克莱斯特装甲兵团和后续的摩托化步兵军团切断英法军队的退路后，转而北上，会同东北方向的"B 集团军群"把残余的联军部队压缩在敦刻尔克港。善打小算盘的英国人从 5 月 26 日起，就着手开始了从海上撤走军队的行动，代号为"发电机计划"。英国从本土调集了包括私人游艇在内的一切水上交通工具，到 6 月 4 日，最后一批部队撤离时，共撤出 33.8 万人，其中英军 21.1 万人，法军 12.3 万人。当德军攻占敦刻尔克时，担任阻击的 4 万残余法军向德军投降。

德军未能达成最后围歼有其主客观原因。德军统帅部判断敦刻尔克包围圈的同盟国军队约 10 万人，直到最后阶段才得知有 40 万人。所以德军统帅部认为第二阶段同法军的作战任务仍然很艰巨，必须节约使用装甲部队，以便在下一阶段同法国战略预备队决战。另一方面，在敦刻尔克以南 20 英里的地带，是一片水网沼泽，古德里安等前线装甲部队指挥官向克莱斯特和"A 集团军群"司令部反映，由于连续作战，已有一半的坦克不能作战了，并且认为在沼泽地区使用步兵比使用坦克更加合理。所以在 5 月 23 日，德军坦克停止了前进。尽管勃劳希契和哈尔德竭力反对，希特勒同伦德斯特会商后仍发出停止前进的正式命令。同时，戈林也向希特勒保证，空军完全可以单独消灭包围圈里的同盟国部队，但后来的阴雨天气使空军受到极大限制。这几个因素相加，一方面成全了英国人的"敦刻尔克奇迹"，另一方面导致了德国人在此次会战中最严重的错误。

从色当突破到敦刻尔克撤退的第一阶段作战中，同盟国军队共损失了 61 个师，差不多是他们三星期前的一半兵力。法军的北线部队已被消灭，其中包括最精锐的机械化程度最高的部队。尽管法国的 90% 以上的国土还在自己手里，但法军总司令魏刚将军只有 60 个疲弱的师，在松姆河口海岸到马奇诺防线之间勉强建立了一道"魏刚防线"。不言而喻，在同重新编组后的德军 150 个精锐之师即将展开的战斗中，显然是毫无希望的。

· 法兰西会战第二阶段

6月5日，波克的"B集团军群"首先在海岸地区发起第二阶段作战。6月7日，隆美尔第7装甲师在亚布维尔和亚眠之间突破法军防线，随后同第5装甲师协作将大批英法部队逼向海岸。几天后，这些被围的部队在一个叫圣瓦雷里·昂科的小渔港向德军投降。6月16日至19日，隆美尔的第7装甲师狂奔220英里，创下当时战争史上最高的进军纪录，而他的装甲师也获得"魔鬼之师"的称号。法国的松姆河防线遂告崩溃。

就在波克集团进攻的第五天，6月9日，伦德斯特的"A集团军群"在东端的埃纳河一线发动进攻，德军统帅部以闪电般速度，仅用两天时间将4个装甲师从松姆河调到埃纳河，8个德国装甲师达成突破后，向法国腹地排山倒海般地涌进。新组建的古德里安装甲兵团在夏陶－波尔斯附近撕裂法军阵地，向马奇诺防线后方展开大规模迂回攻击。6月17日上午，古德里安的坦克纵队已抵达瑞士边境的潘塔利城，完全封闭了马奇诺防线的后方。6月14日，德军李布"C集团军群"所属维茨勒本第1军团和多尔曼第7军团，也向马奇诺防线展开正面进攻，会同进至防线后方的古德里安装甲兵团一起围歼了法国守军，俘虏70万人。举世闻名的马奇诺防线终于被证明是一件无用的摆设。

随着军事形势的严重恶化，法国的政治外交局势也急剧震荡。6月10日，首都巴黎被放弃，百万难民如决堤之洪流向南涌去，意大利趁火打劫，于这天向法国宣战。6月14日，德军进入巴黎。6月16日下午，雷诺宣布辞职，法国总统勒布伦授权贝当元帅组成新政府。第二天，贝当通过西班牙政府向德国提出休战要求。命运使这位第一次世界大战的"法兰西救星"，在第二次世界大战里扮演了"法兰西掘墓人"的角色。6月22日，德法两国代表在上次大战签订停战协议的地点——康边森林的一节列车车厢里——签订了休战协定。不过，这次的胜者和败者的位置互相交换了一下。两天以后，6月24日下午，《法国－意大利停战协议》在罗马签字，由于意大利的32个师在一周的战斗中竟然不能使6个法国师后退一步，所以只占领了几百码的法国领土。这个向处于危机中的邻居背上扎"小刀"的国家，初次在全世界面前暴露了军事上的无能。

停战协定相对一个被彻底打败的国家来说还算宽大，但对一个曾经是强大而独立、领土完整的国家来讲又是非常的屈辱。停战协议规定：法国的宪法完全不动；德军占领法国北部，南部和东南部仍由法国政府自己管理；法国在本国可保留 10 万陆军限额，在非洲殖民地可维持 18 万人的法军；法国舰队必须复员、解除武装，舰只停泊于本国海港内废置不用，德国保证不使用法国舰队为自己作战。以后希特勒几乎违背了所有的诺言，战败的法国实际上成了德国的附庸。

如果说波兰军队是落后的武器装备同古老的中世纪骑兵观念的混血儿，那么，法国军队则是最先进的武器装备与落后 20 年的军事理论的结合体。后者比前者更为不幸。仅仅在观念上的一步落后，导致了法军战略和战术方面一连串的失误。在战略上，坚持以防御为核心的国防战略，以"建立连续不断的正面防线"来对付德军的进攻，把战争样式想象成第一次世界大战的模式。在战术上，仍持炮兵为战场主宰的拿破仑时代的观念，对战术空军的作用认识不足。对飞机和坦克的使用都采取了分散的原则，而不是像德国人那样采取集中使用的原则。

在第二次世界大战前夕，制空权决定战场胜负的趋势已为许多国家的军事当局所认清。法国空军和德国空军相比，数量上前者尚占优势，由于军事后勤管理体制长期的严重弊端，法军总司令甘末林将军竟然不知自己的空军究竟有多少架飞机，法国统帅部对到底有多少架飞机可用于作战是一笔糊涂账。掩护法国第 1 集团军群 5 个集团军的飞机一共才 746 架，且分派给各陆军单位使用，没有组成独立建制的航空兵团。同一作战地区的上空，德军投入两个航空兵团近 3000 架飞机，在决定生死存亡的时刻，法国 2000 架左右的飞机躺在仓库里，其背后的原因直到今天仍未完全弄清。会战期间，一些陆军指挥官还往往谢绝空军主动支援的建议。

在指挥体制上，甘末林将军出于自私的动机，将最高统帅部的职能分成两个部分，他负责制订计划和下达实施计划的命令，东北战线总司令乔治负责对该作战计划进行实施和指挥。这种指挥体制在历史上可谓罕见，在绝大多数的国家里，最高统帅部是集二者职能于一身的。甘末林选择这一奇怪的指挥体例的用心在于：胜利了，可把功劳记在自己的账上，因为仗是按自己的计划打的；失败了，可将罪责推到乔治身上，因为仗是他指挥的。实际上，这是一种可以互相推诿责任的体制。在整个作战过程进行时，乔治明知计划不对，仍按错误计划进行指挥，不敢修改，他认为这样即使打败了，自己不负责；甘末林也看出乔治的指挥是错误的,但他不愿干涉,更不愿立即接过指挥权亲自指挥,因为万一战败了,责任不在他而在乔治。这个由高级将领的私心派生出来的荒谬指挥体系,破坏了最高统帅部起码应有的职能——根据战场情况变化修正计划和实施指挥的职能。这种情形使威廉·夏伊勒在《第三共和国的崩溃》里万分感慨道,"这不是一两个领导人的问题,而是整个民族出了问题"。

## 2. 不列颠之战

希特勒与英法交战的目的并非为了征服这两个国家,而是因为他们不让德国向真正的目标即向东方扩张。法兰西会战大获全胜后,他认为继续为征服英国而战,那是让德国为日本和美国等一心想取代英国海洋势力的国家流血。希特勒以为一向处世精明,比较现实的英国人会承认欧洲大陆的现状,承认德国已是欧洲霸主的地位,很快会接受德国提出的和约。不料新任英国首相丘吉尔和他的内阁态度异常强硬,向全世界表明了要将战争继续下去的决心。希特勒见英国不准备妥协,于7月16日正式发出第16号作战指令,决定渡海进攻英国本土,这个进攻作战的代号被称之为"海狮计划"。

要想在英国本土进行登陆作战,首先必须击败英国空军,取得制空权。由于德国海军舰队的水面实力远不如英国,所以在夺取制空权之后,应进一步以空中打击遏制英国海军对运输登陆部队的德国舰只的攻击,保持海峡领域的制海权。同时,还应夺取登陆区域上空的制空权。德国最高统帅部的步骤是:让戈林的空军打头阵,在尽快的时间里夺取英吉利海峡、多佛尔海峡的制空权和制海权;由雷德尔的海军负责运输德军登陆部队;伦德斯特的"A集团军群"负责主要登陆作战,计划在几天内总共有41个师在英国本土登陆,其中包括6个装甲师、3个摩托化师和2个空降师;波克的"B集团军群"有3个师也在作战序列中。陆军总司令勃劳希契十分有把握地认为,占领英国的战役将在一个月内轻松地结束。

"海狮计划"的关键是空中决战,德国空军的任务是:1.攻击英国南部的空军基地;2.掩护出发港口的装载工作;3.掩护海上运输;4.支援第一波陆军登陆作战；5. 同海军和海岸炮兵合作以阻止英国海军干扰。不列颠空战从1940年8月13日开始，直到1941年5月中旬结束，前后共9个月，经历了争夺制空权和摧毁英国工业经济潜力两个阶段。戈林投入了3支强大的航空队——凯塞林第2航空队、斯比埃尔第3航空队、施登夫将军第5航空队。这3支航空队共有轰炸机、战斗机2277架，而英国此时保卫本土的战斗机仅为704架。

8月13日，在不太理想的天气下，德空军出动485架轰炸机、1000架战斗机，与英国空军展开争夺制空权的第一阶段战斗。德空军攻击了英国东南沿海的9个机场和其中的5个雷达站，但战果欠佳，损失飞机是英国的1倍多。8月24日起，争夺制空权的战斗进入第二阶段，德国扩大了空中打击范围，轰炸包括伦敦地区的空军设施和飞机制造厂，仍然没能消灭英国空军。制空权的象征是自己的轰炸机能随心所欲地打击对方任何地面目标，所以关键在于消灭对方的战斗机，但英国战斗机一直避免同德国战斗机交战，专打德国的轰炸机，在8月15日的大空战中，英国的"飓风式"和"喷火式"战斗机使德军第5航空队遭到毁灭性打击，从此退出了不列颠空战。不过在8月23日至9月6日的两周里，英国空军被摧毁和受重伤的飞机已达446架，损失全部驾驶员的四分之一，5个前进机场遭到巨大破坏，7个扇形指挥中心站有6个遭到猛烈轰炸，空军整个作战通讯系统快要瘫痪。英国空军已接近崩溃的边缘，德国空军的数量优势开始发挥效力。

就在这紧要关头，德国空军突然改变了打击方向，把目标转到了伦敦地区的战略轰炸，从而让焦头烂额的英国空军喘过气来。德国空军改变轰炸目标的部分原因是在8月23日晚上，12架德国轰炸机奉命去轰炸伦敦郊外的飞机工厂和油库，但却把炸弹扔在了伦敦市中心，为了报复，8月25日开始，英国空军对柏林进行了几次夜袭，造成德国人被打死在德国首都的尴尬情形，希特勒恼羞成怒，决定实施大规模报复。另一个原因是想通过轰炸英国的心脏地区，迫使英国战斗机接受空中决战，并予以歼灭。

从9月7日开始，不列颠空战进入摧毁英国工业经济潜力阶段，也分三个小阶段。在9月7日至9月19日，德国空军对伦敦城和伦敦地区的目标进行狂轰滥炸，使这个世界著名城市遭到极大破坏。9月15日，空战达到决定性高潮，德军统帅部决定在白天进行轰炸。德国200多架轰炸机在3倍数量的战斗机掩护下，向伦敦飞来。由于英国空军得到一个星期的恢复，将上千架德军飞机打得落花流水，德国轰炸机的损失直线上升。英国空军趁势轰炸法国沿岸的一些港口，使集结在那里准备渡海作战的德军部队和船只遭受极大损失，迫使德军停止继续在港内集结渡海部队和器材。戈林被迫改变战术，规定白天不再进行轰炸，轰炸机在白天只作勾引英国战斗机的诱饵。这次空中决战表明，英国空军仍是一支强大的力量，远没有被削弱到德军实施登陆所需要的程度。两天后，即9月17日，由于登陆部队的集结点遭到破坏，以及争夺海峡上空的制空权受挫，希特勒下令无限期推迟"海狮计划"。

从9月20日到11月13日，德军在白天用少量战斗轰炸机引诱英国战斗机出动，夜晚用轰炸机袭击伦敦，但仍没有获得理想的效果。从1940年11月14日到1941年5月22日，德国空军对其他英国主要城市也实施猛烈空袭，这种轰炸的目的已完全与"海狮计划"脱钩，并非夺取制空权，为登陆创造先决条件，而是在实践杜黑的战略轰炸理论，企图迫使英国屈服。在最后阶段，德军以对考文垂的夜间大轰炸为起点，几乎能随心所欲攻击任何一个城市。在5月15日夜间，伦敦大空袭又一次达到高潮，英国被炸得百孔千疮，但仍不屈服，而希特勒对苏联的进攻已迫在眉睫，空军主力已开始东调。到5月22日，西线只留下少数兵力，不列颠空战遂不了了之，"海狮计划"则彻底破产。

不列颠空战的经验和教训：这次空战廓清了战前空军理论的许多问题，夺取制空权就是胜利、"制空权决定一切"至少在这次空战中得到了证实。它实际上已间接暗示了海权对制空权的依赖。英国人和德国人都十分重视空军的建设，但各有侧重，英国以保卫本土为宗旨，所以重视战斗机种的发展。在法兰西会战中，英国在陆军惨败的情况下，没有把保卫本土的25个战斗机中队孤注一掷投入法国战场，为日后在空战中翻本，留下本钱。德国是大陆国家，深受陆军传统影响，所以空军的建设侧重对地面装甲部队的支援，着力发展轰炸机。在不列颠空战中，英国人的战斗机优势充分体现了出来，而德国"斯图卡式"轰炸机尽管支援地面作战时效果极佳，但根本不适合用来作战略轰炸，特别在遭到英国皇家空军"飓风式"和"喷火式"战斗机攻击时，更是毫无招架之功。

英国空军的胜利，还应归功于使用了先进的雷达监控指挥技术。德国飞机从西欧的一些基地刚起飞，它们的影子就在雷达的荧光屏上显示出来了，它们的航程被精确地标出来后，又通过地面"扇形站"，指挥战斗机在最有利的时间和地点迎战德国空军。德国人不久就认识到这些地面雷达站和"扇形站"的

被炸得千疮百孔的伦敦，连皇家白金汉宫也未能幸免，为了鼓舞人心，英女王亲自视察现场。

在防德机轰炸的战壕里，孩子们水一般清纯的眼睛望向天空，因为恐惧，也为了祈祷。

重要性，曾全力进行攻击，并使之受到严重破坏，但后来打击目标转向了伦敦，没有把这一攻击继续下去。戈林改变攻击目标的命令和让装甲部队停在敦刻尔克外围的命令，其性质是差不多的，都属指导战争时的重大失误。这些雷达站和"扇形站"在不列颠空战中的价值是难以估量的。

英国取得了不列颠空战的胜利，丘吉尔亮出了史上最著名的 V 手势。

## 第十三章
## 北非的激烈厮杀

## 1. "沙漠之狐"

意大利从来就把地中海沿岸的非洲和小亚细亚看成自己的生存空间，当欧洲大陆上的法国已经战败，英国被打得焦头烂额时，墨索里尼觉得在非洲向大英帝国挑战，扩大意大利北非殖民地的机会来了，他想重建罗马帝国的辉煌。对于英国来说，北非殖民地的丧失，意味着地中海生命线不保，近东石油生产地和其他经济利益的丧失，同时还将危及远东殖民地的统治。

意大利军队在非洲展开两个集团军：东北非集团军约30万人，北非集团军约23万人。1940年7月初，意军从埃塞俄比亚向英属苏丹和肯尼亚内地进攻，不久进攻范围扩大到索马里，经两个星期战斗，意军击败了兵力和装备都处劣势的由非洲和印度人组成的殖民地部队。8月18日，英属殖民地部队退过海峡撤往亚丁。

意军在东非取得战果后，决定在北非采取攻势，占领英国在地中海主要海军基地亚历山大港和苏伊士运河。驻在利比亚境内的意军为第5军团和第10军团，前者面对突尼斯，后者面对埃及展开。1940年9月13日，格拉齐亚尼元帅指挥意军第10军团约8万之众，从昔兰尼加向东进攻，英军经过短时间的抵抗后，全面后撤。意军进攻第一天便占领军事重镇塞卢姆，并开始追击，但因后勤供应中断和运输工具不足，只前进了 50 英里，在西迪巴腊尼便裹足不前。英军利用意军消极等待的近两个月时间，得到了两个师的补充。12 月 9 日，英军中东军总司令魏内尔下令转入反攻，英军在利比亚前线指挥官阿康纳将军指挥下，以 275 辆坦克为先导，采取侧后迂回加正面突贯的策略，将意军第 10 军团彻底击溃。到 1941 年 2 月 6 日，在两个月的交战中，连克塞卢姆、巴尔迪亚、托卜鲁克、班加西，向西推进了 500 英里左右，英军伤亡代价不到 2000 人，俘虏意大利官兵 13 万人左右。意军还损失近 400 辆坦克和 1290 门火炮。格拉齐亚尼几乎全军覆没，只得龟缩在的黎波里这个最后立足点。就在英军再稍加一点劲，就可把意军一鼓荡平时，丘吉尔命令魏内尔在北非留下最少限度的守军，抽调主力开往希腊。这就给德国人来到后，在北非燃起的燎原之火留下了一颗火种。

1941 年 2 月初，英军已在苏丹和肯尼亚集结了 15 万军队，在戴高乐将军"自由法国"部队和埃塞俄比亚军队的支援下，开始在东非发动全面反攻。经过三个多月的战斗，意军土崩瓦解。5 月 20 日，意大利的埃塞俄比亚总督兼东非军总司令奥斯塔公爵率部投降，意军被俘约 23 万人。至此，墨索里尼在非洲的赌博几乎输了个精光。

意大利军队的崩溃再次验证了俾斯麦的一句话：意大利有狮子般的胃，却只具备一副老鼠的牙齿。在北非殖民地几乎丢尽后，墨索里尼不得不放下架子向希特勒求援。德国此时对苏联的进攻正迫在眉睫，对开辟欧洲以外的战场不感兴趣，但希特勒考虑到如果意大利丧失非洲，会危及墨索里尼在国内的地位，进而有可能失去一个主要伙伴。因此决定先派少量的兵力，来帮助意大利人维持北非的局面，等欧洲大陆上尘埃落定，再集中力量收拾非洲。1941 年 2 月 6 日，希特勒召见德国坦克悍将埃尔温·隆美尔，任命他为非洲军军长，前往北非援救意大利人。根据双方的约定，意大利在北非的所有部队都归隆美尔指挥，为照顾墨索里尼的面子，隆美尔名义上归意大利北非军总司令巴斯蒂科指挥。

德国的非洲军由第 5 轻快师和第 15 装甲师组成，此外，意大利的一个坦克师和一个步兵师也赶往增援。加里博迪代替格拉齐亚尼担任北非意军的指挥。1941 年 2 月 12 日，隆美尔到达的黎波里。两天后，一艘德国运输船冒着风险运来了第一批德军，一个战防营，一个搜索营，第二天上岸后，在的黎波里市中心游行一番，以壮声色，随即开赴战场，26 小时后已抵达前线。隆美尔为出奇制胜，不顾上司要他 5 月进攻的指示，在 3 月 31 日，也就是第 5 轻快师的坦克

墨索里尼煞有介事地从望远镜中观察着什么，其实他对军事一窍不通。

团刚刚到达之日发起攻势。

英军总司令魏内尔根据以往经验判断，在 5 月之前，德军绝无可能发动进攻，因为德军要远涉地中海来集结兵力，这就颇费时日。这时英军的主力已调往巴尔干战场，留在北非的部队只有两个削弱的师和一个旅，都是些缺乏训练和战斗经验的新建部队。阿康纳将军正在休假，由尼姆将军代理指挥职务。魏内尔的判断按常识而论并不算错，但偏偏遇到隆美尔这位天分很高的将才，忽略了对手不寻常的个性。为了虚张声势以弥补兵力的不足，隆美尔把汽车伪装成坦克，从而将攻势放大了许多倍。这种鱼目混珠的方法产生了奇效，英军为德军"强大攻势"所震撼，一触即溃。在进攻的当天，德军一举占领阿格海拉瓶颈地带。面对雪崩似的英军，隆美尔继续扩大战果。4 月 3 日，非洲军攻占班加西。4 月 6 日，出现了戏剧性事件，急忙赶回的阿康纳将军和尼姆将军在去前线了解情况时，竟闯入快速推进的德军前锋纵队，稀里糊涂地做了俘虏。

在两个星期内，英军仓皇后撤400英里，退回埃及边境，隆美尔的德、意部队轻松地收复昔兰尼加，不过在德军后方，英军仍坚守着一座孤城多布鲁克，这对隆美尔好比芒刺在背。4月11日，隆美尔开始围攻多布鲁克，但兵力不足遂陷于僵持。这时，德国统帅部正全力以赴准备入侵俄国，不准备扩大北非战果，哈尔德派副参谋总长保罗斯到北非视察，去制止隆美尔"发疯"。4月底，英国人源源不断地增援北非，5月中旬，魏内尔不等增援全部到达，便发动代号为"简短作战"攻势。一举拿下"哈法亚隘道"，但12天后被德军夺回，"简短作战"也随之瓦解。

到了6月中旬，英军又发起"战斧作战"的行动，但在"哈法亚隘道"闯入德军88毫米高射炮和各种大炮、坦克组成的陷阱，英军坦克主力几乎被全歼，损失90辆坦克，而德军只损失12辆。在另一场坦克战中，隆美尔又击败队徽为"沙漠之鼠"的英军第7装甲师（隆美尔因而获得"沙漠之狐"绰号）。这个时期的作战表明，意大利军队不是英军的对手，但德军作战能力又明显比英军高出一筹。"战斧作战"失败后第4天，魏内尔被免职，由奥钦烈克接任中东军总司令，北非的各路英军组成第8军团，孔令汉将军任司令。丘吉尔下了狠心，一定要在短期内击溃隆美尔的非洲军，他向北非运送了大批增援，甚至将远东问题也暂时搁在一旁。

## 2. 打退非洲师

1941年11月18日，英军在第8军团司令孔令汉将军指挥下，发动攻势。困守孤城的多布鲁克守军也从海上获得增援，准备里应外合，击破德军围困。双方兵力如下：英军由4个战车团增加到14个，摩托化步兵师由1个增加到4个，空军有700架飞机，占绝对优势，坦克有710辆，不包括在预备位置和运送途中的500辆，投入总兵力11.8万人。德、意方面的情况是：德军非洲军也已升格为非洲军团，隆美尔为司令。但他几乎没有获得什么补充，仍是4个战车团，分属第21装甲师（由第5轻快师改称）、第15装甲师，他将一些独立的炮兵单位和步兵单位合并成一个"非洲师"（以后改称第90轻快师），还有6个意大利师，各种飞机 320 架，坦克 320 辆，共投入兵力 11.9 万人，他除了拥有一个机动火炮群的优势外，其他方面均处劣势。

隆美尔正准备向多布鲁克发动进攻时，孔令汉抢先发动了攻势，这是一场结果都出乎双方意料之外的混战。起初隆美尔认为这是英军试探虚实的"威力搜索"行动。当英军新西兰第 2 师越过古代贩卖奴隶的阿卜德小道，向北逼近卡普措小道时，隆美尔才醒悟过来，连忙派出第 21、15 两个主力装甲师，准备击溃之。11 月 21 日，英军 30 军的第 7 装甲师，南非师，第 22 旅，前出到西迪拉杰格，向多布鲁克前进，城内英军向外突击也获相当进展。就在内外两支英军快要会师时，隆美尔当断，决定调回第 21、15 两个装甲师，先歼灭援救多布鲁克的英军。11 月 22 日、23 日，双方在西迪拉杰格展开坦克会战。德军经验老到，技高一筹，在付出较高的代价后，德军重新主宰了战场，英军第 7 装甲师在编坦克几乎全被歼灭，残部开始退却。

但隆美尔过高估计了胜利对英军的心理影响，另一方面，他不愿稳扎稳打一口一口地吃掉对手，宁愿冒险在短时间内将对方"一锅端"。在西迪拉杰格作战胜利后第二天，即 11 月 24 日，隆美尔放弃即将到手的主战场的胜利，亲率第 21 装甲师和全部机动兵力，向英军后方塞卢姆攻击前进。这就是后世史家褒贬不一的"隆美尔冲刺"。这一招在孔令汉身上产生了效果，他感到大势已去，正准备下令全面撤退。就在这时，奥钦烈克赶到前线，他认为隆美尔向英军后方的"冲刺"毫无价值，不必理会，他派里奇将军从已丧失斗志的孔令汉手中接过第 8 军团指挥权，命令新西兰第 2 师按原计划向多布鲁克推进，并于 11 月 6 日突破德军围困线，和守军会师。

这时双方主攻部队互相进到对方的后方，谁有力量把攻击持续下去，谁就获得最后胜利。隆美尔不顾多布鲁克方面的严重危机，一意孤行地在塞卢姆采取强硬行动，结果因情况不明迭遭挫折。11 月 27 日，隆美尔终于抛开塞卢姆回师东向，企图将英军主力新西兰第 2 师歼灭在多布鲁克城外。激战至 12 月 1 日，英军新西兰第 2 师、第 7 装甲师、南非第 1 旅都奋力突围而去，多布鲁克再次陷于孤立。表面上隆美尔取得了胜利，但这时隆美尔已丧失制空权，他的战斗机群无法提供空中保护，汽油也快用尽，他做了正确的选择，主动退出昔兰尼加，在布雷加港开始集结力量，准备反扑。这次会战德、意方面损失 3.3 万人，其中 1.3 万名德军；英军损失 1.8 万人。

隆美尔退到布雷加港后，缩短了后方交通线，在 12 月里，凯塞林第 2 航空军团从俄国前线调到地中海方面，德国空军持续袭击了马耳他岛，这是英军在地中海最重要的海空军基地。英国地中海舰队受到严重打击，其航空母舰"皇家方舟号"、战列舰"巴汉号"以及两艘巡洋舰、一艘驱逐舰、两艘潜水艇被击沉。在 1942 年 1 月，轴心国在地中海没有一艘运输船被击沉。在意大利舰队护航下，大量的汽油、弹药运到隆美尔手里，他还得到 4 个坦克连的加强。与此相反，英军的陆上交通线已变长，运输变得困难起来。非洲军团的情报部门向隆美尔指出：目前德军略占优势，尔后会变成均势，再过后则英军占据优势，因为英国全力来争北非，英军人员和物质补给的数量将大大超过德、意部队。于是，隆美尔决定先发制人，在英军还没恢复强大之前摧毁之。

　　1942 年 1 月 20 日夜晚，德军放火烧了布雷加港的村镇和港口的一支货船队，造成继续撤退的假象。1 月 21 日下午，假扮成卡车的坦克群突然揭去伪装，迅速发起迂回英军的进攻，里奇的第 8 军团猝不及防，仓皇后撤。这时隆美尔要应付两个方面的敌人，一个是英军，一个是自己的盟友意大利人，意军参谋总长卡伐里罗为阻止隆美尔的进攻，剥夺了他调动意军第 10、21 军的权利。隆美尔仍然率德军实施追击，他先向西虚晃一枪，骗过里奇，然后迅速向东疾进，占领班加西，俘敌 4000 人。这一战使隆美尔由中将晋升为上将。当隆美尔凯旋进入班加西时，他才接到墨索里尼允许他向班加西进攻的电报。2 月 6 日，隆美尔的非洲军团在加查拉一线停止了追击，准备下一轮进攻。

　　德意军在非洲的胜利，反使得德、意统帅部有点不知所措，在下一步进攻马耳他岛还是埃及的目标上举棋不定。马耳他岛被称做"地中海的踏脚石"，是英国控制地中海交通航线的重要海空基地，对该岛的控制直接决定北非战场的胜负。德国雷德尔海军元帅，空军凯塞林元帅，意军参谋总长卡伐里罗都认为必须占领马耳他，才能保障继续向埃及进军，实现占领开罗和苏伊士运河的目标。在 1942 年 2 月里，希特勒同意了这个方案，4 月 2 日起，凯塞林元帅指挥德意两国空军联合实施攻击，对该岛进行了一个月的轰炸，使英国在该岛的海、陆、空三军处于瘫痪的边缘，为第二阶段陆军登陆作战创造了条件。后来隆美尔能够顺利向阿拉曼进军，也得益于这次轰炸。

　　就在凯塞林准备实施登陆，甚至隆美尔准备率所属非洲军团主力登陆时，希特勒和墨索里尼于 4 月 29 日，在希特勒的山间别墅会晤，讨论未来地中海作战目标问题。意大利人虽然明白要把英军赶出中东必须占领马耳他,但又明确表示在今后3个月内因准备不充分,不能加入作战。这样一来,德国人孤掌难鸣。两国首脑讨论后决定:1.隆美尔于5月底发动进攻,如可能攻取多布鲁克,就前进到埃及边境一线为止,然后作战目标转向马耳他;2.至迟在6月中旬或7月的月圆时,发动代号为"大力神"的马耳他登陆作战,一旦得手后,德、意部队再继续向埃及尼罗河地区推进。

希、墨会晤的决定产生了较大麻烦,因为登陆作战要求空军同陆军在时间配合上紧密衔接,现在登陆时间推延到6、7月,那么凯塞林在4月发起的对马耳他岛的大规模轰炸,就进行得太早了。到发起登陆作战时,空中打击必须从头再来一遍(事实上到了6、7月,德军正开始大举进攻高加索和斯大林格勒,凯塞林的空军已转向苏德战场),这期间,马耳他岛的英国海空军已渐渐恢复了元气,对北非战场上德、意军队的压力日益加重。所以,凯塞林对马岛的攻击算是半途而废了。马耳他岛军事基地又死灰复燃,这就必然最终威胁隆美尔非洲军团在北非的生存,以后又迫使隆美尔不得不在对自己极为不利的情况下,仍作孤注一掷的进攻,因为不进攻就等于坐以待毙,失败只是时间的迟早而已。以后事实证明,正是马耳他的英国海空军切断了北非军团的地中海生命线,最终使德、意军队在北非遭到灭顶之灾。没有夺取马耳他岛,是第二次世界大战中希特勒所犯的最严重的错误之一。

## 3. 突破加查拉防线

早在3月,隆美尔就向希特勒和墨索里尼明确表示,如果6月不能发动对马耳他的进攻,他就要在5月底发动新一轮攻势,因为时间不能再等了。5月26日,隆美尔向英军加查拉发动打击,双方兵力兵器如下:德军3个师,意大利军6个师,德意两军坦克共560辆,飞机530架;英军6个师,坦克1270辆,飞机600架。在火炮方面,英军也占3∶2的优势,但英军将火炮平均分配给各师使用,而隆美尔却集中编组成一个火炮大单位,供机动使用。就后勤保障而言,轴心国暂时控制着地中海交通运输线,但燃料弹药经海运后,又要经过较长的陆上运输始能到达前线，运输途中燃料消耗颇大。

隆美尔的进攻计划较简单，他以意大利两个步兵军在北面近海岸的正面佯攻，他亲率非洲军和意大利军的几个装甲师组成真正的攻击部队，绕过加查拉防线的最南端，然后向北面进攻英军加查拉防线后方，进至海岸公路以切断对方退路，然后乘胜攻取多布鲁克。

5月26日下午2点，意大利步兵军正面佯攻开始，同时德军也将两个坦克团投入正面，下午将坦克部队悉数撤出，加入隆美尔的攻击部队。为欺敌和掩护坦克撤出，又在加查拉正面进攻的步兵后面，用许多卡车装上飞机螺旋桨在沙漠上来回开动，旋转的螺旋桨扬起漫天沙尘，给对手一种坦克部队正在增援上来的假象。而当月亮升起时，"隆美尔纵队"由10000多辆各种战斗、运输车辆组成的"长蛇"已向南"游动"，绕过英军防线最南端的比尔哈克门据点，折向北方，向加查拉防线后方攻击前进。但以后三天一直受阻，在28日、29日两天里"隆美尔纵队"的情况简直到了毁灭的边缘。由于意大利正面佯攻不力，英军得以把坦克部队迅速从正面调来对付它，英军使用的是美国人援助的威力很大的"格兰特"坦克，将隆美尔的补给车队冲得四下逃散，非洲军团指挥部差点给打掉，隆美尔本人也差点当了俘虏。

度过危机后，隆美尔在"锅底型"地带建立了一个防御阵地，这时英军第8军团司令违反了奥钦烈克将军一再对他的嘱咐：不要分散使用坦克部队。里奇分批将坦克部队投入"锅底"周围的进攻，且在白天将重坦克投入战场，从而成为德军炮兵的绝好目标。里奇的战术错误导致了英军的攻击失败。隆美尔巧妙地实施防御战术，把英军逐次投入的坦克群一口一口地吃掉，等实力消耗殆尽，隆美尔从"锅底"冲出。为消除战场补给线的隐患，从6月2日起，隆美尔开始围攻比尔哈克门，遭到法国第1旅守军异乎寻常的顽强抵抗。隆美尔经过10天从地面到空中的猛烈攻击，才在6月11日占领比尔哈克门。

当隆美尔被困在"锅底"地带遭受英军攻击时，他的形势相当恶化，表面上他绕过加查拉防线，突进到英军后方，实际上他已陷入重围。5月底，英国一家新闻机构报道："隆美尔已钻进猎套，被牢牢地套住，这头狐狸的尾巴尚在摆动。"这种说法一点也不过分，他和其他部队的无线电通讯已中断，几天后才恢复，司令部也被英军坦克冲散，他属下几个意军坦克师也很滑头，两天里不知躲在哪里，部队里谣言四起："非洲军被包围了"、"英国兵缴获了我们全部给养"、"英军包围了我们并占领了德尔那"、"隆美尔、奈宁、克鲁威尔都死了"等等。失去联系的德国空军向隆美尔地面部队乱扔炸弹，互相残杀，一片混乱，非洲军军长、能征惯战的克鲁威尔将军在 5 月 29 日，因座机被击落被英军生俘。但是里奇反应迟缓，没有利用这一瞬息即逝的机会，他掌握的几百辆机动坦克都无所事事，最终让隆美尔缓过劲来。

攻占了比尔哈克门之后，隆美尔重新掌握了战场主动权。接着他又打了两场漂亮的坦克战，歼灭 140 辆英军坦克，英军在战场上只剩下 70 辆坦克了。6 月 13 日，非洲军团攻占加查拉防线后方重要据点骑士桥，里奇第二天仓皇溃退，加查拉防线遂告崩溃，隆美尔乘胜冲向海岸，赢得了加查拉会战的胜利，英军第 8 军团虽然已溃不成军，但主力没有被合围。

英军中东军司令奥钦烈克指示里奇将兵力布置在多布鲁克－阿德姆之线，以尽可能多的兵力坚守阿德姆阵地，这是守住多布鲁克的关键。隆美尔也看到了这一关键点，6 月 16 日，集中起全部兵力围攻阿德姆。是夜，在里奇同意下，阿德姆守军突围而遁，从而决定了多布鲁克的命运。6 月 18 日，德、意部队团团围住多布鲁克。6 月 20 日，非洲军团在优势火力和组织严密的陆空协同进攻下，突入多布鲁克。当晚，英军多布鲁克要塞司令克洛普将军在坚守和突围之间犹豫不决，丧失了时机。6 月 21 日，非洲军团攻克多布鲁克，英军司令克洛普以下 35000 名官兵投降。德军俘获大量军用物资，隆美尔因此战胜利晋升为元帅。英国首相丘吉尔后来承认多布鲁克的陷落是他一生中最大的打击之一，他还以盎格鲁撒克逊人特有的气度在下院声称撇开战争的浩劫不论，隆美尔是一位了不起的军人。

根据希特勒和墨索里尼共同协商的规定，非洲军团打下多布鲁克后，即在埃及边境采取防御态势，所有飞机、船只都用于马耳他登陆战，等攻占该岛后，再向尼罗河进军。但隆美尔已被胜利冲昏头脑，认为应利用当前有利形势，一鼓作气拿下埃及，如果等到马耳他被攻占，就会丧失目前扩张战果的良机。所以，当他攻占多布鲁克几小时后，便发出向埃及境内继续发展攻势的命令。这天，凯塞林元帅飞抵非洲，他向隆美尔指出：没有空军的全力支援，就不能向埃及进军；如予全力支援，空军就不能支援攻打马耳他；如果拿不下马耳他，非洲军团的交通运输就会无法保障。凯塞林认为，唯一正确的途径是坚持原计划，把入侵埃及的时间推迟到拿下马耳他之后。隆美尔断然拒绝这一建议，他将趁热打铁的理由分别报告了希特勒和墨索里尼，希特勒对隆美尔的计划大为赞赏，他写信给墨索里尼说："胜利女神在战场上只会出现一次，任何人若不将她抓住，则以后很难再想见她一面。"

尽管非洲军团的人员和坦克消耗极大，但6月23日晚上，士气高涨的德军前卫部队越过埃及边境，在一昼夜时间内，竟前进了100多英里，抵达马特鲁和西迪巴腊尼之间的海滨公路一线。6月26日下午，仅有44辆坦克的德军追击部队向据守马特鲁的优势超过自己数倍之英军发起进攻，隆美尔亲率第21装甲师的23辆坦克和600名疲惫不堪的士兵展开攻击。虽然英军各方面占有极大优势，仅英军第1装甲师就有159辆坦克（战后其将领也承认他们的兵力和装备足以将送上门来的非洲军团第21装甲师、第15装甲师和第90轻装师彻底歼灭），但已成惊弓之鸟的英军毫无斗志。奥钦烈克于6月25日，赶到前线并接过第8军团的指挥权，但他对在马特鲁打一场防御战信心不足，手下将领都生怕被包围，纷纷向富卡一线后撤，结果英军反遭惨败。6月29日，德军第90轻快师攻占马特鲁港。隆美尔的胜利实在有点幸运，假如他清楚双方的实力，也许就不会进攻，正因为他不知道自己的危险，却仍然大打出手，致使英国人毫不怀疑他的实力强大，一心只想赶紧摆脱他，隆美尔以无意识中的虚张声势赢得了一次辉煌的胜利。6月30日，隆美尔的非洲军团开始向英军阿拉曼防线发起冲击，似乎只要再向前跨一步，就可以踏进埃及首都开罗。

## 第十四章 入侵苏联

## 1. 德、苏关系破裂

在希特勒的征服计划里,向东方开拓"日耳曼生存空间"是其坚定不移的长远目标,所以或迟或早要同苏联发生直接冲突。希特勒早在1939年11月就向手下将领表示:我们在西线腾出手来的时候,才能够反对俄国。但英国在如此惨败的情况下,仍然不肯屈服,使希特勒在惊讶之余,感到麻烦。从全球战略的角度,他认为英国仍是维持世界平衡的一个重要因素,德国消灭英国的话,那是为美国和日本在流血。因此他希望能同英国签订一个和约,当然必须满足德国的条件:不干涉希特勒在欧洲大陆的"自由行动";归还上次大战被夺去的德国殖民地。现在希特勒认定,英国人不妥协原因在于对苏联抱有希望。如果打败苏联,英国就会感到没了指望,不得不屈服于德国所希望的和约;如果打败苏联,就会大大加强日本在远东与美国抗衡的实力,英国对美国的希望也会破灭。

另外,希特勒对苏联趁德国对付英、法之际,在东面大肆扩张自己的地盘,乘机"勒索"的做法非常恼火和不安。1940年6月26日,俄国向罗马尼亚发出最后通牒,并调动部队向罗马尼亚边境集中,要求割让比萨拉比亚和贝布科维纳。前者是第一次世界大战俄国割让给罗马尼亚的,后者是罗马尼亚从前奥匈帝国夺得的领土，苏联割取它是要补偿自己领土被割让所造成的损失。1940年8月3日、5日、6日，苏联正式吞并立陶宛、拉脱维亚和爱沙尼亚三个波罗的海小国，虽然是对《凡尔赛和约》的践踏，但从另外的角度看，却是收回了第一次世界大战所失去的领土。由于西线胜负未决，希特勒只得忍气吞声，不敢说一个"不"字，为了不至于坏了眼前的事，他指示外交部长里宾特洛甫劝告罗马尼亚接受苏联的要求，最后罗马尼亚终于屈服。

苏联对罗马尼亚部分领土的吞并，使德国赖以生存的罗马尼亚油田处于苏联轰炸机的航程内，这使德国有利刃在喉之感。虽然斯大林的策略是趁希特勒西边有事，能勒索多少是多少，并不想真和德国关系破裂，但希特勒出于上面的种种考虑，决定对苏联动手了。1940年7月31日，希特勒第一次向陆军首脑们宣布了入侵苏联的决定。但此时匈牙利为夺回上次大战失去的特兰西瓦尼亚，正准备与罗马尼亚开战。希特勒为使两国在入侵苏联时充当走卒，同时也为保障罗马尼亚油田的安全，强迫匈、罗两国接受轴心国的仲裁，两国各取特兰西瓦尼亚一半。随后，德国、意大利向罗马尼亚保证其领土的完整。这就使得苏联人感到难堪，因为德国事先并未同苏联打招呼。德、苏两国的关系迅速恶化，双方在罗马尼亚、芬兰、波罗的海国家等一系列问题上互相指责。

1940年9月27日，德国、意大利、日本在柏林签订三国条约，主要针对美国，但同时也是对莫斯科的一个警告。1940年11月中旬，苏联外长莫洛托夫到达柏林，同里宾特洛甫和希特勒进行会谈，德、苏双方就未来各自的利益正式摊牌。德国希望苏联未来的扩张方向是波斯湾和阿拉伯海，甚至允诺慷慨"出让"印度，想在瓜分世界时把苏联支得远远的，但苏联对德国指定的赃物不感兴趣，却紧紧盯住芬兰、土耳其、保加利亚、罗马尼亚。莫洛托夫要求德国军队撤出芬兰，取消对罗马尼亚的领土保证，并以给保加利亚相同的保证进行威胁。希特勒拒绝了莫洛托夫的要求，警告对方不要在上述四个国家打主意，并且威胁道：假如德国想同苏联发生摩擦，用不着拿海峡问题作借口。在接下来的谈判中，里宾特洛甫要求苏联加入三国条约。莫洛托夫于10月25日正式表示，苏联政府准备加入到三国条约中来，变三国条约为四国条约，但必须满足如下条件：

1. 德军要立即从芬兰撤退，芬兰……属于苏联势力范围……

2. 在今后几个月内，苏联在海峡的安全要得到保证，办法是苏联同保加利亚缔结一项互助条约……并且苏联可以凭长期的租借权建立一个可以到达博斯普鲁斯海峡和达达尼尔海峡的陆海军基地。

3. 承认在波斯湾方向,巴统和巴库以南的地区是苏联领土要求的中心。

4. 日本放弃它在库页岛北部开采煤炭和石油的权利。

除此之外,斯大林要求缔结5个类似波兰性质的秘密协定,并提出额外要求:如果土耳其对苏联控制海峡的基地进行刁难,日、意、德、苏四国应联合对土耳其采取军事行动。这次摊牌使希特勒弄清了苏联的扩张方向也正是德国正在打主意的地区,这就更增强了他发动对苏战争的决心。12月初,希特勒批准了陆军参谋本部制订的对苏作战计划。1940年12月18日,希特勒正式发出对苏作战的第21号指令,代号为"巴巴罗莎计划"。

## 2. "巴巴罗莎计划"

早在1940年10月28日,意大利的墨索里尼在事先没有同德国伙伴打招呼的情况下,突然入侵希腊。因为德国人每次行动前都不和他协商,总是事后才通知一声,这次墨索里尼也想报复一下希特勒。不到一周的时间,意大利向希腊的进军变成了一场溃败,更麻烦的是把英国军队引入了巴尔干。丘吉尔首相于1941年1月初,要求希腊政府允许英军入境,希腊总理梅塔卡斯认为,英军提供的兵力足以引来德军的入侵,而自己不足以对抗德军,因而拒绝了丘吉尔的要求。但不几天,梅塔卡斯逝世,在英国的威逼利诱下,希腊政府终于同意英军入境。丘吉尔舍弃北非战场上对意大利军队斩草除根的良机,调动北非英军主力5.3万人,于3月7日占据希腊的克里特岛。英国军队在希腊登陆使希特勒大为恐慌,因为从克里特岛英国空军基地起飞的轰炸机可以到达罗马尼亚和意大利的油田,不仅威胁到德国的生存,也打乱了希特勒进攻苏联时保证南翼的巴尔干安全的算盘。第一次世界大战时,英、法开辟萨洛尼卡战线的后果对德国来说记忆犹新。

希特勒很早就意识到希腊克里特岛上的英国空军基地对自己是个威胁,在1940年12月13日,他向三军秘密下达了占领希腊全境的第20号指令,代号为"马里塔行动"。从地理上看,德国与希腊之间隔着匈牙利、罗马尼亚、南斯拉夫、保加利亚四个国家，匈、罗两国在接受德国的领土仲裁后，已彻底沦为德国的附庸，同意德军过境。德国以希腊部分领土归保加利亚为诱饵，在同苏联争夺保加利亚的外交战中获胜，1941年2月9日，保加利亚加入三国条约，而在前一天，德国李斯特元帅同保加利亚陆军参谋本部，达成德军过境和共同进攻希腊的军事协定。对于比较倔强的南斯拉夫，德国威胁与利诱并举，用希腊的萨洛尼卡换取南斯拉夫政府在三国条约上签字。希特勒向意大利外长齐亚诺表示，只要有好天气，希腊的问题只需几天时间就可解决。

1941年3月26日，就在南斯拉夫首相和外长在三国条约上签字的第二天，南斯拉夫国内发生政变。尽管新政府愿意同德国签订互不侵犯条约，但希特勒认为这不仅是对德国的侮辱，也是对他个人的侮辱，必须立即毁灭这个国家。3月27日，希特勒召集紧急会议，声称贝尔格莱德的政变危及了"马里塔行动"，更严重危及了"巴巴罗莎计划"，他要求三军最高统帅部当晚制订入侵计划，并让外交部长通知匈、罗、保、意四国，除了建立一个小小的克罗地亚傀儡邦外，它们都可以分得一块土地。就在德国进攻南斯拉夫的前一天，4月5日，苏联为阻止德国的入侵行动，同南斯拉夫缔结了《友好互不侵犯条约》，以示同德国对抗。希特勒根本不买斯大林的账，4月6日，德国和匈、罗、保四国军队以排山倒海之势攻入南斯拉夫，4月13日，德军和匈牙利军队进入贝尔格莱德。4月18日，南斯拉夫残余部队28个师在萨拉耶伏投降。

由李斯特元帅指挥的德军第12军团在德国空军掩护下，横扫了整个希腊半岛。希腊军队虽然英勇地打败了意大利军队，但却无法抵挡德国精锐装甲部队的冲击，以及猛烈的空中打击。北部的希腊军队于4月23日向德军和意军投降。4天后，德军坦克部队开进雅典。到4月底，除克里特岛外，希腊半岛一切复归平静。英军也和希腊军队一样，被德军打得一败涂地，狼狈撤到克里特岛。5月20日，德国陆海空三军开始执行希特勒第28号指令，即所谓"水星"行动，目的是攻占克里特岛，德军共投入2.2万人的兵力，以空降兵为主要突击兵种，在该岛主要机场和港口实施登陆，德国凭借空中优势，经7昼夜激战，约5万多英军又尝了一次敦刻尔克撤退的滋味，1.2万名英军做了俘虏，德军的空降兵也付出了前所未有的代价。更为严重的是，消灭南斯拉夫的行动，客观上将入侵苏联的日期推迟了4～5周的时间，战后相当一部分史家认为，德军在1941年年底向莫斯科发动最后总攻时，若能在冬季到来前再有4～5个星期好天气的话，莫斯科定将被攻克。因此，希特勒一怒之下做出的入侵南斯拉夫的决定是其致命的大错。

德国海军元帅雷德尔曾在1940年9月极力劝说希特勒先彻底解决英国，他向希特勒指出，地中海是大英帝国的中枢，必须趁英国目前惨败之际，坚决占领直布罗陀、加里那群岛、苏伊士运河，由苏伊士运河向巴勒斯坦和叙利亚推进，到达土耳其。这样，日耳曼之剑也就抵住了苏联巨人柔软的下腹部。在北方攻打苏联似乎也就没有必要了，因为土耳其和苏联都在掌握之中了。雷德尔准确预言道：英国在美国和戴高乐将军的支持下，最后会在西北非洲获得一个立足点，作为对轴心国进行战争的一个基地。所以他劝希特勒与法国的贝当政府合作，抢占非洲的战略要地。

雷德尔这个着眼于整个世界长远的战略是切实可行的，希特勒也同意他的"总的想法"，但认为还是等先解决了苏联后，才可实施的计划。不过可先对西班牙进行外交努力。西班牙的独裁者佛朗哥是个滑头货，德国西线大胜时，他向希特勒表示要立即参战，想不花半点力气参加分赃，被希特勒婉言拒绝。1940年10月，当希特勒要求西班牙参战时，佛朗哥就殖民地瓜分和由谁来占领直布罗陀海峡与希特勒发生争执，到1941年2月底，德国入侵英国的"海狮计划"已破产，意大利在北非的军队几乎全部覆没，佛朗哥便再也不提参战的事了。佛朗哥的退缩和墨索里尼的自行其是，使地中海计划暂时泡汤，希特勒虽然感到愤怒和沮丧，但可宽慰的是，他现在能一心一意考虑对苏作战的问题了，这原本就是他首先要做的事。

希特勒想在短期内摧毁苏联的另一个原因是为了断绝美国人插手欧洲战争的念头，因为自从纳粹德国奉行扩张的外交政策以来，美国人就一直伺机干预，这使希特勒感到非常恼火。美国在第一次世界大战后，一向以远东的日本和欧洲的英国为自己未来的假想敌。自从纳粹德国重新崛起后，美国很快认识到，德国才是自己未来真正的劲敌。第二次世界大战爆发后，美国政府表面上不使自己卷入战争，而实际上，罗斯福总统出于对国家利益的长远考虑，看到了轴心国胜利后，欧洲、非洲和亚洲都处于它们统治下，美国将被打压在拉美一隅的可怕前景，罗斯福总统认为，在今天的世界上，没有比打倒希特勒更重要的事了。为了应付国内强大的孤立主义势力，罗斯福一面表示美国决不卷入战争，一面又在著名的"炉边谈话"中声称"美国处在历史上最危险的时刻，如果欧、亚、非都沦陷于轴心国，美国便生活在炮口上，而炮膛中装满了炸药，美国应该做民主世界的伟大兵工厂"。

1940年12月，焦头烂额的丘吉尔给罗斯福写信，信中说："我们已经付出现金达45亿美元以上，现在手中所剩美元不过10亿，大部分都是投资，其中有很多很难变卖。很明显，我们不可能再这样活下去，即使把所有的黄金和国外财产都用光，也还不足以偿付我们已订购物资的一半。而战争的继续延长，将会使我们的需要增加10倍。"1941年1月10日，罗斯福总统开始实施"民主世界伟大兵工厂"计划，向国会提交了一个"租借法案"。3月8日，美国参议院以60票对31票给以通过。3月31日，罗斯福总统签署该文件，完成立法手续，并于当天宣布英国和希腊适用此项法案。4天后，又将中国包括其内。

"租借法案"的性质是只要与美国的安全和防御有关，美国总统可以不受国会的任何批准，向任何国家和地区出售、转让、交换和租借一切有关物资，他还可以为世界上任何国家制造、出售他们所需要的军用物资，总统还可根据本国安全的需要，把有关情报资料提供给有关国家。这一切都不受法律限制，这使得美国总统罗斯福拥有了史无前例的权力，并使美国与正和轴心国家交战的国家建立了事实上的同盟关系。

德国进攻苏联的"巴巴罗莎计划"的总企图是：以装甲部队为先导，实施深远的包围作战，在一次快速的打击下，歼灭部署在西部边境上的苏军主力，阻止其退往国内纵深腹地；最终在伏尔加河－阿尔汉格尔斯克一线，建立一道针对苏联亚洲部分的防线，使苏联空军不能轰炸德国本土。根据这个总企图，德军统帅部决定向北方的列宁格勒、中央的莫斯科和南面的乌克兰首府基辅同时展开进攻。在开战时，德苏双方兵力配制如下：

李布元帅的"北方集团军群"辖屈希勒的第18军团、布施的第16军团、霍普纳的第4装甲集群，共22个步兵师、3个装甲师、3个摩托化师，并得到克勒尔的第1航空大队400多架飞机的支援，由东普鲁士出发，大致沿波罗的海海岸向列宁格勒进攻。芬兰军队约16个师和德军2个步兵师、2个摩托化师在列宁格勒北面策应进攻，目标是会师列宁格勒。在面对德国方向上，苏军部署了库兹涅佐夫指挥的西北方面军，辖第8、11集团军共20个师，其中有2个坦克军。在面对芬兰的方向，部署了由波塔波夫指挥的北方方面军，辖21个师和1个步兵旅。

波克元帅的"中央集团军群"中，包括：施特劳斯的第 9 军团，辖霍斯的第 3 装甲集群（2 个装甲军）；克鲁格的第 4 军团，辖古德里安的第 2 装甲集群（3 个装甲军），共 33 个步兵师、9 个装甲师、6 个摩托化步兵师和 1 个骑兵师，并由凯塞林的第 2 航空队给予支援。波克集团的任务是沿"奥尔沙陆桥"向莫斯科方向进攻。苏军在这个方向上部署的是由苏军著名坦克专家巴甫洛夫指挥的西方方面军，辖第 3、4、10 集团军。每个集团军下面各有一个机械化军，另外还有一支由一个机械化军和一个骑兵军组成的预备队。

伦德斯特元帅的"南方集团军群"分左右两路，赖希瑙的第 6 军团、施蒂尔普纳格尔的第 17 军团、克莱斯特的第 1 装甲集群组成左路军，舒贝特的第 11 军团、罗马尼亚第 3、4 军团组成右路军，分别从波兰和罗马尼亚向乌克兰总方向进攻，共投入兵力为 14 个罗马尼亚师、41 个德国师（其中有 5 个装甲师和 3 个摩托化师），并得到勒尔的第 4 航空队约 600 架飞机的支援。在波兰和罗马尼亚之间的匈牙利也将派出几个旅参战。苏军面对波兰的是基尔波诺斯的西南方面军，面对罗马尼亚的是秋列涅夫的南方方面军（不久两个方面军合并为西南方向军，布琼尼元帅任总司令）。西南方面军辖第 5、6、12、26 集团军，共 32 个步兵师、3 个骑兵师、8 个机械化军。南方方面军辖第 9、18 集团军，共 13 个步兵师、3 个骑兵师、2 个机械化军。

从德军部署来看，以普里皮亚沼泽地为界，分成南、北两个战区，"北方集团军群"和"中央集团军群"在普里皮亚沼泽地以北地区作战，"南方集团军群"在普里皮亚沼泽以南作战。德军主力在中路，配有两个装甲集群。根据"巴巴罗莎计划"的要求，中路德军沿地形开阔，又无河川障碍的"奥尔沙陆桥"推进，到达斯摩棱斯克后停止前进，两个装甲集群分别北上支援列宁格勒，和南下助攻乌克兰，等解决了列宁格勒和基辅，扫除北、南两个侧翼的威胁后，再集中全力向莫斯科发动总攻击。不过，从计划本身来看，希特勒的目标更多：军事上要歼灭苏军主力，防止其逃往腹地；经济上要夺取乌克兰的粮食、顿涅茨的煤；政治上要直捣布尔什维克的发源地列宁格勒，以及现在的首都莫斯科。至于如何安排这些目标的顺序，希特勒和他的统帅部却没有一个合理的安排，这也是德国统帅部在整个对苏战争过程中的致命伤。

从苏军兵力部署来看，苏军主力部署在普里皮亚沼泽以南，因为苏联方面估计希特勒极想夺得乌克兰产粮区、顿涅茨煤矿和高加索石油，德军的主力会部署在这个方向上，所以将国防重点放在乌克兰方面。从整个苏军在边境地区的具体部署看，既不是防御性质的，也不是进攻性质的，这种不伦不类的战略部署，恰好暴露出苏联方面在战争即将爆发时，对整个形势的判断失误。这包括斯大林一厢情愿地想拖延战争，认为德国在结束对英国的战争之前，不会冒两面作战的风险，发动对苏战争。斯大林这一合乎逻辑的推理却因希特勒的大胆妄为而成为灾难性的失误。

## 3. 德军连战连捷

1941年6月22日凌晨，德国在北起波罗的海、南至黑海长达2200公里的广阔战线上，向苏联发起大规模突袭，此刻苏军最高统帅部下达的进入一级战斗准备的命令，刚刚发出3小时，连集团军级司令部都没有收到。德国空军首先出动，对苏军边境防线和纵深区域里的各种军事目标，实施了有效打击，在开战数小时内，苏联前线空军即遭瘫痪，德国空军一举夺得战场制空权。地面上，毫无防备的苏军顿时陷于一片混乱，有的部队溃散了，有的部队作顽强的孤军奋战，部队同部队之间，上级与下级之间均大部分都失去了联系，苏军最高统帅部甚至在开战初的几天里，无法得知前线的战况。个别部队虽然英勇抵抗，但仍挡不住德军凌厉的攻势。

在中路，霍斯第3装甲集群和古德里安第2装甲集群作为进攻矛头，在进攻当天即在狭窄正面贯穿了苏军防线，并以惊人速度向纵深发展。德军统帅部出现分歧，波克主张装甲部队尽可能地向深远发展，把合围点放在斯摩棱斯克，古德里安和霍斯也赞同这一主张，但希特勒没有采纳，担心包围圈太大，密度不够。他下令装甲部队在明斯克会师。6月24日，苏军西方方面军司令巴甫洛夫作出了导致惨败的决定，下令将所有集团军和方面军的预备队前调，而明斯克出现真空地带。6月26日，向苏军后方疾进的古德里安、霍斯装甲集群在明斯克会合。6月28日，德军第9军团同第4军团完成近距离会师，苏军约22个师分别被装进比亚维斯托克和诺沃格鲁多克两个"口袋"。7月3日，比亚维斯托克包围圈内的苏军投降。7月8日，德军已俘虏苏军29万人，俘获和击毁坦克 2500 辆、火炮 1500 门。被围歼的是苏军第 3、4、10 集团军和第 11 集团军之一部以及赶来增援的第 13 集团军大部。

在 6 月 30 日,苏军西方方面军司令巴甫洛夫和他的参谋长克利莫夫斯基被召回莫斯科,经审判被枪决。7 月 2 日,铁木辛哥接过苏军西方方面军的指挥权,布琼尼的预备役方面军中 4 个集团军归其指挥,在德维纳河上游和第聂伯河上游重新构筑防线,以作莫斯科的屏障。在明斯克之战尚在进行时,德国部分装甲部队就迫不及待地开始了下一轮钳形包围攻势。7 月 11 日,古德里安第 2 装甲军群出人意料地渡过第聂伯河,在奥尔沙以南、新贝霍夫以北建立起坚强的桥头堡,开始向铁木辛哥的后方斯摩棱斯克快速推进。与此同时,霍斯第 3 装甲集群克服了沼泽地障碍,从北面赶了上来。7 月 16 日,两个装甲集群在斯摩棱斯克地区再次达成合围,苏军第 16、第 20 集团军被装进"口袋"。不过,古德里安没有封住南面的一个缺口。到 8 月 5 日,斯摩棱斯克包围圈中的苏军停止最后抵抗时,苏军约 30 万人被俘,损失坦克 3000 多辆。接着德军又在罗斯拉夫围歼苏军第 28 集团军,随后又歼灭了新建不久的苏军中央方面军。到 8 月底,德军"中央集团军群"基本粉碎了白俄罗斯地区的苏军主力,俘虏约 60 万人,摧毁并缴获坦克 5000 余辆,向前推进 800 多公里,离莫斯科只有 400 公里。

在北方,霍普纳第 4 装甲集群中的曼斯坦因第 56 装甲军、莱茵哈特第 41 装甲军作为德军"北方集团军群"的两支攻击矛头,突破苏军防线,穿越立陶宛全境,攻入拉脱维亚。6 月 23 日,德、苏两军在拉塞尼埃村展开大规模坦克交战,莱茵哈特第 41 装甲军击败苏军第 3、12 摩托化军共三个坦克师,苏军退出里加。6 月 26 日,曼斯坦因第 56 装甲军的前锋部队伪装成苏军,混入撤退的苏军纵队,一直到达德维纳河,夺取了一个渡口,使库兹涅佐夫坚守德维纳河的希望成为泡影。苏军开始向列宁格勒方向撤退。由于苏联的欧洲部分呈漏斗形,越往东就越宽,德军攻入苏联境内,受这种地形制约,德军向列宁格勒的进攻轴心像扇子骨一样散开,兵力明显不足。加上这一地区大多是连绵的森林和沼泽地,使德军赖以取胜的装甲部队在贝帕斯湖、伊耳缅湖受到极大限制,几乎无法动弹。

7 月 10 日,苏军最高统帅部进行改组,斯大林出任最高统帅,将西部战场划分为三个战区:西北战区、西部战区、西南战区。伏罗希洛夫为西北战区总司令,日丹诺夫为政委,包括波波夫的北方方面军和索宾尼科夫的西北方面军。

家园全被烧毁，他们只得住在地窖里。

7月底，芬兰部队从拉多加湖东、西两个方面向波波夫的北方方面军施加压力，苏军被迫后退130公里。德军虽然取得初期的胜利，但由于补给困难、地形恶劣，步兵远远落在后面，致使在边境地区被击败的苏军第8、11、27集团军的大部得以逃脱，苏军西北方面军建制上完整无损，只是丢弃了许多重型装备，暂时失去了大片领土。如果西北方面军死守边境地区，其下场也就和巴甫洛夫的西方方面军一样悲惨了。德军在这一地区实际上打了一场击溃战，在8月，他们像蜗牛一样向列宁格勒缓慢爬去。而苏军的全部兵力都向列宁格勒收缩，加强了该城的防守力量。同时，苏方几乎每天动员近50万人构筑列宁格勒的防御工事，为后来保卫战的胜利奠定了基础。总之，由于德军统帅部忽视了地形和空间的因素，德军对波罗的海地区的闪击战最终失败了。

在南方，德军原打算从波兰和罗马尼亚同时出动，两路夹击乌克兰地区的苏联西南方面军，但开战时，担心苏联会对罗马尼亚普罗耶什蒂油田实施打击，因而采取从波兰单边一路迂回。克莱斯特第1装甲集群充当德军"南方集团军群"进攻矛头，于6月23日，开始同苏军第22、9、19机械化军交战。由于苏军坦克部队是刚刚仓促拼凑的，没有经过良好训练，更谈不上什么战斗经验，除了在番号上能唬唬人，实际上不堪一击。克莱斯特击败苏军3个机械化军后，继续向纵深挺进，威胁苏军第6、26、12集团军退路，7月1日，罗马尼亚军和德军第11军团渡过普鲁斯特河，向德涅斯特河前进，使苏军处境岌岌可危。6月30日，莫斯科指示西南方面军司令员基尔波诺斯下达全线撤退令，苏军抛弃重装备，迅速退守1938年的旧边境上。

7月8日，克莱斯特突破旧边境防线，于第二天占领日托米尔。但基尔波诺斯并不那么好对付，7月10日，原先退往北面普里皮亚沼泽边缘的波塔波夫第5集团军会同其他部队，向克莱斯特的侧后发起进攻，暂时切断其供应线。在上次撤退时，第5集团军曾在沼泽地打了一次漂亮的胜仗。现在，赖希瑙第6军团不得不将波塔波夫赶回沼泽地。后来，波塔波夫始终保持着对德军侧翼的威胁，使第6军团无法执行支援装甲部队和巩固战果的双重任务，让希特勒和其统帅部伤透了脑筋。经过一番苦斗，德军终于兵临基辅，似乎该城唾手可得。由于基辅是一个吸引苏军留在乌克兰的诱饵，所以希特勒下令暂缓攻城。战至8月2日，克莱斯特装甲集群向乌曼迂回成功，苏军第6、12集团军有20个师被包围在乌曼。8月8日，乌曼会战结束，德军俘获2个集团军司令和7个军部，共10.3万人、300多辆坦克、800多门火炮。

乌曼会战的胜利使德军"南方集团军群"打开了局面。苏军秋列涅夫的南方方面军残部陷于黑海海岸和罗马尼亚边界的大突出部上，有被来自北面德军彻底切断的危险，于是南方方面军留下一个滨海集团军守卫奥德萨，其余迅速东撤。这时，西南方面军虽得到第26、第37、第38三个集团军的加强，但处境已很不妙了，德军"中央集团军群"的古德里安第2装甲集群和德军"南方集团军群"的克莱斯特第1装甲集群已在北、南两个方向威胁基辅地区的苏军西南方面军。

此刻，德国最高统帅部和高级将领之间，也陷入先夺取莫斯科还是先夺基辅的争执中。勃劳希契、哈尔德、波克、古德里安、霍斯等将领主张进攻莫斯科，先打掉这个巨人的脑袋再图其余。但希特勒认为这些将领们对战争的经济学一窍不通。这个思路多变、兴趣捉摸不定的元首此时已把他的眼光紧紧盯在了乌克兰的粮食、顿涅茨的煤、高加索的石油，以及克里米亚半岛对方轰炸机基地上了。他决定把"中央集团军群"中的魏克斯第2军团、古德里安第2装甲集群调往乌克兰作战。与此同时，苏军最高统帅部对下一步如何行动也出现分歧。

7月30日，苏军参谋总长朱可夫通过对德军装甲部队和摩托化部队位置和部署状况的分析，得出德军下一步将暂缓莫斯科方向的进攻，转向西南方面军后方突击的结论。他向斯大林建议西南方面军放弃基辅，撤过第聂伯河一线，被斯大林斥责为"胡说八道"。朱可夫感情冲动地回答，如果他认为参谋总长只会胡说八道，就应该将其撤职。斯大林果然解除其参谋总长的职务，调往预备队方面任职，由生病的沙波什尼科夫接替朱可夫。

8月14日，苏军第50、13两个集团军仓促组成布良斯克方面军，叶廖缅科任司令员，负责打击南下德军的东侧翼，以保障西南方面军后方的安全。8月19日，波波夫的第5集团军在德军第6军团的强大压力下，退到第聂伯河一线，苏军最高统帅部命令不惜一切代价死守基辅和第聂伯河一线。8月25日，德军第2军团和第2装甲集群开始强渡杰斯纳河，古德里安的装甲部队迅速冲垮了布良斯克方面军的拦截（叶廖缅科曾向斯大林保证击溃古德里安），向西南方面军后方深深插去。与此同时，南面克莱斯特的装甲部队在克列缅丘克渡过第聂伯河开始北上。这样，德军两支装甲部队在西南方面军空虚的后方，形成了不可阻挡的对进势态。

西南方向军司令员布琼尼和基尔波诺斯冷静分析了形势，鉴于古德里安的装甲集群已贯穿后方（尚未和北上的克莱斯特会师），于9月11日向最高统帅部要求放弃基辅，全军向东退却，但被斯大林和沙波什尼科夫拒绝。显然，莫斯科方面还不知大祸即将临头。9月13日，布琼尼被撤职调往预备队方面军，铁木辛哥接替西南方向的指挥权。9月14日，对于苏军是个不祥的日子，古德里安第2装甲集群和克莱斯特第1装甲集群在基辅以东的深远后方240公里处的洛赫维察会师。苏联最强大的重兵集团——庞大的西南方面军全部被装进"巨型口袋"。9月17日，莫斯科最高统帅部终于下令向东退却，但为时已晚。9月16日至26日，基辅包围圈成为一口"沸腾的大锅"，直到最后一批苏军停止抵抗才平息下来。苏军第5、21、26、37集团军的大部和第40、38集团军的一部被歼，基尔波诺斯和他的政委布尔米斯坚科、参谋长图皮科夫均战死。德军俘获苏军66.5万人，缴获坦克824辆、火炮3018门。除了少数部队突围外，西南方面军基本被歼。

## 4. 莫斯科保卫战

　　基辅会战是世界战争史上规模最大的一次合围战，它无疑是德军战术上的巨大胜利，但同时也是战略上的重大失误，因为它客观上延误了向莫斯科的进军。1941年9月30日，德军根据希特勒第35号指令，即"台风计划"，重新开始了向莫斯科方向进攻。由于德军兵力已感不足，故而分别从"北方集团军群"调出霍普纳第4装甲集群（欠一个装甲军），从"南方集团军群"调出一个装甲军，以加强进攻莫斯科的"中央集团军群"的实力。德军的部署是：施特劳斯第9军团和莱茵哈特第3装甲集群从北面包围莫斯科，克鲁格第4军团和霍普纳第4装甲集群（接管了古德里安的一个装甲军）在中间正面进攻，魏克斯第2军团和古德里安第2装甲集群（接管了克莱斯特的一个装甲军）从南面迂回包围莫斯科。此时集结在莫斯科西面维亚兹马防御地区的西方方面军约有100个师，在南面的还有布良斯克方面军的两个集团军。

　　古德里安在南面首先拉开了向莫斯科总攻的序幕，他与魏克斯配合，快速迂回，将布良斯克方面军合围，在10月25日将其大部歼灭。古德里安在南面发动打击的第6天，10月4日，莱茵哈特和霍普纳装甲部队在正面突贯苏军防线，10月6日，德军的装甲集群升格为装甲军团。同一天，苏军以复杂的变更部署的办法实施撤退，终于铸成大错。10月7日，快速推进的德军装甲部队顺利会师，将苏军科涅夫指挥的西方方面军第19、20、24、32集团军和博尔金的预备队包围在维亚兹马以西地区，经一个星期的抵抗，包围圈里的苏军便缴械投降。苏军至少有45个师被歼，被俘不下65万人，俘获坦克1242辆、火炮5412门。中路德军已前出到莫则斯克，距莫斯科104公里。

　　为挽救危局，斯大林把朱可夫从列宁格勒调回，负责莫斯科的防御。10月10日，朱可夫接管西方方面军和预备役方面军时，所能收集到的兵力不过9万人。然而，10月中旬天气突然变坏，大雨和初次降雪使道路变得泥泞，装甲机动车辆陷在泥浆中难以动弹，后勤补给和人员补充开始发生严重困难。古德里安在莫斯科南面的迂回，首先受阻于图拉，接着在整个环绕莫斯科长达近1000公里的半圆形进攻线上，德军的攻势迅速减弱。由于以往取胜的法宝——装甲机动性消融在一片泥泞中，德军只能依靠步兵向莫斯科挣扎前进。在11月到12月里，苏军通过新建、重组、增援等手段，使莫斯科防线上的兵力得到迅速加强。在莫斯科后方新成立 9 个集团军，其中 2 个集团军和 3 个集团军之部分到达莫斯科前线，训练有素、配有良好冬季作战装备的西伯利亚部队也加入了首都保卫战的序列。

泥泞过后是严冬的提前降临，气温急剧下降，毫无冬季作战准备的德军顿时陷于瘫痪，汽油被冻结，坦克不能发动，冬装堆积在遥远的斯摩棱斯克，无法运到前线，德军部队大量减员，一个连往往只有二三十人。尽管如此，德军还是硬着头皮向莫斯科缓慢进击。11 月 16 日，德军在零下 8 度的气温下对莫斯科展开总攻。11 月 28 日，北翼的霍斯第 3 装甲军团和霍普纳第 4 装甲军团奋力挣扎，进到莫斯科近郊 14 公里处，克里姆林宫尖塔遥遥在望，但在弗拉索夫第 20 集团军、库兹涅佐夫第 1 突击集团军、列柳申科第 30 集团军、罗柯索夫斯基第 16 集团军的坚强阻击下，再也没有前进。12 月 2 日，克鲁格第 4 军团在中路向莫斯科发动正面冲击，德军第 258 步兵师一个营已突入莫斯科郊区希姆基，被从工厂里涌出的手持工具的工人们赶了回来，莫斯科郊外的森林地形使德军的进攻受到很大限制。波克将"最后一个营投入战斗"后，无可奈何地打电话给哈尔德，说他已经到了山穷水尽的地步，哈尔德却在温暖的参谋本部极力给波克打气。12 月 5 日，南翼的古德里安第 2 装甲军团在零下 62 度（一说为零下 52 度）的气温下，向图拉做了最后一次进攻，被博尔金的第 50 集团军和扎哈尔金的第 49 集团军击退。这时，苏军从后方开来的第 26、10、61 集团军已接近古德里安的侧翼，威胁其退路。第二天，朱可夫命令莫斯科防线上的苏军，发起全面反攻。

## 5. 苏军全线反攻

德军的挫折首先出现在南面的罗斯托夫。基辅会战结束后，德军"南方集团军群"抽出部分精锐部队，支援中路集团军进攻莫斯科后，便打算经顿涅茨盆地向遥远的高加索前进，那里石油的气味很吸引希特勒。这时伦德斯特共有 40 个师，其战斗序列中的曼斯坦因第 11 军团、罗马尼亚第 3 军团已陷在克里米

冰天雪地里，苏军将士正向德军展开全线大反攻。

亚不能脱身；霍斯第17军团在中间，向北顿涅茨河进军；南翼的克莱斯特第1装甲军团沿黑海北岸，朝米乌斯河挺进；北翼的赖希瑙第6军团向哈尔科夫推进，并尽可能与中央集团的魏克斯第2军团保持联系，后者则掩护着向莫斯科南面迂回的古德里安第2装甲军团的右翼。10月中旬，天气连降暴雨，德军进攻开始减缓，到了10月底，德军勉强攻占塔甘罗格、哈尔科夫，锋芒下指高加索门户罗斯托夫。苏军铁木辛哥的西南方面军和切列维钦科的南方方面军，按莫斯科的命令步步后撤。伦德斯特判断，苏军后撤是为了增援莫斯科方面的防御，下令全线追击。这时严寒已来临，后勤补给严重地影响了德军的前进，克莱斯特第1装甲军团实际上已成为一支马车队。11月20日，在零下20度的严寒下，德军勉强攻占罗斯托夫。

但差不多同时，苏军也发起反攻，苏军南方方面军向克莱斯特装甲军团后方运动，为避免被包围，德军于11月28日，放弃刚到手的罗斯托夫。伦德斯特明智地下令全军一举撤到米乌斯河上，与苏军迅速脱离接触，但希特勒于11月30日下令停止撤退，到达米乌斯河的部队又重新掉头东返，秩序一片混乱。伦德斯特立即提出辞职，希特勒马上照准，并让赖希瑙接任"南方集团军群"司令。希特勒固执地要在米乌斯河前面10公里建立一道中间阵地，德军前线将领感到不可思议：为何要计较这10公里地盘而置部队于危险不顾？12月1日，赖希瑙上任第一天就电告希特勒：苏军已突破中间阵地，请求立即撤到米乌斯河一线。希特勒马上照准。参谋总长哈尔德悔恨道："我们到达了昨晚已到达的地方，可是我们损耗了精力和时间，也失去了伦德斯特。"

德军"南方集团军群"在罗斯托夫受挫，李布元帅指挥的"北方集团军群"则在提赫文地区碰壁。原先李布向希特勒建议，利用秋季良好的天气，扩大在拉多加湖南岸的地盘，但希特勒又被经济问题所吸引，命令李布夺取提赫文的铝土矿产区。11月8日，德军布施第16军团的一个装甲军和一个步兵军击败苏军第4集团军，攻占了提赫文并威胁到与芬兰人对峙的苏军第7独立集团军的后方。苏军用改组前线指挥机构的独特办法来应付这一危机，调集第4、52、54集团军，由梅列茨科夫负责指挥。从11月11日开始，向德军发动一连串的反攻，李布使出浑身解数却再也不能前进一步了，很快被迫撤出提赫文。11月18日，拉多加湖全部封冻，4天后，苏军第一批卡车队越过冰冻的湖面，到达列宁格勒，这使列宁格勒因饥饿而沦陷的可能变得十分渺茫。

苏军在莫斯科方面的反攻最见成效，差点导致德军"中央集团军群"的毁灭。12月8日，希特勒被迫同意放弃攻势，但"中央集团军群"却陷入进不能攻、退不能守、原地又站不住的困境。波克提请希特勒注意，必须在攻和守之间择其一。如果继续进攻必须冒全军覆没的危险；如果守的话，那么无论现在的阵地上还是后方，都没有构筑任何防御工事。希特勒汲取了拿破仑在没有彻底摆脱对方的情况下实施撤退，最后酿成全军溃散的历史教训，于12月16日严令德军坚守前方阵地，不许作任何撤退，即使苏军已威胁侧翼和后方也不准撤退。这条命令事后来看确实拯救了"中央集团军群"免于崩溃，但也过于苛刻，因为即使是短距离的、必要的战术性撤退也不准。在以后几个月的防御战中，许多前线将领因坚持做必要的战术性退却，被希特勒免职。其中有勃劳希契元帅、波克元帅、伦德斯特元帅、李布元帅、屈希勒元帅、古德里安上将、霍普纳上将。12月19日，希特勒自任德军陆军总司令，他对哈尔德说，指挥作战这点小事谁都可以干，真正需要的是政治觉悟和决心。

苏军在莫斯科防线上的反攻于12月5日夜间开始，科涅夫的加里宁方面军越过冰封的伏尔加河上游攻击德军第9军团的后方，第二天，朱可夫的西方方面军向德军第3、4、2装甲军团发起攻击，在达成突破后，迅速向纵深发展。德军不顾希特勒坚守原来阵地的命令，丢弃大批重武器装备和无法运走的物资，踉跄后退，苏军俘获甚丰。苏军整个反攻态势是：科涅夫在右路从加里宁向斯摩棱斯克方向前进；朱可夫的西方方面军分南、北两翼在左路，同紧贴着德军古德里安装甲军团的布良斯克方面军携手走一条弧线，经维亚兹马向斯摩棱斯克进击，企图将德军"中央集团军群"包围在从莫斯科到斯摩棱斯克纵深约320多公里的"口袋"中；库罗奇金的西北方面军掩护着科涅夫的北面，大致沿德军"北方集团军群"和"中央集团军群"的分界线进攻。从战后来看，苏军最高统帅部的胃口太大了些。

到了1942年1月底，苏军左右两路已深入德军后方，莫德尔第9军团和鲁奥夫第4装甲军团深陷在即将封闭的包围圈内。这时苏军离出发基地已超过200多公里，后勤补给的困难暴露无遗，攻势锐减，无力在斯摩棱斯克附近地区扎上口袋嘴。苏军第1近卫骑兵军、叶夫列莫夫的第33集团军以及一些空降部队曾差点在维亚兹马以南封闭口袋嘴，由于苏军统帅部过早地撤走库兹涅佐夫第1突击集团军和罗柯索夫斯基第16集团军去增援南北两翼，使得向西进攻的弗拉索夫第20集团军攻势减弱，结果包围圈里的德军抽出兵力与包围圈外的部队联合行动，反把"袋口"附近的苏军第33集团军之一部、第1近卫骑兵军、第4空降军之一部和部分游击队包围起来，并于同年3月初将其歼灭。3月末，苏军加里宁方面军和西方方面军再次发动进攻，试图包围德军"中央集团军群"，但这时因春季道路泥泞，补给运输困难，加之部队筋疲力尽，苏军在莫斯科以西的反攻已变得有气无力。几天后，即4月初，苏军的攻势就停了下来。苏德战场暂时平静了下来。

## 第十五章 亚太战场 15

## 1. 中国全面抗战

### ·日本入侵中国

从历史上看,日本向亚洲大陆扩张的传统途径是由朝鲜上岸,进入中国东北,再向华北扩张。明代万历年间,丰臣秀吉曾企图假道朝鲜,夺取北京。明治维新后,日本的扩张途径基本步其先人丰臣秀吉的后尘。这种历史上的惊人相似,恐怕是其海岛地理位置的缘故,用年鉴学派的观点来解释,是历史的"长时段"因素所决定的。在近代,中日两国几乎同时努力向现代化国家转型,由于受悠久文明所固有的传统惯性束缚,中国很快落在了后面。在1894年中日甲午战争中,中国惨败,被迫放弃对朝鲜的宗主权,承认朝鲜为独立国,台湾和澎湖列岛割让给日本。1905年的日俄战争后,日本夺取了沙俄在东北的特权。1910年,日本正式并吞朝鲜。之后,以朝鲜为基地,全力经营东北,设关东军司令部于大连,将东北置于武装控制之下。1914年,第一次世界大战爆发,日本趁火打劫,出兵山东,进攻驻青岛的德军,乘机强占胶州湾。1915年,日本趁欧洲列强混战之际,向中国袁世凯政府提出灭亡中国的"二十一条"。中国北伐战争期间,日本田中内阁为阻挠中国统一,好继续从中渔利,借口保护日侨出兵山东,制造"济南惨案"。1927年6月27日,田中内阁在东京召开"东方会议",加紧对华侵略步骤。

"九一八事变"是日本迈出大规模侵略中国的决定性一步。当时正值世界性经济危机爆发，日本国内经济也遭到严重冲击，为摆脱眼前危机和解决长远的生存空间问题，日本国内的"少壮派"军人势力决心以武力夺取中国东北。以"万宝山事件"和"中村事件"为背景，1931年9月18日，日本军队在沈阳柳条沟自行炸毁一段南满铁路，并诬称中国军队所为，立即调动关东军和朝鲜驻屯军共约1万余人，向东北各重要城市大举进攻。张学良指挥的东北军约17万人，除少数不得不被迫抵抗外，大都遵照南京国民政府主席蒋介石的"不抵抗"密电，撤往山海关以西。沈阳兵工厂库存步枪8000支，机关枪4000挺，飞机260架悉数被日军劫去。不过3个月，日军完全占领东北全境。国民政府处置危机时，举措之所以犹如开门揖盗，是因为面对内外交困的局面，其奉行的是"攘外必先安内"的错误政策，希望尽量使中日战争的时间拖后，同时对"国际联盟"给日本施加压力，使东北恢复到事变前状态，抱过分的希望。中国政府在"九一八事变"处置上的严重失当，在国际和国内造成了极其恶劣的影响。

占领东北后，日本便开始扶植溥仪的满洲国。为转移国际视听，1932年1月28日，日本海军陆战队在上海挑起战端，中国驻军蒋光鼐、蔡廷锴指挥的第19路军奋起反击，这就是著名的"一·二八淞沪抗战"。开战两天后，中国军队的精锐第87师、第88师组成第5军，由张治中率领，以19路军的名义加入作战。此战中国军队一扫东北事变时的畏缩状态，骁勇善战，博得国际上的尊敬。在一个多月的交战中，日军三易主帅，两次由本土调兵增援，才迫使19路军退往上海西郊。5月5日，在英、美调停下，中、日双方签订停战协议。

1932年3月9日，日本扶植的"满洲国"在东北成立，以溥仪为首的大小汉奸粉墨登场。1933年1月1日，日军进攻山海关，进犯热河省，热河省主席汤玉麟不战而退，日军动用两个师团、三个旅团、三个骑兵联队，于两周内突进500公里。3月4日，攻陷热河首府承德，并乘势向左旋转，逼近长城各口。此刻，南京国民政府正在进行内战，对共产党的中央苏区进行第四次"围剿"。从3月中旬到4月下旬，中国军队的宋哲元第29军在喜峰口、商震第33军在冷口、徐瑶庭第17军在古北口分别同日本侵略军发生激战，予敌以沉重打击。战至5月上旬，日军凭借飞机、坦克、火炮方面的绝对优势，相继攻陷长城沿线各口，中国军队虽英勇奋战，前仆后继，终究在敌之优势兵器和火力的压力下，战败后退。日军强渡滦河,连克密云、遵化、蓟县、唐山等22县。国民政府派黄郛北上与日本方面谈判停战。5月31日,中日双方签订《塘沽协定》,中国被迫接受屈辱性的停战条件。此战可以看做日本利用中国人自相残杀、进行内战的机会,乘机蚕食中国边缘地区的典型一例。

日本得陇望蜀,侵占热河后,又开始搞"华北自治",进一步肢解中国。1935年底,南京政府在日本压力下,成立了一个动摇于日本和南京之间的半独立的冀察政务委员会。在日本咄咄逼人的情况下,国民政府不得不开始调整内外政策,以应付日本的侵略企图。日本则进一步施加压力,将华北驻屯军人数迅速增加。日本见华北一时难以吞下,便以建立"大元帝国"为诱饵,唆使蒙古德王成立伪"内蒙自治军政府",脱离中国政府,利用中国内部民族间的矛盾,以夺取察哈尔、绥远,取得南下华北的前进基地。1936年11月初,在日本关东军参谋长东条英机的策划、参谋田中隆吉的亲自指挥下,伪蒙军数千人向绥远进犯。蒋介石致电阎锡山,要求绥远省主席傅作义积极行动。11月23日,伪蒙军由百灵庙分两路犯武川、固阳,傅作义部35军和骑兵师一面迎头痛击,一面奇袭其后方百灵庙,于11月24日攻占这座塞外军事重镇,伪蒙军大部被歼。

## ·"西安事变"

面对内有不同政见的政治党派之纷争、外有强敌进逼的国内外严峻形势,以蒋介石为首的国民政府,不以民族利益为重,团结一切可以团结的力量,组成全民族的抗战阵营以抵抗日本的侵略,而是从其国民党一党统治的私利出发,固执地把共产党武装视为明末的李自成农民军,把日本看做即将进关的清军,并且认为明王朝覆没的原因是没有先消灭农民军就与外敌作战。蒋介石认为目前中国局面与明末相似,要吸取明王朝的历史教训,先清除内患,而后方可对付外敌。1932年6月9日,蒋介石在庐山的"五省剿匪会议"上,宣布了"攘外必先安内"的政策,对日外交上,尽可能地拖延战争爆发的时间,以争取肃清国内政敌和对日作战准备的时间。这样,在具体的操作上,必然对日本的步步进逼,一味忍让;对内镇压则毫不留情,对代表劳苦大众利益的共产党及其领导的武装力量积极"围剿",必欲除之而后快;对反对或违反这一"先安内、后攘外"顺序的党派和武装力量亦采取手段严厉镇压。

早在1933年夏季，长城抗战失败，热河失守，冯玉祥、吉鸿昌、方振武自发组成抗日同盟军，与敌血战，收复察哈尔省。蒋介石的国民政府为贯彻既定的"攘外必先安内"政策，竟与日本一同向抗日同盟军施加军事压力，最后，抗日同盟军被中国政府军无情镇压下去。蒋介石"攘外必先安内"的政策非但没有争取到对日作战的时间，反让日本不费吹灰之力便侵占了中国大片领土，又在无止境的内战中把本来就羸弱的国力再加以消耗，使中华民族的元气因一人或一党之私利而一再受损，再加上对各阶层抗日运动的严厉镇压，激起了包括部分政府要员、军队将领在内的全国人民的愤怒。以蒋介石为首的国民政府倒行逆施，已到了全国人民不能容忍的地步。

1936年底，蒋介石到达西安，逼迫张学良的东北军和杨虎城的西北军向陕北苏区进攻。张、杨二人出于爱国热忱，不愿在外敌入侵时刻，同胞自相残杀，于1936年12月12日发动著名的"西安事变"，扣留了蒋介石和随行的政府要员，要求停止内战，一致对外。经过中国共产党和其他各方的努力，蒋介石终于答应放弃"攘外必先安内"的政策，停止了持续十年的"剿共"。中共方面也放弃武装暴动，没收地主土地的政策，将苏区改为国民政府行政特区，红军改名为国民革命军。这样"西安事变"得到了合理的解决，在全国范围内建立起广泛的抗日民族统一阵线，中国从内部组织上最终完成了对日作战的准备。

1935年以后，由于日本侵华步骤的加剧，国民政府也开始着手对日作战的准备工作，其中包括：币制改革、战略铁路的修建、沿海和内陆的国防工事的修筑、军队整编和装备扩充、开发国防资源，但成效并不显著。原因一方面是国民政府将"剿共"放在首位，耗资巨大；另一方面是科学和工业极其落后，尤其作为军事工业基础的化学、钢铁冶金、机械、光学仪器等制造业非常薄弱，使中国几乎没有生产飞机、坦克、舰艇以及各种重武器的能力，而现代战争中，决定具体会战胜负的恰恰是这些先进的兵器。

就在中国内部形成抗日战争统一战线的同时，日本也加快了全面侵华战争的步伐。1936年2月26日，日本军部激进的"皇道派"不满"统制派"对外侵略中的缓进政策，发动武装政变，但被镇压了下去，引起了日本社会政局的动荡，国内矛盾激化。1937年5月31日，林铣内阁因无法解决内部矛盾而垮台。6月4日，主张积极对外侵略的近卫内阁组成，为摆脱日本国内困境，近卫内阁决定发动全面侵华战争。

## ·"七七事变"

1937年7月7日，驻北平附近的日军以寻找一名士兵为借口，要求进入宛平城搜查，被中国驻军宋哲元第29军吉星文团拒绝后，随即进攻该城，由此开始了全面侵华战争。"七七事变"爆发后，当时日军参谋本部作战部部长石原莞尔等人主张尽快结束战争，对付苏联，关东军参谋长东条英机等人则主张彻底占领全中国。7月11日，近卫内阁接受了东条一派人的主张，决定由国内抽3个师团、朝鲜抽1个师团、关东军抽2个旅团增援华北日军。与此同时，中国军队孙仲连第26路军、庞炳勋第40军、万福麟第53军向平津地区开进。日军一面调兵遣将，一面假装谈判，玩弄缓兵之计。宋哲元对中央军和其他派系的部队心存戒惧，只允许孙、庞二部到达保定为止，再向北就不受欢迎了，因而妨碍了合理的防御配置。另外，他对日方和平解决冲突抱有幻想，因而中了日军的缓兵之计，丧失了作战良机。7月16日，日军抵达入关部队已超过5个师团约10万之众，新任中国驻屯军司令香月清司亲临指挥对平、津的围攻。宋哲元的部队也有10万人，但既无飞机、又无坦克，在火力上处于绝对劣势的中国军队，注定要在正面防御战中一败涂地。激战至7月底，日军相继攻克北平、天津，并继续向西南方向进犯。

华北方面日军侵占平津后，分三路展开攻势，两路沿平汉、津浦铁路南下，一路向西进攻山西。1937年8月24日，沿津浦线南下的日军香月清司第1军击败冯玉祥指挥的第6战区的部队，攻陷沧州，对平汉线上的保定、石家庄形成钳形包围之势。9月14日开始，沿平汉线作战的日军西尾寿造第2军连续强渡永定河、拒马河向保定进攻。在优势兵器的巨大压力下，中国军队虽顽强拼杀，但仍无法守住外围的涿州防线。9月24日，日军攻占保定，中国军队退守石家庄。接着，日军强渡滹沱河，于10月10日攻陷石家庄。丢失了河北军事重镇保定、石家庄，山西、河南、山东便暴露在日军进攻锋芒的面前。

日军在津浦、平汉向南展开的同时，也积极向西展开进攻。1937年8月初，日军直扑山西、察哈尔的战略要地南口镇，久攻不下后，于8月27日，迂回攻取了南口后面的华北军事重镇张家口，使南口腹背受敌。负责该地区作战的第2战区司令阎锡山和第14集团军司令卫立煌想凭借山势险要做阵地防守，但在武器精良、训练有素、掌握绝对制空权的日军正面攻击下，损失惨重，漏洞越来越大。

8月下旬，南口终于失守。9月12日，阎锡山放弃大同，退守雁门关内长城一线，继续与敌周旋。9月下旬，中日两军在平型关展开激战，由红军改编、共产党领导的八路军第115师，在其师长林彪指挥下，伏击全歼了日军第5师团千余人的预备队和辎重队。日军被阻于平型关达八九天，中国军队也无力将东西跑池附近被围之敌加以全歼。9月27日，日军故伎重演，迂回攻击正面守军背后的茹越口，于次日在绝对优势火力下，将其攻克。9月30日，第2战区下令放弃平型关，退守忻口。10月12日，中日军队在忻口进行决战。中国方面以左、中、右三个集团军阵势迎战，日军动用飞机、坦克、重炮，反复冲杀20多日，不能越雷池一步。日军变更部署，以一部兵力沿正太线向太原进攻，中日两军在娘子关激战半月，双方损失甚重。10月26日，日军攻陷娘子关，由晋东插向晋北忻口防线的背后。中国军队被迫放弃忻口防御阵地，向太原收缩兵力。1937年11月7日，日军合围太原城，第二天在陆空协同和空降部队协同下，攻下太原。守城的傅作义部突围向晋南转移。

1937年8月9日，驻沪日本海军陆战队二人，欲强行闯入虹桥机场，被中国卫兵击毙，日军在佐世保的机动部队迅速向上海增援，战事已不可避免。鉴于历史上蒙古人和满洲人，都成功地采取由北向南入侵中原的战略，中国政府决定诱迫日本在华东沿海地区投入其主力，采取由东向西的错误战略。11日，蒋介石命令京沪线上的中国军队主动进攻驻沪日军，淞沪会战爆发。中国军队同日本侵略军激战3个月，中国方面共投入约70个师，日军共投入约10个师团。交战期间，双方在市区和市郊反复争夺，日军享有绝对制海权和制空权，同时还享有重武器方面的极大优势。中国军队除了步兵轻武器达到现代化外，其他武器装备方面均处绝对劣势，完全是凭着爱国主义精神，以血肉之躯同优势之敌作战，因而人员牺牲巨大。11月5日，日军利用中国军队在右侧防御上的严重疏忽，以三个师团的兵力在金山卫登陆，直扑中国军队的后方，在被包围的威胁下，中国军队被迫放弃淞沪地区，向西撤退。此战虽然达到了诱敌于华东沿海的目的，但将中国军队三分之一的主力，集中在敌军陆、海、空优势能够充分发挥的沿海平坦地区，从单纯军事角度而论，作战指导上似有严重缺陷，多数史家都持这种观点。但是，若选择不利海、空优势发挥的山地进行会战，势必拱手让出全国最富裕、也是最重要的京沪杭三角地区。以后的事实证明，一直要退到津浦铁路以西的平原与山区的交界线，日军的武器装备优势才受到地形的限制。如果选择军事上最佳方案，不战而放弃大片平原地区，必定产生其他方面的副作用，这些副作用将远远抵消最佳军事方案所得到益处，比如国内士气、国际影响、争取外援等等，顾及到方方面面，中国当局不得不出此军事上的下策。

日军参谋本部原定把淞沪作战限制在苏州、嘉兴一线以东，因为参谋本部的石原莞尔、多田骏是对苏作战派，不主张扩大中国战事。但日军上海方面的战地指挥官松井石根判断中国军队已被击溃，应该乘胜攻取首都南京，遂置大本营原先规定于不顾，越过苏、嘉线，向南京方向追击，东京参谋本部得知后先是震惊，既而马上同意。蒋介石一心恋战，迟迟才下撤退令，导致几十万大军撤退处于无序状态，无法进行有组织的交替掩护。耗费巨大、经营多年的吴福线、锡澄线、乍平嘉线三道国防工事被日军轻松越过。11月20日，政府宣布迁都重庆，同时任命唐生智率10万新败之师固守南京。日军一面以主力正面逼近南京，一面分兵一部插到南京后面的芜湖，切断南京守军的退路，使南京处于三面被围、一面背水的困守境地。12月5日，日军开始进攻南京外围的句容正面阵地，激战一周，12月12日，日军从中华门突入南京城，在蒋介石指示下，唐生智下达突围令，但只有少数部队接到撤退令，一时撤退秩序大乱。

日军攻占南京后，烧、杀、奸、淫，无恶不作，以松井石根为首的日本侵略军，对包括妇女、儿童、老人在内的中国平民和被俘的中国军人进行了惨绝人寰的大屠杀，惨遭杀害的人数达到30多万，国际舆论称日军已完完全全堕落为一群野兽，是人类中的"兽性集团"。

日本侵略军占领南京后，为使中国政府屈服，决定进一步深入中国腹地，攻取华中军事重镇武汉。为消除华北、华中西进日军的侧翼之威胁，日军大本营决定抽调华北、华中的部分兵力，分南北两路沿津浦铁路夹击徐州地区的李宗仁第5战区部队，肃清侧翼之威胁。中国军队利用日军轻敌冒进和内线作战的便利，用部分兵力将南面的华中之敌阻击在淮河之线，然后调整部署，准备诱歼北面孤军深入之敌。1938年3月下旬起，中日两军在徐州东北60公里处的大运河北岸台儿庄展开血战，孙连仲第2集团军所属的池城峰第31师死守不退达10多天。到4月上旬，冒险突进的日军矶谷廉介第10师团主力濑谷旅团和板垣征四郎第5师团主力坂本旅团被中国第5战区部队包围在台儿庄，经激战，残部突围而去。日军在台儿庄一役前后共被歼灭2万多人，中国军队获得抗战以来第一次大胜。

日军被台儿庄的失败所震惊，日军大本营利用中国方面为胜利所鼓舞，将大批新锐部队调入徐州地区以求决战的心理，决定围歼徐州周围的中国军队。日军迅速截断陇海线，从西面切断李宗仁第5战区部队的退路，用13个师团将中国60万大军包围起来。日本统帅部根据以往经验，判定中国军队会死守徐州战略要地，令各路日军不顾一切向徐州汇集。中国统帅部这次吸取以往教训，主动放弃徐州，利用日军包围网的空疏，几十万大军纷纷与日军擦肩而过，向西南方向突出重围，损失殊少。徐州会战持续了5个月，日军除了在台儿庄吃一败仗，最后得一空城，歼灭中国军队主力的计划完全落空。第5战区几十万军队成功突围，如此规模又如此出色的突围战，为第二次世界大战中欧、亚各战场所仅见。

1938年2月初，为策应徐州会战，日军土肥原贤二第14师团开始向河南进攻。在不到一个月时间内，击溃宋哲元第1集团军，进抵黄河北岸。5月13日，第14师团渡过黄河，继续攻击南下。5月21日，程潜指挥的第1战区部队15万人将土肥原贤二师团2万人包围在内黄、仪封地区，经过10天激战，中国军队无法达成围歼之目的。蒋介石无可奈何地称："15万人围攻2万人，竟让后者扬长而去，在战史上亦为一千古笑柄。"由此可见中国军事当局受传统"人海战术"影响之深，殊不知在其他条件相同的情况下，武器的优势可远远抵消人数的优势（这种情况后来也发生在朝鲜战争中，中国军队以一个军包围美军一个团，经过代价惨重的强攻后，竟不能全歼，让其突围而遁）。6月6日，日军攻占开封，并继续进逼郑州。6月9日，中国军队炸开花园口黄河大堤，泛滥的洪水暂时遏制了日军西进的势头。自行决堤造成了一片黄泛区，殃及豫、皖、苏三省四十四县，中国民众付出了沉重代价。从另一方面看，就和当年俄国在拿破仑入侵时，自行焚毁莫斯科以示抵抗一样，黄河决堤显示了中国抗战到底的坚强决心。

1938年6月上旬，入侵华北、华东的日军频频得手后，便按计划沿长江两岸会攻由第5战区和第9战区的中国军队拱卫的武汉。中国军队的目的不在于死守武汉，而是利用武汉外围有利地形尽可能地消耗日军，争取4个月的时间，造成有利的战略相持态势，达到长期抗战的目标。日军目的是要给中国军队以尽可能沉重的打击，从而挫败中国军队的战斗意志。武汉会战历时5个月，作战区域遍及赣、皖、豫、鄂四省，会战以10月21日日军在广州登陆，10月24

日中国军队主动撤离武汉而告终。日军共投入兵力 12 个师团，以后逐次增兵，人数约 25 万。中国方面投入约 120 多个师，75 万人左右，此战为中国抗战的转折点，它改变日军战略进攻和中国军队战略防御的势态，使得中、日双方进入战略相持阶段。从武汉弃守到 1944 年豫湘桂作战为止，正面战场上，中、日军队一直在湘、赣、鄂、豫一带拉锯对峙。

武汉会战在即，人人都想为国出力，连武汉儿童也纷纷走上街头，为战争募捐。

## 2. 太平洋战争爆发

### ·日美冲突

第一次世界大战后，日本咄咄逼人的扩张势头，打破了远东的均势，并直接威胁到美、英等国的利益。为遏制日本，1921 年 7 月，在美国的倡议下，召开了华盛顿会议，签订了《华盛顿海军协议》，规定英、美、日的海军吨位之比为5∶5∶3。同时还签订了《九国公约》，声明尊重中国主权和领土与行政完整，各国在华利益的机会均等。此时，限制俄国在远东扩张的《日英同盟条约》根据国际惯例，自动失效，日本的扩张暂时受到压制。1927年6月27日，积极推行侵略中国政策的田中义一内阁，在所谓的"东方会议"上确立了将满、蒙地区从中国领土中分割出去的方针。"九一八事变"发生后，美国国务卿史汀生向中、日两国政府分别递送备忘录，宣称对日本占领东北以及今后类似的侵略事实一概不予承认，日美关系开始紧张。1937年，日本发动"七七事变"，正式大规模入侵中国。1940年夏季，德国在欧洲战场取得大胜，日本的"南进"欲望受到极大刺激。9月，日本强迫法国维希政府允许日军进驻越南北部，并且修建空军基地。同时在7月，日本强迫英国封锁中国后方的极为重要的国际补给线滇缅公路。美国感到日本在中国和东南亚的扩张，已严重威胁了自己在这些地区的利益，于9月26日宣布对日本实行钢铁禁运，并决定全力支援中国抗战。英国此时已渡过"不列颠之战"的难关，于10月8日宣布重新开放滇缅公路。1940年9月27日，日本与德国、意大利结成同盟，以对抗美英。

1940年12月29日，罗斯福总统发表"炉边谈话"，公开声称美国是中国等被侵略国家的兵工厂，并根据《租借法案》向中国等被侵略国家提供军事援助，作为对德国、日本在欧、亚进行扩张的回敬。日、美关系迅速恶化，双方预感战争将不可避免。1941年4月，日、美开始谈判，试探避免冲突的可能性。日本要求维持"满洲国"现状，并在华北和内蒙长期驻军，美国则要求恢复到"九一八事变"前的状态，不允许日本在华驻军。双方都感到分歧太大，难以取得成功，便一面谈判拖延时间，一面积极准备战争。7月21日，日本胁迫法国维希政府签订《日法议定书》，日军随即开进越南南部。美国以牙还牙，于7月26日下令冻结日本在美资产，同时在菲律宾成立远东司令部，麦克阿瑟为司令。英国、荷兰也紧跟美国，宣布冻结日本的资产。1941年8月1日，美国向日本使出"杀手锏"，宣布对日实行石油禁运。美国的这一经济制裁，立刻使日本的国防和工业面临绝境。

日本的石油基本靠境外输入，本土产油量不到日消耗的十分之一。经过20年的努力，石油储备约600万吨，如果进行大战，一年内将点滴无存，日本所有的军舰、飞机、坦克皆成一堆废钢烂铁。日本现在必须在两条路之间进行选择：要么接受美国的要求，放弃侵略中国的政策，恢复"九一八事变"前的状态，这就意味着在中国进行了4年之久的战争,白忙了一场;要么将侵略中国的战争继续下去,这就必须占领东南亚,获得维持战争所必需的石油、橡胶、铁矿石,这也就意味着把战争扩大到东南亚,并且同美国开战,日本感到实在没有胜利的把握。8月5日,日本向美国提出"局部解决方案",美国不予理睬。8月7日,日本提出日美首脑进行会谈,美国没有答复。8月26日,日本近卫首相致函美国罗斯福总统,要求举行日美首脑会晤,罗斯福复函要求以国务卿赫尔在4月提出的"四原则"为日美首脑会谈的前提,这等于要日本从中国、越南撤军为会晤前提,日本自然不会接受。

1941年9月6日,日本内阁举行御前会议,作出了谈判和战争并举的决定,一方面继续谈判,另一方面在6个星期内,也就是在10月底,完成对美国和东南亚作战的准备工作。从时间上来看,越拖对美国越有利,因为日本全国已完全进入战争体制,而美国尚未进入战时体制。日军大本营唯恐对美作战失去战机,强烈要求在10月25日前决定是"战"还是"和"。10月12日,日本内阁举行近卫首相、丰田外相、及川海相、东条陆相、企划院铃木总裁的"五相会议",众人基本同意采取"有实无名的驻军方式",即在日美会谈时,接受美国建议,从中国全面撤军,然后与中国在和约里规定在华北、内蒙驻扎一部分军队。但代表陆军势力的陆相东条英机,坚决反对放弃陆军在中国大陆付出巨大代价而得到的战果,并认为谈判应双方让步,美国一步都不让,实在不能接受。首相、外相、海相联合向东条英机施加压力,都无法改变其顽固态度。最后,东条代表陆军对内阁提出强硬条件:外交谈判不得影响"中国事变"的成果和在华驻军权利,并在规定时限内进行谈判。近卫首相以不能对"两害取其重"的做法负责为由,于10月16日辞职。

1941年10月18日,东条英机内阁成立。随后,连续10次举行内阁与大本营联席会议,确定了对美让步最后界限的两个方案和"作战准备与外交并行"的方针。11月7日、20日,野村大使向美国方面先后提交了两个方案,都被美国拒绝,主要问题还是日本要维持"满洲国"和在华北、内蒙驻军25年,美国则要求日本从中国全面撤兵。11月26日,美国方面提出了著名的"赫尔备忘录",明确要求日本:必须从中国、越南全面撤军;放弃同汉奸汪精卫政府的关系;放弃日本依据《辛丑条约》在华所得之一切利益;退出同德、意结成的同盟。日本接到备忘录后,认定谈判已告破裂。12月1日,东条内阁在御前会议上决定同美国开战。

御前会议决定不宣而战，以递交最后通牒的时间做配合，达到奇袭的效果。12月6日，罗斯福总统向日本天皇发出最后的和平呼吁。同一天，东京政府内阁指示日本驻美大使野村于12月7日下午1时（华盛顿时间），也就是日本联合舰队向美国太平洋海军基地——夏威夷的珍珠港突袭前30分钟时，把宣战的最后通牒交给美方。这样，攻击将在递交最后通牒后的25分钟时开始，既可收奇袭之效，又不承担道义上"不宣而战"的谴责。但阴差阳错，由于东京方面电文冗长，日本驻美使馆译电发生延误，因此，直到下午2时20分，野村才在赫尔的办公室向他递交了最后通牒，而在35分钟前，日本海军已开始攻击珍珠港内毫无防备的美国军舰。

## ·偷袭珍珠港

日本发动太平洋战争的目的是要在太平洋上建立一个大三角形的势力范围圈。东边北起千岛群岛，通过威克岛，到达马绍尔群岛；三角形的底边是一条连结马绍尔群岛、俾斯麦群岛、爪哇、苏门答腊之线；南边从马来西亚和缅甸南部起，通过印度支那，然后沿着中国海岸回到日本本土。占领并控制这一巨形三角地区之后，就可获取东南亚丰富的战略资源，维持对中国的继续作战。但在太平洋的战略态势上，美国太平洋舰队构成了日本南进时的侧翼威胁。所以日本海军希望迅速摧毁美国太平洋舰队主力，占领威克岛和关岛，切断美国横越太平洋的交通线。日本打算打一场短暂而有限的战争，在太平洋上建起一道防线，其中包括新获得的军事基地和东南亚资源丰富之地区，把这个所谓的"大东亚共荣圈"变成一个坚强的军事堡垒，使美国人在无可奈何之下，签订一个和约。

为达成上述战略意图，第一步就要迅速摧毁美国太平洋舰队，控制西南太平洋的制海权。原来双方都预测未来日美海上交战的情形是：日本进攻东南亚，美国海军横越太平洋，赶来增援，日本出动主力舰队前往拦截，双方海军主力舰队在南太平洋上展开决战。但日本海军联合舰队司令官山本五十六认为，中途阻击的战法在时间和地点上难以把握，自己很可能陷于被动，不如主动出击，先发制人，将对手毁灭在基地内。为此，山本五十六制定了奇袭珍珠港的方案，并在国内某个类似珍珠港地形的地方，进行了多次模拟演习。

到1941年12月为止，双方在太平洋的普通舰艇数量大致相等，但在航空母舰方面，日本拥有"苍龙"、"飞龙"、"瑞鹤"、"赤诚"、"加贺"5艘重型航母，"祥凤"、"瑞凤"、"龙骧"、"隼鹰"4艘轻型航母。正在建造的航母还有5艘，另有2艘正由商船改装而成的航母。美国有"列克星敦"、"沙拉托加"、"猎兵"、"企业"、"约克镇"、"胡蜂"、"大黄蜂"7艘重型航空母舰。美国的制造计划中还有17艘重型航母，9艘轻型航母，78艘护航航母。

从制造航母的规模来判断，美国国内工业力量远非日本可比，长远来看，美国巨大的战争潜力终将压垮日本，问题是如何把这种潜力化为作战实力。当时双方在太平洋的实力，日本远占优势，航空母舰有10艘，而美国只有3艘。在航空兵方面：南进陆军中有飞机700架，台湾海军基地第11海军航空队480架，另外，航空母舰上载机360架，专供攻击珍珠港之用。而同盟国在太平洋地区的军用飞机只有500架左右，大都是质量低劣之旧式飞机，日本零式战斗机的性能压倒同盟国所有战斗机。所以，太平洋战争爆发时，日本海军、陆军暂时占全面优势。

1941年10月26日，就在野村大使同赫尔国务卿进行外交交涉的同时，以6艘航空母舰为核心，上载423架飞机，组成海上攻击部队，伴随2艘战列舰、3艘巡洋舰、11艘驱逐舰、3艘潜艇和7艘油船，在南云忠一指挥下，从千岛群岛的择捉岛秘密出发，取道北太平洋向夏威夷群岛的瓦胡岛目标前进，舰队在途中保持无线电静默。12月2日，日本大本营向联合舰队下达12月8日（日本时间）开始攻击的命令。12月7日，凌晨6点（夏威夷时间），从西北逼近夏威夷的联合舰队距瓦胡岛上的珍珠港基地约230海里，由183架飞机组成的第一攻击波开始起飞，7点55分抵达珍珠港上空开始狂轰滥炸。7点15分，由171架飞机组成的第二攻击波开始起飞，9点整，飞临珍珠港，开始第二次攻击，两次空中打击均获成功。在不过1个多小时的时间里，日本一举夺得太平洋上的主动权。

美国自1940年起就已能破译日本的密电码，联合舰队的无线电通讯突然消失，也已引起美国的警觉，但没料到日本舰队不从西面逼近，而是从北面迂回过来。从北面飞来的日军轰炸机群，利用了美军监视人员的麻痹大意。当然，最主要的原因是美军长期处于和平状态，养成了惰性、散漫、低效率，致使日军偷袭成功。美军被击沉、重创各4艘战列舰，另有其他7艘军舰被击沉，被炸毁飞机188架，人员死伤3400余人，日本海军仅损失飞机29架，袖珍潜艇5艘。美国太平洋舰队暂时瘫痪，不幸中的万幸是它的3艘航空母舰"约克镇号"、"列克星敦号"、"沙拉托加号"和另一支巡洋舰队在外执行任务，免遭袭击，为日后反击保存了实力。

在袭击珍珠港的当天，日本向东南亚全面进军。1941年12月8日，日军山下奉文指挥的第25军在近800架飞机掩护下，在马来西亚登陆。英国远东舰队司令菲力普前往攻击日军运兵船，结果菲力普连同他的旗舰"威尔士太子号"、"却敌号"一起被日军轰炸机击沉。这是英国海军当局头脑僵化、无视航空母舰的作用、无视飞机能够炸毁军舰试验的报应。日军取得海、空优势后，陆军沿马来半岛东西海岸破竹而下，突破英军杰特拉防线。到1942年1月底，日军攻占马来西亚，英军退守新加坡。2月8日，日军渡海进攻新加坡，英军弹尽粮绝，于2月15日投降。

进攻菲律宾和其他地区的行动一样，在同一时间内进行，从台湾起飞的日军第11航空队对菲律宾的美军基地进行了连续4天的轰炸，本间雅晴第14军在吕宋岛等地登陆。1942年1月2日占领马尼拉，美军节节败退，菲律宾总统奎松和美军驻菲司令麦克阿瑟先后逃离，战斗到5月7日，菲律宾的美军部队全部投降。在其他方面，日军酒井隆第23军，在1941年12月25日圣诞节子夜占领香港。此外日本相继占领关岛、威克岛等西南太平洋岛屿，前锋已达新不列颠岛，在腊包尔建立了空军前哨阵地。日军坂田祥二郎第15军由法属印度支那进入泰国，向缅甸英军进攻。3月8日，日军占领缅甸首都仰光，一部分日军从萨尔温江上游附近进入中国云南，并切断中国后方大动脉滇缅公路。日军于1942年2月中旬猛攻荷属印度尼西亚，歼灭荷、英、美、澳四国联合舰队，完全占领东南亚油田地区。在6个月的时间里，日本以极少的代价达成了"南进"目标。

日本发动战争后，要求德国立即给予支持，里宾特洛甫为避免与美国交战，提醒希特勒，根据《同盟条约》，只有当日本遭受攻击时，德国才有义务援助。希特勒根本不管这些，于1941年12月11日，太平洋战争爆发后第3天，向美国宣战。

# 第十六章 苏联战场大转折 16

## 1. 克里米亚战役

  1942年春，苏、德双方统帅部都在积极策划下一步的作战。希特勒仍然把注意力盯在高加索的石油上，因为专家们对德国石油储备严重缺乏的判断，使他倍感焦虑，他对手下将领说："如果我不能得到迈克普和格罗兹尼的石油，就应结束这场战争。"事实上，德国要是夺得高加索的石油，不仅可解决自己的需要，同时也将使苏联的战争机器瘫痪，所以斯大林也对部下说过，为了把战争继续下去，我必须保持高加索油田。最后，希特勒决定1942年夏季的作战目标为占领高加索油田，同时在列宁格勒和克里米亚两个方向上展开攻势。

  1943年3月底，苏军最高统帅部会议上，斯大林判断德军进攻方向仍是莫斯科，决定把战略预备队配制在布良斯克方向上。同时在西南方面军司令员铁木辛哥的要求下，在乌克兰方面实施进攻。5月12日，苏军四个集团军从沃尔昌斯克和巴尔文克沃突出部向哈尔科夫地区德军进攻，并很快突破了德军阵地，向纵深顺利发展。铁木辛哥并没有察觉德军已在这一地区集结重兵，准备向高加索进军。5月17日，形势突变，德军克莱斯特第1装甲军团从斯拉维扬地区出动，保罗斯第6军团在哈尔科夫以南渡过北顿涅茨河，从南、北两个方向，向铁木辛哥部队的突出部根部切入。5月19日，苏军下令撤退，但时机已经错过，退路已被德军封闭。到 5 月 29 日会战结束时，苏军除 2 万多人突围外，参加进攻的第 5、第 6、第 7、第 9 集团军全军覆没，被俘达 20 万人，方面军副司令员科斯坚科和另两位集团军司令员战死。苏军损失火炮 2026 门、坦克 1246 辆。由于苏军判断不准，贸然进攻，导致西南方面军主力被歼，让德军轻易地打开南翼大门，重获战场主动权。

为消除进军高加索时南侧翼的威胁，1942 年 5 月 8 日，希特勒命令曼斯坦因的第 11 军团发起克里米亚战役。曼斯坦因于 5 月 15 日攻克刻赤要塞，俘虏苏军 17 万人，控制了亚速海的出口。7 月 4 日，德军以其高超的野外攻坚战术，克服地形险峻，攻下克里米亚半岛上的最后一个要塞——塞瓦斯托波尔，苏军约 10 万人投降。不久，曼斯坦因的 11 军团大部调往列宁格勒地区。

## 2. 斯大林格勒会战

按照希特勒 1942 年 4 月 5 日发布的第 41 号指令，进军高加索分四个阶段来进行。第一阶段：德军第 2 军团和第 4 装甲军团向顿河上的沃罗涅日突破。第二阶段：第 6 军团从哈尔科夫以西出击，与第 4 装甲军团合作，歼灭顿河以西的苏军，第 4 装甲军团此时应沿顿河向南旋转，包围该地区的苏军。第三阶段：第 4 装甲军团和第 6 军团组成"B 集团军群"，从东南方向直趋顿河下游，第 1 装甲军团和第 17 军团组成"A 集团军群"，向东北推进，越过顿涅茨河下游，两个集团军群将在斯大林格勒附近包围主力，打一场类似基辅会战型的歼灭战。第四阶段：在斯大林格勒至沃罗涅日的顿河沿岸，布置一道警戒线后，主力南下攻占高加索。

1942 年 6 月 28 日，挟哈尔科夫胜利之威，霍斯第 4 装甲军团、魏克斯第 2 军团，从库尔斯克地区向沃罗涅日发起进攻，7 月 6 日占领该城大部后，转向东南，沿顿河大河湾扫荡溃败的苏军。6 月 30 日，保罗斯第 6 军团从比尔果罗德和弗尔加斯克之间迅速跃出，向东进攻。克莱斯特第 1 装甲军团从依兹门和库普洋斯克之间出动，强渡北顿涅茨河，到达本特科夫之后折向南方，锋芒直指进入高加索的咽喉罗斯托夫。

苏军驻守沃罗涅日的布良斯克方面军司令戈利科夫指挥不当,没有及时用强大的第5坦克集团军冲击霍斯后方,霍斯已夺得战场主动权。这时,苏军作战已变得灵活,不再一味死守,而是作有计划的撤退,在顿河对岸重组防线。

7月10日,德军按原定计划将"南方集团军群"分成A、B两个集团军群:李斯特为"A集团军群"司令,目标为高加索的格罗兹尼、巴库油田,波克为"B集团军群"司令。7月13日,波克因行动迟缓被希特勒免职,魏克斯接过其指挥权。苏军此时也为指挥方便,将布良斯克方面军一分为二,建立沃罗涅日方面军,瓦杜丁任司令,罗柯索夫斯基任新成立的布良斯克方面军司令。原布良斯克方面军司令戈利科夫因指挥失当被撤职。

7月17日,希特勒命令霍斯第4装甲军团掉头南下,协助克莱斯特第1装甲军团强渡顿河,丧失了与保罗斯第6军团一起兵不刃血拿下斯大林格勒的良机。第6军团现在孤掌难鸣,而克莱斯特本不用别人帮忙,霍斯的前来反占用了其行军道路,造成极大混乱。7月30日,希特勒思路又变,认为夺取高加索油田取决于斯大林格勒的占领,遂又令霍斯第4装甲军团调头北上,重新转入对斯大林格勒的进攻。就在霍斯军团来回瞎折腾之际,苏军在斯大林格勒方向的战线迅速得到加强。8月9日,霍斯被阻于斯大林格勒东南方向,被迫取守势。而这时,北面的第6军团又发动了强大攻势,8月19日,肃清斯大林格勒外围,进逼该城市区。8月23日,德军从城市北面抵达伏尔加河畔,割断苏军62集团军同主力的联系,9月10日,崔可夫将军接任苏军62集团军司令员,负责死守该城。

20世纪初叶,斯大林格勒被称做沙皇城,是一个人口不过5万的小城,但作为石油、粮食、木材、羊毛、盐、鱼的交易中心已有相当重要的地位。在更早的时候,这座位于卡莫克大草原与顿河交界的古城,也是对抗亚洲游牧部落骑士的欧洲防线的始点。1918年斯大林曾在此抵抗白匪高尔察克哥萨克骑兵的进攻,并获得胜利。当时叫察里津,为表纪念,更名为斯大林格勒,但今天,它的威胁却来自西面的日耳曼人。它扼伏尔加河之要津,这条古老的运河现在已成为战时南北运输的大动脉,高加索的汽油就靠它通过航运,源源供给各个战场的苏军。因此,斯大林格勒被形象地喻为"伏尔加河的钥匙"。

到1942年9月15日为止,德军在斯大林格勒前线的态势是:从沃罗涅日到斯大林格勒,沿顿河河岸一字排开的是德军的第2军团、匈牙利第2军团、意大利第 8 军团、罗马尼亚第 3 军团、德军第 6 军团，在该城南面又紧挨着罗马尼亚第 4 军团。哈尔德和保罗斯都担心附庸国军队防守的左翼顿河防线上潜伏着危机，但希特勒不以为然，反认为哈尔德意志消沉，于 9 月 24 日将他免职，让资历低下的蔡茨勒出任参谋总长。苏军方面，从沃罗涅日到斯大林格勒沿顿河一线，展开的是沃罗涅日方面军、西南方面军、顿河方面军、斯大林格勒方面军。从 7 月起，苏军已在中亚地区秘密组建战略预备队。9 月初，斯大林委托朱可夫和华西列夫斯基两人筹划在斯大林格勒大反攻的计划。当斯大林格勒城正酣战未休之际，这些已完成训练和装备良好的庞大战略预备军团，正源源开往顿河、伏尔加河前线，这一切都为德国情报部门所获知，但希特勒却根本不予相信。

9 月 15 日到 11 月 19 日，德军为夺取斯大林格勒，夜以继日地猛攻，苏军第 62 集团军和第 64 集团军为固守伏尔加河左岸几小块阵地，拼死以战。每一条街、每一堵墙、每一幢房屋、每一层楼面，都反反复复地来回冲杀了无数个回合，仍然不见分晓。起初德军以步兵集团冲锋，不见效果，继而以大炮、飞机轰炸，将城市炸成废墟，这样反倒对防守的一方有利，凭借废墟，苏军进行了有效的抵抗。

当崔可夫第 62 集团军使德军在坚城之下进退两难时，苏军庞大的预备队已秘密进入反攻阵地。11 月 19 日，在斯大林格勒北面，瓦杜丁西南方面军第 5 坦克集团军、第 21 集团军在顿河登陆场谢拉菲莫维和克列茨卡亚，向德军第 6 军团薄弱左翼上的罗马尼亚第 3 军团发起进攻，11 月 20 日，南面叶廖缅科的斯大林格勒方面军第 51、57、64 集团军，在查查湖和巴尔曼查克湖之间向罗马尼亚第 4 军团发动强大的攻势。两路大军向德军第 6 军团深远后方卡拉奇疾进，于 11 月 23 日下午在卡拉奇会师，保罗斯军团的 22 万人陷入重围。希特勒立即从列宁格勒调回曼斯坦因，以他的 11 军团司令部为班底，组成"顿河集团军群"司令部，统一指挥斯大林格勒地区的几个军团。面对合围，蔡茨勒竭力主张保罗斯率部立即向西南突围，希特勒几乎已被说服，但被冷落多时的戈林，想在关键时露一手，他向希特勒保证，他的空军每天可以给包围圈运送 500 吨作战物资（后来事实证明，平均每天只能空投 104.7 吨物资，其中只有一天达到 300 吨）。希特勒素来不愿撤退，遂决定坚守斯大林格勒。第 6 军团丧失最佳突围机会。

为援救保罗斯军团，曼斯坦因成立两个突击群，顿河西岸的"霍利特集群"，顿河东岸的"霍斯集群",从西和西南两个方向朝斯大林格勒推进。苏军在齐尔河地区从北面不断施加压力,将"霍利特集群"死死牵制得不能动弹,曼斯坦因决定霍斯单独负起救援任务。12月12日,在曼斯坦因严令下,霍斯的第4装甲军团,开始向斯大林格勒推进。这个代号为"冬季风暴"、被曼斯坦因称为"死亡竞赛"的作战,从科捷利科沃为起点,向东北方向进攻,企图在救援部队和斯大林格勒被围部队之间切开一条"走廊"。参加救援的主力是从高加索第1装甲军团抽回的第57装甲军,所属第23装甲师在右,第17装甲师在左,刚从法国赶到的精锐第6装甲师作预备队,向斯大林格勒攻击前进。开头几天进展顺利,希特勒最高统帅部沉浸在一片乐观气氛中。但在阿克赛河北岸遭苏军顽强阻击,以后近一个星期中,阿克赛河畔鲜为人知的激战,事实上决定了第三帝国命运。

为策应"冬季风暴"作战,曼斯坦因要求保罗斯组织兵力向西南进攻,突破苏军封围,策应霍斯共同切开一条"走廊"。这个策应行动代号为"雷鸣",但保罗斯电告曼斯坦因:他的汽油储存量仅供坦克行驶20公里,只有霍斯到达距包围圈32公里时,才能发动"雷鸣"作战。12月19日,霍斯的57装甲军冲过阿克赛河,第6装甲师距包围圈仅48公里,这也是救援部队能到达的最大极限。曼斯坦因预感这是第6军团突围的最后机会了,遂鼓起极大的勇气,毅然违抗希特勒的命令,向保罗斯发出立即向西南突围、分批撤出斯大林格勒的命令。曼斯坦因已单独负起了抗命的责任,但优柔寡断的保罗斯还是决定服从希特勒。为阻止德军解围斯大林格勒,苏军统帅部巧妙地向德军"A集团军群"和"顿河集团军群"后方发动进攻。瓦杜丁指挥的沃罗涅日方面军和西南方面军第1、3、6三个集团军,向负责掩护整个南翼德军的意大利第8军团发起强大攻势,苏军占领德军大型补给基地坎帖米罗夫卡,锋芒直接威胁罗斯托夫这一咽喉要道,迫使曼斯坦因从霍斯救援军中抽回精锐的第6装甲师,应付后方的紧急危机。这样,向斯大林格勒解围的进攻部队只剩下两个装甲师,据德方战后透露,两个装甲师在12月7日一共只剩下35辆坦克。12月24日,由于第6装甲师已调走,德军在阿克赛河的进攻已成强弩之末,苏军马利诺夫斯基的近卫坦克第2军团及时赶到,对德军发起全面反攻。德军第57装甲军在12月26日全部拼光,担任掩护的残部向原来的出发点科捷利科沃溃退,保罗斯的第6军团的命运就此注定。

从11月23日被围后近两个月的苦战中,第6军团的防区日益缩小,弹药食物奇缺,伤员日增,而俄罗斯的冬天已降临。12月30日,苏军最高统帅部把叶廖缅科指挥的斯大林格勒方面军并入罗柯索夫斯基指挥的顿河方面军，围歼德军第6军团的任务由罗柯索夫斯基统一负责。1943年1月8日，罗柯索夫斯基派出3名红军军使，带给保罗斯一份招降书，要求保罗斯24小时内给予答复。保罗斯立即将全文电告希特勒，要求在紧急关头给予便宜行事的权力，但被希特勒驳回。48小时以后，由罗柯索夫斯基指挥的212万顿河方面军，在6900门火炮、250辆坦克、近300架作战飞机的掩护下，向被围的德军发起总攻。经6天惨烈之战斗，德军阵地缩小了一半，被压缩在24公里长、15公里宽的一块地方。1月24日，苏军再次向保罗斯招降，被后者拒绝。1月30日，希特勒晋升保罗斯为元帅，其手下117名军官都晋升一级。第二天，1月31日下午7时45分，保罗斯和他的参谋长希米德将军在"万有"百货公司地下指挥部被俘。德军在斯大林格勒的最后抵抗，直到2月2日才最后停止。

苏军取得了斯大林格勒会战的胜利，全世界反法西斯的国家都为之欢庆。

德军第 6 军团是德国战略主力中最精锐的集团，希特勒曾对前任指挥官赖希瑙声称，他可以用第 6 军团来打开天堂的大门，但他拿到了"伏尔加河的钥匙"后，却为他的第三帝国打开了地狱之门。在这场狂赌中，第 6 军团 22 万人被歼。保罗斯以下 24 名将官、9.1 万名士兵被俘虏，损失共 14 个步兵师、3 个摩托化师、3 个装甲师、1 个罗马尼亚步兵师、1 个罗马尼亚骑兵师，坦克 100 辆、火炮 1800 门、各种车辆 10000 辆。根据德国陆军总部的统计，德军在装甲车辆和一般车辆方面的损失，相当于 6 个月的生产量，在火炮方面约相当于 3～4 个月的生产量，在轻兵器和迫击炮方面相当于 2 个月的生产量，还赔进 500 架运输机。第 6 军团的覆没，如果还有点什么价值的话，那就是为高加索方面的 40 万德军的安全撤出争取了一点时间。

## 3. 高加索撤退

从 1942 年 7 月下旬，李斯特指挥"A 集团军群"中第 17 军团和第 1 装甲军团渡过顿河，南下进入高加索，呈扇形展开。起初一路顺利，8 月 10 日，克莱斯特第 1 装甲军团占领了迈柯普等几个油田，但进入高加索山地后，装甲部队受地形限制，进展缓慢。9 月 9 日，希特勒将李斯特免职，自任"A 集团军群"司令，直到 11 月下旬，才将指挥权交给克莱斯特，但德军占领格罗兹尼大油田的目标始终未能达到。12 月中旬，苏军突破意大利第 8 军团防线后，进逼高加索德军后方"瓶颈"罗斯托夫。参谋总长蔡茨勒警告希特勒，如果不及时撤退，"A 集团军群"会遇到第二个斯大林格勒，希特勒勉强同意作局部撤退。1943 年 1 月 14 日，苏军采取了更为大胆的行动，戈利科夫的沃罗涅日方面军和瓦杜丁的西南方面军，向西击溃德军第 2 军团和匈牙利第 2 军团，占领库尔斯克和哈尔科夫，然后苏军西南方面军折向西南，压向黑海沿岸彼烈科卜地峡，企图封锁克里米亚半岛出口，意欲将克莱斯特"A 集团军群"和曼斯坦因"顿河集团军群"一网打尽。

曼斯坦因使出浑身解数，命令原来救援斯大林格勒的"霍利特集群"和"霍斯集群"一边撤退，一边同马肯森的第 1 装甲军团作交替掩护，撤向罗斯托夫。

苏军叶廖缅科的南方方面军（原斯大林格勒方面军）因补给线过长而攻势锐减，最终没能切断高加索德军的退路。在度过几次危机后，第1装甲军团通过罗斯托夫抵达米乌斯河，第17军团退守塔曼半岛，德军于2月初终于完好无损地撤出高加索。这时苏军统帅部错误判断，德军已溃不成军，要退守第聂伯河西岸，便命令部队不顾一切地追击。苏军瓦杜丁的先头部队虽然已深入到德军后方的第聂伯河之线，但其补给线因过长而瘫痪，部队进退失据。德军因战线缩短已腾出机动预备队，2月19日开始，曼斯坦因果断地依次投入豪塞尔第2党卫装甲军、霍斯第4装甲军团、马肯森第1装甲军团，向北进攻，在歼灭了孤军深入的苏军第6集团军、波波夫坦克集群的先头部队后，于3月14日，重新占领哈尔科夫，沃罗涅日方面军和西南方面军败退到顿涅茨河以东65公里处，苏军罗柯索夫斯基的中央方面军（原顿河方面军）后方受到威胁。在朱可夫请求下，斯大林急调战略预备队中的第1坦克集团军、第21集团军、第64集团军赶来增援，才稳住了局势。这样，德军度过了因第6军团全军覆没所带来的严重危机，将一场危机四伏的大撤退发展成一场出色的反包围战，重新夺回了南翼战场主动权。

## 4. 库尔斯克会战

1943年4月，德军整个南翼战线已收回并拉直，但苏军在库尔斯克地区德军战线上，形成一个巨大突出部，在北、西、南三面与德军保持接触。库尔斯克突出部正面宽160公里，北面深240公里，南面深80公里。罗柯索夫斯基的中央方面军固守北面，瓦杜丁的沃罗涅日方面军驻守南面。苏军在必要时，可以从这一地区出发，向北、向南迂回攻击德军后方交通线。而德军若夺取该突出部，可一举歼灭苏军两个方面军主力，还可再次缩短战线，腾出更多的机动兵力。因此库尔斯克突出部成了双方敏感区域。

在4月，希特勒就和诸位将领开始讨论向库尔斯克发动进攻的问题。曼斯坦因认为，在4月发动进攻较有把握，但不能拖延，因为库尔斯克地区的苏军尚来不及休整，防御工事也不完善。克鲁格、莫德尔、蔡茨勒则表示赞成。4月

15日，希特勒发布元首大本营命令，宣布了代号为"堡垒"的进攻库尔斯克的作战计划。为了能让新型的"豹型"坦克投入使用，希特勒一再延迟进攻。在5月初的两次讨论会上，曼斯坦因、莫德尔认为进攻的最佳时机已过，因为空中侦察的照片表明，苏军在库尔斯克已修筑了坚固的防御工事，但凯特尔和参谋总长蔡茨勒力主进攻。希特勒一时犹豫不决，拖到了6月。再次担任装甲兵总监的古德里安极力反对"堡垒"作战，他提醒希特勒对新式的"豹型"、"虎型"坦克不要期望太高，它们和其他新武器一样，在战场初次使用中会碰到意想不到的麻烦，而且刚刚组建好的坦克战略预备队势必全部都用上，一旦失败，在很长时间里难以恢复。然而希特勒终于被蔡茨勒和凯特尔说服，下令在7月5日发动这次东线决战。

就在德军高层争论不休的同时，苏军统帅部也在讨论库尔斯克地区的作战方案。3月下旬，朱可夫同沃罗涅日方面军司令员瓦杜丁、中央方面军罗司令员柯索夫斯基、参谋总长华西列夫斯基研判了整个东线形势后，于4月8日起草了一份报告给斯大林，朱可夫预测德军在夏季会从南北两翼夹击库尔斯克突出部的苏军。他认为，苏军为了先敌行动而于最近转入进攻是不妥当的，最好在防御中消耗掉德军坦克后，再投入新锐预备队转入全面反攻。4月12日，沃罗涅日方面军司令员瓦杜丁、政委赫鲁晓夫也向参谋本部报告当前情况，并要求在库尔斯克突出部的侧后地区配置战略预备队。在高级将领中，瓦杜丁主张先发制人，但朱可夫和华西列夫斯基则力主后发制人，斯大林赞同他俩的意见。1943年5月底，英国军事团来访，团长马特耳中将告诫苏联同行：当德军装甲部队未消耗之前，就发动进攻必然会失败；英军在阿拉曼胜利的原因是，设法让德军的坦克部队在英军的防线上撞毁，或至少使其刀锋被磨钝，然后英军转守为攻；当敌方坦克突入后，坚守两侧"腰部"是很重要的，要使用一切可使用的预备队，来增强缺口两侧的防御，而不要面对冲破堤防的洪流斗水作坝。马特耳的经验多少影响了苏军统帅部决定后发制人的决策。

6月初德苏间出现了一段外交插曲。早在1943年春，德苏双方都感到前途渺茫，胜负难定，想就此罢兵言和，于是在6月间，双方苏联外长莫洛托夫和德国外长里宾特洛甫在德军占领的基罗夫格勒秘密会晤。但希特勒以胜利者自居，要求以第聂伯河为两国新的边界，苏联则要求仍以战前布格河为界，双方要价距离太大，无法成交。接着西方国家已有风闻，斯大林遂下令中止谈判，继续兵戎相见。

双方都已下定决心，在库尔斯克进行一场决定性的会战。德苏双方的最高统帅部都开始了紧张的调兵遣将，各种作战物资川流不息向库尔斯克地区集中，更重要的是，双方都孤注一掷，将全部战略预备队，投入到库尔斯克地区。德苏双方都意识到这场会战对双方都意义重大：苏军败了，形势将恢复到1941年冬季困守莫斯科的窘境；德军战败的话，将丧失整个苏德战场的主动权，再也无力组织起现有规模的战略预备队。所以希特勒硬邦邦地丢给诸将一句话："不能失败。"

库尔斯克地区德苏双方的兵力部署如下：

苏军中央方面军和沃罗涅日方面军（草原方面军不算在内）共投入133.6万人的兵力、3444辆坦克、19100门火炮、2900架作战飞机。罗柯索夫斯基中央方面军防守北面，瓦杜丁沃罗涅日方面军防守南面，最高统帅部战略预备队科涅夫的草原方面军配置在库尔斯克突出部的正东。在库尔斯克防御区内，前后共布置了五道防线在所有坦克威胁的方向上，防御都是由防坦克支撑点和防坦克地域组成。除炮兵和坦克外，广泛地采取布雷、挖掘坦克防壕、防坦克壁崖以及设置工程障碍器材等措施，组织了快速障碍设置队和防坦克预备队。苏军的计划是先以坚强的防御消耗德军装甲精锐，然后反攻。

德军参加作战的有50个师，共90万人、2000架飞机、2700辆坦克和强击火炮，动用了全部的坦克战略预备队。莫德尔第9军团在北面担任主攻，共有21个师，其中6个装甲师、1个装甲护卫师，共900多辆坦克。14个步兵师有8个参加这次行动，第6航空队730架飞机给予空中支援。曼斯坦因"南方集团军群"在南面担任主攻，共计22个师，其中6个装甲师、5个装甲护卫师，11个步兵师中有7个参加进攻，900多辆坦克（其中94辆虎式坦克、200辆豹式坦克）。德军意图是从库尔斯克突出部南、北两个"根部"切入，达成会师后，消灭包围圈里苏军两个方面军。

从交战前双方力量对比看，苏军占明显优势。苏军对德军的优势是：兵力多40%，坦克多20%，火炮迫击炮多90%，作战飞机多45%。

7月5日晨，德军开始进攻。第一天，北面的莫德尔第9军团在32公里宽的正面突破苏军防线，向前推进了9.6公里，这也就是北面德军在整个会战期间的全部战果，以后便再也没什么进展了。南面的曼斯坦因进展较为顺利，但所付代价较大。7月7日，曼斯坦因似乎已夺得主动权，瓦杜丁的沃罗涅日方面军阵地已开始动摇。7月9日，霍斯第4装甲军团已突破南面苏军三道防线，并向第四道防线冲击，第48装甲军距苏军防御中枢奥博扬仅25公里。苏军紧急调动战略预备队草原方面军的两个主力集团军，增援沃罗涅日方面军。7月12日，草原方面军主力罗特米斯特罗夫的第5近卫坦克集团军强行军300多公里，赶到朴罗霍罗夫卡地区，与正在向东突击、寻求机动的德军豪塞尔第2党卫装甲军遭遇。苏军850辆（门）坦克、自动火炮，同德军500多辆（门）坦克、自行火炮展开有史以来规模最大的一次坦克会战，库尔斯克会战这时达到高潮。苏军已将坦克战略预备队全部投入，而德军还有几个师的坦克战略预备队尚未投入，曼斯坦因打算让对手消耗到相当程度后，于决定性时刻放出最后几个坦克师。

7月13日，正当曼斯坦因认为胜利在望时，希特勒把他和克鲁格召到东普鲁士，命令立即停止"堡垒"作战，原因是英美军队已于7月10日在西西里登陆，为防止意大利崩溃，必须从苏德战场抽调兵力，在那里成立一个新军团。曼斯坦因认为现在停止作战等于放弃胜利，至少要把苏军的战略预备队消耗掉。希特勒作了让步，除南面德军继续消耗苏军外，其他部队撤出战斗，但几天后便将曼斯坦因手里的几个装甲师调走了。

希特勒的"堡垒"作战就这样虎头蛇尾结束了，但苏军反击开始了。7月12日，苏军布良斯克方面军和西方方面军向克鲁格"中央集团军群"背后的奥廖尔发动进攻，克鲁格急调部分进攻部队回援，苏军中央方面军毫不迟疑地于7月15日向克鲁格实施正面进攻。与此同时，沃罗涅日方面军和草原方面军也向南面的曼斯坦因"南方集团军群"发起反击,德军南北两路节节败退。8月5日，苏军收复别尔哥罗德和奥廖尔，库尔斯克会战最终以8月22日苏军收复哈尔科夫而告终。德国的战略预备队在会战中被消耗殆尽，德军在苏德战场上完全失去了战略主动权，从此一败而不可收拾。

## 第十七章
## 血战太平洋

## 1. 珊瑚海海战

　　日本原来对奇袭珍珠港并没有把握，所以没有考虑珍珠港作战后的战略计划，准备根据战事的发展，再着手制定下一步战略计划。1942年初，日军在各条战线上节节胜利，尤其珍珠港一战，美国太平洋舰队遭到重创，日本开始考虑下一步的战略，其核心是采取守势以保住既得战果还是采取攻势以继续扩张战果。如取攻势，是西进波斯湾还是东进东太平洋？关于第一个问题，以日本联合舰队参谋长宇垣缠海军少将为代表的观点，占据主导地位，即日本必须继续积极采取攻势，而不是采取让敌人掌握主动的防御战略。

　　关于第二个问题，当时持攻势作战的有三种意见：第一种是联合舰队参谋长宇垣缠的东进论，向东与美国海军决战；第二种是联合舰队首席参谋黑岛龟人的西进论，向西进入印度洋，歼灭英国远东舰队，由中、近东推进到波斯湾，同那里隆美尔的德军会师；第三种是大本营海军部作战课课长富冈定俊的南进论，主张占领所罗门群岛后向南挺进，切断美澳之间的交通线，先将澳大利亚孤立起来，然后对同盟国军队实行各个击破。

　　1942年4月初，联合舰队提出了中途岛作战问题，日本军令部和联合舰队之间展开了长时间的争论，军令部提出6点反对理由，但联合舰队司令山本五十六坚持自己的意见。他认为日本在太平洋全盘战略的成败，取决于能否歼灭美国舰队，进攻中途岛就能诱出包括航空母舰在内的美国海军主力，在决战中将其消灭。如果美国人回避决战，日本的防御圈就可轻松地推进到中途岛和阿留申群岛西部，在战略势态上得到许多好处。

4月18日，美国杜立特中校的航空队从距日本海岸700海里的航空母舰"大黄蜂号"上起飞，以单程直飞的方式，轰炸了日本本土的东京、横滨、川崎、横须贺、名古屋和神户等城市，完成任务后在中国浙江衢州机场着落。由于这次事件的刺激和山本五十六的不妥协态度，日本军令部很快同意了进攻中途岛的方案。日本在太平洋的战略计划分三个阶段：1. 继续向所罗门群岛深入，攻占图拉吉岛、新几内的莫里斯拜港，使澳大利亚进入轰炸机航程内；2. 完成第一阶段任务后，联合舰队立即执行中途岛和阿留申群岛作战计划；3. 如在上述作战中歼灭美国舰队，则继续向东南方向前进，切断美、澳之间的联系。

1942年5月3日，当日本在进行中途岛作战的图上演习之际，日本海军井上成美的第4舰队，按预定计划在南太平洋发动攻势，日、美两国海军在珊瑚海海面交战。井上成美第4舰队投入4艘航空母舰，以掩护陆战队对莫里斯拜港和所罗门群岛中的图拉吉的攻击。美国海军弗莱彻中将从沙摩西地区，率领一支以"列克星敦号"和"约克镇号"两艘航空母舰为核心的特混舰队，向珊瑚海进发，迎击日军。5月7日上午，在"列克星敦号"和"约克镇号"上起飞的美机发现了日本轻型航母"祥凤号"，立即发起攻击，在30分钟内将其击沉。日本方面立即将原打算在莫里斯拜港登陆的部队从海上撤回。5月8日上午，在"瑞鹤号"和"翔鹤号"上起飞的日机跟踪尾随一部分返航的美国搜索机群，终于发现了"列克星敦号"、"约克镇号"两艘航母，差不多同时，这两艘航母上已起飞的美机也发现了日本方面的两艘航母。几乎在同时，双方指挥官下达了攻击命令，于是双方的飞机都齐向对方航母狂轰猛炸。这场混战持续到下午结束，结果美国舰队中"列克星敦号"航母被击沉，"约克镇号"损失飞机66架。日本舰队的"翔鹤号"航母受重伤（以致不能参加即将开始的中途岛之战），损失飞机77架。美军舰队首先退出战斗。5月9日，日本舰队实行追击未果，后亦返航。珊瑚海之战开创了海战史上的新纪元，这是有史以来，交战双方第一次在目视距离之外进行攻击。

## 2. 中途岛之战

珊瑚海海战结束16天后，日本联合舰队司令山本五十六亲自率领海军主力舰队出发，实施中途岛战役。其兵力配置和作战计划如下：

1. 先遣潜艇支队：小松中将指挥的16艘潜水艇，在夏威夷到中途岛之间的美海军必经之路设伏，攻击前来增援之敌。

2. 中途岛占领部队：由迈藤中将指挥，其掩护集团为战舰2艘、巡洋舰12艘、驱逐舰7艘；支援集团为巡洋舰4艘、驱逐舰4艘；运输集团为运输船12艘（载5000名登陆部队），驱逐舰11艘；水上飞机集团为水上机航母2艘，驱逐舰1艘；扫雷集团为扫雷艇4艘。其任务是负责中途岛等岛屿的占领。

3. 航空母舰攻击兵力：由南云忠一中将指挥，"赤诚"、"加贺"、"苍龙"、"飞龙"4艘重型航母组成核心，加上2艘战舰、2艘巡洋舰、12艘驱逐舰。其任务是负责对中途岛的空中打击，以减轻登陆部队的压力，而当美国舰队出现时则应立即予以攻击。

4. 进攻阿留申的兵力：由细萱中将率领，轻型航母2艘，水上机航母1艘，驱逐舰12艘，运输船6艘分载2000名登陆部队。其任务是攻克阿留申群岛西部的阿图岛和吉斯卡岛。

5. 主力机动兵力：由山本五十六亲自率领，战舰3艘，轻型航母1艘，水上机航母2艘，驱逐舰13艘，另附有高须中将率领的阿留申支援兵力，战舰4艘，巡洋舰2艘。其任务是游弋于中途岛和阿留申群岛之间的海面上，随时策应两个方面的作战，一旦美国海军主力在任何一个方向出现，就立即前往会同该方向上的分舰队进行决战。

美国太平洋舰队司令尼米兹早在珊瑚岛海战前，已风闻日本将进攻中太平洋地区的美军岛屿。5月14日，美军海军情报部门成功地破译了山本五十六下达给舰队指挥官的长篇作战命令，但其中的进攻目标"AF"尚不清楚。美方猜想可能是中途岛，于是"投石问路"，让中途岛守军用明码拍发了一份"岛上淡水设备损坏"的电报。果然，山本五十六又用无线电向舰队通报了"AF"缺乏淡水的情况，让进攻部队带上淡水设备。至此美国人完全摸清了日本人的情况。

尼米兹针对日本作战意图，制定了如下应付方案：弗莱彻指挥的第 17 舰队和斯普劳恩斯指挥的第 16 舰队应在日本潜艇支队设伏前，到达中途岛东北方向 300 海里外隐蔽待机，并处于对方航母上飞机的攻击航程之外，以确保航母安全，待中途岛上的美军长航程飞机发现日本航母后，立即发起进攻；同时也加强中途岛上的防登陆措施，并转移该岛上的空军及主要军用设施。

美国参加会战的兵力如下：第 17 舰队，由弗莱彻指挥，包括"约克镇号"航母、2 艘巡洋舰、5 艘驱逐舰；第 16 舰队，由斯普劳恩斯指挥，包括"企业号"和"大黄蜂号"航母、巡洋舰 6 艘、驱逐舰 9 艘。在中途岛上的守军有一个海军陆战队营，一个海军陆战队飞机大队，包括 54 架战斗机和轰炸机；一个陆军航空支队，包括 23 架重型轰炸机，即"空中堡垒"；另外还有巡逻大队派出的 32 架水上飞机。

6 月 3 日，美军基地飞机侦察发现了中途岛 570 英里处的日本运输舰队。美军立即有 9 架"空中堡垒"式重型轰炸机升空，下午 9 时，向其攻击但无一命中，中途岛会战由此拉开序幕。当美军岸基飞机在作这个攻击时，美国 3 艘航母正待命在预定攻击点东面 640 公里处，即中途岛东北 480 公里处。弗莱彻正确判断出日本航母主力舰队必从西北逼近中途岛，为隐蔽接敌，他向南行驰靠近中途岛。6 月 4 日，当他距中途岛 320 公里时，南云的航空母舰也已到达中途岛以西 386 公里的海面上，第一波攻击机立刻升空，向中途岛飞去。航母"赤诚号"、"加贺号"上的第二攻击波装上鱼雷和穿甲弹，准备附近一旦发现美国舰队，立即实施攻击。美军也迅速发现了日本攻击机群，美军中途岛岸基飞机立即起飞向南云舰队逼近。但美机不是日本零式战斗机对手，纷纷被击落，轰炸机也在日战斗机和护卫航母的舰只高射火力网的两面夹击下损失惨重。第一个回合，日本人交了好运，不仅全歼美机，而且成功地轰炸中途岛上的美军基地，这段时间为 6 月 4 日清晨 3 点到 7 点。

从 7 点开始，南云接到中途岛攻击机群的报告说，该岛还需进行第二次轰炸。南云只好命令航母甲板上的飞机卸下鱼雷和穿甲弹，这些是专门用于炸毁军舰的。现在只好改装轰炸基地用的燃烧弹和爆破弹，以继续对中途岛进行第二次打击，这就至少需要一个小时。7 点 28 分，日本侦察机在离联合舰队 200 海里处发现 10 艘美国军舰，这消息对南云简直是个晴天霹雳，他要求侦察机迅速查明舰种，并停止正在进行的装弹运作。8 点 9 分，侦察机报告美国军舰为 5 艘巡洋舰和 5 艘驱逐舰，南云松了一口气。8 点 20 分，侦察机又报告说好像有一艘航空母舰。南云根据美国舰队的规模判断，对方至少有一艘航空母舰。

这样，攻占中途岛已变得不太重要，首先要对付突然出现的美国舰队，因为日本方面在进攻中途岛时，获得情报说美国的两艘航空母舰还在南太平洋，没想到突然出现在附近。南云现在面临两难的选择：1. 立即起飞航母"飞龙号"和"苍龙号"上的36架轰炸机，在没有战斗机掩护的情况下攻击对方航空母舰，但这样做，自己的轰炸机十有八九成为对方战斗机的活靶；2. 收回已参加战斗和巡逻的所有战斗机和轰炸机，以足够的轰炸力和掩护力突击美国舰队，但这样做需要时间，整个舰队要在一段时间里处于无防卫能力的状况。第2舰队航空母舰舰队司令山口海军少将要求轰炸机紧急起飞，攻击对方舰队，但南云决定采取第二种做法。他一面令舰队向北撤退，一面命令"赤诚号"、"加贺号"上的轰炸机，再次改装穿甲弹和鱼雷。9点18分，第一攻击波和战斗巡逻机全部收回，在甲板上加油装弹，原先换下的燃烧弹和爆破弹来不及放回仓库，堆积在航母的甲板上。4艘航空母舰紧张地进行着攻击前的准备，只有少数战斗机在舰队上空巡逻，这时也是航空母舰最危险的时刻。

6月4日凌晨52分，中途岛美军侦察机首次报告发现日本舰队，弗莱彻立即命令美国航空母舰编队向西急进，并指示，一经查明敌舰位置，立即予以攻击。斯普劳恩斯尽可能地缩小与日本舰队的距离，以便使对方处于自己鱼雷攻击机的作战半径170海里之内。7时许，在距离日舰队150海里处，"大黄蜂号"和"企业号"上的飞机在斯普劳恩斯的命令下，分成四组向日本舰队飞去。因为只发现两艘日本航母，弗莱彻没有动用航母"约克镇号"上的飞机。8点30分后，虽然没有得到进一步的消息，弗莱彻决定"约克镇号"上飞机一半出动。

9点5分时，南云深感航母处于如此混乱状态下十分危险，令舰队90度转弯向左行驰，这样弗莱彻7点钟起飞的第一批飞机中，一部分轰炸机来到预计中与日舰队相遇的地点时，不见对方踪影，扑了个空。这些飞机一部分被迫降落在中途岛上，一部分因油料耗尽而坠入海中，南云舰队躲过了这次危险。9点25分到10点之间，美军第二批轰炸机在搜索中发现南云舰队，但在低空攻击时全被打落，南云又一次避免了灾难。他似乎感到胜利在望了。

10点钟以后，情况发生了戏剧性变化，斯普劳恩斯"企业号"上第二批起飞的部分轰炸机，飞到预期海域没有发现日本舰队，轰炸机群指挥官麦克拉斯基，做出了一个重要决定，进行方型搜索，很快发现日本航母"赤诚号"和"加贺号"。

与此同时,"约克镇"上起飞的轰炸机群也发现了日本航母"苍龙号"和"飞龙号",这时为上午10点25分,日本4艘航母上摆满了加油、装弹完毕的各种飞机,所有飞机都已发动,第一架加油完毕的战斗机已经起飞,5分钟内将全部起飞,只有少数战斗机在航母编队上空警戒。

美军10点以后飞临的攻击机群又分三批到达。第一批为6架战斗机和12架攻击机,从低空逼近攻击,在天空警戒的日本战斗机立即扑向它们,几乎将它们全部击落。就在日本战斗机被引向低空时,37架美国轰炸机借云层掩护,突然出现在日军航母编队的上空。10点28分,美军第二批轰炸机群突然穿云而出,向下俯冲,以迅雷之势向日本航母舰队发起攻击,"赤诚号"、"加贺号"、"苍龙号"先后被击中,引爆了原先堆放在甲板上的燃烧弹和爆破弹,燃起熊熊大火并不断地爆炸。"赤诚号"被1颗炸弹透过机库,引爆了储存的鱼雷,10点50分,南云下令弃船,第二天,日舰将其自行击沉。"加贺号"也命中4颗炸弹,由于当时甲板上堆满了刚加完油的飞机,成为一片火海,弃船后不久自行爆炸沉没。10点40分左右,美军第三批共17架轰炸机飞临甲板上挤满了加油飞机的"苍龙号",三颗1000磅重的炸弹命中了它,立即燃烧起来。下午2时,它又受到美国潜艇攻击,5小时后爆炸沉没。当时山口少将的"飞龙号"因靠前而未遭攻击。

10点50分后,南云放弃"赤诚号"不久,命令山口少将暂时代其指挥。此时,山口已发现了美国航母"约克镇号",立刻发出攻击命令。18架轰炸机和6架零式战斗机分别于上午11时,中午12点左右,逼近"约克镇号",被美军雷达发现。美军12架战斗机立刻上前拦截,日军6架零式战斗机迅即上去纠缠,美机打落和逐回12架日本轰炸机,但有6架轰炸机穿过火力网向"约克镇号"航母上投弹,三个炸弹分别命中甲板、烟筒和第四层甲板,大火燃烧起来,弗莱彻被迫转移到"阿斯托里亚号"巡洋舰上指挥。到了下午1时40分,"约克镇"锅炉居然修复,以18节航速行驶。但在12时45分左右,山口命令全部16架飞机向"约克镇号"发动第二次打击。下午2点46分,8架日本轰炸机突破美军战斗机的拦截,再次击中受伤的"约克镇号",两颗鱼雷命中左油库和船舵,下午3时,弗莱彻下令弃船。

在山口少将向"约克镇号"发动第二次打击同时,下午4时45分,先前从"约克镇号"上起飞的美军侦察机在西稍偏北160公里处,发现了"飞龙号"。斯普劳恩斯命"企业号"上的轰炸机群立即升空，前往攻击。下午5时3分，就在山口准备用残余的15架飞机做最后一次攻击时，美军13架轰炸机向"飞龙号"发动猛攻，"飞龙号"被命中4弹，发生大火并开始倾斜。第二天，6月5日凌晨3时15分被放弃，两小时后，一艘日本驱逐舰将"飞龙号"击沉。6月6日黄昏时分，一艘日本潜艇向正在抢修中的美国航母"约克镇号"发射了一颗鱼雷，将其击沉。

6月4日上午，正当南云的航母舰队遭受灭顶之灾时，在中途岛和阿留申之间的中点待机的山本五十六却蒙在鼓里。直到上午10时30分，接到"赤诚号着火"的电报时，方知形势已出人意料地恶化，当山本接到10点50分发来的"加贺"、"苍龙"、"赤诚"三艘航母全身起火的消息时，惊得一言不发，他深知自己的海军已遭惨败。现在他仍想做一次最后的努力，企图反败为胜。他立即率领他的舰队，全速向东前进，企图打一场古典式的海上决战，来挽回败局。但斯普劳恩斯非常了解日本舰队善于夜战，实行白天追击、夜晚规避的战术。山本见无法引诱美军夜战，而他又缺乏空中掩护，在6月5日，下令中止进攻中途岛，向西撤退。美国舰队已非常疲乏，燃料也快耗尽，也于6月6日停止追击。在这场海上会战中，日本海军损失航空母舰4艘、巡洋舰1艘、275架飞机、3500名人员。美国损失航空母舰1艘、132架飞机，阵亡307人。

美国海军军令部部长全氏评价道：中途岛海战是350年以来日本海军所遭受的第一次决定性的失败，它是整个太平洋战争的转折点。日本由此在太平洋丧失了战略主动权。中途岛海战的失败给日本带来了灾难性的后果，它所损失的重型航空母舰在相当长的一段时间里无法弥补。而美国人先前的海军劣势，已得到一定的平衡，并且为国内雄厚的工业转入战时轨道，赢得了一个必要的喘息时间。美国的工业优势很快得到发挥。从太平洋战争以争夺制空权为主的特点而论，日本在会战中损失了数百名第一流的飞行员，这对日本也是一个致命的打击。9月中旬以后，美军开始反攻，从此日本在太平洋上节节败退，向失败的深渊迅速滑去。

## 3. 瓜达尔卡纳尔岛争夺战

中途岛海战结束后，日本虽遭惨败，但在西南太平洋仍取攻势，日本的计划是占领新几内亚岛上的莫尔兹比港。为掩护这一进攻的侧翼，日军开始在属于所罗门群岛的瓜达尔卡纳尔岛上修建轰炸机跑道。这时，尼米兹的中太平洋战区部队和麦克阿瑟的西南太平洋战区部队，已根据参谋长联席会议于1942年7月2日发出的指示，准备向所罗门群岛和俾斯麦群岛发动进攻，以便在攻占这些岛屿后，修建机场，将日本在西南太平洋的重要前进基地腊包尔置于轰炸机的有效打击范围内。这样，日本进攻的矛头与美国反攻的锋芒，正好在瓜达尔卡纳尔岛区域相撞。瓜达尔卡纳尔岛上的机场对双方都很重要，谁在作战中首先使用这个机场，谁就能赢得胜利。

1942年8月7日，1万名美国海军陆战队官兵在瓜达尔卡纳尔登陆，第二天攻占日军主要基地和亨德森机场。8月8日，日舰三川编队向"铁底湾"前进，准备夜袭盟军的运输船，却同弗莱彻的美、澳海军编队遭遇，双方展开"萨沃岛海战"。善于夜战的日军击沉盟军4艘重巡洋舰后，于黎明时分，通过"槽海"返航。8月中旬以后，日本投入联合舰队的全部兵力和17000名地面部队，从特鲁克岛出发，企图重新夺回瓜达尔卡纳尔岛。这时，美军已开始使用亨德森机场，重创早先登陆的日军。8月24日，近藤信指挥的由"翔鹤号"、"瑞鹤号"、"龙骧号"为主的日军航母护航舰队前往增援，同弗莱彻指挥的由"沙拉托加号"和"企业号"为主的美军航母舰队，展开"第二次所罗门海战"。日军在损失"龙骧号"航母和90架飞机后，于午夜时撤出战场，美军"企业号"航母亦受轻伤。夺回瓜达尔卡纳尔岛的首战已经失败，驻腊包尔的日本海军司令部下令田中的运输船队返航，取消这次作战。

9月开始，瓜达尔卡纳尔岛附近的制海权白天在盟军手里，夜间则转入日军手中。9月12日，瓜岛上6000多名日军向美军亨德森机场发起猛攻，日军在那里连续突击两次，这场后来被称做"血染山冈之战"终以日军惨败告终。日军损失1500人；美军亡40人，伤103人。亨德森机场起飞的美军轰炸机，对此次作战起重大作用。不过，美国海军在9月里遭受重大挫折，航母"萨拉托加号"被日本潜艇重创，在以后关键的三个月里，不能参加战斗，另一艘航母"胡蜂号"被击沉。美军在太平洋上只剩下"大黄蜂号"一艘航母。

10月，日军决心再次攻打瓜岛，为确保这次作战，首先停止了对新几内亚方面的进攻，又调来一个精锐师团。进攻方案是专门组成海军炮击编队，对瓜岛的亨德森机场进行连续炮击，使之瘫痪，再以地面部队强攻。美军也加紧向瓜岛调兵遣将。10月11日午夜，斯科特指挥的美军舰队前去拦截"东京快车"（美海军陆战队对每天天黑前在"槽海"北部徘徊、入夜后进入"铁底湾"驶往瓜岛的日军运输船队的戏称），结果与日军炮兵编队遭遇，爆发了"埃斯佩兰斯角海战"，双方各有损失。10月13日，2艘日本战列舰闯入"铁底湾"，炮击亨德森机场，美军飞机半数被毁，机场遭到严重破坏。这时，瓜岛上的美、日两军兵力对比是23000名对22000名。10月23日，日本陆军部队再次进攻亨德森机场，由于协同不好，各自为战，没有取得进展，日军伤亡大约是美军的10倍。26日，近藤率中途岛海战以后阵容最大的战列舰、航空母舰编队与金凯德少将率领的美军2个航母编队在圣克鲁斯群岛海域展开激战，美国航母"大黄蜂号"被击沉，日本航母"瑞凤号"受伤。"圣克鲁斯海战"以美军战术失败而告终，但美军在战略上获得成功，日军损失飞机100架，美军损失77架，然而美国培训飞行员和制造飞机的速度是日本望尘莫及的。

双方在瓜达尔卡纳尔岛区域僵持到11月，日、美双方都继续向瓜岛增兵。11月12日，日军开始按计划行动，田中护航运输队奉命运送13500名援兵，阿部弘毅的炮击编队前往瓜岛，轰击亨德森机场附近的美军阵地，近藤的航母编队则在所罗门群岛北面待机。为挫败日军对瓜岛的海上炮击，已经返航的美军特纳护航编队抽出11艘军舰，由卡拉汉率领重返"铁底湾"。是夜，日军阿部炮击编队与卡拉汉编队迎头相遇，双方展开了"第三次所罗门海战"。这是一场历时30分钟的混战，双方队形都被打乱，双方都发生同室操戈的误会。午夜时分，双方脱离接触，损失都很严重，卡拉汉和斯科特阵亡，美军被击沉2艘轻巡洋舰、4艘驱逐舰。这次海战，尽管日军舰队占绝对优势，却没有达成目的，阿部炮击编队被迫撤退，田中护航运输队也不得不返航。14日，战火又起，日军三川的巡洋舰炮击编队和田中的运输护航编队，经"槽海"南下，增援瓜达尔卡纳尔岛，途中遭到美军亨德森机场和"企业号"上轰炸机的沉重打击，日军装载部队的运输船被击沉7艘，仅剩的4艘运输船虽突破封锁，抵达瓜岛，但日军这次夺回瓜岛的行动和以前一样，又遭失败。

日军 11 月攻势受挫后,在所罗门群岛中部的科隆班加拉岛和新乔治亚群岛各修建了一个机场,组成新防线,而瓜达尔卡纳尔岛上的日军则全力固守阵地,由"东京快车"负责岛上守军的补给,每 4 天运行一次。日军补给方式是在天黑时,

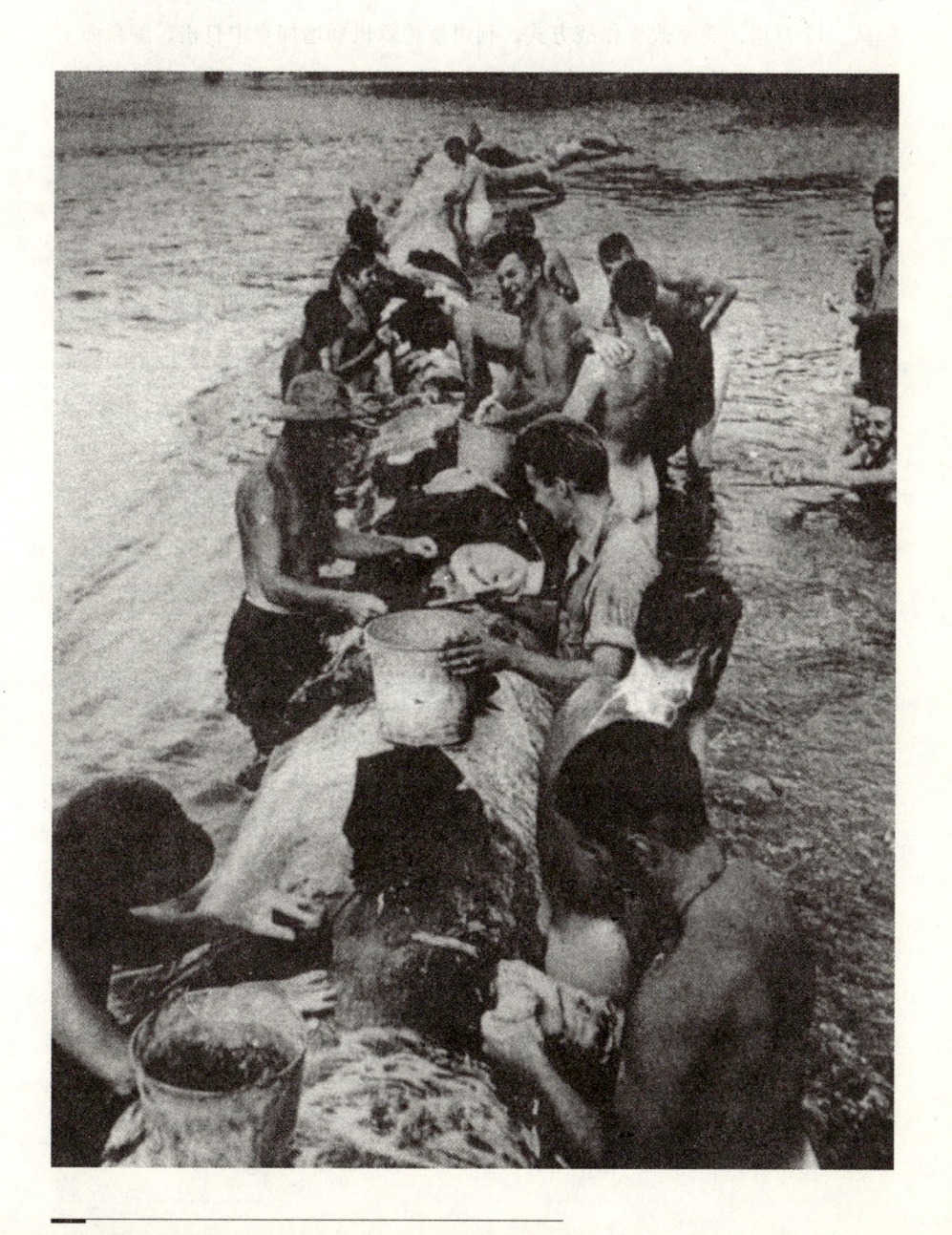

当美国大兵下海洗浴的时候,日本兵正龟缩在阵地里忍饥挨饿。

把装有粮食和药品的浮桶投放到该岛近岸水域，天亮前经"槽海"北上返航。11月30日午夜时分，赖特率领一支美舰编队前往攻击田中指挥的"东京快车"，两军又一次交锋，日军运用娴熟的夜战经验和准确的鱼雷发射技术，重创赖特编队。12月里，美军改变作战方式，利用亨德森机场增加空中打击，配合海上拦截，连续三次给予"东京快车"以沉重打击，使瓜岛上的日军处于饥饿状态。最后，日军统帅部被迫决定放弃瓜达尔卡纳尔岛。

1943年1月，瓜达尔卡纳尔岛上帕奇将军指挥的美军已达5万人，他沿瓜岛海岸向西进攻，另派部队在日军后方埃斯佩兰斯角西面登陆，美军会合后发现日军已无踪影。日军采取巧妙而周密的方法，先由近藤率舰队大张旗鼓进入瓜岛以北海域，吸引了美军的全部注意力，再以夜幕作掩护，用大约20艘驱逐舰高速往返三次，穿过"槽海"，将处于半饥饿状态的1.2万名残余将士撤出瓜岛。

历时半年的瓜达尔卡纳尔岛争夺战终于结束，美军死伤5800人，日军损失约2.4万名（包括下落不明者）。差不多同时，日军在新几内亚的部队，也被美、澳部队彻底击溃。从战略态势看，盟军在南太平洋和西太平洋的两支部队分别夺取了日军继续进攻的两个前进基地，打开了两条通向腊包尔的前进道路。美军在瓜岛和新几内亚的战术进攻，遏制了日军在西南太平洋的战略进攻势头，导致日本在太平洋战场上，完全丧失了主动权。如果把中途岛之战，看成是发生在东方的一次斯大林格勒会战，那么，瓜达尔卡纳尔之战则是太平洋战区的库尔斯克会战，因为从此，日本对于美国只有招架之功，没有还手之力。

## 第十八章 魂归大西洋 18

## 1. 海上巡洋战

当德国海军投入战争时,主要兵力为:4艘战列舰(沙恩霍斯特号、格奈森诺号、俾斯麦号、蒂尔匹茨号);3艘万吨级袖珍战列舰(德意志号、舍尔海军上将号、施佩伯爵号);3艘重型巡洋舰(希佩尔海军上将号、欧根亲王号、布吕歇尔号);另外还有6艘轻巡洋舰、26艘由商船改装的辅助巡洋舰和其他一些辅助舰只。当德国进行潜艇战时,德国海军潜艇部队司令邓尼茨手里只有56艘潜艇。

英国战时的生存和继续作战完全依赖于海上运输的保障,德国海军的战略任务是切断英国的海上"生命线",使英国陷于瘫痪。具体战术是将大型战斗舰只单独派往英国海上运输线上,坚决避免同对方主力舰只交战,专打敌方的货船,采取打了就跑的游击战法。战争爆发后,德国海军就开始袭击英国商船,在大西洋上游弋的袖珍战列舰"德意志号"和"施佩伯爵号"屡屡得手,迫使英国海军出动以"皇家方舟号"和"竞技神号"两艘航空母舰为主的、包括法国和新西兰舰只在内的11艘大型水面舰只,在大西洋上搜捕"施佩伯爵号"。1939年12月13日,英国两艘重巡洋舰和两艘轻巡洋舰在南美洲的普拉塔河口附近拦截并击伤"施佩伯爵号",后者退入乌拉圭的蒙德维的亚港,请求停留72小时,但被乌拉圭政府拒绝。12月17日下午,在英国舰队虚张声势的进逼下,感到绝望的德国人自己炸沉了"施佩伯爵号"。以后数月里,德国暂时放弃海上袭击舰的使用。

当"施佩伯爵号"尚在搜寻猎物时,10月14日,德国U-47号潜艇击沉英国"皇家橡树号"战列舰,舰上786名官兵葬身海底。11月下旬,德国战列舰"沙恩霍斯特号"和"格奈森诺号"又击沉英军"拉瓦尔品第号"轻巡洋舰。1940年4月,德国海军整个水面舰艇部队和大部分潜艇部队投入入侵挪威的战役,担负运输、护航、炮击海岸工事等任务,期间德、英两国舰队在挪威海域发生战斗,双方互有损失。1940年10月,德国"舍尔海军上将号"袖珍战列舰进入大西洋,一个月后,"希佩尔海军上将号"重型巡洋舰也驶入大西洋,捕捉英国商船队。在第二年春天返回基地时,它们都多有斩获。英国海军对德国人的战术深感棘手,往往出动数倍的舰只进行搜捕,这种搜捕像大海捞针一样困难。

1941年春,雷德尔命令"俾斯麦号"战列舰和"欧根亲王号"重巡洋舰驶往挪威的卑尔根,准备绕道冰岛北面进入大西洋。英国海军在大西洋周围调动了"英王乔治五世号"、"威尔士亲王号"、"罗德尼号"、"拉米伊号"、"复仇号"5艘战列舰,"胡德号"、"声望号"、"反击号"3艘战列巡洋舰,"胜利号"、"皇家方舟号"2艘航空母舰对德国的"俾斯麦号"战列舰进行搜索围捕。5月24日,一支英国分舰队发现"俾斯麦号"后与之展开战斗,英国皇家海军的骄傲——"胡德号"战列巡洋舰被击沉。"俾斯麦号"在同英国舰队玩了两天的捉迷藏后,终于被及时赶来的英国"罗德尼号"战列舰和"英王乔治五世号"战列舰所缠住,在交战中被击沉。英国人总算为"胡德号"复了仇。"俾斯麦号"的沉没结束了德国用大型水面舰只袭击英国大西洋航线的做法。雷德尔在希特勒面前的地位明显下降。以后袭击对方在公海上护航运输船队的任务,落在了邓尼茨的潜艇部队和少数伪装成商船的军舰上了。

当"俾斯麦号"被击沉后,德国"沙恩霍斯特号"、"格奈森诺号"和"欧根亲王号"正停留在法国的布勒斯特港,英吉利海峡将它们同本土基地隔开。1942年2月11日,德国这三艘大型战斗舰神不知、鬼不觉地溜过英吉利海峡,安全抵达荷兰附近海域,使英国海军感到丢脸。一个月后,3月17日,英国海军成功地袭击了圣纳泽尔港德国潜艇基地。这次英国人用"坎贝尔敦号"驱逐舰装满炸药冲撞并阻塞了港口的船闸,次日晨,正当一群德国海军高级军官在查看"坎贝尔敦号",准备设法清除它时,定时炸弹突然爆炸,船闸和在场人员全部毁灭。英国人总算挽回了些面子。

1942年12月31日,由"吕佐夫号"袖珍战列舰、"希佩尔海军上将号"重型巡洋舰和6艘驱逐舰、2艘轻型护卫舰组成的德国舰队,同一支英国护航运输队遭遇,英国海军虽然只有5艘驱逐舰、2艘轻型护卫舰,但英军舰队指挥官舍布鲁克毫无畏惧,猛打猛冲,使得德国舰队不得不全力来对付他,而英国的商船队却趁机逃入一片雾幕之中。这是第二次世界大战中最令人惊心动魄的海战之一。希特勒接到这次海战报告后,勃然大怒,扬言要将所有的重型战舰报废,把这些钢材用于陆军和空军。他命令雷德尔海军元帅向他报到,亲自接受报废大型战舰的命令。

1943年圣诞节前夕,德国"沙恩霍斯特号"战列舰从挪威出发,前去拦截一支驶往苏联北部的护航运输队,实力较弱的英国护航驱逐舰摆出一副咄咄逼人的进攻架势,"沙恩霍斯特号"不知虚实,赶紧撤退,但被另一支英国本土分舰队截住。经过战斗,"沙恩霍斯特号"战列舰在英国"贝尔法斯特号"、"牙买加号"巡洋舰和其他驱逐舰的鱼雷攻击下沉没。这时德国只剩下"蒂尔匹兹号"一艘战列舰了。为了防止德国海军攻击苏联北部的护航船队,或像"俾斯麦号"那样闯入大西洋,英国海军决定使用航空母舰歼灭"蒂尔匹兹号"。1944年4月3日,英国皇家海军"胜利号"、"暴怒号"、"追踪者号"、"搜索者号"和"皇帝号"5艘航空母舰一起出动,对停泊在挪威北部阿耳塔峡湾入口处的卡峡湾内的"蒂尔匹兹号"战列舰进行猛烈的空中攻击,将其重创。但该舰8英寸厚的装甲甲板仍无法炸穿。德国人将受伤的"蒂尔匹兹号"转移到特理姆瑟,1944年11月12日,从本土出发的英国远程轰炸机将约6吨重的炸弹倾泻在"蒂尔匹兹号"战列舰上,一举将其击沉。至此,德国海军的水面舰只已不能构成对盟军大西洋航线的威胁。

## 2. 深海"狼群战术"

### ·"狼群"出击

1939年9月战争爆发时,邓尼茨不得不以56艘潜艇这样可怜的数量投入战争,当时他认为至少需要300艘。开战第一天,德国U-30号潜艇击沉美国"阿锡尼亚号"客轮,使英国人毫不犹豫地采取了运输船队护航制度,对所有英国运输船只实行控制,将主要航线上的航速在9～14.9节的运输船只组成船队,在此航速范围以外的船只则单独航行。9月17日,在爱尔兰附近海域,德国U-29号潜艇击沉英国2.25万吨的"无畏号"航空母舰。与此同时,德国潜艇在整个9月里,共击沉约15.4万吨同盟国和中立国的船只。到1939年底,英国护航的5756艘运输船只损失12艘,其中4艘是被潜艇击沉的;在单独航行的商船中,有102艘被击沉。邓尼茨损失潜艇9艘,约占德国潜艇兵力的六分之一。

英国的护航运输队一般编成正面宽、两翼窄的"方阵队形",组成10路纵队,每路4艘,纵队间隔600码,前后船只距离为400码,战斗舰只以"盒形警戒幕"进行护航,即在"方阵"的角部部署一艘护航舰只,其他舰只在"方阵"正前方的扇面内就位。这种队形可以减少对方潜艇侧翼攻击的威胁,但在德国水面舰只的威胁消除之后,英国废除了这种队形,采取了宽正面的长方形队形。1942年护航舰装备了舰载雷达和高频无线电测向仪,使护航警戒幕同船队距离从4000码增大到6000码,纵队间隔从600码增大到6000码,船与船之间的间隔进一步加大,这种队形使德国潜艇的鱼雷命中率降低了50%。

1940年春,邓尼茨在法国亲自监督修建海军基地,德国潜艇从这些基地出发去大西洋巡逻区,距离可缩短一半以上,在德国空军支援下,极大地增强了这些海军潜艇的战略能力。1940年7月中旬,邓尼茨首次在苏格兰以西海域260海里处使用"狼群战术"。这一战术的特点是:当一艘潜艇发现运输船队时,并不立即实施攻击,而是隐蔽在水下尾随跟踪,并把船队的航向、航速和编组情况报告给陆上潜艇司令部。然后,陆上潜艇司令开始实施战术指挥,命令"狼群"中的其他潜艇与跟踪艇取得联系。接着,海上指挥官接替指挥,协调各艇在夜间进行水面攻击,先击沉护航舰只,然后消灭运输船队。不久,邓尼茨发现海上指挥官难以实施有效的现场指挥,他就坐镇潜艇指挥部,用无线电直接指挥。

为了配合德国的潜艇攻势,意大利派出27艘潜艇前往大西洋,驻扎在比开斯湾内法国的波尔多,但意大利潜艇的性能、质量较差,所以邓尼茨没有将它们编入狼群作战序列,指定它们负责北纬45度以南的海域,当时同盟国船队很少出现在那儿,因此,意大利潜艇很少发现目标。

1940年7月,英国的护航区域由西经15度扩大到西经17度,从而抵消了德国潜艇增加的战斗巡逻时间,但同时又抽调了大型护航舰去保卫英吉利海峡,这就大大地削弱了大西洋上的护航兵力,有时一支船队只有一艘军舰护航。随着夏季的流逝,英国被击沉的船只数量迅速增加:3月损失107009吨、4月158218吨、5月损失288461吨、6月损失585496吨、7月损失586913吨、8月损失397229吨、9月损失448621吨。其中单独航行的船只损失数量是护航船只的两倍,德国潜艇不愿采用狼群战术与运输船队周旋,喜欢攻击单独航行的船只。由于英国护航的范围不断向西扩展,邓尼茨的"狼群"也不得不向护航船队发动攻击。遭受最严重打击的一次是在北爱尔兰的布拉迪·福兰德西北250海里处,一支由34艘商船组成的SC-7运输船队遭到7艘德国潜艇的攻击,这些有战斗经验的潜艇突破了4艘护航舰组成的警戒幕,在午夜的混战中击沉17艘商船。这场夜战刚结束,由49艘快速商船组成、护航兵力薄弱的HX-79运输船队又遇上由6艘潜艇组成的"狼群",这些潜艇再次击溃护航舰只,击沉14艘商船。当几艘潜艇发射完鱼雷准备返航时,向东行驶的HX-79 A运输船队又闯入这一海域,结果又损失了7艘商船。这几次战斗使邓尼茨的潜艇战达到了高潮,在这段"愉快的时间"里,他只用了6艘潜艇的代价,击沉了对方217艘商船,共计110多万吨。

1941年春,德国潜艇部队取得了更大的战果,不过在3月的一个星期,德国一下失去了3位最优秀的潜艇战术家、王牌潜艇艇长,其中包括U-99号潜艇的克雷斯特施默尔艇长,他被俘前创下了第二次世界大战中击沉同盟国266629吨船只的最高纪录。1941年4月1日起,英国海军部接过岸防航空兵的战术指挥权,英国远程轰炸机开始进驻爱尔兰,实施对运输船队的空中掩护。同时加拿大海军也具备了在西太平洋护航的能力,所以到5月,北大西洋出现了第一支全程护航船队,这标志着大西洋第二阶段争夺战的结束。自战争爆发以来,德国潜艇共击沉650艘商船,其中10%是护航船队的船只,在水面舰只得到航空兵的配合后,运输船队便再也没有一艘船只被击沉。而这时,德国潜艇攻击运输船队时却损失了60%的潜艇,如果德国海军想继续保持以往的战绩,就必须以自己潜艇损失率的提高为代价。

随着美国对战争的逐渐介入,大西洋之战进入第三阶段。1937年,美国国内反战情绪导致了国会通过中立法案,规定了交战国与美国进行贸易的"现购自运"原则,即现金购买货物、自己组织船运。中立法禁止出售军火,但大战爆发后,对中立法作了修改,在"现购自运"的基础上,出售军火。因为德国商船在战时无法航行,制海权基本掌握在英国手中,所以美国的中立法案实际对英国有利。1940年5月,丘吉尔请求美国租借50艘驱逐舰来为运输船队护航。7月末,英美达成交易,美国给英国50艘"废弃"的驱逐舰,以换取从纽芬兰到特立尼达之间一些海军基地99年的租用权。1940年9月6日,作为报复,希特勒取消了潜艇袭击英国商船的最后限制,并允许在必要时击沉美国船只。1941年3月,美国"全面援助而不参战"的政策有重大发展,国会通过了罗斯福总统的"租借法案",而在一个月之前,美国海军制定了为大西洋运输船队护航的计划,美国海军负责从纽芬兰到冰岛一段行程,过了冰岛由英国海军接替。在英国的外交努力下,冰岛向美国提供了雷克雅未克空军基地,使美国空军可以对运输船队进行空中掩护。1941年9月4日,在冰岛西南约200海里处,德国U-652号潜艇首先向监视它的美国"格里尔号"驱逐舰发射一条鱼雷,"格里尔号"规避后向其投放深水炸弹。这样,德、美两国海军在没有宣战之前首次交火。在以后的一个多月里,邓尼茨运用"狼群战术"成功地重创了美国在大西洋上的护航运输船队,使经验不足的美国人吃尽了苦头。

1941年12月17日,德国潜艇群与以英国"大胆号"护航航空母舰为核心的护航舰队展开激战,"大胆号"航母和另一艘驱逐舰被击沉,德国也损失惨重,5艘潜艇被击沉。邓尼茨开始对在东大西洋实施"狼群战术"的效果感到怀疑。这时,在北美发动潜艇攻击的时机已经成熟,邓尼茨先后共派出11艘潜艇横渡大西洋,进入北美海域作战,开始了大西洋之战的第四阶段。德国潜艇的猛烈攻势获得极大战果,同盟国商船损失数剧增:1941年12月损失124070吨,1942年1月损失327357吨、2月损失467451吨、3月则损失到537980吨。而德国的11艘潜艇在3个月内竟无一损失,这是邓尼茨的"第二次愉快的时间"。特别是1942年3月,同盟国在世界各地的商船损失超过了80万吨,这在第二次世界大战史上还是第一次。

德国潜艇在北美的攻势震惊了同盟国，英国急忙腾出2个护航舰队前往增援，美国则建立了连锁运输船队系统予以对抗，才制止了德国人的猛烈进攻。但德国人投入1700吨级的、具有多种后勤功能的新型供应潜艇——"乳牛"，在1942年第三季度里继续扩大战果。到了年底，北美护航船队采取了飞机和水面舰只协同护航的办法，终于挫败了德国潜艇部队发动的远程攻势，邓尼茨遂决定重返大西洋，开始大西洋之战的第五阶段。这时，德国制造潜艇的速度已增长到每月30艘，这使邓尼茨能承担更大的风险，去进攻同盟国的运输船队。另一方面，同盟国的多数飞机和水面舰艇都装备了雷达，使德国潜艇面临更大的损失。同盟国还组织了专门的反潜支援大队，哪里发现德国潜艇就立即赶往哪里。邓尼茨深知潜艇战只有在中大西洋才能取得决定性胜利，为避免损失，邓尼茨集中兵力攻击在被称做"黑坑"海域里航行的船只，"黑坑"位于纽芬兰、爱尔兰、冰岛、格陵兰岛之间的中心海域。同盟国损失惨重，1942年11月被击沉807754吨，这种凶猛的攻击在1943年达到了高潮。

· "狼群"的消失

1943年1月，盟军参谋长联席会议在卡萨布兰卡举行会议，一致认为同盟国的首要任务是必须粉碎德国的潜艇部队。1月30日，雷德尔因海军水面舰只在挪威海域攻击英国运输船队失利，辞去德国海军总司令职务，邓尼茨接任该职。4月28日，北大西洋上双方最后较量的时刻终于来临了，在格陵兰的法韦尔角南面海域，邓尼茨的51艘潜艇组成的"狼群"和同盟国的ONS-5护航船队发生激烈的遭遇战。先是盟军从格陵兰基地赶来的飞机配合护航舰艇，与德国潜艇交锋。几天后，盟军两个反潜支援大队赶来参战，它们充分发挥了雷达和高频无线电测向仪的作用，当这场战斗结束时，6艘德国潜艇被击沉。三星期后，同盟国飞机和护航舰艇又击沉13艘德国舰艇，而运输船只损失了5艘。接着，在"黑色五月"里，德国潜艇遭到巨大损失，被击沉41艘，邓尼茨被迫放弃北大西洋，准备待技术条件改善后卷土重来。这样，在诺曼底登陆前的12个月里，同盟国的船只能较为顺利地通过北大西洋。

1943年7月，由于反潜措施成功和美国造船能力的极大提高，同盟国每月的造船量终于超过了每月在世界各地被击沉的数量。1943年年底，大西洋的同盟国取得了年产商船1440万吨的成绩，超过了德国所估计的40%。邓尼茨的吨位战战略终于破产。

1943年5月下旬，邓尼茨将作战重点转移到亚速尔群岛西南海域，美国护航航空母舰和护航驱逐舰组成的猎潜群正在此跃跃欲试，双方展开角逐。大西洋争夺战进入第六阶段。美国人使用了新型的反潜自导鱼雷，连连击沉德国潜艇，其余德国潜艇被逼得走投无路，只好浮到水面上来还击，于是遭到更大的损失。在不到3月内击沉15艘德国潜艇，自己只损失了3架飞机。从7月28日开始，英国轰炸机对德国潜艇发起了"比斯开湾大屠杀"，在一星期里，击沉9艘德国潜艇，迫使邓尼茨在8月初，下达了停止从比斯开湾基地起航的命令。盟军实际上封锁了德国驻法国的潜艇基地，并在这次比斯开湾的攻击中，共击沉德国潜艇28艘。

早在1942年，大西洋上就展开了军事技术的较量，英国飞机使用雷达探测潜艇，取得了一些成绩。但德国很快实行反雷达措施，装备了"梅托克斯"雷达接受机，其接受雷达信号距离比对方搜索雷达的目标探测距离远得多，因此英国反潜飞机的优势暂时消失了。1943年初，英国研制出一种波长为10厘米的超高频雷达，这种雷达发射的电波波长是"梅托克斯"探测不到的。为配合这种先进的雷达，同盟国飞机使用一种8000万支光的"利式"探照灯，对德国潜艇进行突然袭击。在大西洋之战的第七阶段里，邓尼茨重新向北大西洋盟国的主要运输线发动进攻，他使用了新研制的"鹪鹩"式音响自导鱼雷，这种鱼雷能循着声源自动撞向舰船的螺旋桨，主要打击护航舰只，撕开对方的警戒幕，以便用常规鱼雷攻击商船。1943年9月，邓尼茨因使用这种新式鱼雷在"黑坑"海域小有收获。但美国很快研制出"福克瑟"噪声发生器，把它拖在舰船后面，吸引"鹪鹩"音响自导鱼雷对其攻击。这场技术较量，最后以盟国的胜利而告终。

在1943年，德国共损失潜艇237艘，盟军除了技术上的优势外，另一个原因是，葡萄牙在10月同意英国空军使用亚速尔群岛的基地，盟军能利用该基地对北大西洋和中大西洋的运输船队实行夜间空中护航和定期空中巡逻，这对邓尼茨是一个决定性的打击。邓尼茨被迫远离北大西洋的重要海域。1944年，英国前往苏联摩尔曼斯克的运输船队成了德国"狼群"作战的唯一目标，使大西洋争夺战进入第八阶段，也是最后的一次较量。英国派出以护航航空母舰为核心的护航舰艇，还得到反潜支援大队的近距离掩护。经过一年的激烈交锋，英国护航航空母舰在北方海域共击沉13艘德国潜艇，而前往摩尔曼斯克的运输船队仅损失了6艘船只。随后，德国空军对运输船队展开日益猛烈的攻击，结果毫无成效。在这一年的2月至3月里，一些在佛得角群岛加油、准备前往开普敦海域和印度洋的德国潜艇，遭到美国远程护航猎潜群的沉重打击。1944年的印度洋是德国潜艇唯一可以活动的地区，但也和在地中海巡逻一样，往往有去无回，德国这一年派往印度洋的45艘潜艇中，有34艘被击沉。而同盟国的损失，1944年的月平均数为30580吨，1945年最初的4个月的月平均数是63270吨。这些数字表明，德国的潜艇已成为一支骚扰性力量，已不能对盟国横渡大西洋的船队构成威胁。至此，大西洋之战以德国的失败而告终。

在历时数年的大西洋争夺战中，轴心国共击沉同盟国商船2775艘，总吨位为23351000吨，其中被德国潜艇击沉的吨位是14573000吨，占总数的62.4%。在同盟国全部商船损失中，护航运输船队的船只仅占28%，其余都是单独航行的船只。德国投入战争的潜艇共1175艘，损失781艘，其中被美国击沉的有191艘。同盟国之所以能取得大西洋战争的胜利，主要在于物质力量和技术力量占压倒性优势，以及在这一基础上采取了运输船队护航制。事实证明，军事技术上占明显优势的运输船队的护航队，是对攻击潜艇实施进攻作战的决定性力量。它使德国潜艇失去了继续攻击北大西洋上盟国运输船队的信心和能力，从而使这些船队将取得战争胜利所必不可少的物资，源源不断地运往欧洲，而这又是第二次世界大战同盟国取胜的最重要的原因之一。从整个战争来看，一旦运输船队遇到不幸，战争就向失败靠近了一步，而每当一支运输船队顺利抵达目的地时，战争便向胜利迈进了一步。所以，大西洋之战也为海权优于陆权、战争胜利属于掌握制海权一方的观念，做了最好的说明。1962年7月11日，英国蒙哥马利元帅在英国上院演说时认为："历史的重大教训是，对方实行陆战战略是注定要以失败而告终的。第二次世界大战从根本上看，是一场争夺海上航道控制权的斗争。"

## 第十九章
## 盟军肃清北非

## 1. 阿拉曼会战

### ·第一次阿拉曼会战

隆美尔攻占多布鲁克之后，马不停蹄向溃退的英军迅速发起追击。1942年6月25日英军第8军团退守梅尔沙马特鲁一线阵地，是夜，奥钦烈克赶到前线，亲自接管第8军团指挥权，他决心后退到阿拉曼一线阵地同隆美尔打一仗，因为梅尔沙马特鲁的地形对防御一方不利。6月23日晚，非洲军团的前锋越过埃及国境线，在一昼夜内前进了160多公里，它们切断梅尔沙马特鲁英军来不及撤走的部队，俘获6000人。6月28日黄昏，隆美尔的装甲矛头攻占弗卡，30日黄昏抵达阿拉曼一线，距亚历山大港只剩60英里路程了，隆美尔已站在开罗的大门前。

此刻，德、英双方的实力已发生根本变化，非洲军团只剩下44辆坦克，凯塞林的大部分飞机已撤往西西里，德军已不再享有制空权，而英军在阿拉曼有8个完好的旅和159辆坦克，其中有美国提供的60辆"格兰特"型坦克。更为重要的是制空权转到了英国人手中。6月24日、25日两天里，德军的进攻没有遇到英军地面部队的抵抗，但却遭英国空军的猛烈袭击，这种情况过去还没发生过。德军之所以取得马特港的胜利，一是因为双方暂时还没有意识到这一点，胜负双方仍被过去的惯性所支配,二是因为英军部署失当,两翼强、中间弱,隆美尔正好打击在中间,促使两翼溃退。以后才搞清楚,当时英军的实力完全能够全歼进攻的德军,但英军指挥官被失败的阴影所笼罩,不仅失掉歼灭冒险进攻的德军之良机,而且还遭到惨败,这倒应验了福熙元帅的观点:如果你认为打输了这场战斗,这场战斗就算是输了。

6月30日,隆美尔拟定了突破阿拉曼防线的计划,并占领了阿拉曼车站西南16公里处的阵地。他决定像进攻马特鲁防线那样,插到英军第13军的后方,促使英军再一次崩溃。事实上,德军的攻势已成强弩之末,前锋不过2000多人,主力远远落在后面。德军已没有进行激战的能力了,但仍有能力实施机动,如果德军插入英军后方,使之再来一次溃逃是完全有可能的。7月1日,非洲军团的第90轻装师在进攻迪尔西茵时,战斗锐势被彻底挫败,迂回英军后方的企图破灭了。7月2日,德军又同英军在鲁瓦伊萨特山岭,打了整整一天的消耗战,第90轻装师无法突破英军阵地,英国空军牢牢掌握着战场制空权。7月3日,隆美尔改变突入英军第13军后方的计划,集中非洲军团第90轻装师和意军"里托里奥师",对阿拉曼据点实施突击。但结果证明,只有26辆坦克的非洲军团,是无法达到目标的。当晚,隆美尔给凯塞林发报,他被迫停止进攻。具有讽刺意味的是,这时英国舰队正逃离亚历山大港。

7月4日,奥钦烈克指挥英军第8集团军反攻,被德军挡住。7月10日拂晓,英军澳大利亚第9师沿滨海公路再次进攻,在取得一些进展后又被德军阻止。7月13日,德军第21装甲师在空中支援下向阿拉曼据点猛攻,被英军南非第3旅击退。以后,双方互有攻势,隆美尔的夏季攻势以及第一次阿拉曼会战,在8月才告一段落。

## ·第二次阿拉曼会战

1942年8月,北非战场上,轴心国和同盟国军队在阿拉曼一线出现僵持,双方都感到如果没有进一步的补充,谁也无法在近期取得决定性的胜利。双方的情形是:英军马耳他岛基地已恢复元气,一支潜艇部队和远程轰炸机部队已进驻该岛,德意方面的运输船队从7月开始屡屡被击沉,在8月最后一个星期里,英军获得50万吨补给品,德意军队只获得1万吨补给品。隆美尔意识到只有两条路可供选择：要么退出埃及回到昔兰尼加，固守利比亚，在北非维持一个长期僵局；要么立即发动攻势，乘英军还没有强大到坚不可摧之前，将其击溃。在柏林的希特勒当然决不允许把北非的地盘白白让出，决定继续进攻。但隆美尔的燃料已不足以发动一次像样的攻势，于是意军参谋总长卡伐里罗向他保证，当他在8月30日月圆时发动进攻后几小时，一艘载着6000吨汽油的油轮将抵达北非，凯塞林也向他保证，在所有努力都失败之后，他将提供700吨汽油。所以，隆美尔在发起第二次会战（也称阿拉姆哈勒法会战）时，对其部下说："在战役发起后，我们能走多远将取决于后勤——燃料和弹药。"

英军的情况正相反，时间越往后拖，实力对比就越对他们有利。由于加查拉防线的崩溃和多布鲁克的陷落，丘吉尔压力很大，他需要一次胜利以应付国内外舆论，他不断催促奥钦烈克发动进攻。但奥钦烈克坚决要等一切准备好才肯发动进攻，于是丘吉尔将他罢职，由亚历山大将军接任中东军司令，原第8集团军13军军长戈特将军升为集团军司令。但戈特因飞机失事身亡，于是调任蒙哥马利中将任第8集团军司令。蒙哥马利和奥钦烈克一样拒绝丘吉尔立即发动进攻的要求，他也要等一切准备好，有了必胜的条件后，才发动对德军的打击。后来事实证明，这是蒙哥马利的一贯作风。

当隆美尔发起第二次阿拉曼会战时，双方实力对比是：隆美尔有440辆坦克，其中意大利军的200辆是老式陈旧的。蒙哥马利拥有760辆坦克，其中有美国最新式的"格兰特坦克"300辆，英军空军对德军空军的战场比例是5∶1，占绝对优势。英军火炮占很大优势。在人数上，隆美尔9.6万人，蒙哥马利10万多一点。因为是沙漠坦克战，决定胜负的主要是制空权、坦克、火炮、海陆补给线的畅通，人数上略有差异，不足以影响大局。

隆美尔的进攻计划是：由北向南依次布置德军第164步兵师、意军第21军、1个德国伞兵旅和意军第10军中的"布里西亚师"，在北面海岸地区发动佯攻并在中部作一个牵制性攻击；他亲自率非洲军第15、21装甲师、第90轻快师、意大利第20军（包括阿里提、里托里奥2个装甲师）、突斯提步兵师，组成主力突击集群，在阿拉曼英军防区南端的地雷场实施突破，然后北上攻取阿拉姆哈勒法山岭，直扑阿拉曼英军防线后方，并且在那里全歼第8军团，此外还有3个意大利师留在梅尔沙马特鲁、巴尔地区充当总预备队。

隆美尔的计划是建立在德军高度的战术技巧、指挥官灵活机动的应变能力，以及英军反应迟钝这三个条件之上的。但是，英国人再次启用艾尼格马机，破译了德军全部作战内容。隆美尔进攻计划的每一个细节，蒙哥马利都一清二楚，他在防线南端隆美尔的必经之路，埋下大量的地雷，然后又在阿拉姆哈勒法山脊周围设下陷阱，将火炮、坦克、地雷布置得密密层层。

8月30日夜晚，隆美尔带着他的"突击群"开始了一场巨赌，他的汽油只够突破地雷场，进到海岸公路的英军后方，所以他无力像在加查拉那样，绕过阿拉曼防线的顶端，而不得不硬着头皮从英军地雷场闯开一条通道。他不知英军已严阵以待，他的非洲军团"突击群"已被钉死。德军工兵在前面拼命排雷，"突击群"在布雷区挤作一团，英军照明弹把夜晚照得如同白昼，轰炸机群在非洲军团头上狂轰滥炸，卡车、装甲运兵车、坦克一辆接一辆起火。

第二天上午8点，隆美尔驱车赶到第一线，被通过地雷场的战斗之艰难所震惊，因为按计划，非洲军团的先头部队应于夜间通过地雷场，在第二天拂晓，攻下阿拉姆哈勒法山岭。而此刻非洲军的参谋长拜尔莱茵上校向他报告，第15、21装甲师刚刚前出至地雷场的尽头。前进通道已打开，但时间表已被打乱，隆美尔对继续进攻犹豫不决，他的参谋长拜尔莱茵认为，既然已付出这样大的代价，就应毫不犹豫继续按计划进攻。于是，隆美尔断然下令，继续进攻。下午6时，隆美尔的"突击群"抵达阿拉姆哈勒法山脊，已面对132高地。非洲军团的"突击群"在此之前穿越了一片软沙地带，消耗了大量的汽油，现在他的"突击群"所剩汽油只能行驶48公里，无法实施战场机动，只能放弃东进迂回阿拉姆哈勒法山脊后方、迫使守军放弃防御的计划，只得向英军正面发起攻击。

隆美尔"突击群"被阻击在阿拉姆哈勒法阵地前，英国空军完全掌握了制空权，夜以继日地轰炸，使隆美尔处于进退两难的困境。卡伐里罗答应提供的6000吨汽油，在31日被英国人在多布鲁克悉数击沉。凯塞林提供的700吨汽油，也在运输途中被车队自己消耗掉了。9月1日，隆美尔"突击群"既遭英军地面部队顽强之阻击，又遭英国空军狂轰滥炸，损失惨重，9月2日早晨，隆美尔决定撤退，但汽油已耗尽，不能大规模行动。他的"突击群"只能就地挨炸了一天。9月3日，隆美尔对燃料补给已绝望，被迫扔掉50辆坦克、50门野战炮和反坦克炮、400辆卡车，全力以赴向东撤退。到9月6日，隆美尔且战且退，通过了原先出发时的英军南端的那个地雷场。由于蒙哥马利的过分谨慎，没有全力封死这个"口子"，否则极有可能困住隆美尔的"突击群"。

第二次阿拉曼会战以隆美尔失败而告终。它是第二次世界大战中，北非战场的转折点，德军进军开罗，跨过苏伊士运河，穿越中东与苏联境内的克莱斯特装甲军团会师高加索的迷梦破碎了。隆美尔不可战胜的神话也破灭了。

## ·第三次阿拉曼会战

蒙哥马利取得了第二次阿拉曼会战胜利后，并不急于发动进攻，他认为自己部队的沙漠作战训练还不够，作战物资的储备也不充足。在9月9日到10月底这段时间里，蒙哥马利在这两个方面花了极大精力。德军方面，隆美尔因病回国休假，施登姆暂代指挥。物资补给方面，由于英军马耳他基地的恢复，德、意部队只获得极为可怜的补给，轴心国的地中海航线受到前所未有的破坏，三分之一的运输船被英国空军和海军所击沉，相当一部分被迫返回。在英军发动10月底大攻势的前几个星期里，轴心国没有一艘油轮到达北非，非洲军团的汽油只剩下3个配发量，通常最低储存量为30个配发量（每个配发量行驶100公里）。

到第三次阿拉曼会战前夕，北非战场上双方的实力对比为：英军23万人，坦克1229辆，另有1000辆可供补给之用，飞机1500多架；德意军队8万多人，其中德军仅2.7万人，坦克540辆，其中意军旧式坦克280辆，飞机350架。不仅数量上各种主要兵器占绝对劣势，在坦克，火炮质量上德军亦处下风。德军只有新式IV型坦克有资格同英军"谢尔曼"、"格兰特"型坦克的性能相抗衡，但实力对比为30：500。隆美尔原来那支灵活机动、威力无比的88毫米高射炮组成的机动炮兵，在中远距离已无法击穿"谢尔曼"、"格兰特"型坦克的装甲。相反，这些坦克的火炮可以远距离摧毁隆美尔的机动火炮，过去德军战场上一度拥有的机动火炮优势也已丧失。

1942年10月23日夜晚10点，在1000多门火炮作了飓风式的轰炸后，蒙哥马利指挥英军第8军团，向阿拉曼德军防线发动了强大攻势。战斗一开始，非洲军团代理指挥官施登姆将军立即驱车赶往前线，中途突遭英军一队士兵袭击，他只身逃命时，心脏病突发身亡。北非德意部队一时群龙无首，10月24日希特勒直接打电话给正在奥地利养病的隆美尔，急令他立即飞回非洲，指挥作战，10月25日黄昏，他已飞抵非洲军团的指挥总部。

隆美尔最感麻烦的事就是汽油的极度缺乏,当他确信英军主力在北面时,冒着极大风险将预备队和南面的第21装甲师、炮兵主力调往北面,因为一旦判断错误,就再也没有燃料把它们运送到其他地区了。由于判断准确,英军攻势暂时受挫。10月28日,蒙哥马利再度发动进攻,第二天又被阻止。英军和德军坦克损失比例是4∶1,但英军实际优势反增加到11∶1。隆美尔只剩90辆坦克,而蒙哥马利尚有800辆坦克。11月2日,当蒙哥马利发起第三次冲击时,隆美尔已无力再战。11月3日中午,隆美尔的无线电监听部门截听到英军强大的坦克部队准备迂回非洲军团的后方,下午4点30分左右,他瞒着柏林和罗马的上司们,开始向弗卡阵地全面撤退。希特勒得知消息后,立即电令隆美尔死守阿拉曼阵地,要求他向部下表明不胜利,毋宁死,别无其他的道路。

隆美尔接电后不顾90分钟前刚下达的进一步撤退的命令,立即向部队传达元首死守的命令。非洲军军长托马斯将军请求做必要的战术后撤,被隆美尔拒绝。托马斯无法忍受这一荒谬的命令,一气之下,向英军投降(当晚蒙哥马利在自己的司令部邀托马斯共进晚餐)。由于更换命令,德、意军陷于混乱,当隆美尔好不容易收住阵脚时,却发现只有两种选择:要么服从元首命令,全军覆没;要么救出一部分部队,但要违抗希特勒的命令。在个人抗命和部队毁灭之间,隆美尔选择了前者,他马上派人亲自向希特勒陈述利害,要求后撤。11月4日下午3点30分,意大利第20军已全军覆没,意大利第10军已溃散,英军在轴心国防线上已打开20公里宽的突破口,坦克潮水般涌入。在即将全军覆没的时刻,隆美尔不等希特勒的回音,断然下令撤退。第二天,隆美尔接到希特勒同意撤退的回电。于是,隆美尔带着残余部队开始长达2250多公里的大撤退(从阿拉曼到的黎波里为止)。从此,轴心国军队在北非向失败的深渊迅速滑去。

当隆美尔率残部退往梅尔沙马特鲁时,蒙哥马利的第8集团军也穿越了阿拉曼"魔鬼的乐园",开始了追击。他向梅尔沙马特鲁的正东迂回,隆美尔抢先一步溜掉,这是蒙哥马利第四次扑空了。由于英军每次包抄不是行动迟缓,就是深度不够,从而失去了截断轴心国残余部队退路的机会。隆美尔的8万人只剩下5万左右,重武器几乎丢尽,威名显赫的非洲军只剩下一个团的架子,坦克只剩下10多辆,燃料奇缺。不过他在英军追击的路上,让地雷专家贝劳威斯巧设一连串地雷阵,让追击者饱尝痛苦。11月中旬,隆美尔燃料不济,陷于不能行动的绝境,幸亏凯塞林给他空运来80吨汽油,又恰逢两天暴雨大作,他再一次绝处逢生,逃脱英军的围歼。11月21日,他燃料用尽,在利比亚的阿杰达比亚又陷停顿。这时被英军鱼雷击沉的"阿尔普号"油船上的箱子和油桶成千上百地漂浮到阿格拉到布雷加一带海岸,隆美尔的非洲军团再次得救。

隆美尔连续以"蛙跳"方式脱离被包围的险境,一直退到昔兰尼加西端,靠近阿拉盖的地方,离撤退起点阿拉曼有1120多公里。当蒙哥马利再次向阿拉盖阵地实施迂回时,隆美尔又迅速后退300多公里,到布埃拉特阵地才停止。1943年1月中旬,英军向布埃拉特发动进攻,隆美尔后撤560多公里,退过利比亚,到达突尼斯境内的马雷斯防线上。在撤退过程中,隆美尔曾擅自离开部队,飞往国内要求希特勒从北非撤退固守西西里,被希特勒驳回。后者认为轴心国应当在非洲有一个桥头堡,否则,欧洲南部很快会受到入侵的危险,并答应在人员物资方面给隆美尔增援。

## 2. "火炬"计划

就在轴心国在北非大溃退期间,英、美两国开始实施酝酿已久的、在北非登陆的"火炬"计划,这一行动部分出于斯大林催促英美开辟欧洲第二战场的压力。在关于登陆地点上,丘吉尔和罗斯福以及两国的高级将领们又争论了很长一段时间才达成一致,地点选在法属北非殖民地的摩洛哥和阿尔及利亚,并在阿尔及尔、奥兰、卡萨布兰卡三处同时登陆。美国艾森豪威尔将军任盟军总司令,动用150多艘运输船和160艘军舰护航。前往奥兰和阿尔及尔的部队于1942年10月22日,从英国出发,通过直布罗陀海峡进入地中海,于11月8日分别在以上三个地点登陆。规定在登陆的第二天,所有在阿尔及利亚的同盟国军队组成英国第1集团军,由英国的安德森将军统一指挥。

为争取当地法军的配合,英、美为物色一位有号召力的法国人,又花费了一番精力。"自由法国"的戴高乐很难被北非维希政府的法国官员们所接受,维希政府的达尔朗因和纳粹德国合作而声名狼藉,这两个人似乎都不是理想人选,最后盟国选择了从德国俘虏营逃出来的原法军第9军团司令吉罗德将军。吉罗德向盟国提出很高的条件,要求一旦盟军登上法国领土作战,他必须任欧洲盟军总司令。他想争取法国人在盟国援助下,自己解放祖国的结局,以便对后人有个体面的交代,但他没有达到目的。

1942年11月8日,盟军在奥兰、阿尔及尔和卡萨布兰卡登陆,由于事先安排不周,引起法军混乱,致使盟军在三个地点登陆时,既遭到法军不同程度的抵抗,同时得到一些法军的协助。盟军也发现吉罗德的号召力极其有限。11月9日,指挥北非登陆的盟军副司令克拉克将军同达尔朗会晤,在克拉克逼迫下,经过几次反复,北非的法军终于全面停火,采取合作态度。几乎同时,德军的机械化部队很快占领了维希政府所控制的法国南部,德国空军已占领突尼斯城附近的机场,开始大规模向北非运输部队。希特勒的行动又促成北非法国殖民当局彻底倒向同盟国。11月13日,艾森豪威尔到达北非,同意达尔朗为北非高级专员,兼法国海军总司令,吉罗德为陆军总司令,北非法军将同盟军合作展开解放突尼斯的行动。

但此时又节外生枝,英、美两国舆论对同达尔朗这样的纳粹帮凶、卖国贼

盟军在北非登陆,"火炬"计划画上了句号。

合作感到愤怒，罗斯福总统公开表示，这只是一种权宜之计，并引用天主教一句古老的格言作辩护：我的孩子们，在严重的危险时刻，允许你们和魔鬼同行，直到你们已经过桥为止。这些言论引起达尔朗和部属们的愤怒，他们向盟国方面提出抗议，但这个使同盟国感到十分棘手的问题很快得到了解决，一个狂热的戴高乐派青年刺杀了达尔朗。

从11月12日开始，安德森指挥英军第1集团军陆海空并举，向突尼斯进攻。15日，盟军北面接近比塞大港，南面逼近从的黎波里来的道路的瓶颈处，隆美尔的溃退大军，正从东面朝这里涌来，准备同在突尼斯登陆的德军会师。11月17日，前非洲军军长内林将军来到突尼斯，他不等兵力集中完毕，指挥刚到达非洲的3000人为核心的第90军，向西进攻，于第二天击败法军和增援的英军，占领军事要地梅杰兹艾巴布。这样内林以不到对方十分之一的兵力，把突尼斯和比塞大的阵地扩大为一个巨大的桥头堡。12月19日，希特勒派阿尼姆上将为突尼斯境内轴心国军队的最高指挥官，从内林手中接过指挥权，突尼斯的部队改名为第5装甲军团。他着手修建一条160公里长的掩护突尼斯桥头堡的防线，这条防线从比塞大以西32公里处的海岸，到加贝斯湾东海岸的昂费达维里。12月24日，安德森的英军第1军团进攻受挫，这就给希特勒和墨索里尼一种错觉，以为肃清在北非登陆的盟军并非难事，决定加紧增援。很快的，轴心国部队在北非的总人数达到了25万的高峰。希特勒在北非所犯的错误同斯大林格勒一样，为了政治影响上的原因，而采取军事上最拙劣的战略，北非的兵力原可用来固守西西里，但却大量运往突尼斯，当海上补给被切断后，这些德军中的精锐只能放下武器，走进同盟国的战俘营。

## 3. 非洲军团的覆灭

由于放弃了的黎波里，隆美尔失去了柏林和罗马的上司们的信任。1943年1月26日，他接到通知，由于他的健康欠佳，被解除非洲军团的指挥职务，在马里斯防线阵地得到巩固以后办理移交手续，但移交和离去的日期由隆美尔自己决定，同时决定非洲军团改名为第1意大利军团。这时，北非德、意军队处于东面蒙哥马利第 8 军团和西面安德森第 1 军团，两支同盟国军队的中间位置，隆美尔决定利用内线作战优势，发动一个拿破仑式的攻击，对两路盟军采取各个击破的战法。由于补给线缩短，隆美尔已得到一些补充，相反，蒙哥马利却不得不应付日益延长的补给线所带来的麻烦，原来就不快的追击速度更加缓慢。因此，隆美尔把缺乏经验的美军第 2 军作为首先打击目标。但隆美尔的麻烦是，他和阿尼姆互不节制，只能协商指挥，其主力第 21 装甲师又划归阿尼姆指挥，这就给他带来了严重后果。

1943 年 2 月 14 日晨，德军第 10 装甲师从费德隘道跃出，夹住美国第 1 装甲师的先头部队"A 战斗群"，德军第 21 装甲师从南面实施迂回，在锡迪布齐德将其包围。美军"A 战斗群"被打得措手不及，丢弃 44 辆巨型坦克、59 辆半履带车、26 门大炮。次日，美军"C 战斗群"迅速逆袭，落进隆美尔的陷阱，又损失 54 辆坦克、57 辆半履带车、29 门大炮。2 月 17 日，美军全线溃退，后方陷于混乱，隆美尔命令手下将领务必穷追猛打，不要松劲，他决定经泰贝萨向西北实施大迂回，一直插到海岸上的朋尼，切断美军第 2 军退路，一鼓聚歼。然而，一向妒忌的阿尼姆在关键时刻，抽走第 10 装甲师。隆美尔只好急忙将他的计划上呈墨索里尼，这样也就耽搁了关键的一天时间。

18 日午夜，墨索里尼同意隆美尔的进攻计划，但修改了迂回方案，改向接近正面的塔拉进攻，这就同美军发生直接冲突，战术上极为不合理。19 日，隆美尔不等第 10 装甲师赶到，重新发起进攻。2 月 20 日，隆美尔的部队在凯塞林隘道重创美军第 2 军主力，并夺取了该隘道，但占领塔拉的企图失败了，增援上来的英军迫使兵力有限的德军后撤。此战德军虽然没有达成最终目标，但却给美军当头一棒，使艾森豪威尔感到脸上无光，英军则戏称美军是"我们这边的意大利人"。美军第 2 军有 300 人阵亡，4000 人被俘，坦克被德军摧毁 200 辆，被俘 60 辆。

德军攻势结束后，隆美尔不仅没免职，反而升任非洲集团军总司令，统一指挥非洲的德意军队，阿尼姆是他的部下。当时西面的英军第 1 军团正在舔吮伤口，隆美尔决定回到东面的马雷斯防线，趁蒙哥马利还没发展壮大之前给予重创。但两个因素使他的计划蒙上失败的阴影。先是阿尼姆自作主张地向西发动了一次大而无当的进攻，参加主攻的坦克群落入英军第 5 军的"陷阱"，几乎被全歼，这样，隆美尔手中的装甲兵力就显得单薄了。更危险的是，蒙哥马利通过艾尼格马密码机，再次侦悉了隆美尔详细的进攻计划，包括时间和地点。

1943年3月5日，德军第10、第15、第21三个装甲师向英军梅德宁阵地发起攻击，在严阵以待的英军阵地前，德军撞得头破血流。经一天激战，德军损失了350辆坦克，隆美尔被迫取消了进攻。梅德宁战役以德军惨败而结束，隆美尔认识到，轴心国军队继续留在北非无疑等于自杀。3月9日，身患病症的他决定回国治疗，由阿尼姆代理指挥"非洲集团军"。他打算尽力说服希特勒撤出非洲，但后来他发现，墨索里尼和希特勒对非洲局势的判断，都完全丧失了现实感，根本不理会他撤离非洲的建议。

蒙哥马利在梅德宁获胜后，决定于3月20日对德军马雷斯发动进攻。3月17日，巴顿指挥的美军第2军先行发动进攻，以威胁马雷斯防线的背后。美军一举占领加夫萨，但向东海岸的进军却接二连三地被德军挫败，几天后德军在向美军的反扑中，消耗了主要的装甲预备队。3月20日，蒙哥马利向马雷斯防线正面发动进攻，他投入第10、30两个军约16万人，坦克610辆、火炮1410门，与之对抗的当面轴心国部队不到8万人，坦克150辆、火炮680门。盟国方面飞机也占2∶1的优势。轴心国一方的缺陷是应将防御设在加贝斯以北的阿卡里特干河阵地上，那是一个宽度仅为22.5公里的瓶颈地带，夹在海岸和盐水沼泽之间。

蒙哥马利猛攻三天，没有进展。3月23日，蒙哥马利已认清沿海岸的攻势已无成功希望，决定把主攻方向转到内陆侧翼。3月27日拂晓，纽西兰军完成了大迂回行动，通过险要的"梅子"峡谷，逼近艾哈马，马雷斯防线的守军有退路被切断的危险。与此同时，英军第10军的第4印度师也向马雷斯防线侧翼迂回。阿尼姆见马雷斯防线后方已经动摇，下令一部分部队在艾哈马附近阻击插向海岸的纽西兰军，马雷斯守军则向阿卡里特干阵地转移。4月5日，不等轴心国军队在新防线上修筑起坚强攻势，英军第4印度师、第50师、第51师分别突破阿卡里特干防线，但英军被传统保守的作战方式所束缚，第10军的装甲部队没有迅速扩张战果，从而失去了促成德、意部队总崩溃的一次良机。

尽管蒙哥马利失去了一次获得决定性胜利的机会，但轴心国也丧失了在阿卡里特干瓶颈阵地上坚守的时机，于4月11日撤到昂费达维里防线上。德军第5军团和意大利第1军团已会合，共同防御一条160公里长的、从比塞大西到东海岸的弧形防线，这也是德、意军队在非洲的最后防线。轴心国在一线的作战部队只剩 6 万人，坦克不过 100 辆左右，其中能战斗的只有 45 辆，同盟国一线作战人员已增至 30 万人，坦克 1400 辆，且掌握绝对制空权。按正常情况，要维持北非的轴心国军队，每月需提供 14 万吨补给品，但 2～3 月里，总共得到 5.2 万吨，5 月的第一个星期只得到 2000 吨。同盟国方面在 3 月就得到了 40 万吨补给。到 4 月 25 日，德、意两个军团的弹药只够再战 3 天之用，所剩燃料只够坦克行驶 25 公里，粮食也日益缺乏。阿尼姆后来承认，即使盟军不再进攻，至迟到 6 月 1 日也必须投降，因为部队已断粮。这些都应归因于同盟国方面完全掌握了地中海的制海权和制空权，使轴心国的地中海补给线遭到彻底瘫痪。

4 月 19 日，蒙哥马利第 8 集团军投入 3 个步兵师，向昂费达维里进攻，企图穿过瓶颈地带，直取突尼斯城，并阻止轴心国军队退守朋角半岛。激战至 4 月 21 日，蒙哥马利损失严重，毫无进展。4 月 30 日，北非盟军副统帅亚历山大将军同蒙哥马利讨论后决定，将第 8 军团的精锐第 4 印度师、第 7 装甲师用于英军第 9 军的攻击方向，从梅杰兹艾巴尔向突尼斯城突进，将德、意军的防区一劈为二，促使其全面崩溃。5 月 6 日，第 4 英国师和第 4 印度师，在梅杰达河南面河谷的狭窄正面，突破成功，英军第 6、7 装甲从缺口冲入，扩张战果。阿尼姆最后的预备队第 21 装甲师和第 10 装甲师仅剩 60 辆坦克，由于燃料耗尽，已无法将这点微不足道的力量调往突破口。5 月 7 日，英军第 6、7 装甲师占领突尼斯城，将德军拦腰截为两段。接着，这两个装甲师分别北上南下。第 7 装甲师沿海岸向北进军，到达德军后方，会同美军第 1 装甲师等部队，于 5 月 9 日全歼了北面的德、意部队。第 6 装甲师掉头南下，5 月 11 日，进至与蒙哥马利对峙的昂费达维里防线德军背后，切断他们退往朋角半岛的后路，迫其投降。1943 年 5 月 13 日，北非轴心国军队停止了所有的零星抵抗，除 600 余人从海上逃脱外，被俘人数在 17 万到 18 万之间。同盟国军队已将轴心国势力完全逐出非洲，为重返欧洲创造了前提，盟军的下一个目标无疑是意大利的西西里。

# 第二十章 德国法西斯的败亡

## 1. 盟军重返欧洲

### ·盟军的作战计划

1943年初,当北非战局尚未见分晓时,英美开辟欧洲第二战场的计划就已经进行。同年1月,"卡萨布兰卡会议"决定在伦敦成立联合机构,美国的巴克准将和英国的摩根中将共同负责计划的制定。同年5月,英美"华盛顿会议"确定了实施日期为1944年5月1日,代号为"霸王"。同年8月,经"魁北克会议"批准,规定美、英军队在法国诺曼底登陆,然后向德国心脏地区进攻,同时在法国南部的地中海实施代号为"铁砧"的登陆行动,以策应诺曼底方面作战。1943年12月1日,美、苏、英三国首脑在"德黑兰会议"上通过决议,确认"霸王"将在1944年5月实施,美国的艾森豪威尔将军被任命为欧洲盟军最高司令,负责指挥"霸王"行动。

在摩根拟定的初步计划中,有两点被后来确定的方案所采纳:1.确定了诺曼底为登陆地点;2.确立和说明登陆所必需的兵力。理由是德军在西欧控制的海岸线全长约3000英里,能得到英国本土空军基地掩护的地段却只有从弗鲁辛到瑟堡490公里不到。另外,所选登陆点附近必须有良好的港口,以便后续人员和物资迅速跟上。同时海滩需平坦开阔,便于先头部队最初的作战和桥头堡的建立。符合这些条件的只有两处：加莱海峡从敦刻尔克到索穆河口之间的地段；西诺曼底从康尼到柯腾丁半岛之间的地段。

加莱地区离英国本土最近，海上运输时间最短，盟军登陆时又能得到有效的空中支援，所以是德国的重点设防区域，西欧德军的陆、空军主力都集中于此，盟军登陆时，将遭到地面强烈抵抗。在诺曼底登陆的优点是：德军守备较弱，德军战斗机因受航程限制难以到达，海滩地形有利于登陆作战；但对盟军的不利因素是：海上运输距离较远，空中掩护困难大些，攻占瑟堡港的时间可能较长。

地点问题解决了，接下来是登陆第一天使用多少兵力。摩根认为，因船只太缺乏，第一批上岸部队只能是1个军（3个师），其余部队只能以后几天陆续在原地上岸。这还需风力、气候、海潮、云层、能见度等其他条件的配合，还必须把德军的增援速度考虑进去，即在D日（登陆作战发起第一天），康尼地区德军不得多于3个师，在D+2日，不得多于5个师，在D+8日，不得多于9个师。

蒙哥马利认为摩根计划在后勤和战术两方面将受到极大限制，他力主采取宽正面进攻，不仅英美两个集团军应同时登陆，每个集团军应同时把2个军，甚至3个军一起送上岸去。为防止引起混乱，蒙哥马利主张每个军应有自己的指定专用滩头，其他的军不得再来使用。为配合登陆作战，他建议登陆前，先在德军海岸第一线部队背后空投下2~3个师，达到牵制的目的，接着5个师同时在5个滩头登陆。攻击的正面也应从40公里加宽至80公里。登陆兵力增加40%，空降兵力增加200%。要达到这种规模的登陆，原来的船只远不够用，还需要四处筹集。原计划需要登陆艇3323艘、军舰467艘、扫雷艇150艘，现在要增加一倍的扫雷艇、军舰240艘、登陆艇1000艘。这样一来，原定5月实施登陆的日期，只得向后延期一个月，而在法国南部海岸登陆作战的"铁砧"计划，也只好拖到7月了，以便集中船只先满足诺曼底方面的需要。

除了纸面上的计划和计算以外，各种作战器材的准备也是繁重而复杂的。英国和美国雄厚的工业技术，此刻显示了巨大的威力。他们设计了专供登陆作战用的水陆两用坦克，在作战坦克上装上推土机、扫雷器、火焰喷射器等不同功能的辅助器械。登陆地区附近的港口不是短时间可以攻占的，大量后续物资还得通过海滩运送，于是又设计了两座人工港口，由活动的沉箱构成，从英国本土拖至诺曼底海岸去装置。同时，还有从海水下面装设油管的计划。

艾森豪威尔估计在7星期内，要把47个师从英国送往诺曼底，因运输工具和飞机数量的限制，在D日送入欧洲大陆共有8个师，次日可达到10个师，到第5天诺曼底共有15个师，到第11天应有18个师，到第21天可达24个师，第36天可达30个师。同时又估计德军在D日，第一线兵力为6个师，第5天可达12个师，第11天可达25个师，第21天可达30个师，第36天可达37个师。根据计划，如果在登陆战发起后第90天能到达塞纳河一线，登陆战才算是成功，对德国人的打击才真正开始。

在诺曼底登陆后1个月内，英美联军的数量将处于劣势。对此有3个补救措施：1.在俄国和意大利战线继续施加压力，使之无法从东线抽调部队来增援西线；2.在加莱海峡和法国地中海南岸保持威胁态势，使德军兵力分散；3.对西欧的铁路和桥梁加以广泛的轰炸，加重德军预备队调动的困难。然而，艾森豪威尔通过对其他战场施加压力，来削弱西欧德军实力的企图没有成功。在意大利战场上，凯塞林的兵力足以挡阻盟军的进攻；在苏联前线，4月中旬地面已解冻，苏军攻势早已瓦解在一片泥泞中。希特勒反而能抽调兵力增加西欧防御。因此，盟军只能采取轰炸后方和欺敌行动。前者是在法国境内，对通往沿海的各条公路、铁路、桥梁实施广泛的毁灭性轰炸，把海岸守军同后方完全隔离起来。后者是让德军确信，登陆点在加莱地区，诺曼底不过是声东击西的佯动而已。

为此，盟军精心策划了几件事情：在加莱对面的英国本土上，搭起庞大兵营设施，制作许多橡皮坦克，频繁发射无线电讯号，造成大部队在此地大规模集结和调动的假象。这一行动一直保持到德军诺曼底地区的部队全线崩溃为止。利用德国统帅部认为巴顿部队代表着盟军主攻方向的判断，联军还制造了"巴顿第9集团军"，意在使德军相信巴顿集团军是登陆的主力，目标是法国的加莱地区。为此，艾森豪威尔故意让巴顿几个月不露面，制造神秘气氛。事实上，巴顿的第3军团将按计划在诺曼底参加第二阶段的战斗。联军还利用海外间谍机关四处放风，说在加莱对岸的英国本土集结着45～60个师，随时准备进攻加莱。在发动诺曼底登陆前几个星期里，联军空中轰炸在塞纳河以北达246次，而在塞纳河以南只有33次。对诺曼底空中侦察一次，便在加莱地区侦察两次。这些欺骗手段配合使用，联军成功地把德军欺骗到诺曼底德军防线崩溃的前夕，使德军在加莱的第15军团，在关键时刻，不敢向诺曼底派遣援军。直到7月19日，克鲁格接替隆美尔"B集团军群"指挥后，才将15军团的预备队第116装甲师，派往即将崩溃的卡昂地区。

## ·德军的防御计划

德国占领法国后，几乎用了近4年的时间，来修建所谓的"大西洋壁垒"，但到了1943年底，仍徒有虚名。1943年12月初，隆美尔受命视察"大西洋壁垒"工程情况后，向希特勒提呈了一份报告，指出防御措施的许多不足。在对付盟军登陆的问题上，他力主将其歼灭在海滩上，他还自告奋勇地要求担负最重要地段的防守。隆美尔"御敌于海岸线"的观点正中一向"寸土必争"的希特勒下怀。希特勒很快对西线部队指挥系统作了调整：1942年7月复出，原任西线总司令的伦德斯特原职不动，但所属部队分为两个集团军群，隆美尔任"B集团军群"司令，指挥第88军团（驻荷兰）、第15军团（驻安特卫普－奥恩河一线）、第7军团（驻奥恩河－罗亚尔河一线）。"G集团军群"司令拉斯科维兹上将，指挥第1军团（驻比开斯湾一带）、第19军团（驻法国南部地中海沿岸）。

从1944年1月开始，隆美尔开始实施自己的防御计划。鉴于北非战场的经验，他认为盟军必定以猛烈的空中轰炸来开路，尽量地摧毁德军海岸一线的防御力量和设施，然后在水面舰只和空中火力的掩护下，用数以百计的突击艇和装甲登陆艇在广阔的战线上从海面上登陆。他断定盟军会使用空降部队，从后面打开大西洋壁垒防线，从而迅速建立桥头堡。

根据这种判断，隆美尔主张在海岸设置水下防登陆艇的各种障碍物，在可能空降的地区设置防空降障碍物，在近海地面上设置大量地雷阵。他断言，如果在会战发起后4天内不把对方赶下海，这场会战就失败了，登陆战打响后的24小时将决定一切。为此，他一反德国装甲兵传统的"集中使用"原则，主张坦克部队以师为单位分散布置在敌人最可能登陆的海岸线附近，在联军刚上岸，企图建立滩头阵地时，装甲部队即可投入使用。

设置海岸障碍线的工作进展较为顺利，这是一种"人工暗礁"：1. 在海底埋下木桩或铁桩，顶端绑上水雷或地雷；2. 安置混凝土制成的多角体、顶上插上锋利的钢片或挂上水雷以划破登陆艇的橡皮并引起爆炸；3. 安置"干果夹式的地雷"，即在一个水泥盒子里装上一颗重炮弹，插上一根木桩，登陆艇碰上木桩，使之因杠杆原理的作用,信管受压而引发炮弹爆炸;4.滩头上的照明设备,以来照射来袭之登陆的部队;5.一些临时可置用的障碍物,如以前俘获的法军战防障碍物。隆美尔又根据海水潮位的高低,由远而近,依次设置了4条这样的障碍带。

除海岸设置水面障碍带,还在可能的空降地区设下防空降障碍物。左右每隔100尺便在地上竖一根10尺高的木杆,深深埋在地里,上面挂上炮弹,木桩与木桩之间都用铁线网连接着,一拉动铁丝就可引爆。这种障碍上落下一架载人滑翔机,不被炸毁也得重伤。隆美尔感到遗憾的是,当联军发起诺曼底登陆时,他的海岸防御工程只完成40%,尤其是诺曼底海岸,无论是海上、陆上,这些耗资巨大、没有完工的障碍,对英美联军的登陆没有构成太大的妨碍。

隆美尔还将海岸到内陆6英里宽的地带,全部变成布雷区。这条雷带由许多纵横几英里的地雷阵组成,阵与阵之间留有几条通道,以便让后方的预备队和补给物资通过。地雷阵中央设置据点,让小股部队固守其中。上岸的联军或空降的联军部队一旦掉进雷场,便难以脱身,落在防线后的联军空降部队,也难从后方进到海岸与登陆部队会合。隆美尔还让每个师与师部安置在雷区的据点中,这样每个师长都成了"要塞司令"。的确这种地雷阵后来给英美联军带来很大的杀伤。隆美尔准备在这条狭长地区埋设4亿颗各种各样的地雷,但时间短促,在会战来临时,他只埋了400万颗。

在防御计划中,引起争论的是由10个装甲师组成的战略预备队的部署。许多没有同英、美军队作战经验的将领,如伦德斯特和西线装甲兵指挥官希维本堡,以及装甲兵总监古德里安等人,虽然在理论上,赞成隆美尔把登陆盟军毁灭在海滩上,但却一致认为那是不现实的事,他们主张装甲预备队的位置应部署在远离海岸的机动点上,让敌人深入一点,再予以打击。他们所依据的是"坦克兵只准集中,不准分散"的传统作战原则。隆美尔根据北非的经验认为,盟军在登陆时必定掌握制空权,以猛烈轰炸割断德军前线与后方的联系,这时,部署在后方机动点上的装甲部队无法向第一线运动,并可能在向前运动的途中就被瘫痪。再者,集结的装甲部队将成为盟军轰炸的一群活靶。所以他坚决主张装甲部队应靠近海岸,以便几小时就可投入反登陆作战。希特勒左右为难,似乎两种意见都有其道理,最后他采取折中方案,让隆美尔指挥3个装甲师,布置在海岸接近地,另外7个师放在内陆后方。这样安排的结果是既削弱了战役预备队,又削弱了战略预备队。以后的事实表明,隆美尔的方案是对的。

当装甲预备队的部署解决后，剩下的问题是盟军究竟在哪个地点登陆。几乎所有的德军高级将领都认为，从理论上、战略、战术原则上讲，盟军应在离英国本土最近的法国加莱地区登陆，但希特勒这次却表现出独特"灵感"，他肯定地认为盟军会在诺曼底登陆，他的依据是最近一次盟军的演习地点，酷似诺曼底一带的海岸地形。隆美尔后来虽有察觉，但他始终认为即使有诺曼底登陆之举，那也是盟军"声东击西"之计，真正的打击，还会在加莱地区出现。这种错觉一直伴随他到诺曼底防线的彻底崩溃。

## ·诺曼底登陆

艾森豪威尔的进攻计划大致包括5个方面：1.从卡云坦到奥恩河之间的海岸上站稳脚跟，取得滩头阵地；2.占领瑟堡及布列塔尼半岛上各港口；3.在康尼地区由英军实行突破，以吸引敌方的预备队；4.美军乘机在西北侧面实行突破并直趋罗亚尔河；5.全线以康尼为轴心向东北旋转以使右翼到达塞纳河上。照计划预定在D+90日应到达塞纳河之线。

执行的步骤是，D日先将3个空降师投放到大西洋防线的德军后方，英军第6空降师在奥恩河谷着陆，美军第82和101空降师在柯腾丁半岛底部着陆，目的在于稳定桥头阵地的两翼，从后方骚扰德军以削弱该地区据点敌军的抵抗能力。美军第1集团军在维尔河东面和北面登陆，英军第2集团军在巴约和卡昂之间登陆。共5个师同时在5个海滩登陆。5个滩头分别为："犹他"、"俄马哈"、"黄金"、"裘诺"、"宝剑"。这样，第一批登陆的兵力可达到8个师，陆军5个，空降师3个。此次会战总兵力为美军20个师，英军17个师(包括加拿大3个师)，法军1个师，波军1个师，人数为287万余人。如此巨大的兵力集结于小小的英伦三岛，历史上所罕见。

D日的选择是个难题，由于登陆作战兵种成分复杂，海陆空都有各自条件的限制。海、空军对海岸目标的先行攻击至少需要1小时的日光，陆军登陆又必须赶上第一次海水涨潮，以便后续部队能借助第二次涨潮上岸参战。但由于隆美尔在水底设置了障碍，又必须在涨潮之前将它破坏掉，以便给第一攻击波开掘一条通道。诺曼底最西部的高潮位要比最东部的早40分钟，所以5个滩头又有各自的攻击发起时间。还有D日必须是满月迟升的日子，因为空降部队的飞机须在月光未升起时去接近目标，然后再借助月光帮助识别降落场所。另外，D日这天的云层底部高度须在3000英尺以上。风力海面不超过4级，海岸上不超过3级。能见度至少为3英里。根据100多年诺曼底气象资料所提供的记录来看，这样的天气，6月间并不多，差不多概率为十三分之一，即13年中有一年的6月有这种气候条件。而6月里只有6月4、5、6日三天才能有这样的条件，D日必须在这三天里选择。艾森豪威尔遂把D日定为6月4日。

1944年6月5日，当艾森豪威尔下达诺曼底登陆作战命令两小时后，联军4000多艘登陆船只、700多艘军舰开始起航，船队上空由战斗机群织成一片天网。在侧翼，巡逻机群和军舰严密搜索海面，以防德国潜艇和鱼雷艇的袭击。扫雷艇和排除障碍的部队在前开道，向5个登陆滩头靠近。是日黄昏后，载运空降部队的运输机和滑翔机，从英国本土20多个机场起飞。6月6日凌晨2时，英国空降第6师首先在德军"大西洋壁垒"后方着陆。凌晨3时14分，2000多架盟军飞机开始轮流轰炸德军海岸防御设施。与此同时，登陆船队中的登陆炮艇和驱逐舰也构成海上浮动炮台，对沿岸德军工事进行密集炮轰，火箭登陆艇高射速向海岸工事喷射大量的火箭。当弹幕向内陆延伸时，联军的两栖坦克在波浪挟裹下，冲上海滩，向德军火力点发起攻击。

6月6日上午6时30分，联军第一批登陆部队开始抢滩作战，诺曼底德军对此毫无心理准备，隆美尔不在前线，正在国内为妻子筹办生日，负责诺曼底防御的第7军团司令多尔曼、党卫军第1坦克军军长狄特里希、唯一能在两小时内向海滩发起反击的第21装甲师师长弗希丁格都不在自己的战术指挥岗位。在盟军登陆之前，约德尔和他的参谋军官们都认为，盟军登陆地点不是加莱，而是诺曼底的瑟堡，他们查看潮汐表后警告希特勒，6月5日至13日将是适合进攻的日子，但隆美尔对此置若罔闻。

登陆当天，德军第21装甲师向海滩的反击没有成功，却打乱了盟军于当天占领诺曼底防御中枢康尼的计划，这主要是由于盟军指挥官过分谨慎，因而丧失了战机。德军的装甲预备队在战斗打响后，果然遭到了隆美尔所预料的困境。6月7日，隆美尔命令已拖延了10个小时的狄特里希第1党卫装甲军在清晨发动进攻，将登陆盟军一劈为二，但在途中遭受猛烈空袭，整个白天的行动被迫放弃。直到6月8日下午，第1党卫装甲军3个伤痕累累的装甲师才勉强发起反攻，但盟军已赢得两天时间，滩头阵地得到了巩固，德军的进攻被击退。

盟军已在诺曼底海滩扎下了根，现在他们需要的是一座真正的港口，从而有效地装卸物资。

眼看盟军将稳稳地占领滩头阵地，德军唯一可行的办法是抽调加莱地区的15军团，增援诺曼底。虽然德军已缴获美军第7军团的全部作战命令，从这些文件上判断，盟军不可能再有另一次登陆，但隆美尔甚至希特勒也开始深信，诺曼底登陆只是"声东击西"，第二次登陆必在加莱。6月9日，盟军利用英国广播电台放风，声称盟军即将对比利时发动进攻，希特勒中计，急令拥有2.1万人的第1党卫装甲师北上，而不是南下增援诺曼底。6月10日，西线装甲部队总指挥希维本堡正在策划取守势，待三个装甲师重新集结后再进攻，不料他的司令部被盟军空军所摧毁，指挥设施和参谋军官全部被消灭，他本人亦身负重伤，反攻计划遂告破灭。

到了6月12日，蒙哥马利已在诺曼底稳稳地建立起他的桥头堡，已有32万将士上岸，54000辆车辆、10万多吨物资也送上了陆地。英美两个集团军的阵地已连成一片。军事重镇巴约已被占领，美军也已占领通往瑟堡的必经之地卡朗唐，只是卡昂还在德国人手里。

6月12日到13日夜间,德国新研制的导弹V－1型飞弹开始袭击英国本土,在希特勒的想象中,几千颗导弹像雨点一样落在伦敦,英国人会一下子精神崩溃,拱手求和。在6月后半个月,德国人一共发射了2000枚导弹,但效果不怎么理想,平均每枚才打死1人。英国颇感震动,但希特勒追求的英国人拱手求和的幻景并没有出现。德军既已无力将盟军赶下海去,便面临两个选择,要么集中兵力于诺曼底西部保卫瑟堡,防止盟军奇取这座重要的海港,要么重点布置在康尼地区,以防盟军向法国南部广阔的平原地带实行大规模突破。希特勒认为重点应防守康尼,阻止英美军队向法国南部进军,但德军的兵力已无力阻止盟军进一步扩大战果。6月25日,美军以顽强战斗攻陷瑟堡要塞,不过它已被彻底破坏,要到8月才能重新使用。

## ·冲出诺曼底

当瑟堡快陷落时,德军在康尼地区仓促建立了一道防线。盟军也在海岸上扎了根,战况呈现僵持。隆美尔得到东线赶来的第9、10党卫装甲师增援,6月26日,他正准备进攻,却被蒙哥马利抢了先。29日,狄特里希的党卫装甲军重创蒙哥马利。是夜,直属最高统帅部的西线战略装甲预备队,在希维本堡指挥下,转入大规模反攻,被英军击败。这也是德军诺曼底的最后一次反攻,希维本堡被希特勒解职。几天以后,伦德斯特元帅被免职。克鲁格元帅接替西线总司令职务,他很快认清西线作战同东线作战的性质完全是两回事,走马上任时的自信很快消失了。7月7日,蒙哥马利再次向康尼的德军防线实施突破,军舰上的大炮和野战炮向隆美尔的阵地倾泻了8万颗炮弹,皇家战略轰炸机向康尼这座中世纪的古城投入2560吨炸弹,德军空军野第16师、党卫第12装甲师打了一场出色的防御战。蒙哥马利付出惨重代价进到河岸地区,隆美尔炸毁桥梁后,退守对岸,并建立纵深防御阵地。

7月17日,隆美尔在前线视察时遭盟军空袭而身负重伤。第二天,蒙哥马利向隆美尔精心布置的康尼地区发起了最后一次战略突破,企图冲出诺曼底,2000架轰炸机投下8000吨炸弹,德军第一线的两个师被迅速抹掉。英军700多辆坦克向南涌去,在重大的代价之下,终于突破第一、二、三道防线,但随后却在第四道防线前碰得头破血流。虽然英军在康尼附近冲出诺曼底的尝试屡屡受挫,蒙哥马利被盟军一些将领指责为"在康尼城打一个多月的圈圈"，但客观上，英军已将德军主力紧紧吸引在自己周围，为尔后美军首先冲出诺曼底，创造了有利条件。

7月6日，巴顿将军秘密抵达诺曼底，指挥新成立的美军第3集团军。他提出一个大胆的作战计划，其要点是：利用柯腾丁半岛上几条古道，集中一两个装甲师，以空中轰炸作配合，突破阿弗朗什进入地形开阔的法国南部，冲出诺曼底桥堡，左右迂回德军布列塔尼半岛后方和康尼后方。他认为按他的计划，可在48小时内达成战略突破。然而，艾森豪威尔和布莱德雷没有接受巴顿的建议，仍一味采取步兵集团一线平推的战法，经半月血战，美军只前进了20公里。7月18日，美军占领圣洛，同时也被迫停止攻势。

为打开诺曼底僵局，布莱德雷制定了"眼镜蛇"计划，旨在冲出诺曼底，但这个计划却是巴顿原先计划的翻版。以后事实证明，"眼镜蛇"计划是第二次世界大战中最卓越的计划之一。7月25日，巴顿指挥第3集团军中米德尔顿的第8军、海斯利普的第15军，在精心设计的战术指导下，以步兵与坦克兵交替掩护、攻击前进的新战术，果然在48小时里获得突破性进展，于7月30日占领战略重镇、通往法国南部大门的阿弗朗什。德军全线溃退。

8月初，巴顿的第3集团军冲出阿弗朗什，盟军在诺曼底终于获得战略性突破，并将战斗推向高潮。巴顿军团和霍奇斯指挥的美军第1集团军，呈扇形在广阔的法国南部平原展开，横扫布列塔尼半岛，向西迂回康尼德军后方，蒙哥马利的英军正面攻击亦获突破性进展。希特勒不听手下将领劝阻，将德军余部有组织地撤往塞纳河防线，而是集中5个装甲师残部和7个步兵师，企图重新夺回阿弗朗什，切断巴顿后方交通线。但反扑一开始，装甲部队就被盟军空军炸成瘫痪。这样，攻击的德军反而自投罗网，落入正在形成迂回之势的盟军包围之中。8月14日，盟军将德军第7军团和从加莱赶来的第15军团紧紧围在法莱兹地区。巴顿在半个月里，由北向南，转而向东，再向北实施的大迂回包围，只差6英里就完全封闭了，但布莱德雷认为那是计划中英军的作战范围，怕巴顿同蒙哥马利会发生矛盾从而影响盟军内部的团结，另外，他又断定巴顿勉强封住口子，其较薄的封锁线也会被德军逃命的狂潮冲垮，于是决定网开一面，于追击中歼其主力，这似乎较划算。8月18日，法莱兹包围圈里的德军从10公里宽的"袋口"夺路而逃，残兵败将如江河决堤般涌出，四散奔命。盟军的空军将成吨炸弹投向抱头鼠窜的德军，法莱兹成了一所真正意义上的屠宰场。

美军坦克在法国扫荡前进,变成废墟的除了法国城镇,还有希特勒的帝国迷梦。

当诺曼底会战正在进行时,8月15日,美军第7集团军和法军第1军团在法国南部的圣·特罗佩兹登陆,两周内拿下土伦和马赛,击溃德军布拉斯科维茨"G集团军群"中的第19军团,然后继续向北追击。在9月12日,北上的法国第1军团同东进的美军第3军团在第戎附近会师。

9月1日到11日,巴顿的攻势进入最高潮,同时也就戛然而止了。因为艾森豪威尔为保证蒙哥马利向北面的进军,把燃料汽油全都拨给了他。而8月31日,巴顿的军队就已油尽滴干了。这场追击在摩泽尔河停了下来,溃逃的德军直逃到德国边境才惊魂稍定,勉强收住阵脚。战后包括利德尔·哈特在内的一些学者认为,如果巴顿能及时得到汽油,第二次世界大战差不多可提前一年结束。巴顿的前面已没有任何值得一提的兵力。在整个诺曼底会战中,德军损失约40万人(其中半数被俘)、坦克约1300辆、军车2万辆、大炮1500门;盟军损失约21万人。这场有史以来最大的登陆作战以德国人的惨败而告终,东面的苏军已站在波兰的维斯瓦河上,两面作战的战略态势,已使德国处于必败无疑的绝境。

## 2. 苏军胜利进军

　　库尔斯克会战后，德军的战略预备队遭到毁灭性打击，德国资源的缺乏和工业生产基地遭盟军战略空军打击的后果，已越来越严重，军事上无法在短期内再建立一支成规模的战略预备队。苏军在库尔斯克会战中损失固然也比较严重，但其雄厚的资源和生产能力，以及英、美两国的援助，不仅很快弥补了损失，而且提供了进一步扩大战果的作战能力。所以，1944年的东线战场呈现这样一种情况，苏军在北起波罗的海，南至黑海的战线上，12个方面军形成不规则的梯形队列，交替向西发动进攻，重点则在南北两翼上。德军不断向后退却，紧缩防线，并以残破不全的部队负隅顽抗。

　　1943年12月初，科涅夫的乌克兰第2方面军向第聂伯河河曲首先出击，前出到基洛夫格勒附近。曼斯坦因的"南方集团军群"在希特勒固守阵地的指令下，被弄得进退两难。在12月下旬，瓦杜丁的乌克兰第1方面军开始向西出击。1944年1月28日，科涅夫和瓦杜丁的部队围歼了科尔孙地区德军6个师，他们都是希特勒"不准撤退"命令的牺牲品。苏军方面，瓦杜丁已身负重伤(不久去世)，朱可夫接任乌克兰第1方面军司令员。1944年3月13日，在科涅夫南面的马利诺夫斯基乌克兰第3方面军已向西攻克赫尔松港。在朱可夫和马利诺夫斯基中间的科涅夫部队，从乌曼跃出，强渡布格河、德涅斯特河，到达罗马尼亚边境的普鲁斯特河，迫使黑海沿岸的克莱斯特"A集团军群"后撤。朱可夫的左翼随后跟进，并急转南下，横扫德军沿岸阵地。4月初，乌克兰第1、2方面军逼近匈牙利的天然屏障喀尔巴阡山麓，包围了德军"南方集团军群"胡贝指挥的第1装甲军团约二三十万人。朱可夫向德军发出两次招降书：第一次威胁说如不立即投降，将枪毙三分之一被俘人员；第二次威胁说不投降，将枪毙所有被俘人员。德军第1装甲军团拼死向西突围，经240公里行军后，于4月9日同第4装甲军团会合。

　　希特勒为挽回局面，于3月30日同时撤换曼斯坦因和克莱斯特，将"A集团军群"改称"南乌克兰集团军群"，舍尔纳接替指挥；"南方集团军群"(原来的"顿河集团军群")改称"北乌克兰集团军群"，莫德尔接替指挥。5月上旬，科涅夫的部队同德军曼陀菲尔的部队，在罗马尼亚境内的锡雷特河岸展开坦克大战，苏军被击退，德军暂时守住了阵地。但在克里米亚半岛上，遵照希特勒命令死守的德军第 17 军团，于 5 月 9 日被托尔布欣的乌克兰第 4 方面军和叶廖缅科的独立海岸集团军全部歼灭。这是德军在乌克兰最惨重的一次失败。此时，德军"北方集团军群"在戈沃罗夫的列宁格勒方面军追击下，也被迫向西撤至芬兰湾到普斯科夫之线，长期被困的列宁格勒解围。芬兰开始与苏联谈判，但没有进展。6 月 10 日，戈沃罗夫占领维堡，开始了新一轮的进攻。巴格拉米扬的波罗的海第 1 方面军、切尔尼亚霍夫斯基的白俄罗斯第 3 方面军、扎哈罗夫的白俄罗斯第 2 方面军、罗柯索夫斯基的白俄罗斯第 1 方面军，轮番向布施指挥的德军"中央集团军群"发起猛烈进攻。7 月 3 日，苏军罗特米斯特罗夫的第 5 近卫坦克集团军，沿莫斯科－明斯克公路长驱直入明斯克，在突破德军防线的一周内，完成了 240 公里的扫荡式进军。苏军这次钳形进攻，酷似 3 年前德军在相反方向的进攻。德军"中央集团军群"实际上已被打垮，损失 20 余万人。

到 7 月中旬，中央方面德军防线被冲开 400 公里宽的大缺口，德军已被赶出白俄罗斯，退入波兰。在北面，白俄罗斯第 3 方面军不等德军堵住缺口，立即出击，击溃德军第 3 装甲军团，占领维尔纽斯，使德军"中央集团军群"和"北方集团军群"之间出现了大缺口。在南面，苏军重新调整了几个方面军的指挥员后，科涅夫的乌克兰第 1 方面军在罗柯索夫斯基的白俄罗斯第 1 方面军的协助下，向波兰南部发起冲击，德军"北乌克兰集团军群"遭到毁灭性打击。7 月 27 日，科涅夫的部队攻克利沃夫。此时罗柯索夫斯基的部队也已渡过布格河，突入波兰。7 月 31 日，罗柯索夫斯基的前锋逼退谢德尔采的德军，到达维斯瓦河东岸。

这时，德国的危机开始总爆发。7 月 20 日，斯陶芬贝格谋杀希特勒未成，却引起德国国内一片混乱。在西线，巴顿军团冲出阿弗朗什瓶颈地带，开始扫荡法国南部。8 月 1 日，科马罗夫斯基将军领导了华沙起义，但遭到德军残酷镇压。这时，苏军在华沙郊外遭到德军第 2、第 4 装甲军团的猛烈反击，被迫放弃一些桥头堡，难以给起义者以有力的支援（也许还有扶植亲苏的波兰政治派别的企图）。由于苏军的补给线伸展过长，这次声势浩大的进军终于停止在维斯瓦河上。到 8 月中旬，莫德尔调往西线，莱茵哈特接任"中央集团军群"司令。9 月初，哈佩被任命为德军"北乌克兰集团军群"司令。

虽然德军在正面将苏军暂时阻止在维斯瓦河上，但苏军却在南面侧翼上，开始了巨大的迂回行动。苏军的胜利促使罗马尼亚国内发生剧变,8月23日,罗马尼亚国王逮捕了安东尼斯库,成立以萨纳捷斯库为首的新政府。新政府立即接受同盟国条件,停止敌对行动,并要求德军在14天内撤出罗马尼亚。于是,罗马尼亚境内的德军和罗军互相开火,双方都陷入混乱。趁其混乱,马利诺夫斯基乌克兰第2方面军沿锡雷特河两岸冲杀,托尔布欣乌克兰第3方面军从德涅斯特河下游沿黑海海岸向西挺进。8月30日,苏军占领希特勒视为德国工业命脉的普罗耶什蒂大油田,第二天占领首都布加勒斯特,驻罗马尼亚的德军第6军团20个师除少数分队逃脱外,大部被歼,其惨败程度堪与斯大林格勒相比。到1944年9月底,东线被俘德军总数在50万人以上。

德国兵力已明显枯竭,德军无力向南延长侧翼来和苏军对抗。苏军最南翼的部队开始在东南欧和中欧的广大地区扫荡前进,托尔布欣的乌克兰第3方面军从多布罗加进入保加利亚,9月8日,保加利亚向德国宣战。接着,托尔布欣部渡过多瑙河同南斯拉夫铁托部队会师,并于10月20日解放南斯拉夫首都。此时,正面向西推进的马利诺夫斯基的乌克兰第2方面军也冲入匈牙利平原,但在布达佩斯受阻。11月底,托尔布欣部在布达佩斯以南200公里的多瑙河和德拉瓦汇合处,展开了更为广阔的迂回包围行动,于12月初,前出到布达佩斯后侧的巴拉顿湖。

在东线北翼战场上,芬兰在9月已接受苏联的停战条件,并向德军开火。苏军北面的几个方面军趁机发动进攻,舍尔纳指挥的德军"北方集团军群"放弃里加,退守库尔兰,但苏军在进攻东普鲁士的一场坦克会战中受挫,北翼战场在10月底陷入僵持。

## 3. 粉碎希特勒的最后反攻

西线盟军冲出诺曼底后,于1944年8月25日解放巴黎,从9月开始沿三个方向进军:蒙哥马利的集团军群在沿海一带向东北进军,先后占领了安特卫普等海岸港口,扫荡了德国部署在海岸地区的V-1飞弹发射基地,下一步计划进攻德国北部平原,从北面包围鲁尔工业区;中路霍奇斯指挥美军第1集团军向东进击，接连攻下比利时的列日和卢森堡首都卢森堡城，抵达德国边境；右翼的巴顿第3集团军连克兰斯、夏龙、凡尔登，越过默兹河、摩泽尔河，并在梅斯和南锡之间的摩泽尔河东岸建立了桥头堡，并于9月下旬同帕奇的美军第7集团军会师。这样，西线盟军已连成一片，准备作一番修整后，向德国本土大举进攻。

希特勒经过对形势的研判后，作出了一个胆大妄为的决定，决心向盟军发动反攻。其战略构想是在阿登地区集中优势兵力，进行突破，然后越过默兹河直捣布鲁塞尔和安特卫普，把盟军一劈为二，力求歼灭北面的美国第1、9集团军，英国第2集团军、加拿大第1集团军，这样就能迫使西方盟国单独媾和，让德国腾出手来全力对付东方的苏联。

1944年12月16日，莫德尔"B集团军群"所属三个军团约20个师（其中7个装甲师），在蒙绍－埃希特纳赫之间，向霍奇斯第1集团军防线上的5个师发动突袭。由于盟军猝不及防，加上伪装成美军的德军分队在盟军后方的破坏，德军很快突破守军防线。在北翼，由于缺乏汽油和美军不断发动侧击，德军迪特里希第6党卫装甲军团进展缓慢。在南翼，勃兰登堡第7军团达成突破后迅速展开，向南构成一道屏障，掩护北面的突贯。在中路，曼陀菲尔第5装甲军团进展迅猛。12月19日，曼陀菲尔部迫使被围的美军第106师两个团投降。12月22日，曼陀菲尔部再围前来增援的美军第101空降师于巴斯托尼，是日，巴顿第3军团开始北上解围。至此，巴斯托尼地区的作战成为双方成败的关键。

曼陀菲尔一面围攻巴斯托尼，一面分兵继续向西疾进。12月23日后，天气开始放晴，盟军出动5000架飞机，对德军地面战斗部队和后勤运输车队狂轰滥炸，德军行动立即受到极大限制，盟军的制空权优势得到充分发挥。24日下午，曼陀菲尔的前锋第2装甲师，因缺乏汽油和遭到美国空军的沉重打击，被迫停止在离默兹河仅6.5公里的塞莱斯小镇上，这也是德军进攻的极限。德军陷入进退两难，前面无法进攻，后方又不能解决巴斯托尼的被围美军。12月28日，霍奇斯第1军团在北面，巴顿第3军团在南面，向德军实施南北夹击。1945年1月1日，为牵制巴顿军团北上解围，德军集中10个师，在南面阿尔萨斯发动打击，但却丝毫没有改变阿登战局发展。战至1945年1月3日，德军集中两个军向被围的美军发动最后一次猛攻，但被后者击退。1月8日，希特勒被迫命令德军后撤。1月16日，南北美军在豪法里兹会师，并在1月28日，将德军赶回原来的出发阵地。

给轰炸机添油加弹后,他们就要去轰炸德国了。

德国鹰看似生猛,而其基座已临近崩塌。

阿登反扑是希特勒一厢情愿地希望同西方盟国单独媾和的产物，它消耗了德国最后的一点军事实力，从而失去了认真在西线组织防御的一次机会，加速了第三帝国崩溃的步伐。尽管希特勒信奉"进攻是最好的防御"这句格言，但事实表明，希特勒在阿登的进攻是最坏的防御。

## 4. 攻克柏林

当德军在阿登突进时，丘吉尔向苏联人要求在东线赶紧发动攻势，以减缓盟军的压力。斯大林通知西方盟国，苏军将在1945年1月中旬发起进攻。12月下旬里，德军参谋总长古德里安获得一项重要情报，从波罗的海到喀尔巴阡之间的战线上，苏军集结了250个步兵师和22个装甲军。他把这一情况告诉希特勒，后者根本不相信，认为这是自从成吉思汗以来所捏造的最大骗局。希特勒趁古德里安外出时，把正面预备队中的两个装甲师从波兰调出，去解匈牙利首都布达佩斯之围。这样，在东线的正面德军只有12个师的预备队和50个千疮百孔的师，同苏军的兵力之比约为1：5，处于绝对劣势。另外，由于西方盟军对德国实施的战略轰炸已产生明显效果，德军的飞机、坦克、汽车生产数量远远不能抵消战场损失的数量，战争初期一度领先并且赖以取胜的制空权、装甲力量和步兵机械化程度方面的优势已完全丧失。苏军则正相反，雄厚的工业基础和丰富的资源，再加美、英两国的援助，使之在制空权、装甲力量和步兵机械化程度方面处于绝对优势。

1945年1月12日，苏军从维斯瓦河上全线出击，向德国本土展开了极为壮观的进军。担任主攻的三个方面军由北向南展开，即罗柯索夫斯基白俄罗斯第2方面军、朱可夫白俄罗斯第1方面军、科涅夫乌克兰第1方面军。科涅夫的部队从巴拉诺夫桥头堡冲出，1月15日占领基埃尔策后，兵分两路渡过奥得河，攻占德国重要工业区西里西亚，于2月上旬推进到尼斯河。1月14日，朱可夫的部队从马格努泽夫和普瓦维两个桥头堡附近冲出，于1月17日攻下华沙，然后穿过维斯瓦河和瓦尔塔河之间的走廊地带，向西追击。1月30日，朱可夫的前锋越过德国边境进入勃兰登堡和波美拉尼亚，到达科斯琴附近的奥得河下游，离柏林仅为64公里。罗柯索夫斯基的部队也在1月14日，从那累夫河上的两个桥头堡出击，于1月9日在内登堡附近，越过1938年的东普鲁士边界，1月21日，占领坦能堡。到1月26日，罗柯索夫斯基在12天内已前进了200公里。

就在苏军向奥得河进军时，2月13日，南翼上的苏军托尔布欣和马利诺夫斯基的部队终于攻克了匈牙利首都布达佩斯。2月下旬，德军从西线和内地调来部队，实施反击，才将东线勉强稳住。苏军则需要一段时间来完善新近延长的交通补给线，暂停了攻势，但他们在奥得河、尼斯河上扎下了根，已稳稳站在柏林的大门口。

德国两面作战的恶果彻底暴露。为了应付东线奥得河上的危机，希特勒把所有原来准备用于填补西线防御的部队，大部调往东线，这就给盟军在西线发动跨过莱茵河的进攻，创造了极好的条件。1945年3月7日，巴顿第3集团军的装甲部队从爱菲尔平原突破了德军的薄弱防线，到达科布伦茨附近的莱茵河畔，他在向南扫荡了科布伦茨到曼海姆之间的莱茵河西岸后，于3月22日晚渡河到达东岸。北面的霍奇斯第1集团军的装甲前锋，也到达波恩附近的莱茵河岸，在雷马根桥被炸毁前，掐灭正在燃烧的导火线，冲过大桥，在东岸建立了桥头堡。蒙哥马利统帅的加拿大第1集团军、英国第2集团军、美国第9集团军也在3月23日夜晚，在莱茵河下游的威塞尔渡河到达东岸。盟军就这样轻松地突破了德国所谓"齐格菲防线"。希特勒急于挡住巴顿的装甲洪流，但他被告知除了远在160公里外的坦克仓库中，还剩5辆坦克可供调动外，已没有力量用来增援了。

希特勒最后一次撤去了伦德斯特西线总司令的职务，由凯塞林接任。但是，德军预备队早已空空如也，无法阻挡盟军向德国腹地的挺进。4月1日，美军第1、第9集团军完成对鲁尔地区莫德尔指挥的"B集团军群"的包围，4月18日，鲁尔战役结束，德军全军覆没，被俘32.5万人，莫德尔自杀。在此之前，美军这两个集团军各有一部装甲纵队，已快速赶到易北河，建立了桥头堡。4月25日，美军和苏军在柏林南部120公里处的托尔高会师。美苏双方商定，沿易北河支流木耳德河来划分两军中央战线的会合线。在北方，英军第2集团军前出波罗的海，5月2日在维斯马同苏军会师。加拿大第1集团军解放了荷兰全境。5月5日，荷兰、丹麦以及德国西北部的德军向蒙哥马利投降。在德国中南部，美军第3集团军于5月1日进入捷克斯洛伐克，另一支部队进入奥地利。在德国南方，美军第7集团军于4月20日攻下纽伦堡，在渡过多瑙河后于4月30日占领慕尼黑。5月4日,美军第8航空队将纳粹宣传部长戈培尔吹嘘成"民族堡垒"的希特勒山间别墅希特斯加登炸成废墟。在最南翼,法国第1军团占领了卡尔斯鲁厄、斯图加特。5月5日,德国"G集团军群"向盟军无条件投降。

由于在雅尔塔会议上,同盟国各方对战后德国的处理已达成协议,所以美国不愿为攻占柏林,取得政治上的有利地位而付出太多的人员牺牲,丘吉尔提出的先于苏军攻占柏林的要求被美国拒绝。攻打德国首都的任务自然也就由苏军单独来承担了。

希特勒从1945年2月起,就决心做困兽犹斗,他下令在柏林以东建立三道防线:第一道防线北起沃林湖东岸,沿奥得河延伸至尼斯河一线;由此往西10～20公里是第二道防线,以泽劳高地为核心阵地;再向西10～20公里为第三道防线。除了这三道防线之外,环绕柏林城构筑了三层防御圈。最外一层离市中心半径约24～40公里;第二层半径约为12～20公里;第三层沿环城铁路线修成。

德军从波罗的海到尼斯河河口防御的部队是海茵里希的"维斯瓦集团军群"和舍纳尔的"中央集团军群"的左翼。"维斯瓦集团军群"中,曼陀菲尔第3装甲军团同苏军罗柯索夫斯基白俄罗斯第2方面军对峙;布赛第9军团同苏军朱可夫白俄罗斯第1方面军对峙;魏丁格的第56装甲军担任集团军群的战术预备队。"中央集团军群"中的格雷泽尔第4装甲军团同科涅夫乌克兰第1方面军对峙。在柏林战役开始时,德军共约50个势单力薄的野战师来对抗苏军193个师的进攻,另外还有大量的"人民冲锋队"和大多由十三四岁的少年组成的"希特勒青年特遣队"等杂牌武装。

1945年4月16日,朱可夫的部队跃出奥得河桥头堡,向柏林正面攻击并从北面进行迂回包围。经3小时激战后,突进到德军第2道防线。之后,朱可夫部受到曼陀菲尔第3装甲军团的顽强抵抗,4月18日,经过三天受阻和付出重大代价后,朱可夫的部队终于攻下德军核心阵地——泽劳高地,打开了柏林的大门。与此同时,科涅夫的部队取道柏林东南,实施南翼迂回包围作战,他在尼斯河上粉碎了格雷泽尔第4装甲军团的激烈抵抗,向德军后方实施突贯。4月19日,科涅夫所部雷巴尔科第3近卫坦克集团军、列柳申科第4近卫坦克集团军已插到措森和波茨坦,切断德军第4军团和第9军团的联系。4月20日,罗柯索夫斯基白俄罗斯第2方面军强渡奥得河,向曼陀菲尔第3装甲军团展开攻势，使其难以分兵加强柏林正面防御。4月24日，朱可夫和科涅夫的部队在柏林东南会合，柏林城和布赛的第9军团被团团围住，苏军已从四面八方突入柏林市中心，与德军及"人民冲锋队"等各种杂牌武装的残余部队，展开激烈的逐街逐屋的巷战。

在攻打柏林期间，希特勒第三帝国也随之进入了闹剧的高潮阶段。希特勒和他的追随者们一直希望能出现奇迹，挽救第三帝国。他期望100多年前腓特烈大帝起死回生的历史重演，他乞灵于星象图。4月12日，当罗斯福总统逝世的消息传来时，纳粹高层欣喜若狂，以为奇迹降临了。希特勒盼望在德国即将崩溃的时刻，苏联同英美的联盟发生破裂，从而使第三帝国死里逃生，但这一切都没有发生。在第三帝国大厦将倾之际，戈林和希姆莱分别演出了一幕抢班夺权的插曲，给纳粹德国的临终闹剧增添了几分荒诞色彩。

4月29日，在意大利的德军已向盟军无条件投降，但在德国本土，德军开始了最后的挣扎。不久前拼凑起来的由温克指挥的第12军团，放弃同英美对峙的易北河防线，返身向东，进攻波茨坦，企图同布赛第9军团里应外合，击破苏军合围圈。温克的攻势昙花一现，很快被粉碎。4月30日，苏军攻克象征德国最高权力的国会大厦，并向最后的老巢——总理府逼近。是日，希特勒和其情妇爱娃·勃劳恩举行婚礼后双双自杀。被希特勒指定为继承人的海军元帅邓尼茨成了德国新首脑。5月1日，布赛的第9军团已不复存在，温克的第12军团也已溃散。此时，德国的残兵败将、难民、伤员潮水般涌向易北河英美战线，以便能得到西方盟军的庇护。5月2日，柏林德军城防司令、第56装甲军军长魏丁格将军下令所有德军停止抵抗，当天下午，柏林战役结束。但在捷克斯洛伐克境内，还有2个德国集团军群约55万人在继续顽抗，直到5月中旬，在苏军猛烈打击下才投降。柏林会战中，苏军歼灭德军40万人，苏军也付出30万人的重大代价。

## 21 第二十一章
## 亚太战场的大反攻

### 1. 正面战场的反攻

　　早在抗战爆发前，中国军界一些有识之士就预料到抵抗日本入侵的战争是一场持久战。著名军事理论家蒋百里早在1922年就准确预测，日本必然发动侵华战争，中国应以持久战与之抗衡。根据中日两国军事实力与中国地形条件，他预言中日两军将在平汉、粤汉线以西僵持。抗战爆发后，国民政府经过最高统帅部的一系列军事会议后，在1938年11月南岳军事会议上，最终形成对日作战的战略方针，即"持久消耗战略"，具体的口号是"以空间换时间、以时间换空间"。它针对的是日本"速战速决"的战略方针。由于中国最高统帅部引诱日军由东向西轴向进攻的大战略实施成功，武汉会战后，抗战形势按中国统帅部之预先设想，进入僵持阶段。

　　在漫长的战略相持阶段里，正面战场上中国军队同日本侵略军进行了22次规模较大的会战。其中最主要有南昌会战、桂南会战、随枣会战、三次长沙会战、上高会战、中条山会战、中国远征军两次入缅之战、浙赣会战、常德会战、豫中会战、长衡会战、桂柳会战。这些会战中，中国军队除中条山会战遭到惨败，和昆仑关大捷等少数胜仗外，大多和日军战成平手。在大多数会战中，尽管中国军队武器装备十分落后，却表现出与侵略者血战到底的英勇气概，令国际社会肃然起敬。丘吉尔曾认为，在同日本作战的所有国家中，中国军队是最成功的，要不是中国军队把日军主力缠在中国，日本就会抽调15～20个师团开往埃及，与北非德、意军队会师，这将给英国以致命的打击。在莫斯科保卫战的紧急关头，从西伯利亚火速增援的部队击溃了德军中最凶狠、而且每战必胜、正向莫斯科后方迂回的德军第2装甲军团，斯大林敢于调动在远东与日本对峙的西伯利亚部队，正是因为包括关东军在内的日军31个师团已深深陷入中国战场而无法动弹。由于中国军队向西南撤退得较深，以及武器装备的落后，因此在短期内无法单独依靠自己的力量迫使日本投降，所以到1945年夏季，当德国已经崩溃，苏、美、英三国对日本形成泰山压顶之势时，中国正面战场的战略反攻才刚刚进入部署阶段，还不及展开，见大势已去的日本就迅速投降了。

除了正面战场外，中国军队还利用日军兵力有限，只能守住占领区内大、中城市和主要铁路、公路干线，无力控制广大乡村的难以克服的弱点，开辟了广大的敌后战场。其中，中国共产党领导的八路军、新四军、东江纵队等武装所建立的解放区战场是敌后主要战场。1937年"七七事变"后，根据国共两党第二次合作协议，经过二万五千里长征到达陕北的红军，改编为国民革命军第八路军，留在南方坚持游击战争的红军改编为新四军。根据中共中央的决定，八路军、新四军向敌后广大的山区、平原的农村进军，建立稳固的抗日根据地。在整个抗日战争的8年时间里，先后建立了华北地区的晋绥、晋察冀、晋冀豫、冀鲁豫、山东、河南抗日根据地；华中地区的淮南、淮北、皖江、苏北、苏中、苏浙、浙东、浙南、闽东、闽北、闽中、鄂豫皖湘赣抗日根据地；华南地区的东江、珠江、琼崖抗日根据地。

中国共产党领导的武装力量在行政体制上实行"三三制"，凝聚起各阶层抗日人士的力量；在经济上实行"减租减息"，减轻广大农民负担；在军事组织方面，根据所担任的作战任务性质的不同，建立了各级地方军事组织和准军事组织，来配合野战军的军事行动。所采取的战略方针基本以游击战为主，不放弃有利条件下的运动战。在这一战略方针指导下，共产党领导的抗日军队，创造出了各种各样战术上具有创新意义的战法。如林彪指挥的袭击日军后勤部队的"平型关大捷"、彭德怀指挥的大规模破袭敌后交通运输线的"百团大战"、被日军称之为"支那军第一流游击战术"的刘伯承指挥的神头岭伏击战、胶东的地雷战、冀中平原的地道战、白洋淀的水上游击战等等，在这种富有中国特色的反侵略战争的战略战术面前，拥有一切现代化武器装备和经过现代化军事训练的日军，感到无可适从和莫可奈何。

敌后抗日根据地作战的经典战例是发生在冀中平原上的米家务地道战。米家务是由好几个村庄组成的大村落，村内房连房、街连街，几个村子地下连成一体，地道里有电话通讯网络，地面上有一套战斗设施。村边、村内，前后左右，上上下下，都构筑了与地道相通的暗火力点。整个村庄实际上就是一个由屋上、地面、地道三者构成连环火力体系的战斗堡垒，被人们称之为"天地阴三通战术"。在一次日伪军大扫荡中，米家务周围的村庄已全被占领，日军伊斗武雄大队和伪军第18团包围了米家务的东大村，守军只有八路军几十个官兵和少数地方民兵，仅为入侵者的十分之一。日伪军在村边遭到隐蔽的暗火力射击，死伤了一批，却没发现对方一个人、一个火力点。于是用大炮往村里猛轰了半小时，日伪军以为守军已被炮火消灭，便涌进村内，但立即遭到地雷、手榴弹、步枪子弹四面八方的打击。在付出伤亡100多人的代价后，日伪军才占领一座地面上连一个人影也没有的空村。这时，八路军指挥米家务西大村的民兵出击，日军留下伪军第18团，被引诱直奔西大村。是夜，伪军第18团生怕遭袭击，全部聚集在一个大染坊院里过夜。半夜时分，埋在染坊的地雷和炸药分批爆炸，从外线赶来的八路军警卫连、地方武装县大队和民兵以及老百姓一起冲进染坊院，全歼伪军第18团。夜宿西大村的日军大队虽近在咫尺，却不敢前去营救，第二天早上放了把火，早饭也没吃就逃走了。

中国共产党建立的敌后抗日根据地和独特的人民战争的样式，在军事艺术上是个创举，用坦克、飞机、大炮武装起来的日本侵略者，真正地陷入人民战争的汪洋大海而一筹莫展，为后来世界上弱小国家和民族的反侵略战争树立了光辉榜样，并提供了宝贵的经验。敌后战场的开辟，大量地牵制了日军，到抗战接近尾声时，中共领导的敌后解放区战场抗击着64%的侵华日军和95%的伪军，从而有力地支援了正面战场的作战。

由于中共领导的部队处于敌后战场，所以当战争快结束时，解放区的部队处于反攻的最前线，从全国的战争形势来看，敌后解放区战场首先开始了局部的反攻。晋绥根据地的部队从1944年开始，经过一年的作战，共收复日伪军据点95个，解放同胞37万，光复土地9.7万平方公里。山东根据地的部队在1944年春，向日伪军连续发起5次进攻，揭开了反攻序幕。华中根据地的新四

四个八路军战士的英武照。

军各部也在敌后攻城略地，收复了许多沦陷区。1945年春，中共领导下的各解放区部队纷纷展开春季攻势。是年夏季，德国已投降，英、美、苏迅速将战争重点转向远东战场，根据《雅尔塔协定》，苏军于8月8日对日宣战，第二天兵分三路向中国东北境内的日本关东军进攻。美国也在8月5日、9日向日本的广岛、长崎各扔了一颗原子弹，日本行将崩溃。1945年8月6日和7日，中共延安总部发布7道大反攻指令，各解放区部队遵令向日伪军盘踞的地区发动猛烈攻势，在8月14日日本宣布无条件投降的前后时间里，在敌后收复了大片国土。

## 2. 太平洋上的反攻

### ·"跳岛战术"

1943年春，日军从瓜达尔卡纳尔撤退后，收缩兵力企图长期固守所罗门群岛和新几内亚的防线，对此，美国参谋长联席会议决定：1. 对日本继续进行封锁，特别是石油方面；2. 对日本大城市进行持续轰炸；3. 一旦时机成熟，就进攻日本本土。由于英国和中国都处于守势，无法加入上述战略行动，所以，美国只好在加拿大、新西兰、澳大利亚的部队帮助下，以海陆空三军从北、中、南太平洋三个方向，向日军太平洋防线发动攻势，并以潜艇袭击日本海军和商船。具体作战分工是：麦克阿瑟的西南太平洋盟军部队分两路进攻，一路沿所罗门群岛北上，一路从新几内亚西进。

1943年3月初，日军8艘运输舰满载6900人，在俾斯麦海的达姆波尔海峡，被美国空军炸沉7艘，半数以上的人员葬身大海，日军大本营为之震动。随后日军调动空军于几内亚方面，日本联合舰队司令山本五十六亲自从加罗林群岛赶到腊包尔督战。4月18日，日军无线电密码被美军破译，山本五十六的座机在从腊包尔飞往布因途中，被瓜达尔卡纳尔岛上亨德森机场起飞的美军远程战斗机击落，山本当场毙命。几天后，古贺峰一继任联合舰队司令。

8月中旬，美军哈西尔指挥的第3舰队采用"跳岛战术"，绕过有1万日军固守的所罗门群岛中部的科洛姆班加腊岛，攻占其侧后较薄弱的维拉－拉维拉岛，以海空优势封锁日本守军的供给线，对被孤立之敌并不加以攻击，而是让他们在饥饿和疾病中挣扎，任其"自生自灭"，而美军既省兵力，又省时间，最为经济。哈西尔的新战术的确击中日军的要害，固守前沿岛屿的日军坚守则不可能，放弃则门户洞开，求战则不得，从而陷入绝境。马歇尔和美国参谋长联席会议决定采取"跳岛战术"，以对付日军在太平洋准备逐岛抵抗的战术，并且决定运用这一战术，对付日军太平洋防御中枢腊包尔的日军主力，先切断日军海上运输线，然后使其"困毙"。

11月1日，麦克阿瑟的三个师在所罗门群岛北部的布干维尔岛登陆，到12月中旬，盟军在海战和空战中连连获胜，在该岛已建起两个机场。12月26日，美海军陆战队两个师,在新不列颠岛西部的格洛斯特角登陆。这样,腊包尔和新爱尔兰岛上的11.5万人的日军,被彻底孤立起来。

美军在所罗门群岛顺利北进时,麦克阿瑟指挥的澳大利亚部队,9月间在新几内亚也节节胜利。1944年3月12日,美国参谋长联席会议发出指令,要求美军西南太平洋部队和中太平洋部队,分两路向菲律宾挺进。1944年4月22日,麦克阿瑟的地面部队5万人,在空军持续轰炸的掩护下,分三路在荷兰底亚同时登陆,全歼日本守军1万多人。尽管日军在所罗门群岛和新几内亚一带投入海军10万人和6000多架飞机、陆军27万人和2000架飞机,但仍以惨败告终。7月1日,麦克阿瑟的部队在新几内亚岛最西端的鸟头半岛登陆,扫荡日军残余。

1943年8月中旬,尼米兹海军上将指挥美国中太平洋部队,收复了阿留申群岛中的阿图岛和基斯卡岛,它们是1942年中途岛海战中被日军占领的。尼米兹和麦克阿瑟分别在中、西南太平洋的行动促使日本重新规划在太平洋的战略。1943年9月30日,日本大本营和政府举行的御前会议决定:在1944年,做好应付英美进攻的战略部署,随时捕捉、摧毁英美的反攻力量,在太平洋和印度洋上,绝对确保千岛群岛、小笠原群岛、内南洋群岛、西部几内亚、巽他群岛、缅甸所形成的防御圈,并确保该防御圈内的海上交通。美国联合战略调查委员会对此提出:打败日本的关键在于通过中央太平洋全面作战,南北两翼进行支援。

1943年11月13日,尼米兹中太平洋部队的主力第5舰队向吉尔伯特群岛出击,经10多天激战,美军以巨大代价拿下该群岛,拔除了日军向斐济进攻的前进基地,同时在马金和塔拉瓦岛上建立了前进机场。1944年2月1日,尼米兹的部队开始进攻马绍尔群岛。在强大的航空母舰编队支援下,美军舰基飞机首先击败日本海空军,夺取了制空权和制海权,然后进行登陆作战,于2月23日,完全占领马绍尔群岛。与此同时,开始袭击加罗林群岛首府特鲁克。

· **猎取马里亚纳"火鸡"**

尼米兹频频得手,迫使日军大本营抽调陆海空兵力向中太平洋方面增援,并成立中太平洋舰队,由南云忠一指挥,作战时隶属联合舰队,另外还成立了小泽治三郎指挥的第一机动舰队。在调兵遣将之际,古贺峰一因飞机失事身亡,丰田副武继任日本联合舰队司令。日军在加罗林群岛西部、马里亚纳群岛一带摆开了决战架势。1944年3月底，美国第58航空突击队轰炸了日本联合舰队基地贝劳群岛，几乎摧毁了地面所有飞机。6月6日，也就是盟军在诺曼底登陆这天，尼米兹以斯普鲁恩斯第5舰队和米切尔第58航母突击舰队为先导（15艘航空母舰和956架飞机），以535艘舰艇组成的庞大舰队随后跟进，满载12.7万人的地面作战部队向马里亚纳群岛进发。

6月15日，美军开始进攻马里亚纳群岛中日军重要基地塞班岛和提尼安岛。战至19日，日军小泽治三郎指挥的以9艘航空母舰为核心的第1机动舰队，到达塞班岛西面海域，日本联合舰队司令丰田副武向全体官兵发出训示："皇国兴亡，在此一举，全体官兵奋勇努力！"——这是39年前，日本联合舰队司令东乡平八郎在对马海战中向俄国舰队进攻时，发出的攻击令，现在丰田又用这句话来勉励部下。这时，美军第58航母舰队已完成部署，以5个环形阵势，准备迎击。一场对太平洋战争结局产生深远影响的"菲律宾海海战"（亦称"马里亚纳海战"）终于爆发。

美军第58航母舰队的飞机，在清晨首先摧毁了东南120多公里的关岛日军机场设施和飞机，使其无法使用，然后等待日本舰队进攻。6月19日上午10时，美军发现了小泽派出的69架飞机组成的第一攻击波，米切尔出动450多架战斗机前往截击，日机被击落42架。接着，日机出动第二攻击波共128架飞机，又遭美军舰载机拦截，被打掉97架。日军第三次攻击出动47架飞机，结果损失7架。小泽最后一次放出82架飞机，但损失更为惨重，被击毁71架，美军士兵戏称这次空战是"猎取马里亚纳火鸡"。当空战正酣时，2艘美国潜艇悄悄穿过日本舰队的间隙，施放鱼雷，将日本航空母舰"翔鹤号"和"大凤号"击沉。在第二天的追击中，美军飞机又击沉日军"飞鹰号"航空母舰。

日军在菲律宾海海战中遭到惨败，参战的360架飞机只剩下25架，美军损失飞机80架。日军失败的原因是飞机的性能、数量以及飞行员的素质都不如美国。在中途岛会战中，日本第一流的飞行员大都阵亡，新招募的飞行员因石油禁运造成的汽油短缺，飞行训练时间受到严重限制，因而操纵技术和作战技能远不如美军飞行员。

小泽舰队败退后，尼米兹集中兵力，于7月7日攻克塞班岛，日本中太平洋舰队司令南云忠一和第41师团长斋藤义次自杀身亡。7月31日，美军占领提尼安岛。8月8日，美军收复关岛，但被占几个岛屿上的残余日军顽强抵抗，持续了一年之久。这样，美军经过血战后，终于突破被视做日本屏障和所谓太平洋"防波堤"的马里亚纳群岛防线，突入日本的"绝对保卫圈"内，切断了日本同加罗林群岛的联系。同时美国获得新的海空军前进基地，海军可以袭击日本同南洋各地的运输线，远程轰炸机B-29可以直接空袭日本本土。日本朝野被美军在菲律宾海和攻占塞班岛的胜利所震惊，7月18日，东条英机内阁倒台，东条本人被列入陆军"预备役"。7月22日，朝鲜总督小矶国昭正式组阁，声称将战争进行到底。

美国在马里亚纳群岛取得大胜后，已在太平洋战场上获得完全的主动权，并拥有绝对的海空优势，可以任意选择进攻目标了。这时麦克阿瑟和尼米兹在下一步行动方向上出现分歧，前者要夺取菲律宾，后者主张夺取菲律宾棉兰老岛的空军基地后，进而攻占台湾和中国沿海地区，然后直接进攻日本。尼米兹方案的要点是置日本海外的重兵于不顾，先端其老巢，实际上是"跳岛战术"在战略上的运用。他认为这种先砍掉蛇头的作战方式会减少损失，缩短战争时间。但是最后罗斯福总统从长远的外交政治考虑，还是同意了麦克阿瑟的方案。

## ·叩开菲律宾之门

1944年9月中旬，重新编组后的美国中太平洋和西南太平洋部队，在尼米兹和麦克阿瑟指挥下协同作战，开始了向菲律宾的进军。9月15日，麦克阿瑟再次运用"跳岛战术"，越过日军重兵把守的哈马黑拉岛，一举攻占莫罗泰岛，但攻占佩列流岛时，美军损失惨重。此刻，为配合进攻菲律宾，美军在太平洋上和中国境内的空军基地的飞机和舰基飞机对日本在菲律宾、中国沿海、台湾、琉球群岛的海空军基地实施广泛的轰炸，日军被炸毁1200多架飞机。10月17日，在金凯德的第7舰队海空支援下，麦克阿瑟率700艘舰只组成的登陆大军，在莱特湾登陆。时隔两年半之后，麦克阿瑟终于以胜利者的身份，重新回到了当年落荒而逃的故地。

日本联合舰队司令丰田副武早就决定，一旦美国进攻菲律宾，立即进行决战。因为日本一旦失去菲律宾，日本同荷属东印度之间的生命线将被切断，断绝了石油来源，日本也无法进行长期战争。丰田在美军莱特湾登陆当天，命令日本机动舰队分四路向莱特湾前进。驻新加坡的栗田武雄第 1 突击舰队、驻琉球群岛的清英志摩第 2 突击舰队、停泊在日本濑户内海的小泽治三郎主力舰队和另一支在新加坡的西村章二舰队接到命令后纷纷离开锚地，或南下、或北上，向莱特湾聚拢过来，准备和实力雄厚的美国第 3 舰队、第 7 舰队进行决战。

1944 年 10 月 23 日至 26 日，爆发了"二战"以来规模最大的莱特湾海战，它由四次海战组成。10 月 24 日，日军中央编队的栗田舰队，在没有空中掩护的情况下，仍强行横渡锡布延海，向圣贝纳迪诺海峡方向突破，在行进中，遭到哈尔西指挥的美军第 3 舰队的重创，日本超级战列舰"武藏号"被击沉。同一天里，日军北部编队的小泽舰队在吕宋岛东北的英加诺角，与美军发生空战，日军 76 架飞机只逃回 20 架。美护航航母"普林斯盾号"被击沉。小泽的任务是引诱哈尔西的第 3 舰队离开莱特湾北上，好让栗田、西村、志摩舰队打击莱特湾登陆的美军。哈尔西果然被吸引北上。10 月 25 日，强行突进的西村舰队和紧随其后的志摩舰队在苏里高海峡遭到金凯德指挥的美军第 7 舰队的伏击，苏里高海峡之战的结果是西村舰队几乎全军覆没，志摩舰队见势不妙，赶紧撤退。同一天里，哈尔西的部队在英加诺角附近海域追上小泽舰队，双方展开激战。英加诺角之战使日军遭到惨重损失，小泽舰队中的 1 艘重型航母"瑞鹤号"和 3 艘轻型航母"千岁号"、"千代田号"、"瑞凤号"全部沉没。小泽舰队虽以重大代价完成了诱敌任务，但日军南部编队和中央编队并没有达成进攻莱特湾登陆美军的任务。就在小泽苦战时，栗田舰队正沿萨马岛海岸向莱特湾前进，日军很快同美军第 7 舰队中担任掩护的斯普拉格大队发生激战，在这场萨马岛海战中，尽管日军占据优势，但在混战中，栗田判断失误，下令撤出战斗，从而放弃到手的胜利。斯普拉格大队既掩护了登陆部队，又避免了自己的失败，还迫使日舰队撤出战场，在美国海军史上留下了光辉的一页。

日军在莱特湾海战中，没有达成歼灭盟军登陆运输部队的主要作战目标，损失战斗舰只 30.6 万吨，其中包括战列舰 3 艘、航空母舰 4 艘、轻、重巡洋舰 10 艘、驱逐舰 9 艘。美国方面仅损失 3.7 万吨，其中 1 艘轻型航空母舰、2 艘护卫航空母舰、2 艘驱逐舰、1 艘护卫舰。无论从损失和作战目标而论，美军取得了巨大的胜利，如果美军各舰队之间能够及时交换情报，协同作战，日本舰队很可能全军覆没。

日本舰队战败后，分别退出战场逃回锚地，但驻守菲律宾的山下奉文第 14

方面军 27 万部队，准备在莱特岛、吕宋岛进行陆上决战。1945 年 1 月 1 日，美军地面部队经两个月苦战，以 15000 人的伤亡，攻下莱特岛。日军伤亡 7 万人，残部退往吕宋岛。山下奉文将守军分成三个部分，14 万人部署在北部，防止盟军从仁牙因湾登陆；3 万人守卫中部的克拉克机场，11 万人防守南吕宋。1945 年 1 月 9 日，克拉克指挥美军第 6 集团军的 4 个师在仁牙因湾登陆，苦战 20 多日，于 31 日占领克拉克机场和要塞设施。又经过一个月的激战，美军肃清首都马尼拉的敌军，日军退往东部山区，继续顽抗，直到 1945 年 9 月上旬才全部投降。在攻打菲律宾北部的同时，美国第 8 集团军继续扫荡吕宋岛以南诸岛的日军残余。澳大利亚第 1 集团军则负责肃清新几内亚、新不列颠和布干维尔等被鼓励在太平洋上的残余日军，并负责夺回马来西亚油田丰富的婆罗洲（现名加里曼丹）岛。

在菲律宾之战中，日本第 26 航空队司令有马正义在战斗中，亲自驾驶一架载有鱼雷的攻击机向美国军舰撞去。于是，日军中出现了专门进行这种自杀性攻击的所谓"神风特攻机队"，给美国军舰造成极大损失。到"神风特攻机队"彻底覆没为止，共炸沉美国军舰 17 艘、重伤 20 艘、轻伤 30 艘。但尽管日军如此亡命，也无法挽回颓势。

## 3. 东南亚战场的反攻

· 中国远征军入缅作战

1942 年 1 月 1 日，中、美、英、苏等 26 国签署联合国宣言，宣布共同对轴心国作战。1 月 2 日，蒋介石就任同盟国中国战区（包括中、越、泰）最高统帅，3 月 8 日，美国史迪威将军被任命为中国战区参谋长。1941 年底，日军为切断中国战时唯一的国际通道滇缅公路，并进一步争夺英国在东南亚的地盘，开始向缅甸进攻。2 月 16 日，仰光告急，英国一反先前出尔反尔的态度，要求中国军队迅速入缅。由杜聿明率领的中国远征军第 5、第 6、第 66 三个军奉中国最高统帅部之命，进入缅甸作战。

3 月 2 日，中国远征军戴安澜第 200 师在皮尤河给日军以首次打击。接着，在12天的同古包围战中,重创日军第55师团。中国统帅部由于对日军投入缅甸的兵力情况不明,不知日军第18师团和第56师团迅速投入战场,错把日军3个师团当1个师团来打,反使最先到达战场的戴安澜师陷于同4倍于己之敌的苦战中,面临全军覆没的危险,杜聿明违抗史迪威的指令毅然下令撤出战斗。4月中旬发生了一个插曲。突破英军防线的日军,沿伊洛瓦底江北上,到达英军后方,将英缅军第1师7000人包围在仁安羌以北地区。英缅军总司令亚历山大向蒋介石求救,4月19日,中国远征军孙立人第38师所部突袭仁安羌,击溃日军,救出被围英军7000人和被俘英军、传教士、新闻记者500人,将已成日军战利品的100多辆汽车、1000多匹战马,交还英军。

尽管仁安羌之战给中国军队带来了世界性的荣誉,但丝毫没有改变中国远征军极其糟糕的战场形势。4月1日,罗卓英任远征军司令长官,开始实施在平满纳一带决战的既定计划。但同古会战后,中国远征军正面节节抵抗后撤,却对日军第56师团向其后方迂回的情况一无所知。4月22日以后,日军第56师团在得到第15军军直属重炮部队、坦克部队、汽车部队加强配属后,在中国远征军左翼突然启动,突破东线第6军所属陈勉吾的暂编第55师的薄弱防线。由50多辆坦克、400辆卡车组成的15000～20000名日军在日军第5航空师团空中支援下,突破左翼薄弱防御向中国远征军后方突进,直扑腊戍后方,席卷整个远征军战线,促成中国远征军正面的全线崩溃。中国方面先前企图在正面组织的平满纳会战和后来的曼德勒会战计划完全被打乱。而在4月19日,日军尚未突破左翼进行穿透前,史迪威和罗卓英拒绝远征军副司令长官杜聿明将作战重心迅速移往左翼、在和邦阻击日军56师团确保后方无虞的正确建议,反而根据英方提供的错误情报,严令杜聿明调兵右翼,来了个南辕北辙,由此造成远征军的崩溃变得不可避免。日军长途奔袭,于4月29日攻占中国远征军后方基地——缅北重镇腊戍,滇缅公路被切断。这时,英军置集结起来准备参加曼德勒会战的中国远征军第5军三个师于不顾,仓皇放弃曼德勒,中国军队被迫退守密支那,数万中国军队被困在缅北狭窄地带。5月,日军乘势侵入中国云南边境,中国远征军被迫全面撤退,第5军之一部退往印度境内,沿途进入"野人山",历尽磨难,损失惨重。远征军第6军、第66军也退入云南境内,于日军在怒江对峙。

中国远征军没有达成入缅作战任务,人数由出征时的10万人减为4万人。

失败的原因是多方面的。当时德国的隆美尔非洲军团逼近埃及，英国人集中全力挽救北非的败局，无心在缅甸同日军认真作战，请求中国军队入缅是为了掩护印度境内的防卫部署，所以一遇危机，便不顾中国军队的安危，拔腿就溜。此外，一个最为重要的因素是中国远征军没有制空权，德国名将隆美尔曾感慨道：在现代战争中，即使双方地面上都是机械化部队，没有制空权的一方也还是像原始部落的军队遇到了欧洲近代化军队的情形一样。原定入缅作战时，美军第10航空队归中国远征军使用，但在1942年5月，北非英军加查拉防线崩溃，在英国的压力下，美国第10航空队调往埃及，使中国远征军在缅作战失去了空军保护。中国远征军第一次入缅作战没有达成既定目标在客观上具有不可抗拒性。英军在北非战场所获得的绝对制空权则是以放弃缅甸战场的制空权换取的，并以中国远征军悲壮的失败为代价。制空权的彻底丧失也就导致某些将领缺乏胜利的信念，进而造成消极避战，甚至严重失职。史迪威作为最高指挥官，缺乏全局周密考虑和战场应变能力，4月19日，他和罗卓英拒绝中国远征军副司令长官杜聿明的正确判断和建议，直接导致了中国远征军的惨败。

20多年后，杜聿明在回忆录中不无苛求自己地后悔说："我的最大责任是一九四二年四月十九日未与史迪威、罗卓英彻底闹翻，未能独断专行，下令第五军全部向棠吉（东枝）集中。"

## ·解放缅甸

1943年春天，退入印度的中国远征军新22师和新38师编为新1军，接受美式训练，同时成立中国驻印军总指挥部，郑洞国任军长。1943年8月，美英政府首脑在魁北克会议上，决定向缅甸北部反攻，作战部队以中国驻印军和从云南出发的中国远征军为主。英、印、美部队为辅。到1944年4月，先后又有三个师的征服部队空运至印度，接受美国教官训练或装备，随后，驻印军又扩编为新1军和新6军。

1943年10月10日，在史迪威指挥下，中国驻印军新38、新22、新30师开始向盘踞在胡康河谷的日军第18师团进攻。1944年3月初，美军一个团级规模的突击队加入作战序列。3月底，经半年激战，中美联军已向南前进了150多公里,肃清了胡康河谷中的残敌，打开了孟拱河谷的大门。从5月中旬到8月上旬，经过反复较量和拉锯，中美联军终于攻克北缅军事重镇密支那。

盟军在密支那的胜利使史迪威声望提高，史迪威乘机要夺蒋介石的军队指挥权，建议罗斯福总统出面要求国民政府任命他指挥中国所有的武装部队。这样，积怨已久的史迪威和蒋介石之间的矛盾进一步激化，经蒋介石的坚决要求，美国政府调回史迪威，派出魏德曼继任中国战区参谋长兼驻华美军司令，缅印战区美军司令由萨尔坦担任，并兼中国驻印军总指挥。

10月下旬，中国驻印军新1军、新6军，英军第36师，印军第3师和美军突击队、后勤部队、空军部队联合行动，向盘踞八莫的日军进击。12月15日，同盟军攻下该城。1945年1月27日，中国新1军在攻下南坎后，同从云南出击的卫立煌指挥的中国远征军，在芒友会师。尔后，新1军继续南下，策应英、印军攻打曼德勒。1945年3月，中国驻印军在取得了缅北反攻的辉煌战果后，奉召回国。缅北作战的胜利，除了中国军队固有的顽强精神和百折不挠的战斗作风外，美国的空军起了不可缺少的作用，从胡康河谷到密支那的作战，盟军拥有整个战场的制空权，地面部队的食物、装备和弹药几乎完全依赖空中供应。

1944年5月11日、12日，卫立煌指挥的中国远征军第20集团军开始强渡怒江，以腾冲为目标，向西岸日军第56师团展开攻击。6月1日，第11集团军也陆续渡江进攻，向盘踞在芒市（今名潞西）、龙陵的日军发起进攻。在美国空军的有力支援下，中国远征军于9月14日攻下腾冲，11月3日攻克龙陵，20日收复芒市，1945年1月20日解放畹町，不久与中国驻印军会师芒友。中国驻印军和远征军在缅北、中缅边境作战中，在友军协助下，歼灭了日军第18师团和56师团的大部，还击溃了另外两个师团的一部，有力地支援了盟军在东南亚地区的作战。

1944年1月7日，为呼应日军在中国境内打通交通线的作战，日军大本营批准了进攻英军在印度的重要军事基地英帕尔的计划。到了2月，日军缅甸方面军司令官河边正三下辖3个军：第28军第54、55、2师团防守孟加拉湾和仰光一带海岸；工程部第30军第18、53、56师团对付北缅的中国驻印军和中国远征军；第15军第15、31、33师团担任进攻英帕尔的任务。日本还与同设在仰光的"印度临时政府"达成协议，利用所谓"印度国民军"第1师共同进攻英军。

1944年3月8日，牟田口廉指挥的日军第15军开始向印度进军，日军将赌注押在奇袭上，只准备了 20 天的弹药和粮食储备，企图冒险取胜。起初，日军进展较为顺利，在 4 月中旬，对英帕尔形成包围态势。与之对抗的英军第 14 集团军司令斯利姆将军迅速调兵遣将，进行增援。5 月初，日军向英帕尔发动总攻，激战 40 天，日军第 33 师团伤亡 70% 以上，仍然毫无进展。由于粮弹补给用尽，日军在坚城之下陷于困境。盟军运用制空权的优势，切断了科希马－英帕尔公路，使日军第 15 军三个师团失去联络，各自为战。这时恰逢雨季来临，江河泛滥，交通阻塞。日军粮弹匮乏，瘟疫流行，部队成千成千地死去。7 月 7 日，日军第 15 军撤回进攻出发地，历时 4 个月的英帕尔会战就此结束。日军第 15 军 10 万大军只有 5 万人生还，半数以上是病号，损失武器辎重无数。

日军在英帕尔惨败后，迅速向缅甸中部撤退，英军斯利姆的第 14 集团军迅速跟踪而来，抢占了钦敦江东岸的桥头堡，为日后出击创造了有利条件。新任日本缅甸方面军司令木村兵太郎还有 10 个师团，两个独立旅团，一个坦克联队和 10 万人的后勤部队，但能担任机动作战的只有 5、6 个不满员的师团。1944 年 12 月 3 日，经过了一个秋季修整，盟军越过钦敦江开始进攻。当斯利姆发现木村不打算在瑞波平原决战时，便把打击重点转到敏铁拉附近的日军第 15、第 33 军的补给基地。1945 年 1 月中旬，斯利姆的部队渡过伊洛瓦底江，佯装进攻曼德勒，木村调动重兵前往增援，梅塞维第 4 军于 2 月中旬乘机猛攻敏铁拉，经过 20 多天血战，盟军于 3 月 5 日攻克敏铁拉。木村感到形势严重，重新调整态势，以两个师团向敏铁拉反扑。3 月下旬，双方在敏铁拉附近再一次展开激战。4 月 5 日，盟军南北夹击，日军大败，退入曼德勒－仰光以东的山中。

当日军向敏铁拉反扑时，斯利姆调动其所有能使用的兵力，于 3 月 21 日攻下曼德勒。1945 年 3 月 27 日，在昂山将军领导下，缅甸国民军和各地游击队发动总起义，5 月 1 日，仰光解放。日军东南亚战场彻底战败，开始向缅甸附近国家溃逃。盟军在东南亚的胜利，主要是人力、物力、武器装备、后期保障、制空权方面占有绝对优势。日军虽然训练有素，战斗意志死硬、负隅顽抗，但在缺乏精良武器、制空权和后勤保障的情况下，仍一败涂地。

## 22 第二十二章
## 轴心国投降

### 1. 德、意仆从国退出战争

当1941年底，德军在莫斯科城下受挫，美国已加入战争时，芬兰就已经对这场战争失去了热情。1943年2月斯大林格勒会战后，芬兰人意识到德国已输掉这场战争。1944年2月16日，芬兰通过瑞典向苏联政府探询芬兰退出战争的和平条件。2月19日，苏联政府向芬兰作出答复，提出六项条件，其中三项是谈判的解决条件：第一，芬兰必须同德国断绝关系，并把芬兰领土上的德军全部拘留起来；第二，芬兰人必须立即同意恢复1940年和约所规定的原状并把他们的军队撤回到1940年的边界；第三，必须立即遣返同盟国的战俘和平民。如果芬兰接受这些解决条件，苏联准备在莫斯科接待芬兰代表团，进行和谈。

3月8日，芬兰向苏联请求给予一个机会，以便在接受先决条件之前，提出自己的看法。3月10日，苏联通知芬兰，对其答复表示不满，并强调只有接受这些最低限度的先决条件，才能开始和谈，并限期一个星期给予答复。芬兰政府在国会秘密会议上举行了一次信任投票后，于3月17日通知苏联政府，他们不能在没有确切了解条件内容和含义的情况下，预先接受6点条件。他们答复的语气是和解的。两三天以后，苏联通知芬兰派出一名或几名代表，来莫斯科听取苏联人澄清他们所提出的条件。在3月27—29日举行的会谈中，苏联对原来的 6 点作了详细说明，其中要求芬兰军队在 5 月复员 50%，在两个月内将军队规模恢复到和平时期；要求赔偿 6 亿美元，5 年内陆续用货物支付；1920 年和 1940 年两项和约中苏联割让给芬兰的佩特萨莫地区应归还苏联；苏联则主动提出放弃汉科租用权。

4 月 19 日，芬兰政府向苏联递交答复，婉转地表示无法接受这些苛刻的停战条件。芬兰拒绝了苏联的停战条件后，美国和英国对芬兰的态度更加强硬了。在 5 月 12 日同盟国向各国各卫星小国发出的声明中，芬兰被列入德国的卫星国。芬兰陷入了困境，它极力想摆脱战争，但和平的条件又难以接受。1944 年 6 月 9 日，苏军向卡累利阿地峡芬兰军防线发动强大攻势，6 月 20 日，苏军推进到 1939-1940 年"冬季会战"最远的地方，并攻下芬属卡累利阿首府维堡。6 月 27 日，芬兰总统赖提与德国外长里宾特洛甫签署一项协议，德国同意给芬兰以武力援助，芬兰政府将不单独媾和。这样，芬兰的命运和德国拴在一起了。到了 7 月底，芬兰形势更加恶化，德国的援助微不足道，苏军已穿越爱沙尼亚，向波罗的海海岸进军。8 月 1 日，赖提宣布辞职，曼纳海姆元帅出任芬兰总统。几天后，曼纳海姆借德国向他受勋的机会告诉凯特尔，前总统赖提关于不单方面媾和的承诺不再有效。这时，德国人除了给芬兰人发勋章外，再也拿不出什么东西了。当罗马尼亚刚一求和，就和德军发生战斗的消息传来时，芬兰匆忙于 8 月 25 日，通过瑞典向苏联询问求和条件。8 月 29 日，苏联答复的谈判解决条件是：芬兰必须公开声明同德国断绝关系；德国部队应在两星期内撤出芬兰，届时不能撤出，芬兰应解除其武装，作为战俘交给同盟国。9 月 2 日，芬兰议会举行秘密会议，批准总理接受这一谈判先决条件。9 月 3 日，芬兰政府发表声明，宣布同德国断绝关系，并于次日上午 8 时起，停止对苏联的敌对行动。两天后，苏联政府宣布，红军最高统帅部已发布命令，自芬兰停火后 24 小时后停火，即 9 月 5 日上午 8 时起停火。

9 月 14 日，以苏联、英国为一方，芬兰为另一方的谈判在莫斯科举行。9 月 18 日，盟国向芬兰提出了停战条件，并要求其立即接受，以便次日举行签字仪式。9 月 19 日清晨 6 时，芬兰议会一致投票赞成接受这些条件。当天，芬兰代表在停战条款上签字。这项协定共 23 点，比当初 6 点详尽得多了，某些方面也更为苛刻，但盟国方面也做了让步，特别在赔款数额上，减少了一半。而且更为重要的是不会像罗马尼亚那样遭到苏军的占领。停战协定主要有：芬兰军队应撤到1940年边境以内，1940年和约规定的局面应予恢复；苏联政府放弃汉科半岛租借权，作为交换，得租借波卡拉半岛某些地区和海域，借期50年，以便建立海军基地；苏联在第一次世界大战后割让给芬兰的佩特萨莫地区应归还苏联；双方遣返战俘；芬兰赔偿苏联损失3亿美元，用货物支付，6年内付清等等；设立盟国管制委员会，负责管理和监督本协定的执行，直到同芬兰缔结和约为止等等。

至此，芬兰终于退出战争。这个弱小的国家企图借助德国的力量，从苏联夺回所属领土和权益的努力失败了，并为此种努力付出了更大的代价。

1944年3月，罗马尼亚就开始和同盟国进行谈判。苏联明确表示，罗马尼亚在1940年割让给苏联的比萨拉比亚和北布科维纳必须予以确定；罗马尼亚必须向德国反戈一击，苏联愿意帮助罗马尼亚收复特兰西瓦尼亚，并把1940年8月第二次维也纳议定书划给匈牙利的北部地区还给罗马尼亚。但被安东奈斯库拒绝，这些条件对他来说是不能接受的。但罗马尼亚其他政要和高级军官决心退出战争。1944年4月初，苏联红军占领比萨拉比亚，并越过普鲁斯特河进入摩尔达维亚。到8月，苏军粉碎了摩尔达维亚的德军防线，罗马尼亚国王和政治领袖们因而得出结论，罗马尼亚现在可以倒戈而不致有遭到德国报复的危险了。8月23日，根据国王的命令，安东奈斯库被逮捕，并改组了政府。两天后，德国空军开始轰炸布加勒斯特，罗马尼亚新政府立即对德国宣战。8月27日，国王和新政府无条件地接受了苏联人春天里提出的停战条件。9月10日，双方在莫斯科进行停战协定的谈判。9月12日，签署了协定。

根据停战协定规定，罗马尼亚至少应派出12师接受苏军指挥，参加对德国和匈牙利作战；还应确保苏军在其境内自由调动不受阻碍；遣返同盟国的战俘，释放政治犯；交出德国的财产和军事设施，并向苏军提供作战所需的一切物资；苏联同意对罗马尼亚在苏联境内造成的损失不要求全部赔偿，但罗马尼亚应付3亿美元的赔偿，6年内用商品支付；罗马尼亚应归还从苏联领土上搬走的一切贵重品和物资，应在逮捕和审讯战犯方面给予合作，并解散法西斯类型的组织；苏联最高统帅部将对罗马尼亚的期刊、其他文学、戏剧和通讯联络系统等实施管制；在和约缔结前，成立盟国管制委员会，在苏联最高统帅部领导和命令下，负责监督停战协定的执行情况；罗马尼亚民政机构将恢复到离前线50～100公里的地方。盟国各政府同意在取得和会确认后，将把特兰西瓦尼亚归还罗马尼亚。

当苏联军队通过罗马尼亚,挺进到多瑙河时,保加利亚开始人心惶惶。1944年9月2日,农民党领袖穆拉维约夫组成新政府,派出使者去开罗征询英美两国关于和平的条件,这时,苏军已到达保加利亚北部边境,9月5日,苏联政府向保加利亚宣战。穆拉维约夫政府慌忙于9月7日同德国断绝外交关系,第二天即向德国宣战。与此同时,保加利亚要求苏军停战,9月9日,苏军停止了在保加利亚的军事行动。10月13日,苏、美、英三国发表公开声明,作为停战条件,保加利亚政府必须承诺在15天内从希腊和南斯拉夫领土上撤走一切保加利亚军队和官员,撤退工作将在苏联代表任主席的联合军事代表团的监督下进行。保加利亚立即接受这个条件并很快付诸实施。1944年10月28日,停战协定签字,条件基本与罗马尼亚相同:苏军有在保加利亚领土上自由行动的权利;保证苏联最高统帅部所需要的一切供应;释放所有同盟国战俘;解散法西斯类型的组织;戏剧、出版物和通讯设施均置于苏联控制下;保加利亚同意解除德军武装,并将自己的军队置于苏军最高统帅部指挥之下参加对德作战;统一废除所有关于吞并希腊和南斯拉夫领土的各项立法;统一归还从苏联、希腊、南斯拉夫领土上运走的各种财物;保加利亚领土上现有一切战争物资归苏联控制等等。也许保加利亚军队从未进入过苏联境内,居然没有被要求赔款。在停战谈判开始之前,保加利亚军队就已向南斯拉夫境内发动了进攻,以切断德军从希腊的退路,取得较大战果,使得保加利亚在莫斯科的谈判地位大大加强,停战条件不至于过分苛刻。

1944年10月16日,德国人在匈牙利采取突然行动,挫败了霍尔蒂海军上将企图效仿罗马尼亚和保加利亚同苏联停战的尝试。1945年4月,德军从匈牙利败退,萨拉希政府随德国人西撤。1944年12月22日,在苏联支持下,匈牙利各党派组成的临时国民政府在德布勒森成立。12月28日,德布勒森政府宣布对德国作战,并向同盟国家请求停战。1945年1月20日,匈牙利临时国民政府在莫斯科签署停战协议,其格式与芬兰、罗马尼亚、保加利亚使用过的大致相仿:如解除匈牙利领土上的德军武装,释放政治犯和废除种族歧视的法律,苏军可自由通过匈牙利领土,遣返战俘和归还一切从苏联和其他国家掠夺的物资,解散法西斯类型的组织,苏军接管一切宣传工具,由苏联人任主席的盟国管制委员会负责调节和监督停战协定的执行,提供8个匈牙利师加入对德作战,将匈牙利领土缩小、调整到两次大战之间的疆域,撤出并归还大战前属于捷克斯洛伐克、南斯拉夫、罗马尼亚的领土，先赔偿3亿美元，捷克斯洛伐克和南斯拉夫两国将分享1亿，苏联得到2亿等等。至此，匈牙利等原来德国的仆从国，全都从轴心国集团中分离出来。

## 2. 意、德相继投降

1943年1月14日，在"卡萨布兰卡会议"上，美、英两国决定扩大地中海战场，打击意大利，迫其退出战争，争取土耳其参战。1943年7月10日，亚历山大指挥蒙哥马利第8集团军、巴顿第7集团军在西西里登陆，经过一个多月的激战，8月17日，英美军队在墨西拿会师，德、意军残部退入意大利。早在北非战局逆转时，墨索里尼就建议希特勒单独与苏联媾和，当盟军揭开西西里战幕后，他准备同希特勒摊牌，意大利已无法将战争维持下去了，但在7月17日，俩人在威尼托的一个别墅见面时，墨索里尼在希特勒滔滔不绝面前，竟不敢启口。西西里被盟军攻占后，意大利国内震动，墨索里尼地位动摇。1943年7月24日，意大利法西斯党召开最高委员会会议，墨索里尼遭到猛烈抨击，会议通过一项决议：恢复宪制，扩大国王权力，国王应指挥军队。7月25日，意大利国王埃曼努尔免去墨索里尼的总理职务，并将其拘禁。当天晚上，国王命令巴多格里奥元帅组织一个由军人和文官组成的非法西斯政府。

巴多格里奥政府一面同德国虚以委蛇，声称与德国继续并肩作战，以便稳住德国，一面暗地里派出密使与同盟国进行谈判。8月里，意大利与同盟国方面几经讨价还价，终于达成停战条件。为促使意大利早日从轴心国集团里分离出来，同盟国方面没有坚持无条件投降的要求。1943年9月3日，在西西里岛的锡勒库扎附近的森林里，意大利的卡提拉诺与美国的艾森豪威尔在停战协定上签字，盟国正式接受意大利投降。同一天，英军强渡墨西拿海峡，向意大利南部进军。9月8日，双方分别宣布了停战宣言。9月9日，德军包围罗马，巴多格里奥内阁成员和王室成员仓皇逃往布林西，在盟军占领区内成立了反法西斯政府。10月13日，巴多格里奥政府对德宣战。同时英美苏三国发表宣言，承认意大利为共同作战一方。

早在 1945 年 3 月 9 日，希特勒眼看大势已去，下了一道命令，要把所有德国的军事、工业、运输和交通设备以及所有储备统统毁掉，他的理由是既然德国民族战败了，就没有理由生存下去。希特勒这道命令遭到军备和战时生产部长斯佩尔的坚决抵制。4 月里，苏军和英美军队从东西两个方向收紧绞索，希特勒和他的亲信又乞灵于奇迹的发生，甚至研究星象图。4 月 13 日，罗斯福总统逝世的消息确实让希特勒之流欣喜若狂了一阵，但第三帝国起死回生的奇迹并没有发生。4 月 23 日，苏军差不多已将柏林完全围住，戈林打电报给希特勒，询问自己是否能按先前的约定，接管第三帝国的最高权力，因为在 1941 年 6 月 29 日，希特勒曾发布一个命令，指定戈林为自己的继承人。与此同时，希姆莱也私下与瑞典的伯纳多特伯爵接洽向英美一方投降的事。希特勒收到戈林的电报后大怒，下令将戈林逮捕。4 月 28 日，路透社发布了希姆莱通过伯纳多特伯爵企图使西线德军向艾森豪威尔投降的讯息，希特勒闻知后气疯了，下令将希姆莱作为卖国贼逮捕。4 月 30 日，希特勒和他的情妇爱娃·勃劳恩在匆匆完成婚礼后双双自杀。

　　希特勒在临终前留下遗嘱，这份遗嘱除了谎言、狡辩、虚伪、愚蠢和狂妄外，还指定邓尼茨海军元帅为自己的继承人。希特勒自杀的当天晚上，戈培尔和鲍曼派第三帝国最后一任参谋总长克莱勃斯与苏军崔可夫将军谈判，企图用放弃柏林来换取安全通行，以便到达邓尼茨那里就任新职。崔可夫奉命要求柏林守军全部无条件投降。而在希特勒自杀的前一天，意大利境内的德军已经无条件投降。邓尼茨虽然说了不少战斗到底的大话，但深知德国气数已尽，抵抗已到了尽头。5 月 4 日，德军最高统帅部命令所有在德国西北部、丹麦和荷兰的德军，向蒙哥马利元帅投降。第二天，5 月 5 日，德国海军总司令弗雷德堡海军上将来到设在兰斯的艾森豪威尔的总部，接洽投降事宜，德国人的目的是想拖几天时间，尽可能让德军和难民向英美部队投降。艾森豪威尔识破德国人的企图，要求德军立即无条件投降，否则将封锁整个盟军战线。5 月 7 日，凌晨 1 点半，邓尼茨接到约德尔转达的艾森豪威尔的要求后，授权约德尔在无条件投降文件上签字。1945 年 5 月 7 日凌晨 2 点 41 分，在法国兰斯的艾森豪威尔的西方盟军总部，弗雷德堡和约德尔代表德国在无条件投降文件上签字，瓦尔特·比德尔·史密斯代表盟军签字，代表苏联作为见证人签字的是伊凡·苏斯洛巴夫将军，代表法国见证人签字的是弗朗索瓦·赛维兹将军。

巴黎解放，市民们肆意踩蹦着希特勒的画像，发泄着他们的怨恨之情。

由于苏联是战胜希特勒德国的主要力量，柏林又是苏军单独攻占的，所以斯大林对兰斯的投降仪式深为不满。经过磋商，苏美英决定，兰斯投降仪式只作为正式投降仪式的预演，正式投降的仪式将由苏方主持下，在柏林举行。1945年5月8日午夜12点，德国无条件投降仪式在柏林正式举行。苏联代表朱可夫元帅和维辛斯基，西方盟军最高统帅部代表是英国空军上将泰德、美国战略空军司令斯巴兹将军和法军总司令德·塔西尼将军。仪式由朱可夫元帅主持，德国的凯特尔陆军元帅、弗雷德堡海军上将和什图姆普夫空军上将代表德国在投降书上签字，从5月9日零时起生效。至此，持续了五年八个月零七天的枪炮声，在欧洲大地上终于沉寂了下来，剩下亚洲的日本，也只是个时间问题了。

## 3. 日本投降

1945年2月4日至11日，苏美英三国首脑斯大林、罗斯福、丘吉尔带领他们的外长、参谋长和顾问们来到苏联克里米亚半岛上的雅尔塔举行会谈，史称"雅尔塔会议"。会谈涉及波兰边界西移、如何处置战后德国和欧洲其他地区、苏联加入对日作战等问题。最后达成苏联将在欧洲战争结束后2～3个月内加入对日作战的协议，苏联参战的条件是：外蒙古继续保持独立的现状、恢复日俄战争以前沙俄时代被日本夺去的权益（库页岛及临近一切岛屿归还苏联，中国大连港国际化、苏联在该港应保证优越的权益，恢复租用旅顺港为苏联军港，共同经营中东铁路和南满铁路、保证苏联的优越权益）、千岛群岛须交予苏联等。英美两国为争取苏联加入对日作战，竟然瞒着中国政府，擅自同苏联达成严重损害中国领土完整和主权的协定，所以，雅尔塔协议也体现了国际强权政治交易的丑陋一面。

1945年2月中旬，美国海军上将尼米兹率领中太平洋舰队，遵照参谋长联席会议的决定，向地处东京和塞班岛之间的硫磺岛，以及日本本土的琉球群岛中的冲绳岛进攻。2月16日，斯普鲁恩斯和米切尔指挥美国第5舰队中的第58快速航空母舰突击队，对日本进行大规模空袭，将日军注意力从硫磺岛吸引开去。第5舰队的另外一支舰队于同一天开始轰炸硫磺岛。硫磺岛是小笠原群岛的中心岛屿，盟军一旦占领该岛，陆基飞机可直接攻击日本本土。美军原打算5天拿下硫磺岛，结果却打了整整一个多月的硬仗，直到3月26日，美军才全部占领硫磺岛。日本2.3万名守军，除200人被俘外，全部被击毙。美军负伤1.9万人，战死7000人。从3月18日开始，美军连续两天轰炸九州飞机场和日本内海的残余舰队，并使九州的工业、通讯、交通等设施遭到严重破坏。3月23日，美国第58航空母舰突击队对冲绳进行登陆前的空袭，24日，美国第5舰队的水面舰只一举占领冲绳附近的庆良间群岛，建立起海上补给和维修基地。1945年4月1日，美军运用强大的空中和水面火力，摧毁了日军设置的海岸水下障碍后，在冲绳岛强行登陆。英国伯纳德·罗林斯中将指挥的英国太平洋舰队也参加了攻击。1300艘战舰把18万登陆部队运到冲绳，日本守军为牛满岛中将的第32军约10万人。经过50天的血战，6月21日，美军宣布攻占冲绳。日本10万守军除 1.1 万人被俘外，全部被击毙，牛满岛及其参谋长剖腹自杀，岛上非战斗人员的死亡达 15 万人，日本残余海军被歼，其中巨型战列舰"大和号"被炸沉。美军阵亡 1.5 万人，盟军普通舰艇损失 15 艘，受伤 200 多艘。与此同时，在 6、7 月里，麦克阿瑟的第 7 舰队在澳大利亚海军和陆军配合下，攻占了婆罗洲，切断了日本石油的重要来源。

正当美国参谋长联席会议决定集中一切可以集中的兵力，攻打日本本土时，同盟国为商讨处理战败的德国、意大利及其欧洲的仆从国和对日作战问题，于 1945 年 7 月 17 日至 8 月 2 日，在德国柏林郊外的波茨坦召开会议，苏美英三国首脑和他们的外长出席了会议。7 月 26 日，苏美英三国首脑讨论了结束对日作战的条件，以及战后对日本的处置问题，通过了著名的《波茨坦公告》，敦促日本立即无条件投降。

美军在冲绳登陆后 4 天，日本小叽内阁倒台，同天，苏联政府宣布，《苏日互不侵犯条约》在 1945 年 4 月期满后不再续约。接着，德国宣布无条件投降。

四个大兵将星条旗插在硫磺岛的山顶上，象征着美国在太平洋战争中的胜利。

面对即将崩溃的局面，日本最高战争指导会议在5月中旬连续三次召开"六巨头"会议，最后决定，一方面用中国东北等权益同苏联作交换，阻止其参战，必要时请求苏联出面作调停人，另一方面以保住日本本土和殖民地朝鲜为目标，试图作最后的较量。7月12日，日本外相东乡指示驻苏大使佐藤，要他告知苏联外长莫洛托夫，天皇希望结束战争，并派前首相近卫为特使前来莫斯科，全权负责讨论有关日苏关系的一切问题，尤其是中国东北利益问题。但很显然，日本的开价远不会比雅尔塔会议期间英美给予的多，苏联根本不会考虑。《波茨坦公告》发表后，日本主战派认为公告没有提到保留天皇制度，意味着同盟国要毁灭日本的国家基础，因而拒绝投降。

　　1945年7月16日，美国在爱因斯坦等科学家的呼吁下，经过几年努力，终于试制成功了第一颗原子弹。8月6日，在日本拒绝接受《波茨坦公告》后第13天，美国空军在日本广岛投下第一颗原子弹，广岛成为一片废墟。8月8日，莫洛托夫召见日本大使佐藤，将苏联向日本的宣战书交付于他，并声明次日生效。这

濒临崩溃的日本并没有放弃反击，主战派甚至组织妇女练习刺杀，准备投入"本土作战"，号称"举国玉碎"。

对一心期望苏联出面调停的日本政府又是沉重的一击。8月9日,美国空军又在长崎扔下第二颗原子弹。同一天,苏联红军150万人和部分蒙古人民共和国部队,在远东部队司令员华西列夫斯基元帅指挥下,对盘踞在中国东北地区的80万日本关东军发起强大攻势。8月11日,苏军越过北纬50度分界线,进入库页岛南部。8月18日起,苏军在千岛群岛登陆,9月初攻占国后、色丹两岛后宣布停止进攻。苏军参战不到四周,便全歼中国东北的关东军和朝鲜北部的日军驻屯军,击毙日军8万余人,俘虏日军近60万人,缴获大炮1560多门、坦克600余辆、飞机800多架,为促成日本无条件投降作出重要贡献。

8月9日,日本最高战争指导会议在皇宫的防空洞里举行,陆相阿南惟几、陆军参谋总长梅津美治郎、海军军令部长丰田副武坚决反对无条件投降,要求除维护天皇体制外,还必须附带三个条件:日本自行处理战犯;日本自主解除武装;同盟国不得占领日本领土,至多用少量兵力实行短期占领。东乡茂德的另一派极力主张在保存天皇体制的前提下,无条件投降。两派发生激烈争执,最后休会,请求天皇"圣断"。在御前会议上,裕仁天皇内心早有打算,最后决定无条件投降,御前会议在8月10日凌晨2点30分结束。凌晨3点,内阁继续开会,铃木首相强调天皇已作了圣断,内阁中的强硬派只得表示同意,10日凌晨4时,内阁会议结束,日本政府正式接受《波茨坦公告》。8月10日上午,日本政府通过瑞士和瑞典政府,将日本接受《波茨坦公告》的照会转交美、英、苏、中政府。8月12日下午,日本收到了美、英、苏、中四国政府的正式复照,要求自投降之时起,日本天皇和日本政府应服从于盟军最高司令官。

在保留天皇制度的问题上,同盟国方面实际上已同意了日方的要求,但日本内阁中的强硬派仍然反对接受同盟国的要求。8月13日上午,内阁会议又陷于僵局,只好暂时休会,请求天皇圣断。与此同时,陆相阿南惟几企图发动政变,挟持天皇以便对同盟国顽抗到底,但遭梅津美治郎的反对而作罢。8月14日上午10时50分,天皇在御前会议否定了强硬派的建议,决定接受同盟国的要求,并当场起草了停战诏书,会议于14日中午结束。宣布接受《波茨坦公告》的诏书,以及向同盟国家发出的最后接受《波茨坦公告》的电报稿,这两个文件于14日23时拍发了出去。是夜,强硬派网罗了一帮亡命徒闯入皇宫,企图劫走准备第二天播放的天皇广播诏书的录音,但他们很快被镇压,阿南陆相剖腹自杀。8月15日,日本天皇广播投降诏书。从这天起到9月中旬,散布在日本本土以外的

330 多万日军，陆续向同盟国投降。

　　1945 年 8 月 30 日，麦克阿瑟率领庞大的美英部队在日本东京附近和其他地区登陆，实现对日本的军事占领。1945 年 9 月 2 日上午 9 时许，在停泊于东京湾的美国战列舰"密苏里号"上，举行了日本投降的签字仪式。新上台的东乡内阁的外相重光葵代表日本天皇和政府，陆军参谋总长梅津美治郎代表日本大本营，首先在投降书上签字。接着是盟军最高统帅麦克阿瑟上将、美国代表尼米兹上将、中国代表徐永昌将军、英国代表福来塞海军上将、苏联代表杰列维亚科中将以及澳、加、法、荷、新等各受降国代表依次签了字。至此，第二次世界大战终于结束。

日本天皇登门拜访麦克阿瑟，战败者不得不表现出谦卑恭顺的态度。